中国高等教育"十三五"规划教材

中文版 AutoCAD 建筑制图高级教程

俞大丽　张莹　李海翔 / 主编　　蒯雪婷　彭朝阳　孟昭磊 / 副主编

中国青年出版社
CHINA YOUTH PRESS
中青雄狮

图书在版编目（CIP）数据

中文版AutoCAD建筑制图高级教程 / 俞大丽，张莹，李海翔主编.
— 北京：中国青年出版社，2016.6
ISBN 978-7-5153-4119-4
I.①中… II.①俞… ②张… ③李… III.①建筑制图-计算机辅助设计-AutoCAD软件-教材
IV. ①TU204
中国版本图书馆CIP数据核字（2016）第057281号

中文版AutoCAD建筑制图高级教程
俞大丽 张莹 李海翔 **主编**
蒯雪婷 彭朝阳 孟昭磊 **副主编**

出版发行：中国青年出版社
地　　址：北京市东四十二条21号
邮政编码：100708
电　　话：（010）50856188 / 50856199
传　　真：（010）50856111
企　　划：北京中青雄狮数码传媒科技有限公司

策划编辑：张　鹏
责任编辑：刘冰冰
封面制作：吴艳蜂

印　　刷：北京瑞禾彩色印刷有限公司
开　　本：787×1092　1/16
印　　张：14.5
版　　次：2016年6月北京第1版
印　　次：2016年6月第1次印刷
书　　号：ISBN 978-7-5153-4119-4
定　　价：49.90元（网盘下载内容含语音视频教学与案例素材文件及PPT课件）

本书如有印装质量等问题，请与本社联系　电话：（010）50856188 / 50856199
读者来信：reader@cypmedia.com
如有其他问题请访问我们的网站：http://www.cypmedia.com.cn

PREFACE

前 言

众所周知，AutoCAD是一款由Autodesk公司推出的计算机辅助绘图软件，其技术已广泛应用于建筑、机械、电子、纺织、化工等行业，它以友好的用户界面、丰富的命令和强大的功能，逐渐赢得了各行各业的青睐，成为国内外最受欢迎的计算机辅助设计软件。目前最新版本为AutoCAD 2016，为了使广大读者能够在短时间内熟练掌握该版本的所有操作，我们组织了多位一线教师共同编写了本书。

本书以最新版本的AutoCAD为写作基础，以"理论+实例"的形式对绘图知识进行了全面阐述，突出强调知识点的实际应用性。书中的每一个案例均给出了详细的操作步骤，同时还贯穿了作者在实际工作中总结出的心得与技巧。

全书共12章，各章的主要内容如下。

章　节	内　容
Chapter 01	介绍AutoCAD 2016的工作界面、新增功能、系统选项的设置以及坐标系等内容
Chapter 02	介绍图形文件的管理、绘图环境的设置、图层的管理以及绘图辅助功能的应用等
Chapter 03	介绍二维图形的绘制方法，包括点、线、矩形和多边形等
Chapter 04	介绍二维图形的编辑操作，包括图形对象的选取、复制、修改，以及图形图案的填充等
Chapter 05	介绍文字样式的设置、单行/多行文本的输入与编辑、表格的使用等
Chapter 06	介绍尺寸标注的方法，如线性标注、对齐标注等基本标注，还有公差标注、引线标注等
Chapter 07	介绍图块的创建与编辑、外部参照的使用，以及设计中心的使用等
Chapter 08	介绍三维模型的创建，包括视觉样式的设置、三维实体的绘制、二维图形生成三维实体、布尔运算等
Chapter 09	介绍三维模型的编辑，包括三维对象的移动、旋转、对齐、镜像、阵列，以及材质和贴图，光源的添加、模型的渲染等
Chapter 10	介绍建筑图形的输入/输出、打印等操作
Chapter 11	介绍三居室平面图、立面图、剖面图等图纸的绘制方法与设计技巧
Chapter 12	介绍办公室施工图的绘制方法，其中包括办公室地面、顶棚平面图，及办公室主要部位的立面、剖面图

本书内容知识结构安排合理，语言组织通俗易懂，在讲解每一个知识点时，附加以实际应用案例进行说明。正文中还穿插介绍了很多细小的知识点，均以"知识链接"和"专家技巧"栏目体现。此外，附网盘下载地址中记录了典型案例的教学视频，以供读者学习。本书既可作为了解AutoCAD各项功能和最新特性的应用指南，又可作为提高用户设计和创新能力的指导。本书适用于想快速掌握AutoCAD软件并应用于实际工作的初学者；大中专院校相关专业的师生；建筑、机械、园林设计行业的相关设计人员；参加计算机辅助设计培训的学员；装饰装潢培训班学员。

下载地址：
https://yunpan.cn/cYyTvMAkNnKe5
访问密码：d98a

本书在编写和案例制作过程中力求严谨细致，但由于水平和时间有限，疏漏之处在所难免，望广大读者批评指正。

编　者

CONTENTS
目录

Chapter 01

AutoCAD 2016入门必备

Chapter 02

AutoCAD 2016基本操作

Chapter 03

绘制二维图形

Chapter 04

编辑二维图形

Chapter 05

文本与表格

Chapter 06

尺寸标注

Chapter 07

图块、外部参照及设计中心

Chapter 08

创建三维模型

Chapter 09

编辑三维模型

Chapter 10

输出与打印图形

Chapter 11

绘制三居室施工图

Chapter 12

绘制办公室施工图

Chapter 01

AutoCAD 2016 入门必备

AutoCAD是一款工程制图必备软件，可用于绘制二维、三维图形，具有良好的操作界面，用户通过交互式菜单或命令行方式可进行各种操作。本章将对AutoCAD 2016的启动与退出操作、工作界面，以及系统选项的设置等内容进行详细介绍，以让读者快速掌握AutoCAD 2016的基础知识。

知识要点

① 启动与退出AutoCAD 2016
② AutoCAD 2016工作界面
③ AutoCAD 2016新增功能
④ 系统选项的设置

上机安排

学习内容	学习时间
● 打开并保存文件	10分钟
● 自定义工作界面	30分钟
● 认识坐标系统	20分钟

1.1 AutoCAD 2016工作界面

成功安装AutoCAD 2016后，软件会在桌面创建AutoCAD的快捷启动图标，并在程序列表中创建AutoCAD软件组。用户可以通过下列方式启动AutoCAD 2016。

- 执行“开始>所有程序>Autodesk>AutoCAD 2016-简体中文>AutoCAD 2016-简体中文（Simplified Chinese）”命令。
- 双击桌面上的AutoCAD快捷启动图标。
- 双击任意一个AutoCAD图形文件。

启动AutoCAD 2016后，系统将显示如下图所示的工作界面。

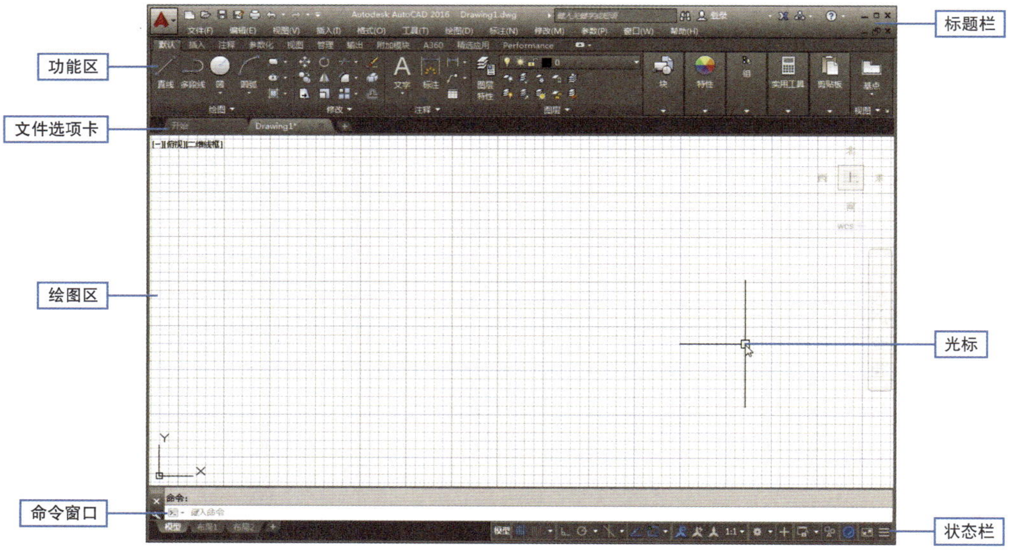

知识链接 **退出AutoCAD 2016**

用户可以通过下列几种方式退出AutoCAD 2016：

- 执行“文件>退出”命令。
- 单击“菜单浏览器”按钮，在弹出的列表中执行“退出Autodesk AutoCAD 2016”命令。
- 单击标题栏中的“关闭”按钮。
- 按Ctrl+Q组合键。

1.1.1 标题栏、菜单栏与功能区

标题栏、菜单栏、功能区是显示标题，以及绘图和环境设置命令等内容的区域。

1. 标题栏

标题栏位于工作界面的最上方，它由“菜单浏览器”按钮、“工作空间”、“快速访问工具栏”、当前图形标题、搜索栏、“Autodesk online服务”以及窗口控制按钮组成。将光标移至标题栏上，右击鼠标或按Alt+空格键，将弹出窗口控制菜单，在此可执行窗口的最大化、还原、最小化、移动、关闭等操作，如下图所示。

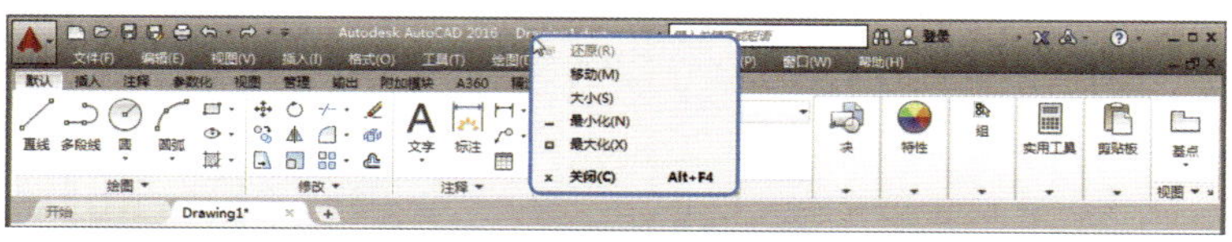

2. 菜单栏

在“AutoCAD经典”工作空间下会显示如下图所示的菜单栏，其中包括文件、编辑、视图、插入、格式、工具、绘图、标注、修改、参数、窗口、帮助等12个主菜单。

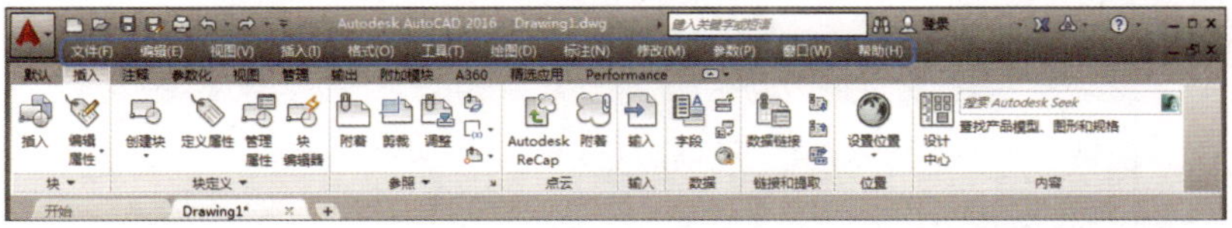

默认情况下，在“草图与注释”、“三维基础”和“三维建模”工作界面中是不显示菜单栏的。若要显示菜单栏，可以在快速访问工具栏中单击下拉按钮，在弹出的列表中选择“显示菜单栏”命令。

3. 功能区

在AutoCAD中，功能区包含功能区选项卡、功能区面板和功能区按钮，其中功能区按钮是代替命令的简便工具，利用它们可以完成绘图过程中的大部分工作，而且使用工具进行操作比使用菜单效率要高得多。使用功能区时无需显示多个工具栏，通过单一紧凑的工作界面使软件变得简洁有序，绘图窗口变得更大。

在功能区面板中单击面板标题右侧的“最小化面板”按钮，可以设置不同的最小化选项，如下图所示。

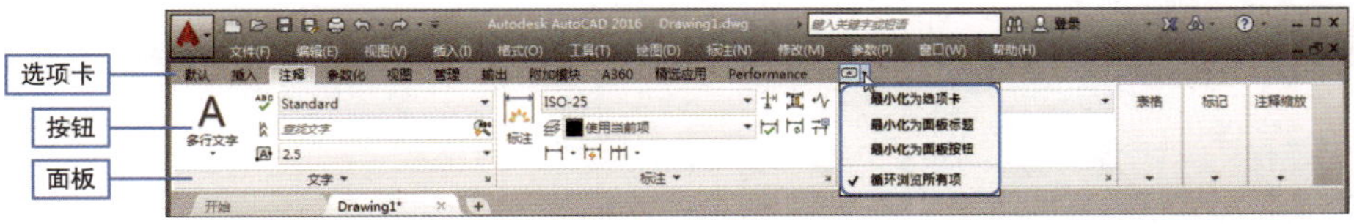

1.1.2 绘图区域

绘图区域是用于绘制图形的“图纸”，左下角为坐标系图标，用于显示当前的视角方向。

绘图区域是用户的工作窗口，是绘制、编辑和显示图形对象的区域，如下图所示。其中，有“模型”和“布局”两种绘图模式，单击“模型”或“布局”标签可以在这两种模式之间切换。一般情况下，用户在模型空间绘制图形，然后转至布局空间安排图纸输出布局。

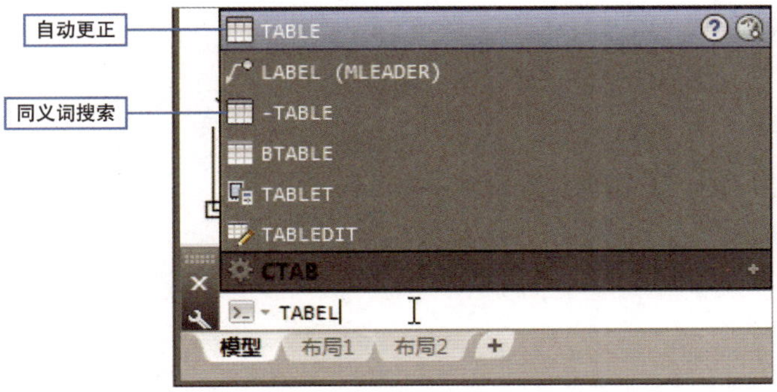

1.1.3 命令窗口、文本窗口

命令窗口是用户通过键盘输入命令、参数等信息的地方。不过，用户通过菜单和功能区执行的命令也会在命令窗口中显示。默认情况下，命令窗口位于绘图区域的下方，用户可以通过拖动命令窗口的左边框将其移至任意位置。

在AutoCAD 2016中为命令行搜索添加了新内容，即自动更正和同义词搜索，当输入错误命令TABEL时，将自动启动TABLE命令并搜索到多个可能的命令。

文本窗口是记录AutoCAD历史命令的窗口，用户可以按下F2键，打开文本窗口，以便快速查看完整的历史记录，如下图所示。

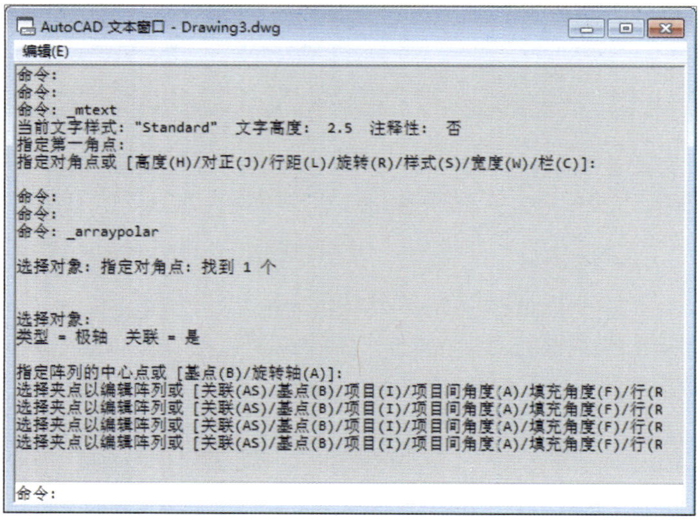

1.1.4 状态栏与快捷菜单

本小节将对最常使用的状态栏与快捷菜单进行简单介绍。

1. 状态栏

状态栏位于工作界面的最底端，用于显示当前的绘图状态。状态栏最左端显示光标的坐标值，其后是推断约束、捕捉模式、栅格显示、正交模式、极轴追踪、对象捕捉、对象捕捉追踪、注释监视器、线宽和模型等具有绘图辅助功能的控制按钮，如下图所示。

2. 快捷菜单

一般情况下快捷菜单是隐藏的，在绘图窗口空白处右击鼠标将弹出快捷菜单，在无操作状态下右击鼠标弹出的快捷菜单，与在操作状态下右击鼠标弹出的快捷菜单是不同的，右图为无操作状态下弹出的快捷菜单。

1.1.5 工具选项板窗口

工具选项板窗口为用户提供组织、共享和放置块及填充图案的选项卡，如右图所示。用户可以通过以下方式打开或关闭工具选项板。

- 执行“工具>选项板>工具选项板”命令，即可打开或关闭工具选项板窗口。
- 单击“视图”选项卡下“选项板”面板中的“工具选项板”按钮。

单击工具选项板窗口右上角的“特性”按钮，将会显示特性菜单，从中可对工具选项板执行移动、改变大小、自动隐藏、设置透明度、重命名等操作。

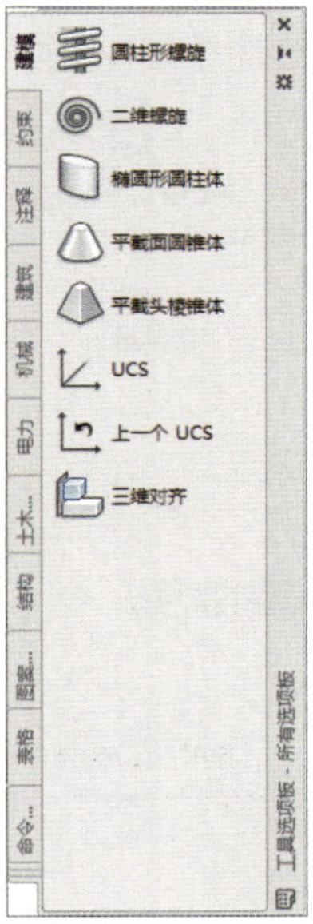

1.1.6 AutoCAD 2016新增功能

新版的AutoCAD 2016具有优化界面、新标签页、功能区库、命令预览、帮助窗口、地理位置、实景计算、Exchange应用程序、计划提要、线平滑等功能。相比于原有版本，增加或升级了部分新功能。

1. 用户界面

在AutoCAD 2016新版的用户界面中，单击“新图形”按钮或在开始界面中单击“开始绘制”图标，如下左图所示，即可打开新的图形文件，如下右图所示。与以往版本不同的是，新的图形文件会在新的标签中打开，此时开始界面仍然存在。

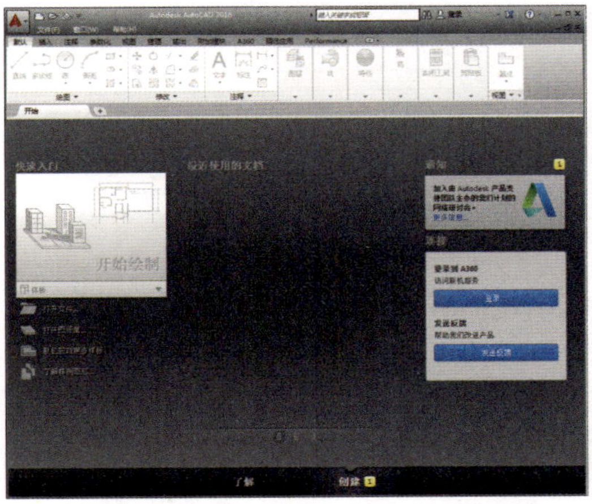

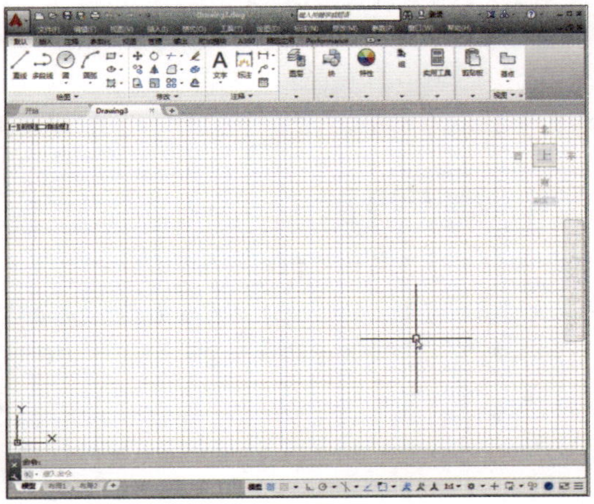

2. 标注

全新革命性的dim命令，标注功能得到了显著增强。这个命令非常古老，AutoCAD 2016对其进行了重新设计，可以将其理解为智能标注，可基于用户选择的对象类型创建标注，几乎一个命令就可以完成日常的标注，非常实用。另外，在“默认”功能区的“注释”面板中新增加“标注”命令，快捷键为dim。

3. 捕捉“几何中心”

AutoCAD 2016为对象捕捉设置添加了新的捕捉点——几何中心，如下左图所示。这样用户可以捕捉到多段线、二维多段线和二维样条曲线的几何中心点，如下右图所示。

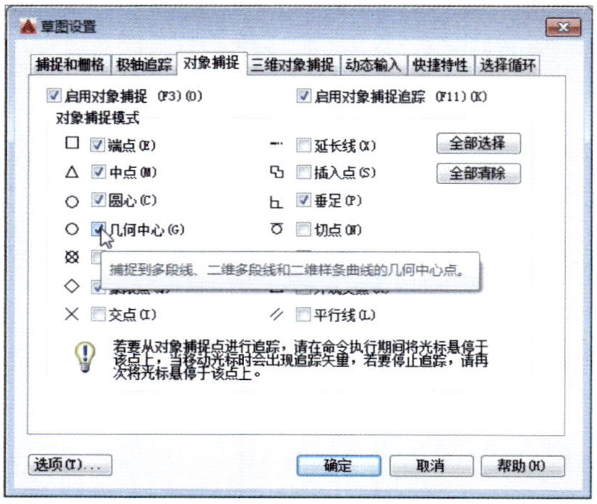

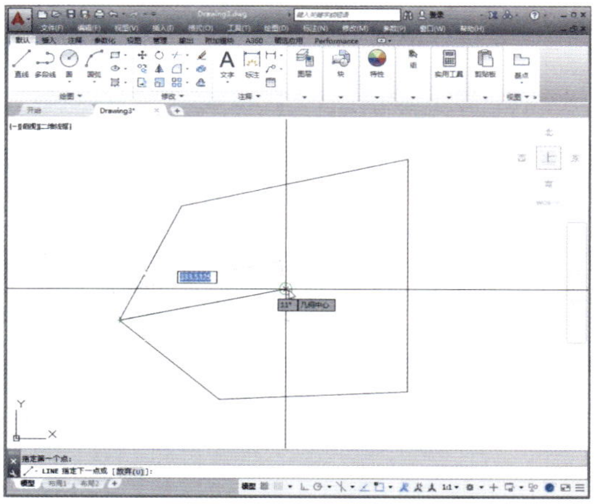

4. 增加系统变量监视器

新增加的系统变量监视器，比如filedia和pickadd这些变量，监视器可以监视这些变量的变化，并且可以恢复到默认状态。

1.2 AutoCAD系统选项设置

AutoCAD的系统选项设置用于对系统进行配置，包括设置文件路径、改变绘图背景颜色、设置自动保存的时间、设置绘图单位等。安装AutoCAD 2016软件后，系统将自动完成默认的初始系统配置。用户在绘图过程中，可以通过下列方式进行系统配置。

- 执行“工具>选项”命令。
- 单击“菜单浏览器”按钮，在弹出的列表中执行“选项”命令。
- 在命令行中输入OPTIONS，按下回车键。
- 在绘图区域中右击鼠标，在弹出的快捷菜单中选择“选项”命令。

执行以上任意一种操作后，将打开“选项”对话框，用户可在该对话框中设置所需要的系统配置。

1.2.1 显示设置

在“选项”对话框中，打开“显示”选项卡，从中可以设置窗口元素、布局元素、显示精度、显示性能、十字光标大小、淡入度控制等显示性能，如右图所示。

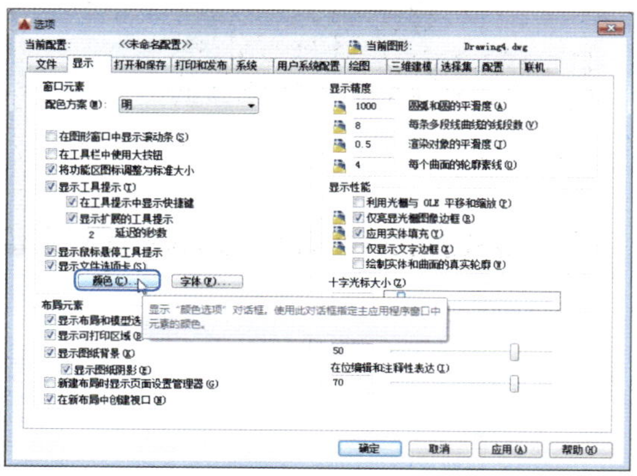

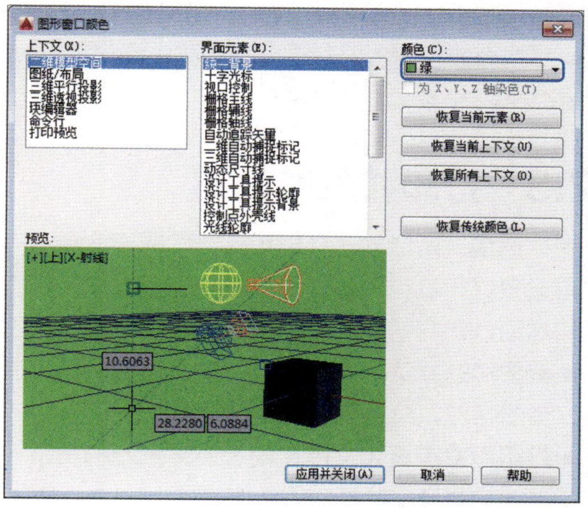

- **窗口元素：**“窗口元素”选项组主要用于设置窗口的颜色、排列方式等相关选项。例如，单击“颜色”按钮，将弹出“图形窗口颜色”对话框，从中可以设置二维模型空间的颜色，单击“颜色”下拉按钮，选择需要的颜色即可，如右图所示。
- **显示精度：**该选项组用于设置圆弧或圆的平滑度、每条多段线的段数等选项。
- **布局元素：**该选项组用于设置图纸布局相关的选项，并可控制图纸布局的显示或隐藏。
- **显示性能：**该选项组可设置使用光栅和OLE进行平移与缩放，显示光栅图像的边框，实体的填充，仅显示文字边框等参数。
- **十字光标大小：**该选项用于调整光标的十字线大小。“十字光标大小”的值越大，光标两边的延长线就越长，下左图中的“十字光标大小”为10，下右图的“十字光标大小”为100。

- **淡入度控制：**该选项组主要用于控制图形的显示效果，淡入度为负数时显示效果较清晰，反之淡入度为正数时，显示效果就较淡。

1.2.2 打开和保存设置

在“选项”对话框“打开和保存”选项卡中，用户可以进行文件保存、文件安全措施、文件打开、外部参照等参数的设置，如右图所示。

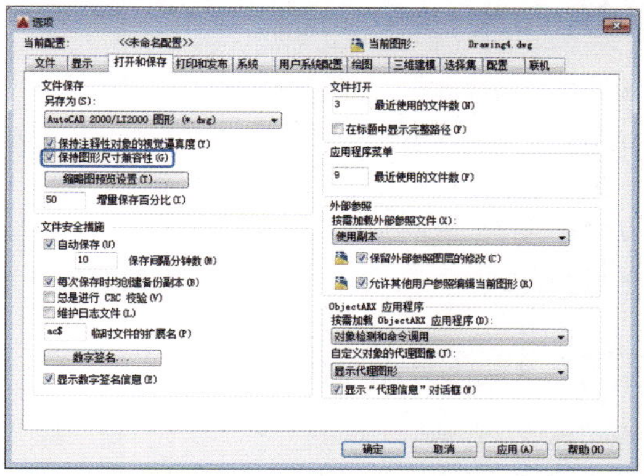

- **文件保存：**该选项组可以设置文件保存的类型、缩略图预览和增量保存百分比等参数。
- **文件安全措施：**该选项组用于设置自动保存的间隔时间，是否创建副本，设置临时文件的扩展名等。
- **文件打开与应用程序菜单：**“文件打开”选项组可以设置在窗口中打开的文件数量，“应用程序菜单”选项组可以设置显示最近打开的文件数量。

- **外部参照：** 该选项组可以设置调用外部参照时的状况，可以设置为启用、禁用或使用副本。
- **ObjectARX应用程序：** 该选项组可以设置加载ObjectARX应用程序和自定义对象的代理图层。

1.2.3 打印和发布设置

在“选项”对话框“打印和发布”选项卡中，用户可以设置打印机和打印样式参数，包括出图设备的配置和选项，如右图所示。

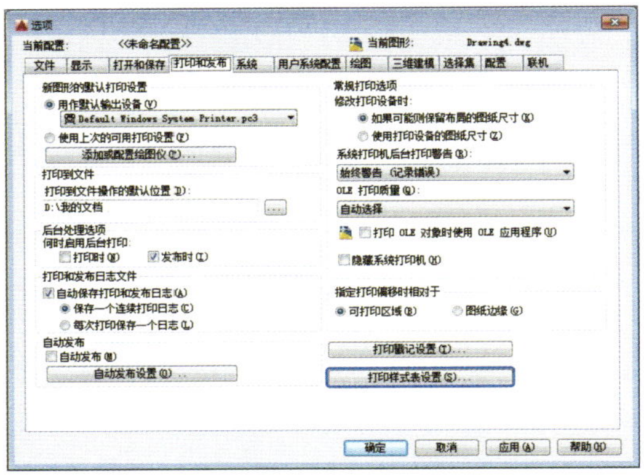

- **新图形的默认打印设置：** 用于设置默认输出设备的名称以及是否使用上一可用打印设置。
- **打印和发布日志文件：** 用于设置打印和发布日志的方式及保存打印日志的方式。
- **打印到文件：** 用于设置打印到文件操作的默认位置。
- **后台处理选项：** 用于设置何时启用后台打印。
- **常规打印选项：** 用于设置更改打印设备时是否警告，设置OLE打印质量以及是否隐藏系统打印机。
- **指定打印偏移时相对于：** 用于设置打印偏移时相对于的对象为可打印区域还是图纸边缘。单击“打印戳记设置”按钮，将弹出“打印戳记”对话框，从中可以设置打印戳记的具体参数。

1.2.4 系统与用户系统配置

在“选项”对话框“系统”选项卡中，用户可以设置控制三维图形显示系统的系统特性以及当前定点设备、数据库连接的相关选项，如右图所示。

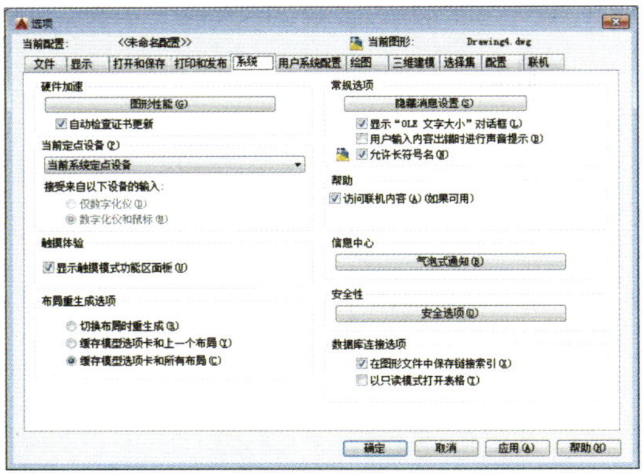

在“用户系统配置”选项卡中，用户可设置Windows标准操作、插入比例、字段、坐标数据输入的优先级等选项。另外还可单击“块编辑器设置”、“初始设置”、“线宽设置”和“默认比例列表”按钮，进行相应的参数设置。

- **图形性能：** 在“系统”选项卡中单击“图形性能”按钮，在弹出的“图形性能”对话框中可以开启硬件加速，设置功能设备的高质量显示、平滑线显示、高级材质效果、全阴影显示、单像素光照和未压缩的纹理等选项。
- **当前定点设备：** “当前定点设备”选项组可以设置定点设备的类型，接受某些设备的输入。
- **布局重生成选项：** 该选项组提供了“切换布局时重生成”、“缓存模型选项卡和上一个布局”和“缓存模型选项卡和所有布局”3种布局重生成样式。
- **常规选项：** 该选项组用于设置消息的显示与隐藏及显示“OLE文字大小”对话框等选项。
- **信息中心：** 单击“气泡式通知”按钮，打开“信息中心设置”对话框，从中可对相应参数进行设置。

1.2.5 绘图与三维建模

在“选项”对话框“绘图”选项卡中，用户可以在“自动捕捉设置”和“AutoTrack设置”选项组中设置自动捕捉和自动追踪的相关参数，另外还可以拖动滑块调节自动捕捉标记和靶框的大小，如下左图所示。

在“三维建模”选项卡中，用户可以设置三维十字光标、在视口中显示工具、三维对象和三维导航等选项，如下右图所示。

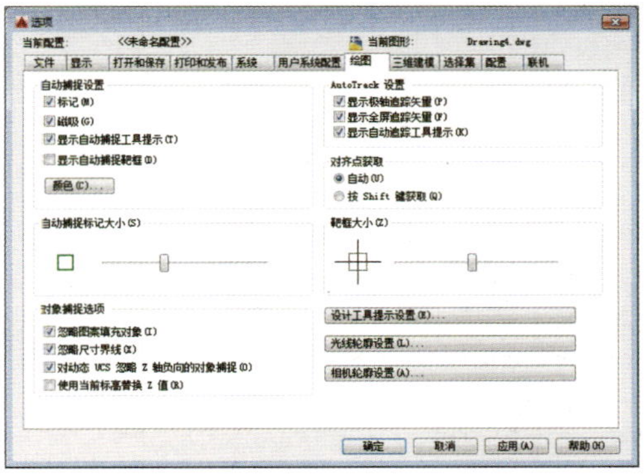

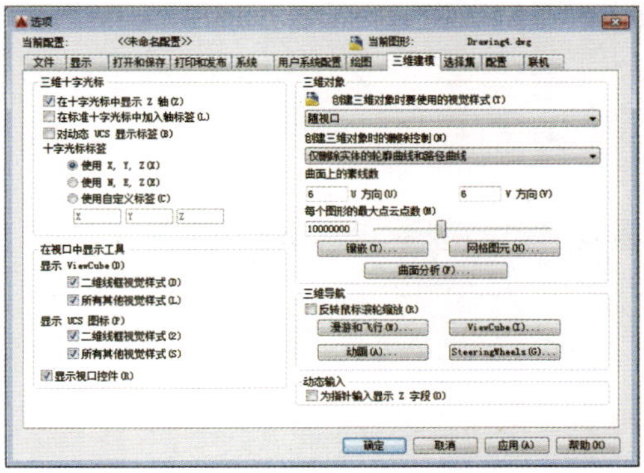

- **自动捕捉设置：** 该选项组用于设置在绘制图形时捕捉点的样式。
- **对象捕捉选项：** 该选项组用于设置忽略图案填充对象、使用当前标高替换Z值等选项。
- **AutoTrack设置：** 用于设置显示极轴追踪矢量、显示全屏追踪矢量和显示自动追踪工具提示。
- **三维十字光标：**“三维建模”选项卡中的“三维十字光标”选项组用于设置十字光标是否显示Z 轴，是否显示轴标签以及十字光标标签的显示样式等。
- **三维对象：** 该选项组用于设置创建三维对象时的视觉样式、曲面或网格上的索线数、设置网格图元、设置网格镶嵌选项等。

1.2.6 选择集与配置

在“选项”对话框“选择集”选项卡中，用户可以设置拾取框大小、选择集模式、夹点大小和夹点的相关选项，如下左图所示。

在“配置”选项卡中，用户可以针对不同的需求进行设置并保存，这样以后需要进行相同的设置时，只需调用该配置文件即可。

- **夹点：** 用于设置不同状态下的夹点颜色、启用夹点、在块中启用夹点等选项。
- **预览：** 用于设置活动状态的选择集、未激活命令时的选择集预览效果。单击“视觉效果设置”按钮后，可在弹出的“视觉效果设置”对话框中调节视觉样式的各种参数，如下右图所示。

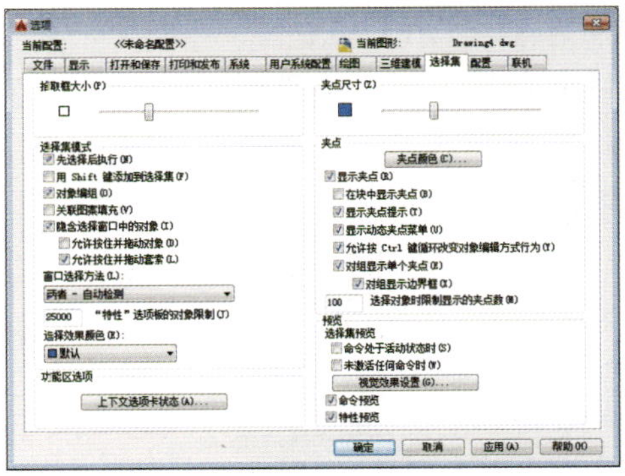

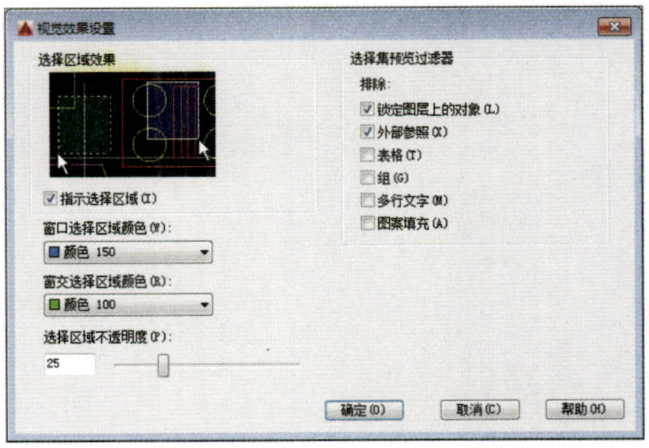

1.2.7 联机

在“选项”对话框“联机”选项卡中，需要登录AutoCAD账号才可以与Autodesk 360账号同步图形或设置。

进阶案例 设置绘图背景颜色

根据自己的习惯更改AutoCAD操作界面的背景颜色。

01 启动AutoCAD 2016软件，在绘图区域中右击鼠标，在弹出的快捷菜单中选择“选项”命令，如下图所示。

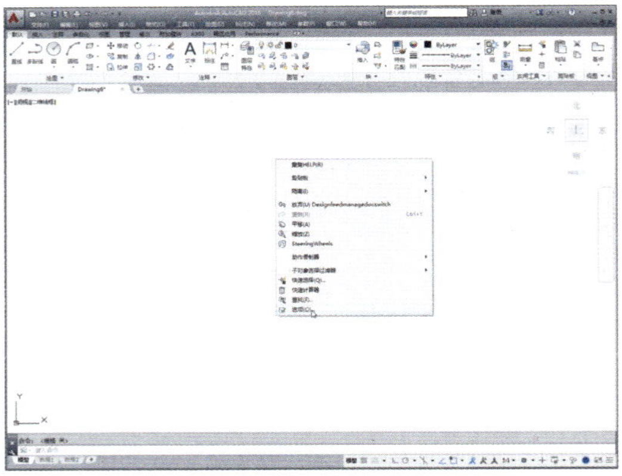

02 系统将弹出“选项”对话框，在“显示”选项卡中，单击“窗口元素”选项组中的“颜色”按钮，如下图所示。

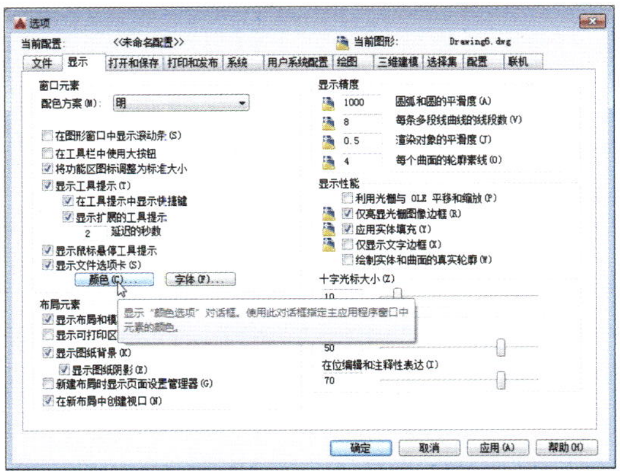

03 在弹出的“图形窗口颜色”对话框中，单击“颜色”下拉按钮，并选择需替换的颜色，如右图所示。

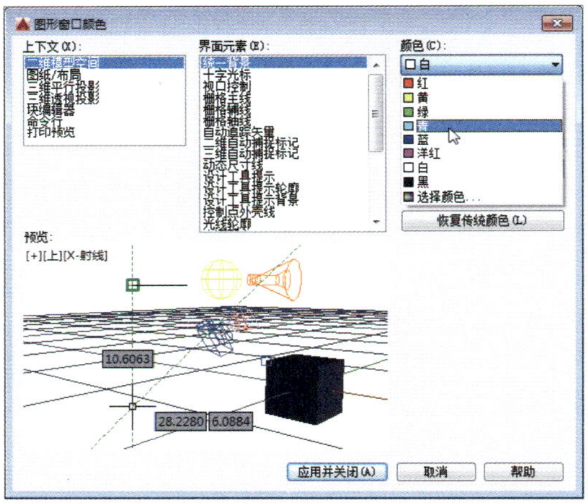

04 在“预览”窗口中会显示预览效果，设置完成后，单击“应用并关闭”按钮，如右图所示。

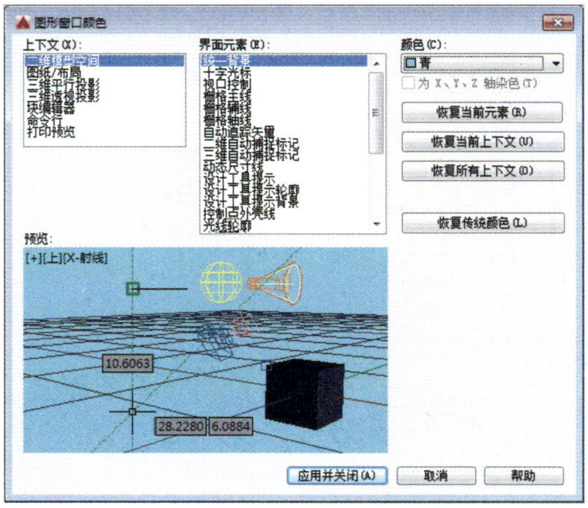

知识链接 图形窗口颜色的设置

在“图形窗口颜色”对话框中，可自行设置“上下文”与“界面元素”的组合，进行颜色的更改。

进阶案例　设置鼠标右键功能

根据自己的习惯更改AutoCAD工作环境中鼠标右键的功能。

01 打开“选项”对话框，在“用户系统配置”选型卡中，单击“自定义右键单击”按钮，如下图所示。

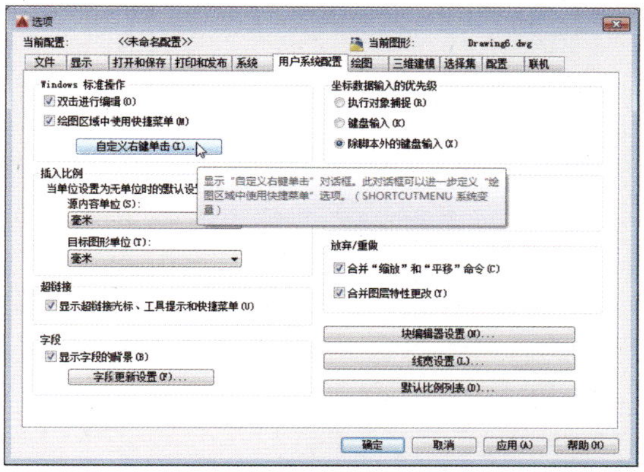

02 弹出“自定义右键单击”对话框，在其中的“编辑模式”选项组中选择“重复上一个命令”单选按钮，如下图所示。然后单击“应用并关闭”按钮，返回到上一对话框，最后单击“确定”按钮即可完成相关设置。

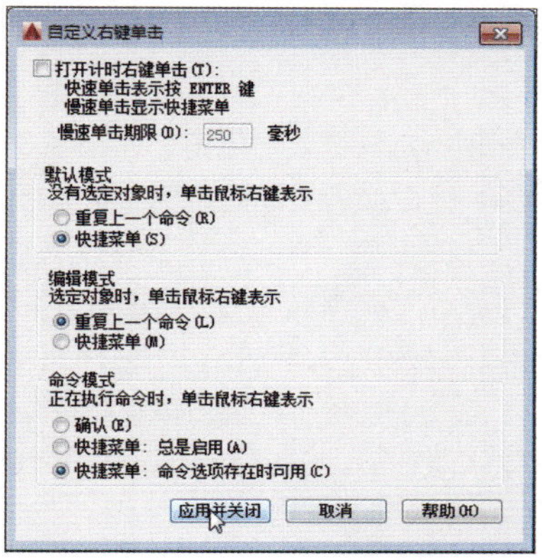

1.3　坐标系统

在绘图时，AutoCAD通过坐标系确定点的位置。AutoCAD坐标系分为世界坐标系和用户坐标系，用户可通过UCS命令进行坐标系的转换。

1.3.1　世界坐标系

世界坐标系也称为WCS坐标系，它是AutoCAD中的默认坐标系，通过3个相互垂直的坐标轴X、Y、Z来确定空间中的位置。世界坐标系的X轴为水平方向，Y轴为垂直方向，Z轴正方向垂直屏幕向外，坐标原点位于绘图区左下角，下左图为二维图形空间的坐标系，下右图为三维图形空间的坐标系。

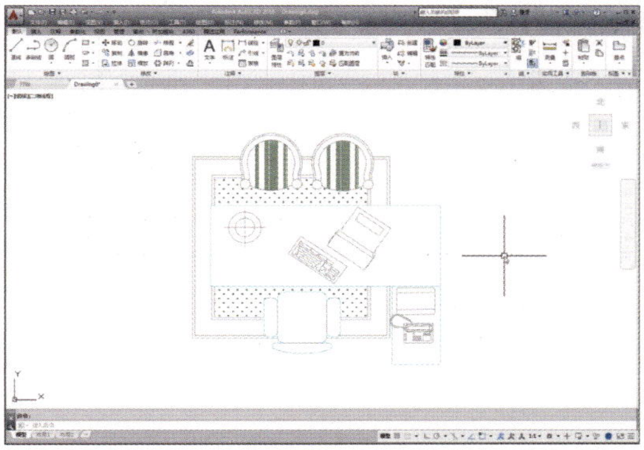

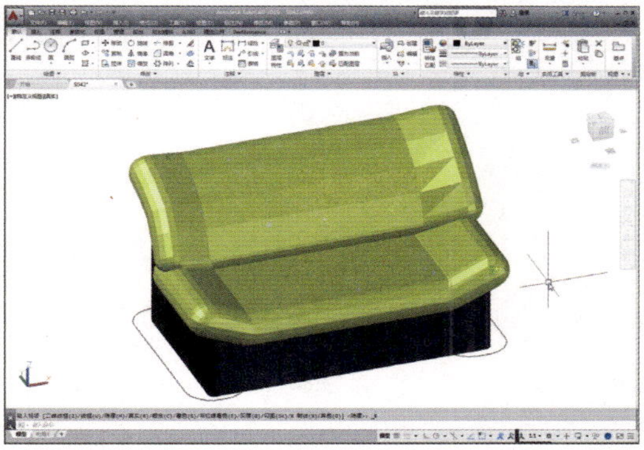

专家技巧：设置X、Y轴坐标

在XOY平面上绘制、编辑图形时，只需要输入X轴和Y轴坐标，Z轴坐标由系统自动设置为0。

1.3.2 用户坐标系

用户坐标系也称为UCS坐标系，用户坐标系是可以进行更改的，它主要为图形绘制提供参考。创建用户坐标系可以通过执行“工具>新建”子菜单中的命令来实现，也可以通过在命令窗口中输入命令UCS来完成。

1.3.3 坐标输入方法

在绘制图形对象时，经常需要输入点的坐标值来确定线条或图形的位置、大小和方向。输入点的坐标有4种方法：绝对直角坐标、相对直角坐标、绝对极坐标和相对极坐标。

1. 绝对坐标

常用的绝对坐标表示方法有绝对直角坐标和绝对极坐标两种。

- **绝对直角坐标：**绝对直角坐标是指相对于坐标原点的坐标，可以输入（X, Y）或（X, Y, Z）坐标来确定点在坐标系中的位置。如在命令行中输入（5,20,10），表示在X轴正方向距离原点5个单位，在Y轴正方向距离原点20个单位，在Z轴正方向距离原点10个单位。
- **绝对极坐标：**绝对极坐标通过相对于坐标原点的距离和角度来定义点的位置。输入极坐标时，距离和角度之间用“<”符号隔开。如在命令行中输入（20<60），表示该点与X轴成60°角，距离原点20个单位。在默认情况下，AutoCAD以逆时针旋转为正，顺时针旋转为负。

2. 相对坐标

相对坐标是指相对于上一个点的坐标，相对坐标以前一个点为参考点，用位移增量确定点的位置。输入相对坐标时，要在坐标值的前面加上一个“@”符号。如上一个操作点的坐标是（9, 12），输入（@1, 2），则表示该点的绝对直角坐标为（10, 14）。

进阶案例 绘制几何图形

利用极轴坐标与相对坐标绘制如右图所示的图形。

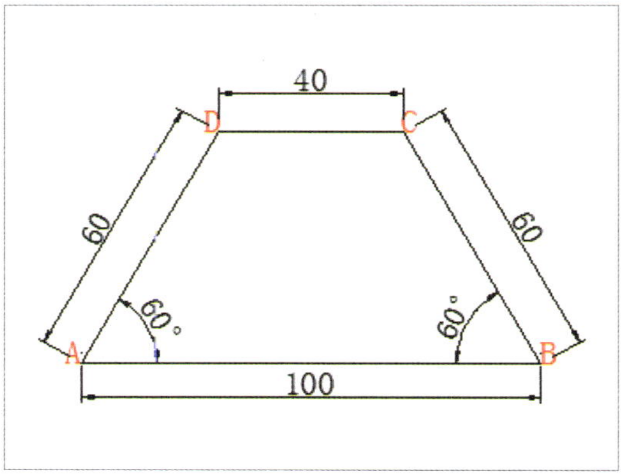

01 在“默认”选项卡的“绘图”面板中单击“直线”按钮。

02 根据命令行的提示“Line指定第一点”，在绘图区域中单击指定一点，以确定A点。

03 根据命令行提示“指定下一点或 [放弃(U)]”，输入@100,0，然后按回车键，确定B点。

04 命令行提示“指定下一点或 [放弃(U)]”，输入@60<120，然后按回车键，确定C点。

05 根据命令行提示“指定下一点或 [闭合(C)/放弃(U)]”，输入@-40,0，然后按回车键，确定D点。

06 命令行提示“指定下一点或 [闭合(C)/放弃(U)]”，输入C，按回车键。至此，图形绘制完毕。

课后练习

一. 选择题

1. 在AutoCAD中，构造选择集非常重要，以下哪个不是构造选择集的方法（　　）。

   A. 按层选择　　　　B. 对象选择过滤器

   C. 快速选择　　　　D. 对象编组

2. 在AutoCAD中不可以设置“自动隐藏”特性的对话框是（　　）。

   A. “选项”对话框　　　　B. “设计中心”对话框

   C. “特性”对话框　　　　D. “工具选项板”对话框

3. 在十字光标处被调用的菜单为（　　）。

   A. 鼠标菜单　　　　B. 十字交叉线菜单

   C. 快捷菜单　　　　D. 没有菜单

4. 在“选项”对话框的（　　）选项卡下，可以设置夹点大小和颜色。

   A. 选择集　　　　B. 系统

   C. 显示　　　　D. 打开和保存

二. 填空题

1. ________是记录AutoCAD历史命令的窗口，是一个独立的窗口。
2. 在AutoCAD 2016中，执行“文件>打开”命令后，将打开________对话框。
3. AutoCAD坐标系分为________和用户坐标系，用户可通过________命令进行坐标系的转换。

三. 操作题

1. 在“选项”对话框中，将圆弧和圆的平滑度设置为5，如下左图所示。然后将夹点颜色设置为绿色，如下右图所示。

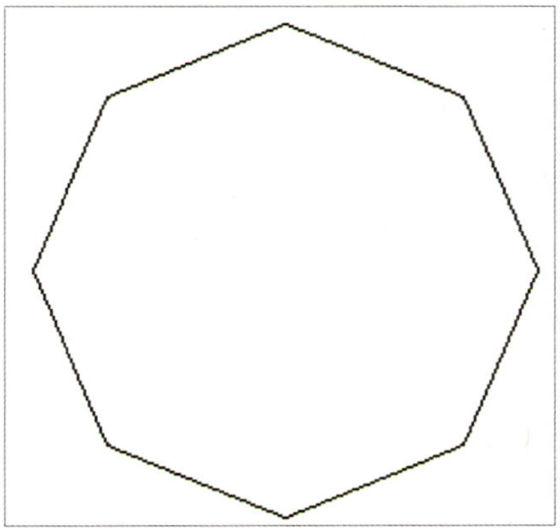

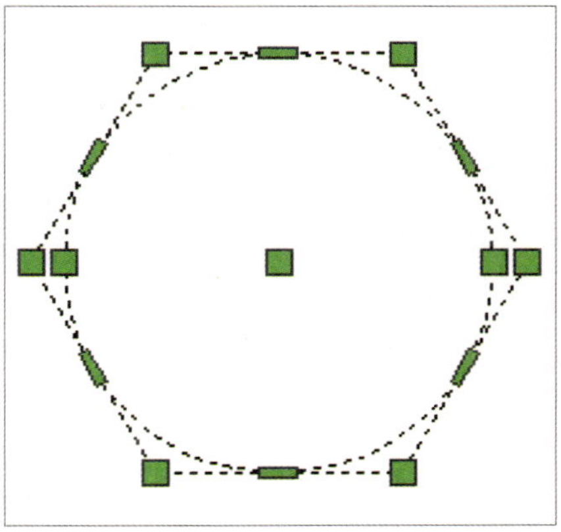

2. 练习“栅格显示”、“正交模式”、“极轴追踪”及“显示/隐藏线宽”等切换操作，如下图所示。

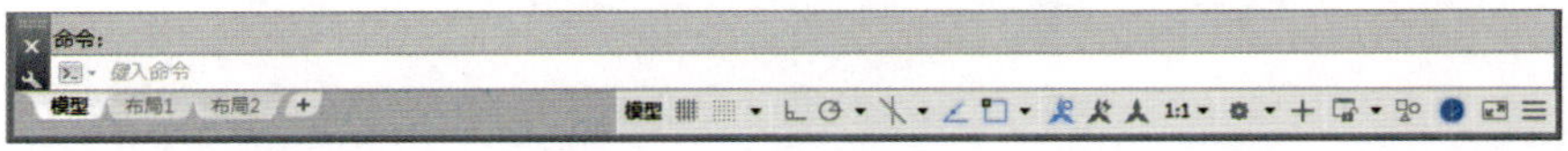

Chapter 02

AutoCAD 2016 基本操作

本章将向读者介绍图形文件的基本操作、图形的管理，以及辅助工具的调用等内容。通过对图层进行设置可以调节图形的颜色、线宽以及线型等特性，从而既可以提高绘图效率，又能保证图形的质量。熟悉并掌握这些知识，对今后的绘图操作具有很大的帮助。

知识要点

① 图形文件的基本操作
② 图形界限和单位
③ 辅助绘图功能
④ 图层的管理

上机安排

学习内容	学习时间
● 文件的打开与保存	10分钟
● 图形界限的设置	10分钟
● 绘图单位的设置	10分钟
● 图层的创建与管理	25分钟
● 辅助绘图功能的应用	35分钟

2.1 图形文件的管理

图形文件的管理是设计过程中的重要环节，为了避免误操作导致图形文件的意外丢失，在设计过程中需要随时对文件进行保存。图形文件的操作包括图形文件的新建、打开、保存以及另存等。

2.1.1 创建新图形文件

启动AutoCAD 2016后，系统会自动新建一个名为Drawing1.dwg的空白图形文件。用户还可以通过以下方法创建新的图形文件。

- 执行“文件>新建”命令。
- 单击“菜单浏览器”按钮，在弹出的列表中执行“新建>图形”命令。
- 单击快速访问工具栏中的“新建”按钮。
- 单击绘图区上方文件选项栏中的新建按钮。
- 在命令行中输入NEW命令，然后按回车键。

执行以上任意一种操作后，系统将自动打开“选择样板”对话框，从列表中选择需要的样板，然后单击“打开”按钮即可创建新的图形文件。

在打开图形时还可以选择不同的计量标准，单击“打开”按钮右侧的下拉按钮，若选择“无样板打开-英制”选项，则使用英制单位为计量标准绘制图形；若选择“无样板打开-公制”选项，则使用公制单位为计量标准绘制图形，如下图所示。

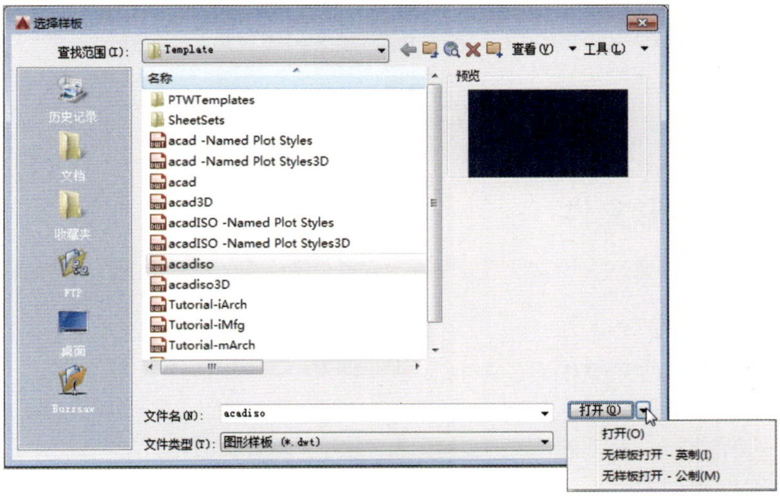

2.1.2 打开图形文件

启动AutoCAD 2016后，可以通过以下方式打开已有的图形文件。

- 执行“文件>打开”命令。
- 单击“菜单浏览器”按钮，在弹出的列表中执行“打开>图形”命令。
- 单击快速访问工具栏中的“打开”按钮。
- 在命令行中输入OPEN命令，再按回车键。

执行以上任意一种操作后，系统会自动打开“选择文件”对话框，如下图所示。在该对话框的“查找范围”下拉列表中选择要打开的图形文件夹，选择图形文件，然后单击“打开”按钮或者双击文件名，即可打开图形文件。在该对话框中也可以单击“打开”按钮右侧的下拉按钮，在弹出的下拉列表中选择所需的方式来打开图形文件。

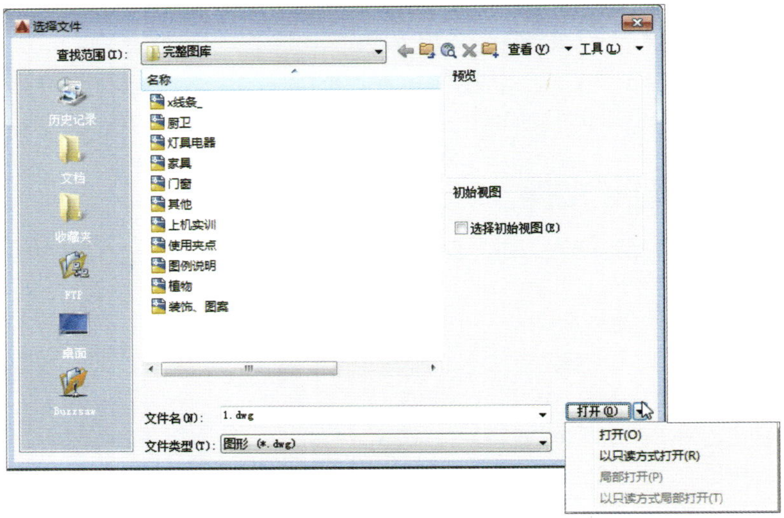

AutoCAD 2016支持同时打开多个文件，利用AutoCAD的这种多文档特性，用户可在打开的所有图形之间来回切换、修改、绘图，还可参照其他图形进行绘图，在图形之间复制和粘贴图形对象，或从一个图形向另一个图形移动对象。

知识链接 **快速关闭单个图形文件**

在新版AutoCAD中，关闭单个图形文件的操作变得更加实用便捷，单击文件选项卡中各图形文件对应的关闭按钮即可，如下图所示。

2.1.3 保存图形文件

对图形进行编辑后，要对图形文件进行保存。可以直接保存，也可以更改名称后保存为另一个文件。

1. 保存新建的图形

通过下列方式可以保存新建的图形文件。

- 执行“文件>保存”命令。
- 单击“菜单浏览器”按钮，在弹出的列表中执行“保存”命令。
- 单击快速访问工具栏中的“保存”按钮。
- 在命令行中输入SAVE命令，再按回车键。

执行以上任意一种操作后，系统将自动打开“图形另存为”对话框，如右图所示。在“保存于”下拉列表中指定文件保存的文件夹，在“文件名”文本框中输入图形文件的名称，在“文件类型”下拉列表中选择保存文件的类型，最后单击“保存”按钮。

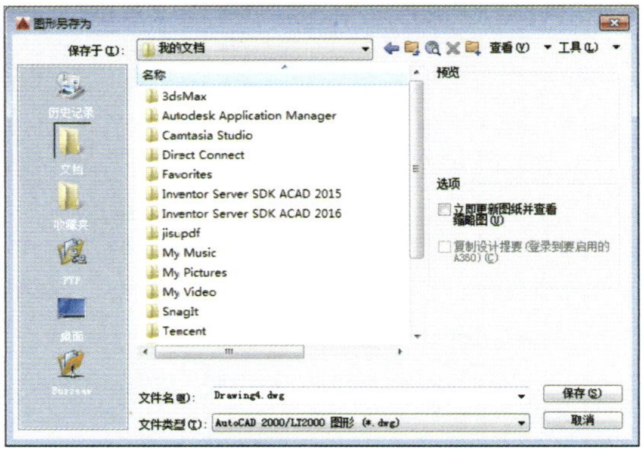

2. 图形换名保存

对于已保存的图形，可以更改名称保存为另一个图形文件。先打开该图形，然后通过下列方式进行换名保存。

- 执行“文件>另存为”命令。
- 单击“菜单浏览器”按钮，在弹出的菜单中执行“另存为”命令。
- 在命令行中输入SAVE，再按回车键。

执行以上任意一种操作后，系统将会自动打开“图形另存为”对话框，设置需要的名称及其他选项后保存即可。

2.2 绘图环境的设置

在实际绘图过程中，为了提供图形的精确度，往往需要事先对绘图环境进行设置，如图形单位、图形界限等。本节将对其相关设置操作进行一一介绍。

2.2.1 设置图形界限

为了在一个有限的显示界面上绘图，可以通过下列方法为绘图区域设置边界。

- 执行“格式>图形界限”命令。
- 在命令行中输入LIMITS，然后按回车键。

执行以上任意一种操作后，命令行的提示内容如下：

```
命令： '_limits
重新设置模型空间界限：
指定左下角点或 [开(ON)/关(OFF)] <0.0000,0.0000>:
指定右上角点 <420.0000,297.0000>:
```

2.2.2 设置图形单位

在系统默认情况下，AutoCAD 2016的图形单位为十进制单位，包括长度单位、角度单位、缩放单位、光源单位，以及方向控制等。用户可以通过以下命令执行图形单位命令。

- 执行“格式>单位”命令。
- 在命令行中输入UNITS，然后按回车键。

执行以上任意一种操作后，系统将弹出“图形单位”对话框，如右图所示。

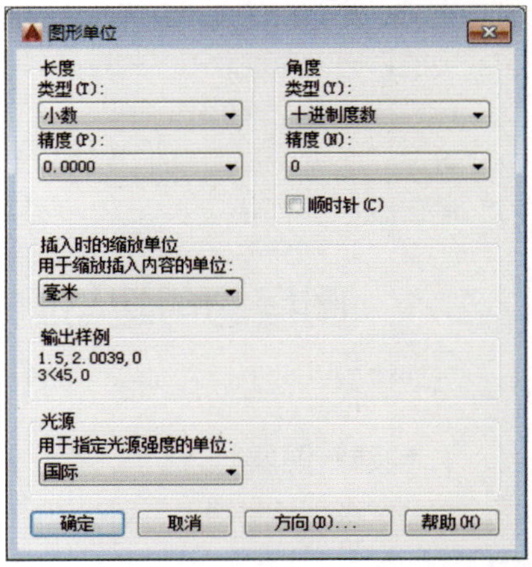

1. “长度”选项组

打开“类型”下拉列表，选择长度单位的类型；打开“精度”下拉列表，选择长度单位的精度。

2. “角度”选项组

打开“类型”下拉列表，选择角度单位的类型；打开“精度”下拉列表，选择角度单位的精度。不勾选“顺时针”复选框，则以逆时针方向旋转为正方向，勾选则以顺时针方向旋转的角度为正方向。

3. “插入时的缩放单位”选项组

用于设置使用AutoCAD工具选项板或设计中心拖入图形的块的测量单位。

4. “光源”选项组

用于指定光源强度的单位，包括国际、美国、常规选项。

5. “方向”按钮

单击“方向”按钮，打开“方向控制”对话框，如右图所示。在该对话框中，可以设置角度测量的起始位置，系统默认水平向右为角度测量的起始位置。

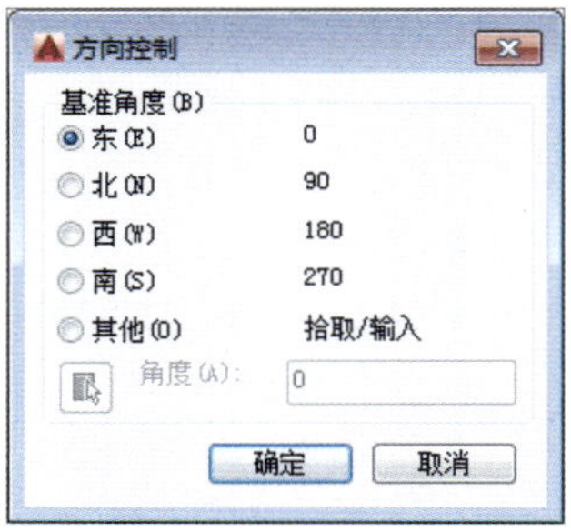

2.2.3 “图层”面板与“特性”面板

在绘制图形时，可将不同属性的图元放置在不同图层中，以便于用户操作。而在图层中，用户可对图形对象的各种特性进行更改，例如颜色、线型以及线宽等。熟练应用图层可大大提高工作效率，还可使图形的清晰度更高。

1. “图层”面板

“图层”面板主要用于对图层进行控制，如下左图所示。

2. “特性”面板

“特性”面板主要用于对颜色、线型和线宽进行控制，如下右图所示。

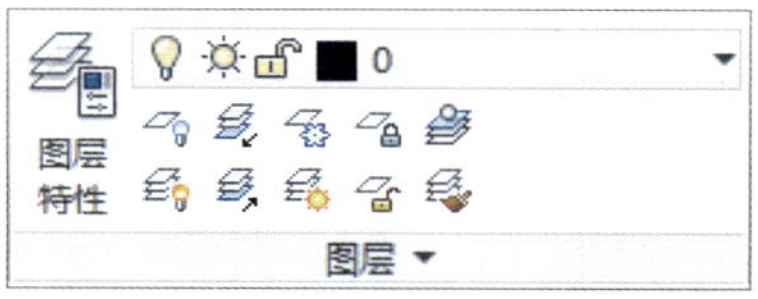

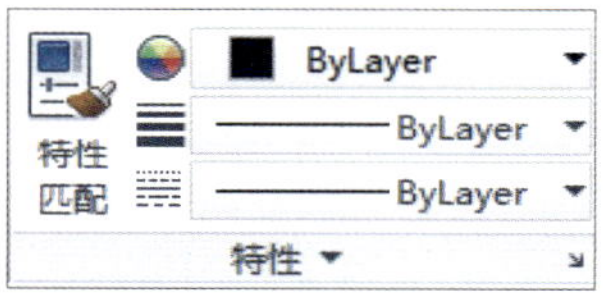

2.3 图层的管理

在AutoCAD 2016中，创建和删除图层，以及对图层的其他管理，都是通过“图层特性管理器”对话框来实现的。可以通过以下方式打开“图层特性管理器”对话框。

- 执行“格式>图层”命令。
- 在“默认”选项卡的“图层”面板中单击“图层特性”按钮。
- 在命令行中输入LAYER，然后按回车键。

2.3.1 图层的创建与删除

下面将首先对图层的创建与删除操作进行介绍。

1. 创建新图层

在“图层特性管理器”对话框中，单击“新建图层”按钮，系统将自动创建一个名称为“图层1”的图层，如右图所示。图层名称是可以更改的。用户也可以在面板中右击鼠标，在弹出的快捷菜单中，选择“新建图层”命令来创建一个新图层。

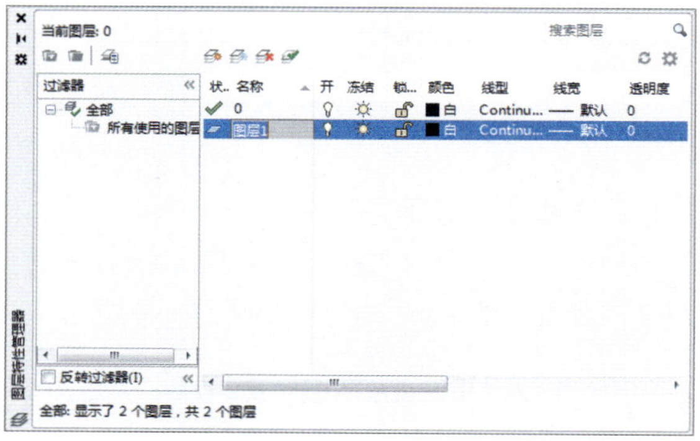

知识链接 设置图层名称

图层名最长可达255个字符，可以是数字、字母，但不允许使用大于号、小于号、斜杠、反斜杠、引号、冒号、分号、问号、逗号、竖杠或等于号等符号；在当前图形文件中，图层名称必须是惟一的，不能与已有的图层重名；新建图层时，如果选中了图层名称列表中的某一图层（呈高亮显示），那么新建的图层将自动继承该图层的属性。

2. 删除图层

在“图层特性管理器”对话框中，选择某图层后，单击“删除图层”按钮✕，即可删除该图层。

需要说明的是，被参照的图层是不能被删除，其中包括图层0、包含对象的图层、当前图层，以及依赖外部参照的图层，还有一些局部打开图形中的图层也被视为已参照，不能删除。

2.3.2 图层颜色、线型、线宽的设置

在“图层特性管理器”对话框中，可对图层的颜色、线型和线宽进行相应的设置。

1. 颜色的设置

单击颜色图标■ 白，打开“选择颜色”对话框，如下图所示，用户可根据自己的需要，在“索引颜色”、“真彩色”和“配色系统”选项卡中选择所需的颜色。其中标准颜色名称仅适用于1～7号颜色，分别为：红、黄、绿、青、蓝、洋红、白/黑。

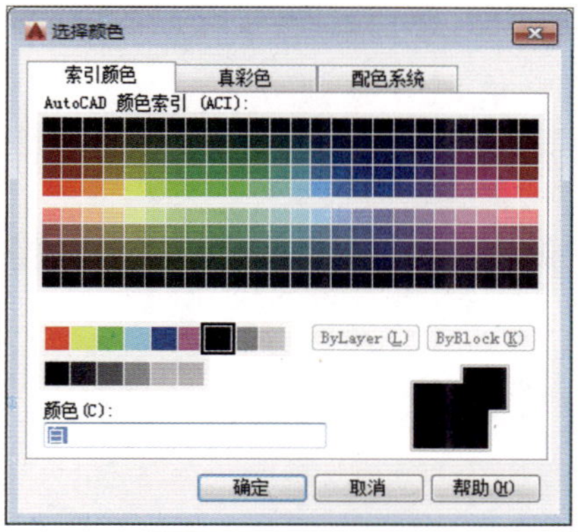

2. 线型的设置

单击线型图标 Continuous ，系统将打开“选择线型”对话框，如下左图所示。在默认情况下，系统仅加载一种Continuous（连续）线型。若需要其他线型，则要先加载该线型，在“选择线型”对话框中单击“加载”按钮，打开“加载或重载线型”对话框，如下右图所示。选择所需的线型之后，单击“确定”按钮即可将其加载到“选择线型”对话框中。

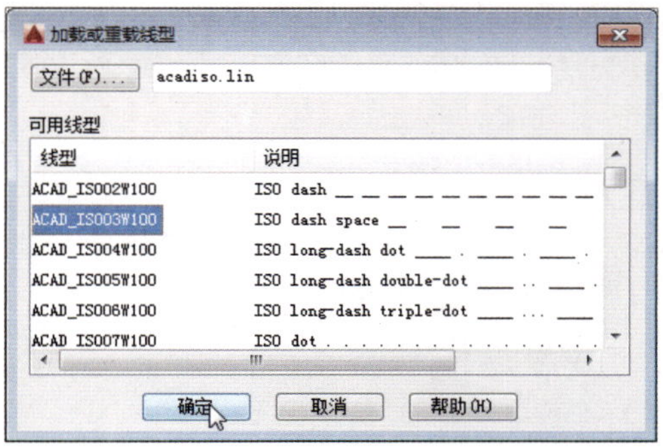

3. 线宽的设置

单击线宽图标—— 默认，打开“线宽”对话框，如下图所示。选择所需线宽后，单击“确定”按钮即可。

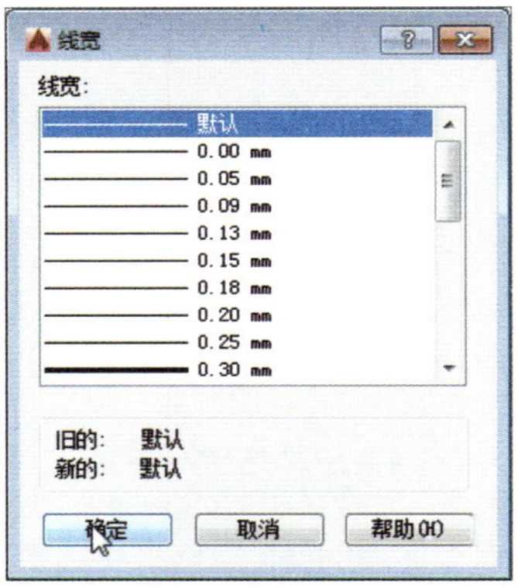

2.3.3 图层状态的控制

“图层特性管理器”对话框中提供了一组状态开关图标，用以控制图层状态，如关闭、冻结、锁定等。

1. 开/关图层

单击“打开”图层按钮，图层即被关闭，而图标变成。图层关闭后，该图层上的实体不能在屏幕上显示或打印输出，重新生成图形时，图层上的实体将重新生成。

若关闭当前图层，系统会询问是否关闭当前层，选择“关闭当前图层”选项即可，如下图所示。但是当前层被关闭后，若在该层中绘制图形，绘制结果将不显示。

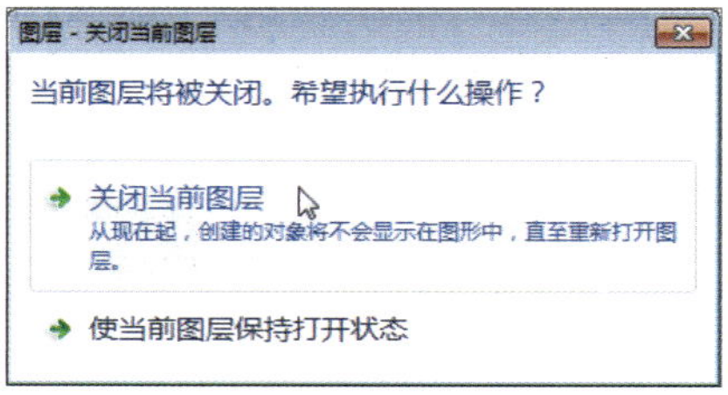

2. 冻结/解冻图层

单击“冻结”按钮，当其变成雪花图样，即完成图层的冻结。图层冻结后，该图层上的实体不能在屏幕上显示或打印输出，重新生成图形时，图层上的实体不会重新生成。

3. 锁定/解锁图层

单击“锁定”按钮，当其变成闭合的锁图样时，图层即被锁定。图层锁定后，用户只能查看、捕捉位于该图层上的对象，可以在该图层上绘制新的对象，但不能编辑或修改位于该图层上的图形对象，实体仍可以显示和输出。

知识链接 置为当前层

AutoCAD 2016只能在当前图层上绘制图形实体，系统默认当前图层为0图层，可通过以下方式将所需的图层设置为当前层。

- 在“图层特性管理器”对话框中选中图层，然后单击“置为当前”按钮。
- 在“图层”面板中，单击“图层”下拉按钮，然后选择图层。
- 在“默认”选项卡的“图层”面板中单击“将对象的图层设为当前层”按钮，根据命令行的提示，选择一个实体对象，即可将该对象所在的图层设置为当前层。

进阶案例 更改图形颜色及线型

应用本章所学的知识更改顶棚图的颜色与线宽，具体操作方法如下。

01 打开"更改图形颜色及线宽等设置.dwg"文件，如下图所示。

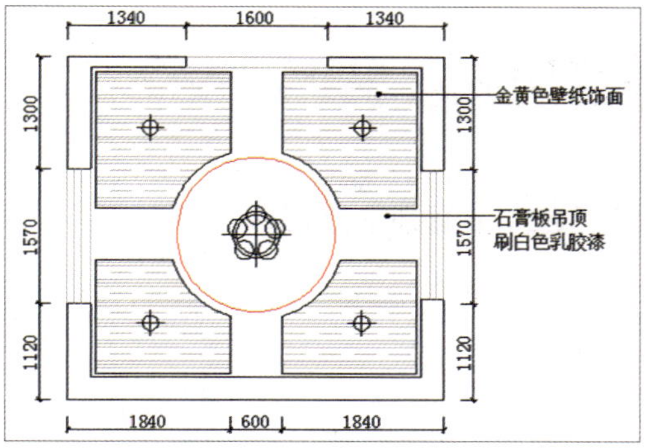

02 单击"图层"面板中的"图层特性"按钮，打开"图层特性管理器"对话框，如下图所示。

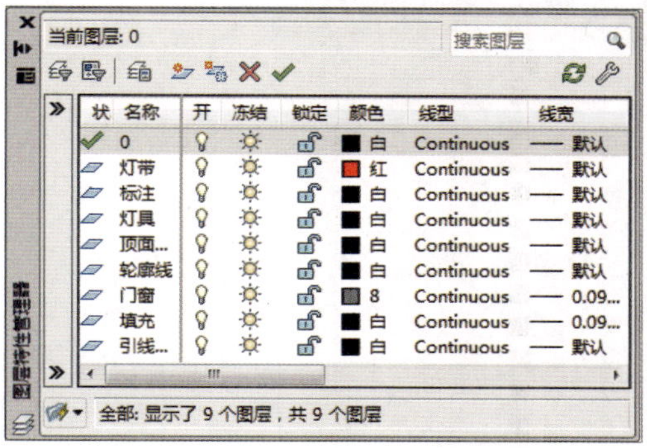

专家技巧：改变图形对象所在的图层

通过下列方式可以改变图形对象所在的图层。

- 选中图形对象，然后在"图层"面板的下拉列表中选择所需图层。
- 选中图形对象，右击鼠标打开快捷菜单，然后选择"特性"命令，在"特性"选项板的"常规"选项组中单击"图层"右侧下拉按钮，从中选择所需的图层。

03 首先更改图形中标注的颜色，单击"标注"图层的颜色图标，如下图所示。

04 打开"选择颜色"对话框，选择颜色"蓝"，然后单击"确定"按钮，如下图所示。

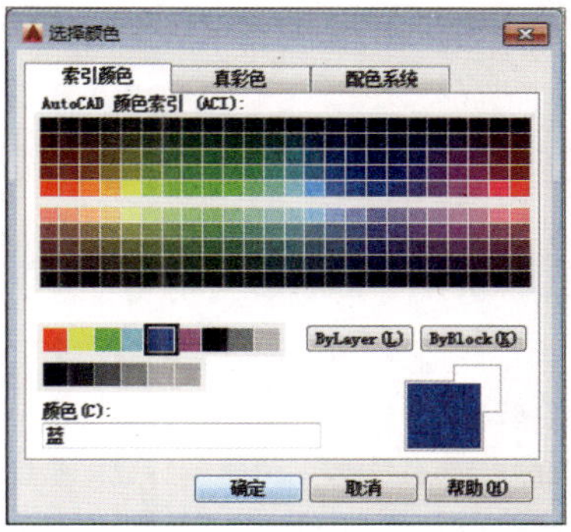

05 返回"图层特性管理器"对话框，即可完成图层颜色的更改，再返回绘图区中，查看图形标注的颜色更改效果，如右图所示。

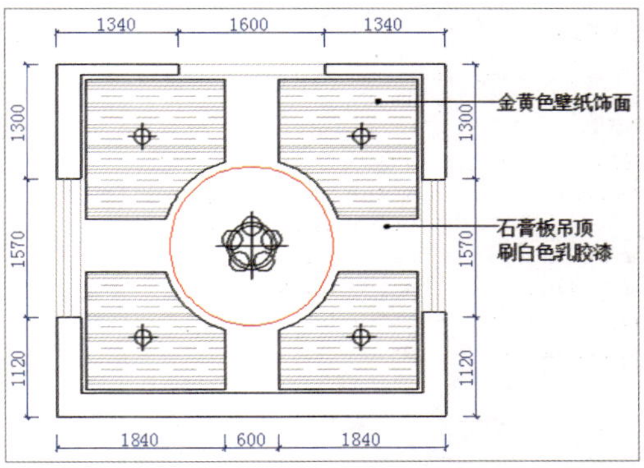

06 若要更改“灯具”图层的颜色，可按照上述方法进行更改，也可在“默认”选项卡的“图层”面板中单击“图层”下拉按钮，然后单击“灯具”图层上的颜色图标，如下图所示。

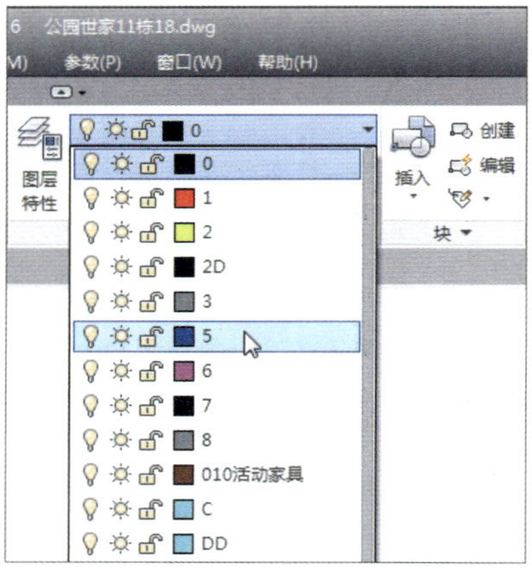

07 打开“选择颜色”对话框，指定颜色为“洋红”，如下图所示。

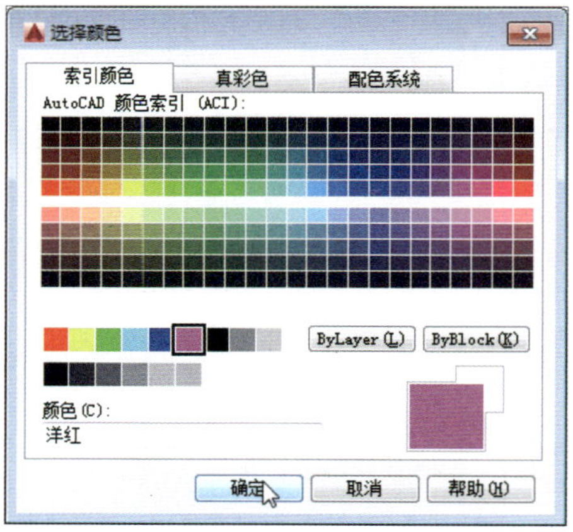

08 单击“确定”按钮即可完成灯具颜色的更改，效果如下图所示。

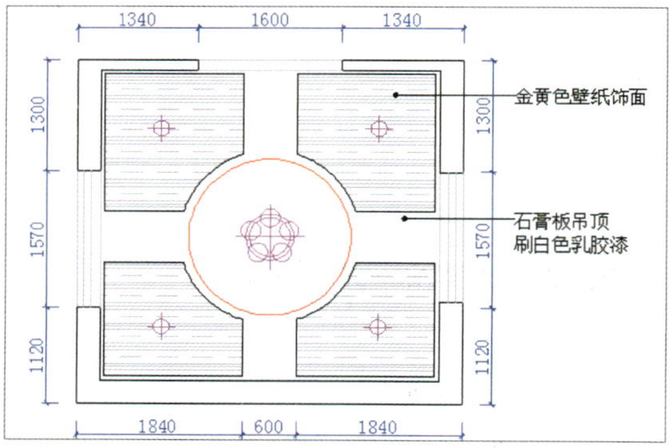

09 接下来更改灯带的线型，单击“图层特性”按钮，打开“图层特性管理器”对话框，单击“灯带”图层的线型图标，如下图所示。

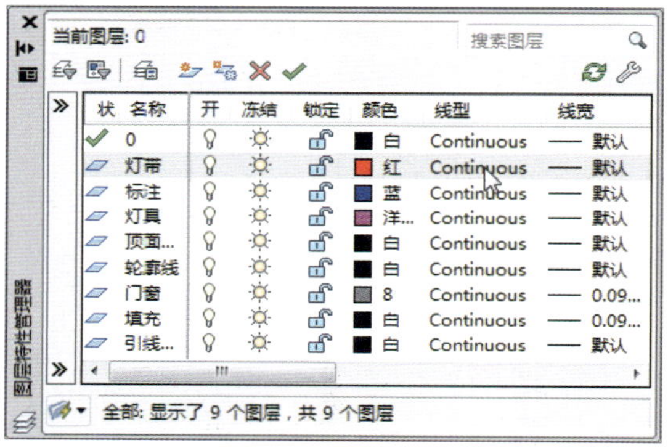

10 在打开的“选择线型”对话框中，单击“加载”按钮，然后在“加载或重载线型”对话框中选择合适的虚线线型，如下图所示。

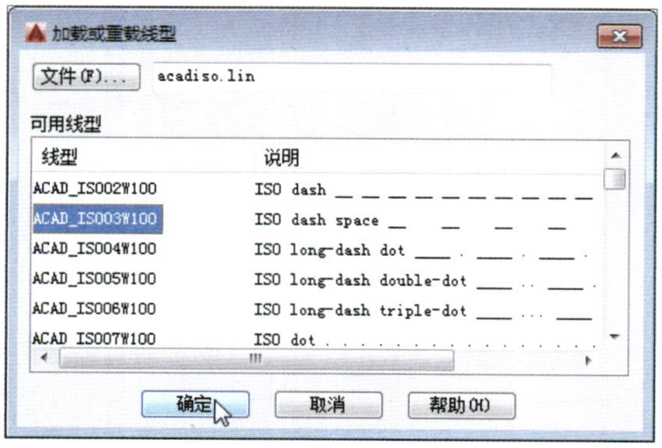

11 单击“确定”按钮，返回至“选择线型”对话框，并选中刚加载的虚线线型，如下图所示。

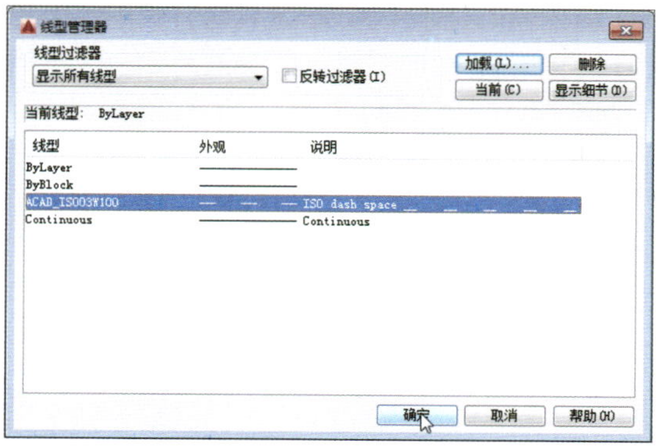

12 单击“确定”按钮即可完成灯带线型的更改，返回绘图区并选中灯带线，如下图所示。

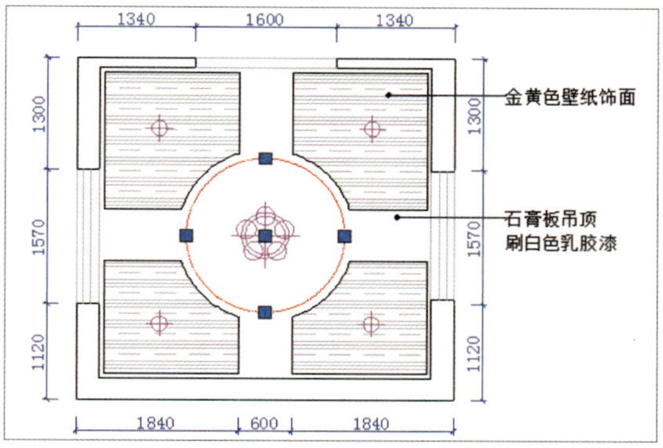

13 执行“修改>特性”菜单命令，打开“特性”选项板，将“线型比例”设置为10，如下图所示。

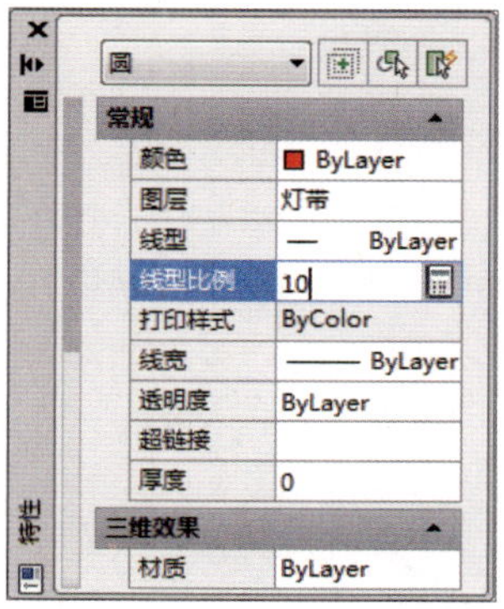

14 关闭“特性”选项板后，返回绘图区，查看修改效果，如右图所示。至此，顶棚的颜色与线型已更改完成。

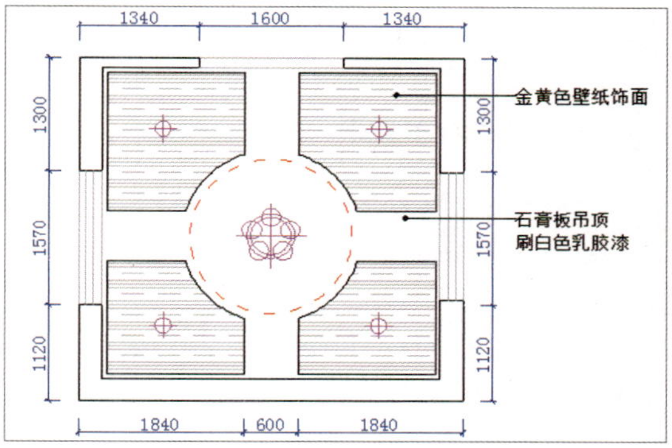

2.4 绘图辅助功能的应用

在绘制图形过程中，鼠标定位精度不高，这就需要利用状态栏中的捕捉模式、栅格显示、正交模式、极轴追踪、对象捕捉和对象捕捉追踪等绘图辅助工具来精确绘图。

2.4.1 显示栅格、捕捉模式

在绘制图形时，使用捕捉和栅格功能有助于创建和对齐图形中的对象。一般情况下，捕捉和栅格是配合使用的，即捕捉间距与栅格的X、Y轴间距分别一致，这样就能保证鼠标拾取到精确的位置。

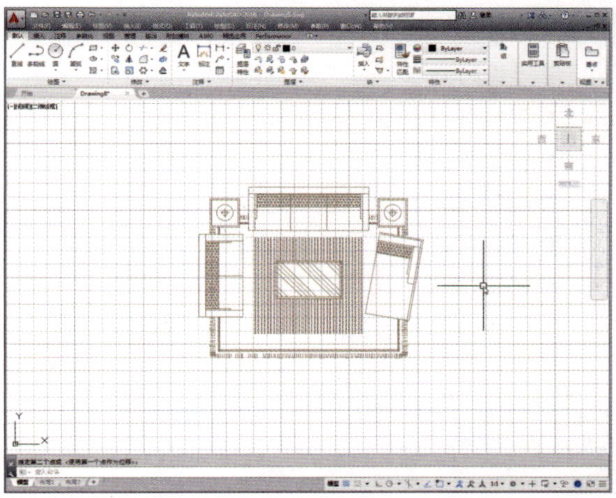

1. 显示栅格

栅格是一种可见的位置参考图标，有助于定位，栅格按照设置的间距显示在图形区域中的点，起到坐标纸的作用，可以提供直观的距离和位置参照，如右图所示。

在AutoCAD 2016中，通过以下方式可以打开或关闭栅格。

- 在状态栏中单击“栅格显示”按钮。
- 在状态栏中右击“栅格显示”按钮，然后选择或取消选择“启用”命令。
- 按F7键或Ctrl＋G组合键进行切换。

2. 栅格捕捉

栅格显示只能提供绘制图形的参考背景，栅格捕捉才是约束鼠标移动的工具，栅格捕捉功能用于设置鼠标移动的固定步长，即栅格点阵的间距，使鼠标在X轴和Y轴方向上的移动量总是步长的整数倍，以提高绘图的精度。可以通过下列方式打开或关闭“栅格捕捉”。

- 在状态栏中单击“捕捉模式”按钮。
- 在状态栏中右击“捕捉模式”按钮，然后选择“启用栅格捕捉”或“关”命令。
- 按F9键进行切换。

知识链接 栅格的功能

栅格只是一种定位图形辅助工具，不是图形的组成部分，不能被打印输出。在AutoCAD 2016中，可在绘图界限外显示栅格。

2.4.2　正交模式

正交模式是在任意角度和直角之间进行切换，在约束线段为水平或垂直的时候可以使用正交模式。正交模式只能沿水平或垂直方向移动，取消该模式则可沿任意角度进行绘制。通过以下方法可以打开或关闭正交模式。

- 在状态栏中单击“正交模式”按钮。
- 按F8键进行切换。

2.4.3　设置栅格和捕捉功能

AutoCAD的捕捉功能分为两种，一种是自动捕捉（栅格捕捉），另一种是栅格捕捉。用户可在“草图设置”对话框中对栅格和捕捉进行设置。通过下列方式打开“草图设置”对话框。

- 执行“工具>草图设置”命令。
- 在状态栏中右击相关按钮，在弹出的快捷菜单中选择“设置”命令。

1. 设置栅格与栅格捕捉

在“草图设置”对话框中，切换至“捕捉与栅格”选项卡，如右图所示。各选项组的作用如下。

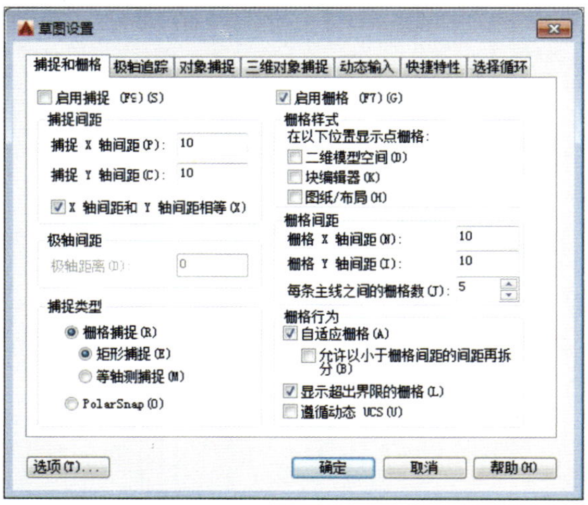

- **“启用捕捉”和“启用栅格”复选框：** 用于打开或关闭捕捉和栅格。
- **捕捉间距：** 用于定义捕捉的间距。
- **栅格间距：** 用于定义栅格的间距。
- **极轴间距：** 用于控制极轴捕捉增量距离。
- **捕捉类型：** 选择“栅格捕捉”类型后，还可以进一步选择“矩形捕捉”或“等轴测捕捉”样式；若选择PolarSnap类型，则可以设置“极轴间距”选项组中的“极轴距离”选项。

2. 设置对象捕捉

对象捕捉是通过已存在的实体对象的特殊点或特殊位置来确定点的位置，对象捕捉有两种方式，一种是自动对象捕捉，另一种是临时对象捕捉。

临时对象捕捉主要通过“对象捕捉”工具栏实现，执行“工具>工具栏>AutoCAD>对象捕捉”菜单命令，即可打开“对象捕捉”工具栏，如下图所示。

执行自动对象捕捉操作前，首先要设置好需要的对象捕捉点，以后当光标移动到这些对象捕捉点附近时，系统会自动捕捉到这些点。如果把光标放在捕捉点上多停留一会，系统还会显示捕捉的提示。这样，在选点之前，就可以预览和确认捕捉点。通过以下方法可以打开或关闭对象捕捉模式。

- 单击状态栏中的“对象捕捉”按钮。
- 在状态栏中右击“对象捕捉”按钮，然后选择或取消选择“启用”命令。
- 按F3键进行切换。

进阶案例 对象捕捉功能的应用

利用“对象捕捉”辅助功能绘制五角星图形。

01 在“默认”选线卡的“绘图”面板中单击“多边形”按钮，绘制半径为200的正五边形，如下图所示。命令行提示内容如下。

```
命令：_polygon 输入侧面数 <4>：5↙
                                  （输入 5 并按回车键）
指定正多边形的中心点或 [边(E)]：
                                        （指定中心点）
输入选项 [内接于圆(I)/外切于圆(C)] <I>：↙
                          （按回车键，选择内接于圆选项）
指定圆的半径：200↙
                               （输入 200，并按回车键）
```

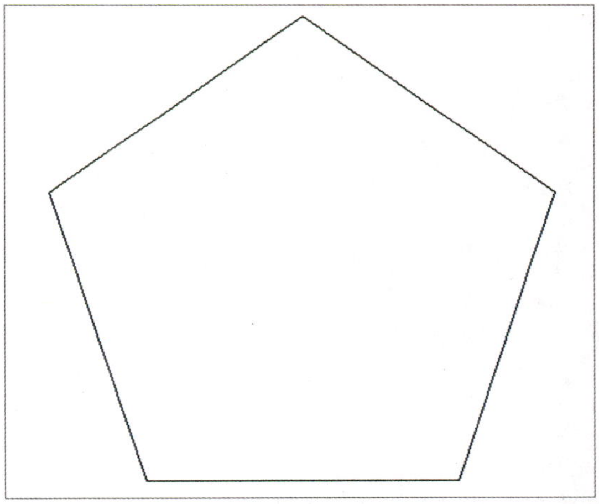

02 在状态栏中右击“对象捕捉”按钮，在弹出的快捷菜单中选择“设置”命令，在弹出的对话框的“对象捕捉”选项卡中，勾选“启用对象捕捉”和“端点”复选框，然后单击“确定”按钮，如右图所示。

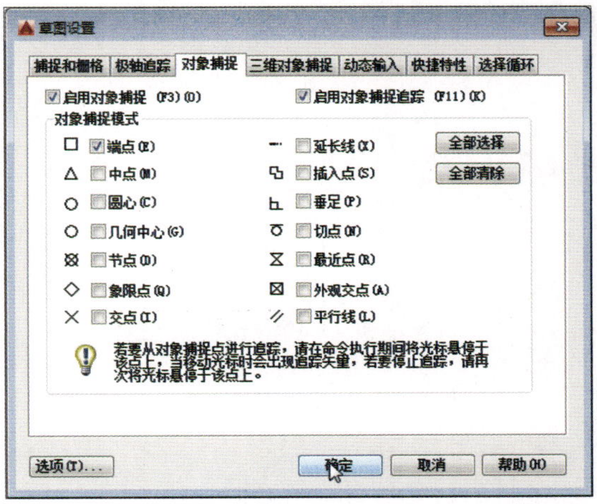

03 在“默认”选项卡的“绘图”面板中单击“直线”按钮，捕捉正五边形的端点进行连接，如下左图、下右图所示。至此，五角星图形绘制完毕。

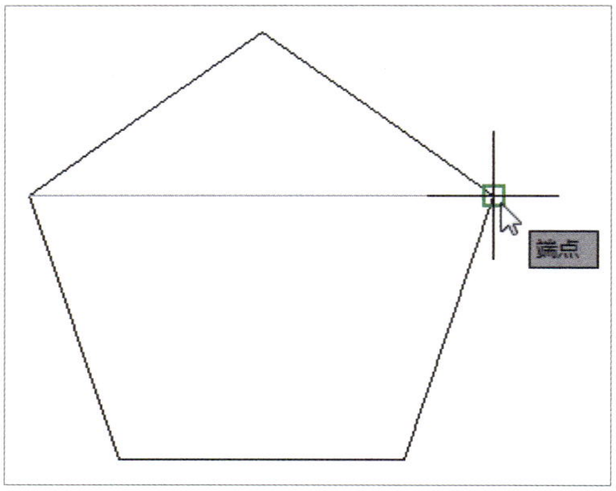

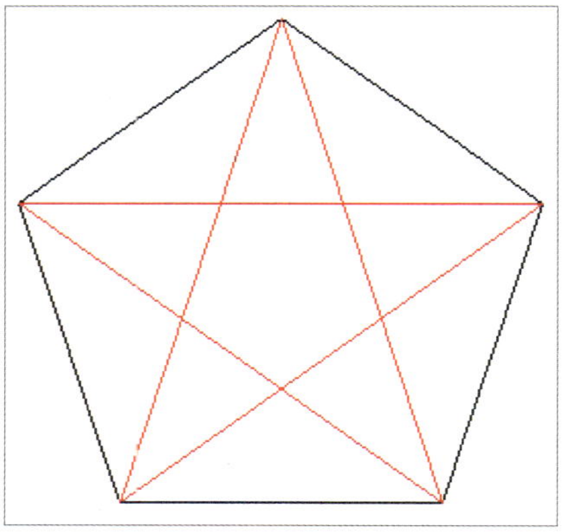

3. 对象捕捉追踪

对象捕捉追踪与极轴追踪是AutoCAD 2016提供的两个可以进行自动追踪的辅助绘图功能，即可以自动追踪记忆同一命令操作中光标所经过的捕捉点。从而以其中某一捕捉点的X坐标或Y坐标控制用户所要选择的定位点。

用户可以通过以下方法打开或关闭“对象捕捉追踪”功能。

- 在状态栏中单击“对象捕捉追踪”按钮。
- 在状态栏中右击“对象捕捉追踪”按钮，然后选择或取消选择“启用”命令。
- 按F3键进行切换。

4. 极轴追踪的追踪路径

极轴追踪的追踪路径是由相对于命令起点和端点的极轴定义的。极轴角是指极轴与X轴或前面绘制对象的夹角，如下左图所示。可以通过以下方法打开或关闭极轴追踪功能。

- 在状态栏中单击“极轴追踪”按钮。
- 在状态栏中右击“极轴追踪”按钮，然后选择或取消选择“启用”命令。
- 按F10键进行切换。

在“草图设置”对话框的“极轴追踪”选项卡中，可对极轴追踪进行相关设置，如下右图所示。各选项功能介绍如下。

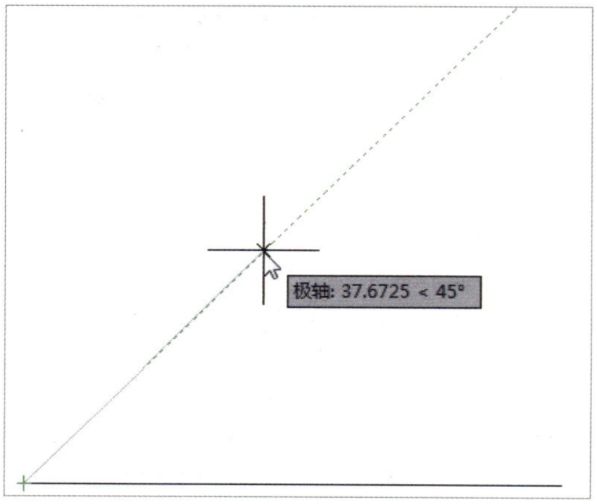

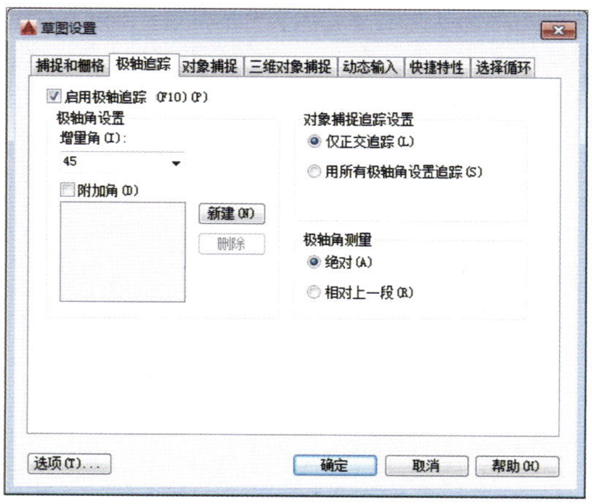

- **启用极轴追踪：** 打开或关闭极轴追踪模式。
- **增量角：** 选择极轴角的递增角度，AutoCAD 2016按增量角的整体倍数确定追踪路径。
- **附加角：** 可沿某些特殊方向进行极轴追踪。比如要在按30° 增量角的整数倍角度追踪的同时，追踪15° 角的路径，可勾选“附加角”复选框，单击“新建”按钮，在数值框中输入15即可。
- **对象捕捉追踪设置：** 设置对象捕捉追踪的方式。
- **极轴角测量：** 定义极轴角的测量方式。“绝对”表示以当前UCS的X轴为基准计算极轴角，“相对上一段”表示以最后创建的对象为基准计算极轴角。

2.4.4 查询距离和面积

在AutoCAD 2016中，可使用查询工具，查询图形的基本信息，例如面积、距离以及点坐标等，如右图所示。

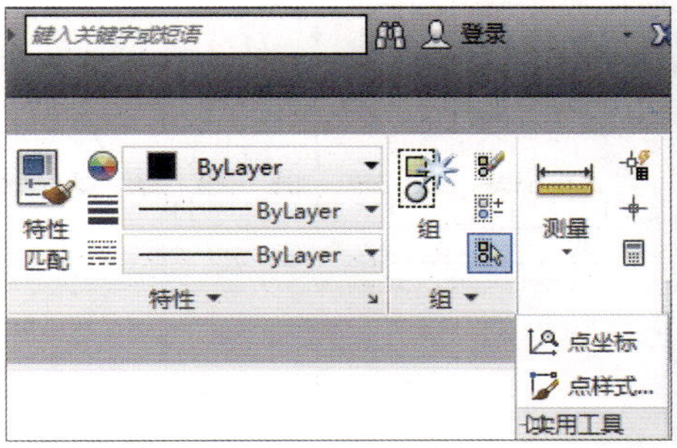

1. 距离查询

距离查询是测量两个点之间的最短长度值，距离查询是最常用的查询方式。

在使用距离查询工具的时候，只需要指定要查询距离的两个端点，系统将自动显示出两个点之间的距离。通过以下方法可以执行“距离”命令。

- 执行“工具>查询>距离”命令。
- 在“默认”选项卡的“实用工具”面板中单击“距离”按钮。
- 在命令行输入DIST，然后按回车键。

2. 面积查询

利用查询面积功能，可测量对象及所定义区域的面积和周长。可通过下列方法启动“面积查询”命令。

- 执行“工具>查询>面积”命令。
- 在“默认”选项卡的“实用工具”面板中单击“面积”按钮。
- 在命令行输入AREA，然后按回车键。

执行以上任意一种操作后，命令行的提示内容以及各选项的含义介绍如下。

```
指定第一个角点或 [对象(O)/增加面积(A)/减少面积(S)/退出(X)] <对象(O)>:
```

其中，上述各选项含义介绍如下。

- **指定第一角点：** 可以查询由所有角点围成的多边形的面积和周长。
- **对象：** 可以查询圆、椭圆、多段线、多边形、面域和三维实体的表面积和周长。
- **增加面积：** 是指通过指定点或选择对象测量多个面积之和（总面积）。
- **减少面积：** 是指从已经计算的组合面积中减去一个或多个面积。

专家技巧：角度查询

角度查询用于测量两条线段之间的夹角度数，执行“实用工具>测量>角度”命令，在所需测量图形中，分别选中所要查询角度的两条线段，此时，系统将自动测量出两条线段之间的夹角度数。

进阶案例 测量对象间距

使用“距离”查询命令，测量对象间的距离。

01 单击“实用工具”面板中的“距离”按钮，根据命令行提示，在要进行测量的图形对象上选取两个点，此时，在光标附近即可查看该对象距离值，如下图所示。

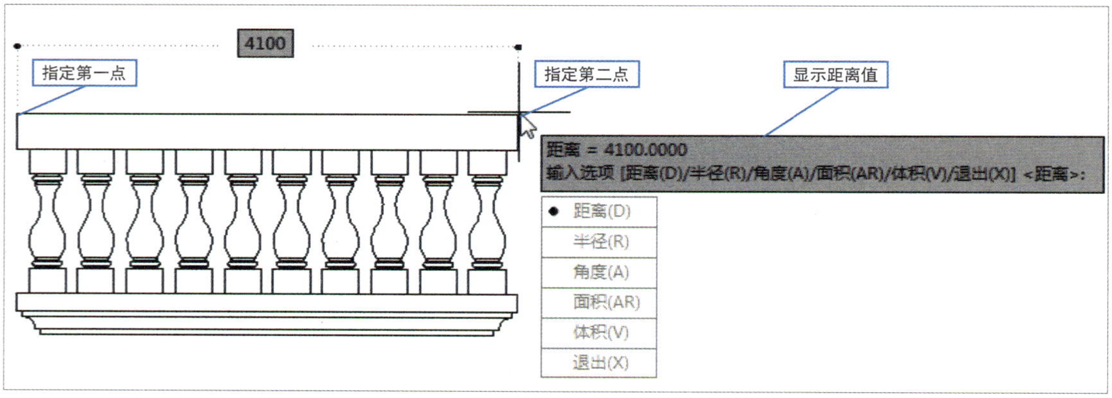

02 在命令行中输入X，然后按回车键即可退出测量距离操作，此时系统将在命令行或AutoCAD文本窗口中显示这两点之间的距离值，命令行提示内容如下。

```
命令： _MEASUREGEOM
输入选项 [距离(D)/半径(R)/角度(A)/面积(AR)/体积(V)] <距离>: _distance
指定第一点：
指定第二个点或 [多个点(M)]:
距离 = 4100.0000, XY 平面中的倾角 = 0,  与 XY 平面的夹角 = 0
X 增量 = 4100.0000,  Y 增量 = 0.0000,   Z 增量 = 0.0000
输入选项 [距离(D)/半径(R)/角度(A)/面积(AR)/体积(V)/退出(X)] <距离>: X
```

课后练习

一. 选择题

1. 如果起点为（10，10），要绘制出与X轴正方向成60度夹角，长度为90的直线段，应输入坐标为（　　）。

A. 90, 60　　B. @60, 90
C. 90<60　　D. @90<60

2. 使用极轴追踪绘图模式时，必须指定（　　）。

A. 基点　　B. 附加角
C. 增量角　　D. 长度

3. 为了切换打开和关闭正交模式，可以按功能键（　　）。

A. F8　　B. F3
C. F4　　D. F2

4. AutoCAD图形文件的扩展名为（　　）。

A. DWF　　B. DWS
C. DWG　　D. DWT

二. 填空题

1. 计算机辅助设计简称为________________。
2. 在AutoCAD 2016中，单击“默认”选项卡的“图层”面板中________命令，可打开________对话框，从而设置和管理图层。
3. 在AutoCAD中，系统默认的线型是________。

三. 操作题

1. 新建一个图形文件，以“会议桌”为名保存文件。然后创建图层，并对图层进行设置。创建“会议桌”、“椅子”和“植物”图层；图层颜色分别为蓝色、黑色和绿色；图层的线型为Continuous；线宽为默认值，如下左图所示。
2. 执行“矩形”、“直线”和“多段线”命令，绘制如下右图所示的门。

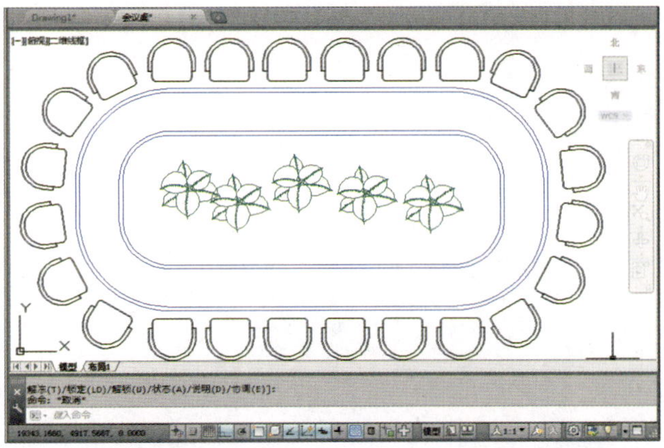

Chapter 03

绘制二维图形

本章将向读者介绍如何利用AutoCAD 2016软件来创建一些简单的二维图形，其中包括点、线、曲线、矩形以及正多边形等操作命令。通过本章内容的学习，读者可以熟悉并掌握一些制图的方法和技巧，从而更好地绘制出复杂的二维图形。

知识要点

① 绘制点、线
② 绘制矩形
③ 绘制圆、圆弧
④ 绘制椭圆、椭圆弧

上机安排

学习内容	学习时间
● 绘制单点、多点	15分钟
● 绘制各类线	15分钟
● 绘制各类矩形	20分钟
● 绘制圆与圆弧	20分钟
● 绘制椭圆与椭圆弧	20分钟

3.1 点的绘制

点是构成图形的基础，任何复杂曲线都是由无数个点构成的。点可以分为单个点和多个点，在绘制点之前需要设置点的样式。

3.1.1 设置点样式

在系统默认情况下，点对象仅被显示为一个小圆点，用户可以利用系统变量PDMODE和PDSIZE来更改点的显示类型和尺寸。

执行“格式>点样式”菜单命令，打开“点样式”对话框，如右图所示。在该对话框中，可以根据需要选择相应的点样式。若选中“相对于屏幕设置大小”选项，则在“点大小”数值框中输入的是百分数；若选中“按绝对单位设置大小”选项，则在数值框中输入的是实际单位。

上述设置完成后，执行点命令，新绘制的点以及先前绘制的点的样式将会以新的点类型和尺寸显示。

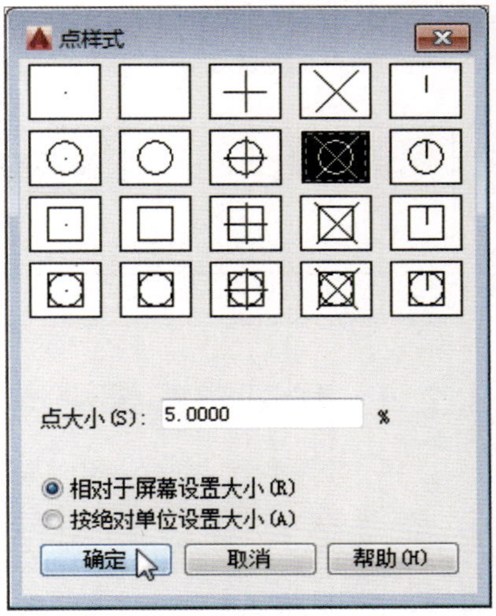

专家技巧：启动“点样式”对话框

在命令行中输入DDPTYPE命令，然后按回车键，即可打开“点样式”对话框。数值框中输入的是实际单位。

3.1.2 绘制点

设置点样式后，执行“绘图>点>单点”命令，通过在绘图区中单击或输入点的坐标值指定点，即可绘制单点，如右图所示。

若执行“绘图>点>多点”，则可连续绘制多个点。多点的绘制与单点绘制相同，只不过是执行单点命令后，一次只能创建一个点，而执行“多点”命令，则一次能创建多个点。

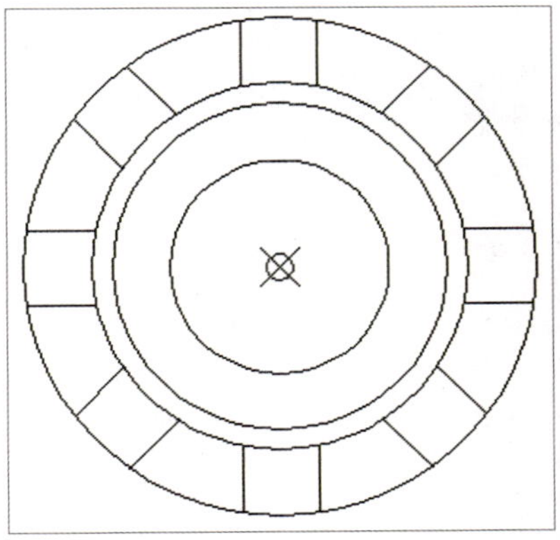

3.1.3 绘制定数等分点

使用“定距等分”命令，可以将所选对象按指定的线段数目进行平均等分。这个操作并不将对象实际等分为单独的对象，它仅仅是标明定数等分点的位置，以便将它们作为几何参考点。

在AutoCAD 2016中，用户可以通过以下方法执行“定数等分”命令。

- 执行“绘图>点>定数等分”命令。
- 在“默认”选项卡的“绘图”面板中单击“定数等分”按钮。
- 在命令行中输入DIVIDE，然后按回车键。

进阶案例 定数等分矩形

使用“定数等份”命令，将矩形的顶边（边长为100）等分为6等份。

01 单击“绘图”面板中的“定数等分”按钮，根据命令行的提示选择要等分的线段，然后按回车键并输入数字6，如下图所示。

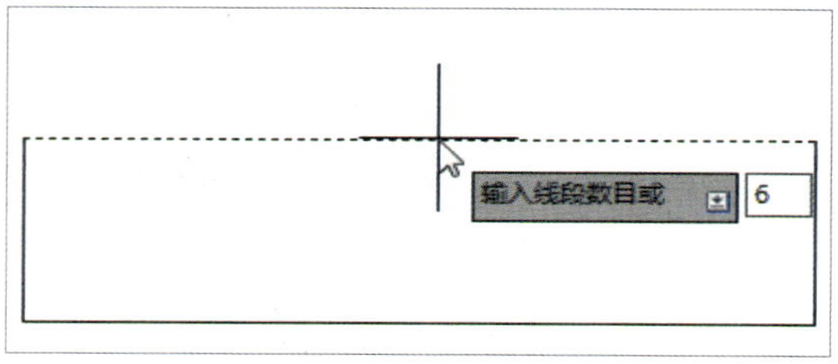

02 按回车键，即可将选定的线段等分为6等份，如下图所示。

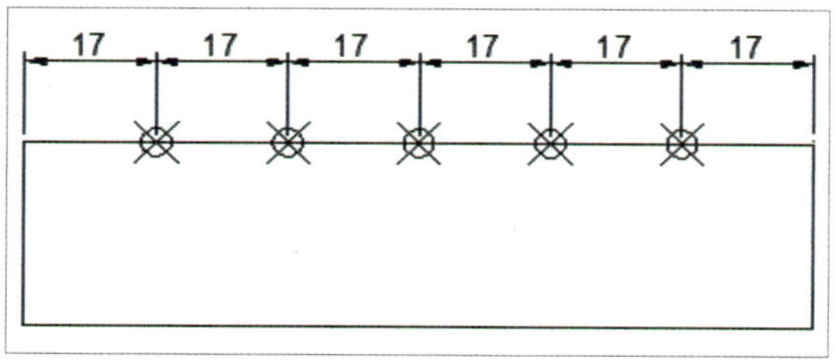

3.1.4 绘制定距等分点

使用“定距等分”命令，可以从选定对象的某一个端点开始，按照指定的长度开始划分，等分对象的最后一段可能要比指定的间隔短。

在AutoCAD 2016中，用户可以通过以下方法执行“定距等分”命令。

- 执行“绘图>点>定距等分”命令。
- 在“默认”选项卡的“绘图”面板中单击“定距等分”按钮。
- 在命令行中输入MEASURE，然后按回车键。

进阶案例 定距等分矩形

使用“定距等分”命令，将矩形的底边（长为100）按长度为18进行等分。

01 单击“绘图”面板中的“定数等分”按钮，根据命令行的提示“选择要定距等分的对象”，选取矩形底边，如下图所示。

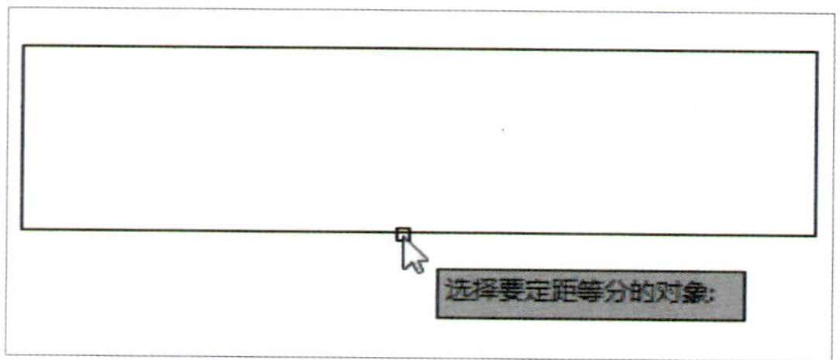

02 根据命令行的提示“指定线段长度或块(B)”，输入18后，按回车键即可完成定距等分点的绘制，如下图所示。

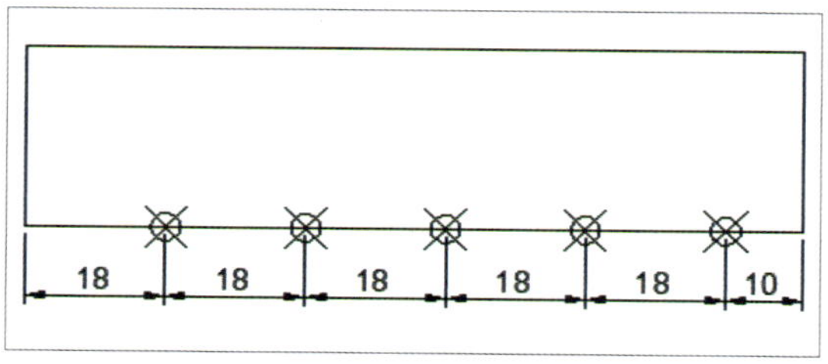

专家技巧：设置放置点

放置点的起始位置从离对象选取单击点较近的端点开始，如果对象总长不能被所选长度整除，则最后放置点到对象端点的距离不等于所选长度。

3.2 线的绘制

在AutoCAD中，线条的类型有多种，如直线、射线、构造线、多线、多段线、样条曲线以及矩形等。下面将为用户介绍各种线的绘制方法。

3.2.1 绘制直线

直线是在绘制图形过程中最基本、常用的绘图命令。用户可以通过以下方法执行“直线”命令。

- 执行“绘图>直线”命令。
- 在“默认”选项卡的“绘图”面板中单击“直线”按钮。
- 在命令行中输入快捷命令L，然后按回车键。

进阶案例 绘制多边形

执行“直线”命令绘制多边形。

01 单击“绘图”面板中的“直线”按钮，在绘图窗口中指定起点，然后开启“正交”功能并向右移动光标输入200，如下图所示。

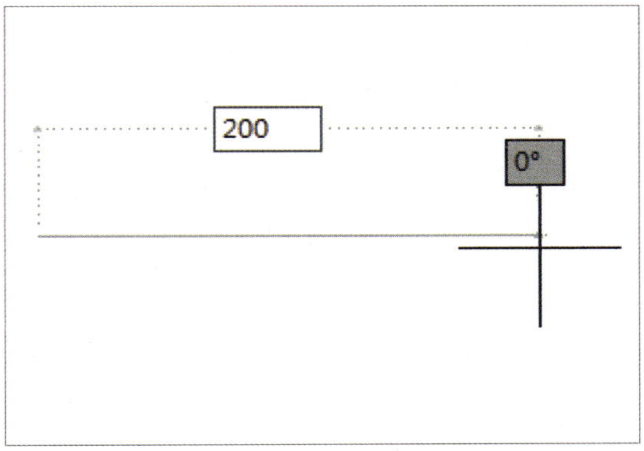

02 按回车键后，在命令行中输入“@100, 200”，按回车键确定第二个点，如下图所示。

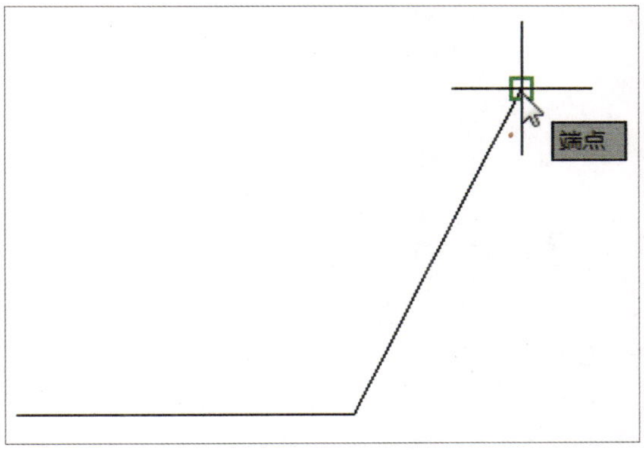

03 沿X轴负方向，向左绘制长度为200的直线，如下图所示。

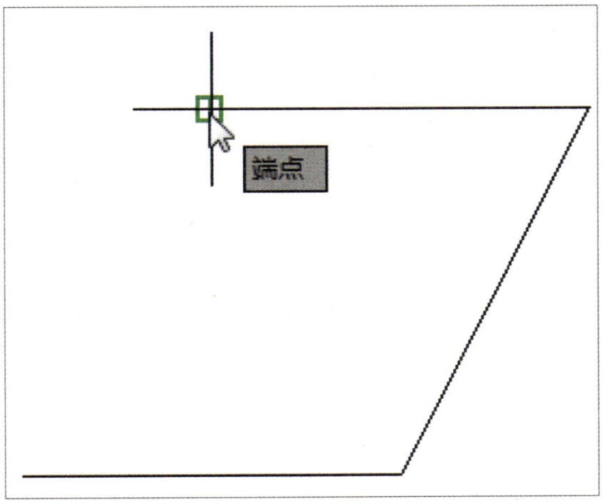

04 根据命令行的提示，输入C闭合图形，完成四边形的绘制，如下图所示。

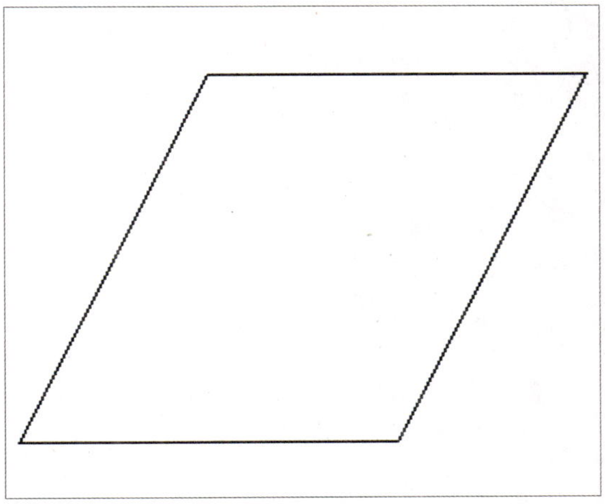

3.2.2 绘制射线

射线是以一个点为起点，向某方向无限延伸的直线。在AutoCAD中，射线常作为绘图辅助线使用。用户可以通过以下方法执行“射线”命令。

- 执行“绘图>射线”命令。
- 在“默认”选项卡的“绘图”面板中单击“射线”按钮。
- 在命令行中输入RAY，然后按回车键。

执行“射线”命令后，先指定射线的起点，再指定通过点，即可绘制一条射线，如下左图所示。指定射线的起点后，可在“指定通过点:”提示下指定多个通过点，绘制以起点为端点的多条射线，直到按Esc 键或Enter 键退出为止，如下右图所示。

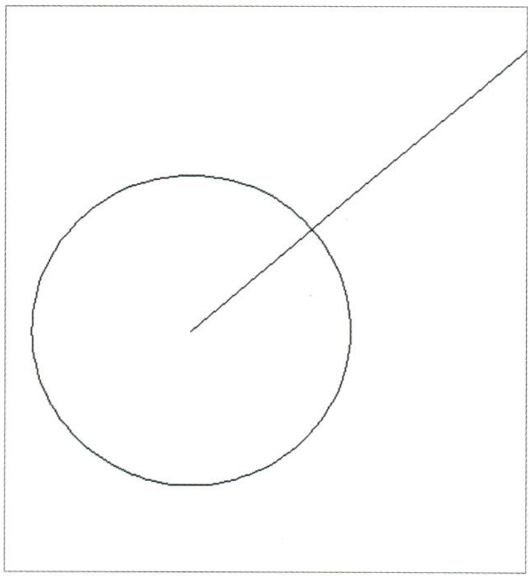
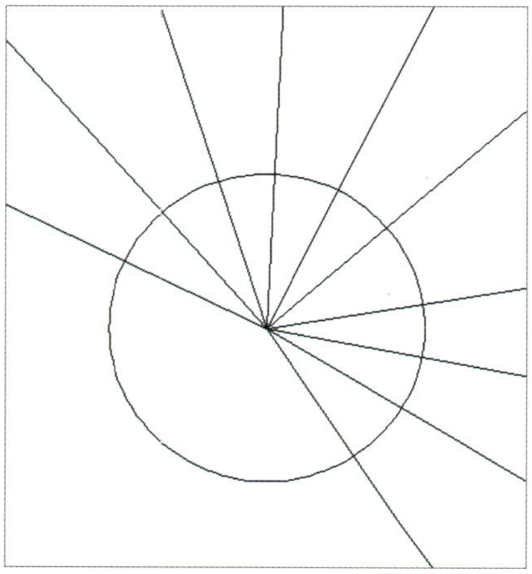

3.2.3 绘制构造线

构造线是无限延伸的线，也可以用作创建其他直线的参照，创建出水平、垂直、具有一定角度的构造线。构造线也起到辅助制图的作用。用户可以通过以下方法执行“构造线”命令。

- 执行“绘图>构造线”命令。
- 在“默认”选项卡的“绘图”面板中单击“构造线”按钮。
- 在命令行中输入快捷命令XL，然后按回车键。

执行“构造线”命令后，命令行提示内容如下。

```
命令：_xline
指定点或 [水平(H)/垂直(V)/角度(A)/二等分(B)/偏移(O)]:
指定通过点：
```

命令行中各选项的含义介绍如下。

- **水平或垂直：**用于创建经过指定点（中点）且平行于X轴或Y轴的构造线。
- **角度：**用于选择一条参考线，再指定直线与构造线的角度。或者先指定构造线的角度，再设置必经的点，从而创建与X轴成指定角度的构造线。
- **二等分：**用于创建二等分指定角的构造线，需要指定等分角的顶点、起点和端点。
- **偏移：**用于创建平行于指定基线的构造线，此时需要指定偏移距离，选择基线，然后指明构造线位于基线的哪一侧。

3.2.4 绘制多段线

在绘制多段线时，可以随时选择下一条线的宽度、线型和定位方法，从而连续地绘制出不同属性线段的多段线。通过下列方法可以执行多段线命令。

- 执行“绘图>多段线”命令。
- 在“默认”选项卡的“绘图”面板中单击“多段线”按钮。
- 在命令行中输入快捷命令PL，然后按回车键。

执行“多段线”命令后，命令行提示内容如下。

```
命令：_pline
指定起点：
当前线宽为 0.0000
指定下一个点或 [圆弧(A)/半宽(H)/长度(L)/放弃(U)/宽度(W)]:
```

命令行中各选项的含义介绍如下。

- **圆弧：**以圆弧的方式绘制多段线。
- **半宽：**可以指定多段线的起点和终点半宽值。
- **长度：**定义下一段多段线的长度。
- **宽度：**可以设置多段线起点和端点的宽度。

3.2.5 绘制样条曲线

样条曲线是通过一系列指定点的光滑曲线，用来绘制不规则的曲线图形。用户可以通过以下方法执行“样条曲线”命令。

- 执行“绘图>样条曲线”子菜单中的命令。
- 在“默认”选项卡的“绘图”面板中单击“样条曲线拟合”按钮或“样条曲线控制点”按钮。
- 在命令行中输入快捷命令SPL，然后按回车键。

执行“样条曲线”命令后，根据命令行提示，依次指定起点、中间点和终点，即可绘制出样条曲线，如下图所示。

知识链接 编辑样条线

待样条曲线绘制完毕之后，可对其进行修改。用户还可以通过以下方法执行“编辑样条曲线”命令。

- 执行“修改>对象>样条曲线”命令。
- 在“默认”选项卡的“修改”面板中单击“编辑样条曲线”按钮。
- 在命令行中输入SPLINEDIT，然后按回车键。
- 双击样条曲线。

3.2.6 绘制修订云线

修订云线是由连续圆弧组成的多段线，用于在检查阶段提醒用户注意图形的某个部分。用户可以通过以下方法执行“修订云线”命令。

- 执行“绘图>修订云线”命令。
- 在“默认”选项卡的“绘图”面板中单击“修订云线”按钮。
- 在命令行中输入REVCLOUD ，然后按回车键。

执行“修订云线”命令后，命令行提示内容如下。

```
命令： _revcloud
最小弧长： 0.5    最大弧长： 0.5    样式： 普通
指定起点或 [ 弧长 (A)/ 对象 (O)/ 样式 (S)] < 对象 >:
```

命令行中各选项的含义介绍如下。

- **弧长：**设置云线弧长，最大弧长不得超过最小弧长的3倍。
- **对象：**设置云线的弧方向。
- **样式：**设置使用“普通”或“手绘”方式来绘制云线。

知识链接 Revcloud命令的使用

Revcloud命令在系统注册表中存储上一次使用的圆弧长度。当程序和使用不同比例因子的图形一起使用时，用Dimscale乘以此值以保持统一。

3.2.7 绘制多线

多线是一种由多条平行线组成的对象，平行线之间的间距和数目是可以设置的。在AutoCAD 2016中，用户可以通过以下方法执行“多线”命令。

- 执行“绘图>多线”命令。
- 在命令行中输入快捷命令ML，然后按回车键。

执行“多线”命令后，命令行提示内容如下。

```
命令： _mline
当前设置： 对正 = 上，比例 = 20.00，样式 = STANDARD
指定起点或 [ 对正 (J)/ 比例 (S)/ 样式 (ST)]:
```

命令行中各选项的含义介绍如下。

- **指定起点：**用于确定多线的起始点。
- **对正：**用于确定多线的对正方式，即多线上的哪一条线随光标移动。“上”表示当从左向右绘制多线时，多线上最顶端的多线将随着光标移动；“无”表示当绘制多线时，多线的中心线将随着光标移动；“下”表示当从左向右绘制多线时，多线上最底端的多线将随着光标移动。
- **比例：**用于确定多线宽度相对于多线定义宽度的比例因子。
- **样式：**用于确定绘制多线时采用的样式。默认样式为STANDARD。可以输入“？”显示已有的多线样式。

进阶案例 绘制墙体图形

利用前面所学的绘图知识，绘制墙体图形。

01 执行“绘图>多线”菜单命令，根据命令行提示首先设置多线的对正类型、比例和样式，命令行提示内容如下。

```
命令： _mline                                              （调用多线命令）
当前设置： 对正 = 上，比例 = 20.00，样式 = STANDARD
指定起点或 [对正(J)/比例(S)/样式(ST)]:  J↙                   （选择对正选项）
输入对正类型 [上(T)/无(Z)/下(B)] <上>:  Z↙                   （输入 Z 并按回车键）
当前设置： 对正 = 无，比例 = 20.00，样式 = STANDARD
指定起点或 [对正(J)/比例(S)/样式(ST)]:  S↙                   （选择比例选项）
输入多线比例 <20.00>:  240↙                                 （输入 240 并按回车键）
当前设置： 对正 = 无，比例 = 240.00，样式 = STANDARD
```

02 多线设置完成后，根据命令行的提示，在绘图区任意位置单击，确定多线的起始点，然后开启“正交”功能，并向上移动光标，输入3500确定下一点位置，如下图所示。

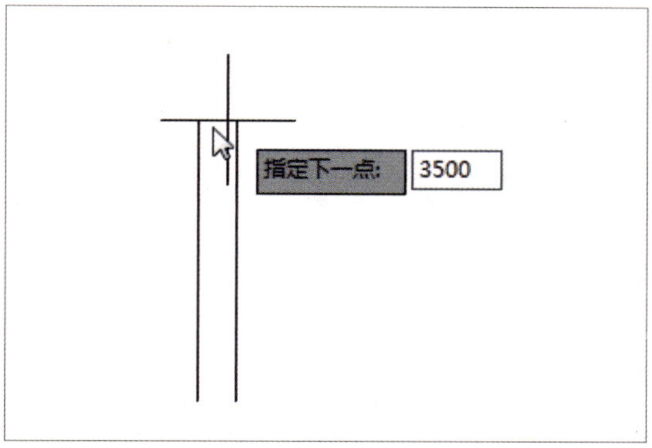

03 按回车键后，向右移动光标，输入3000确定下一点位置，如下图所示。

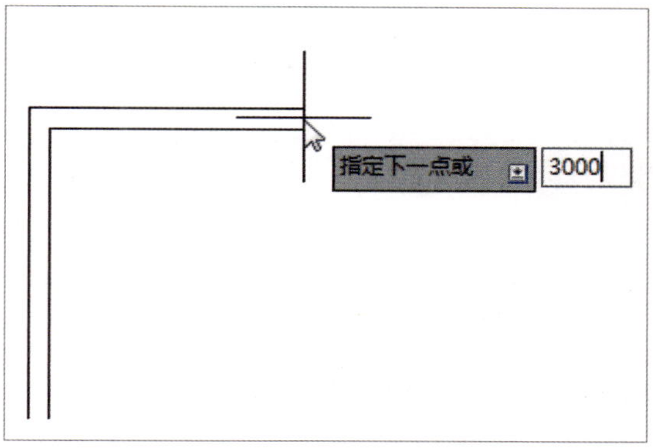

04 按回车键后，向下移动光标，输入1000确定下一点位置，如下图所示。

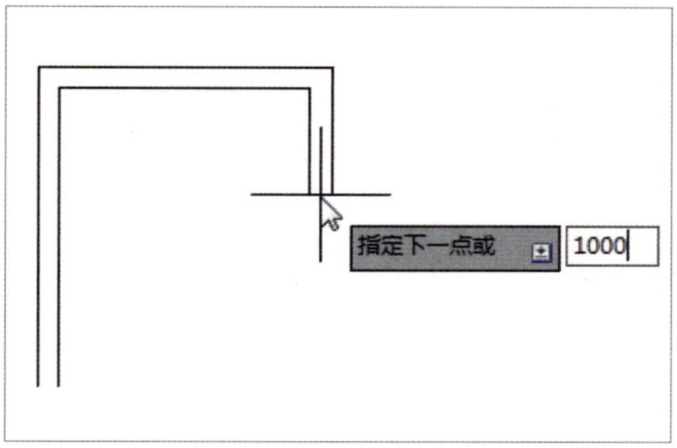

05 按回车键后，向右移动光标，输入4000确定下一点位置，如下图所示。

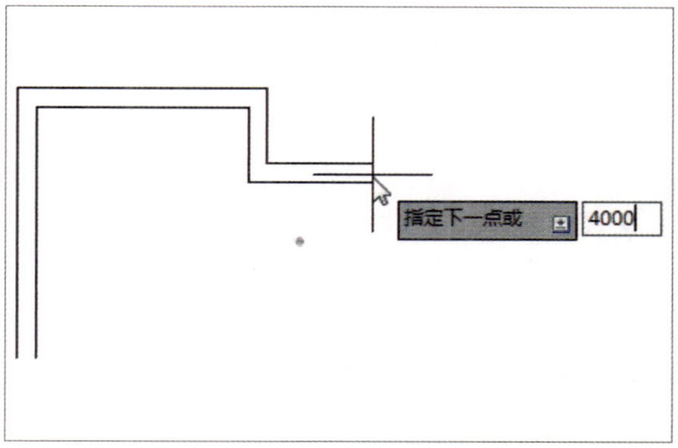

06 按回车键后，向下移动光标，输入8000并按回车键，然后向左移动光标，输入11000，如下图所示。

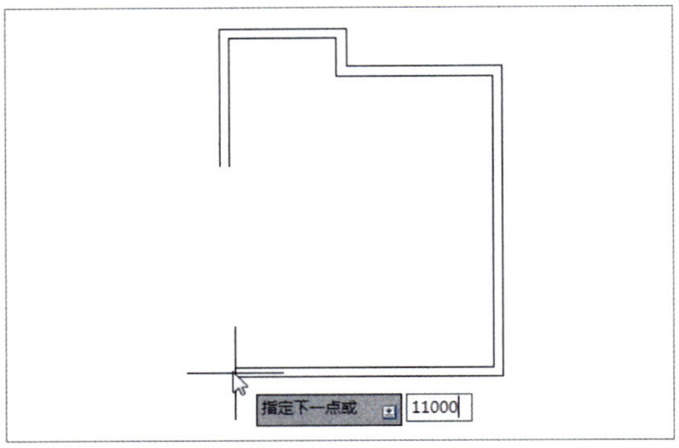

07 按回车键后，向上移动光标，输入5500并按回车键，然后根据命令行的提示，选择“闭合”选项，完成多线的绘制，如下图所示。

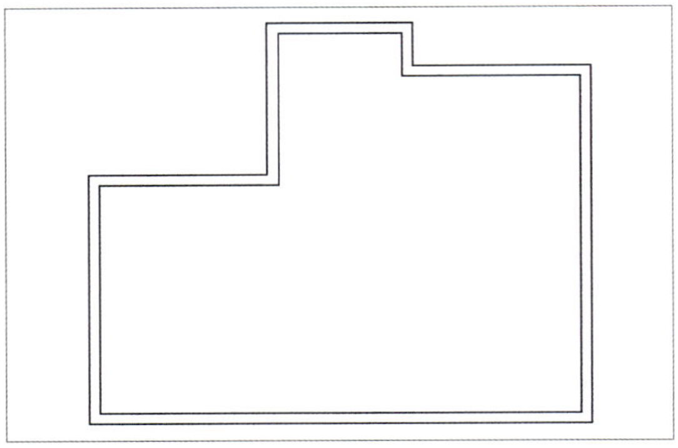

知识链接 创建多线样式

在AutoCAD 2016中，通过设置多线的样式，可设置其线条数目、对齐方式和线型等属性，以便绘制出符合需要的多线样式。用户可以通过以下方法执行“多线样式”命令。

- 执行“格式>多线样式”命令。
- 在命令行中输入MLSTYLE，然后按回车键。

执行“多线样式”命令后，系统将弹出“多线样式”对话框，如右图所示。

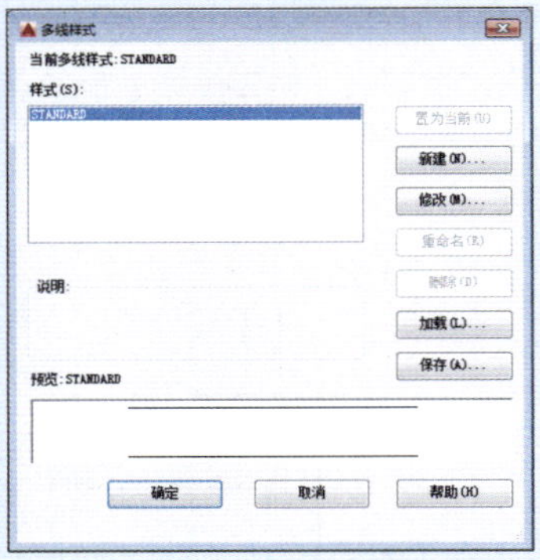

3.3 矩形与多边形的绘制

本节将对矩形与多边形的绘制操作进行介绍。

3.3.1 绘制矩形

矩形命令是AutoCAD中最常用的命令之一，它是通过两个角点来定义矩形的。用户可以通过以下方法执行“矩形”命令。

- 执行“绘图>矩形”命令。
- 在“默认”选项卡的“绘图”面板中单击“矩形”按钮。
- 在命令行中输入快捷命令REC，然后按回车键。

执行“矩形”命令后，命令行提示内容如下。

```
命令： _rectang
指定第一个角点或 [倒角(C)/标高(E)/圆角(F)/厚度(T)/宽度(W)]: c
```

各选项的含义介绍如下。

- **角点：** 通过指定两个角点绘制矩形。
- **倒角：** 该选项用于绘制带倒角的矩形，并设置倒角距离。

- **标高：** 该选项一般用于三维绘图，设置所绘矩形到XY平面的垂直距离。
- **圆角：** 该选项用于绘制带圆角的矩形，并设置圆角半径。
- **厚度：** 该选项用于设置矩形的厚度，一般也用于三维绘图。
- **宽度：** 该选项用于设置矩形的线宽，即矩形4个边的宽度。

执行“矩形”命令后，在命令行输入C并按回车键，选择“倒角”选项，然后指定倒角距离，即可绘制倒角矩形。命令行提示内容如下。

```
命令：_rectang
指定第一个角点或 [倒角(C)/标高(E)/圆角(F)/厚度(T)/宽度(W)]: C
指定矩形的第一个倒角距离 <0.0000>:
指定矩形的第二个倒角距离 <0.0000>:
```

若在命令行中输入F并按回车键，则选择“圆角”选项，然后设置圆角半径，即可绘制出圆角矩形。命令行提示内容如下。

```
命令：_rectang
指定第一个角点或 [倒角(C)/标高(E)/圆角(F)/厚度(T)/宽度(W)]: F
指定矩形的圆角半径 <0.0000>:
```

进阶案例 绘制倒角、圆角矩形

绘制300×200的倒角矩形、半径为100的圆角矩形和宽度50的圆角矩形。

01 执行“矩形”命令，根据命令行的提示绘制倒角矩形。先选择“倒角”选项，倒角距离均设为20，在绘图窗口指定一点，然后选择“尺寸”选项，确定矩形的长度为300，宽度为200，按回车键完成创建，如下图所示。

02 按回车键重复执行“矩形”命令，根据命令行的提示绘制圆角矩形。选择“圆角”选项，输入圆角半径为100即可，如下图所示。

03 按回车键继续执行“矩形”命令，根据命令行的提示，当前矩形模式为“圆角”，设置半径为100，选择“宽度”选项，确定线宽为50，在绘图窗口指定矩形的两个角点，如右图所示。

3.3.2 正多边形的绘制

正多边形是由多条边长相等的闭合线段组合而成的，其各边相等，各角也相等。默认情况下，正多边形的边数为4。用户可以通过以下方法执行“多边形”命令。

- 执行“绘图>多边形”命令。
- 在“默认”选项卡的“绘图”面板中单击“多边形”按钮。
- 在命令行中输入快捷命令POL，然后按回车键。

执行“多边形”命令后，命令行提示内容如下。

```
命令：_polygon 输入侧面数 <4>:
指定正多边形的中心点或 [边(E)]:
输入选项 [内接于圆(I)/外切于圆(C)] <I>:
指定圆的半径：
```

从命令提示中的选项可以看出，正多边形可以通过与假想的圆内接或外切法来绘制，也可以通过指定正多边形某一边端点来绘制。

3.4 圆和圆弧的绘制

在绘图过程中，“圆”命令也是常用命令之一。圆弧是圆的一部分。用户可以通过以下方法执行“圆”命令。

- 执行“绘图>圆”子菜单中的命令。
- 在“默认”选项卡的“绘图”面板中单击“圆”下拉按钮，在展开的下拉菜单中将显示6种绘制圆的选项，从中选择合适的选项即可。
- 在命令行中输入快捷命令C，然后按回车键。

3.4.1 圆心、半径方式

执行“圆心，半径”命令后，命令行提示内容如下。

```
命令：_circle
指定圆的圆心或 [三点(3P)/两点(2P)/切点、切点、半径(T)]:
指定圆的半径或 [直径(D)]:
```

3.4.2 圆心、直径方式

执行“圆心，直径”命令后，命令行提示内容如下。

```
命令：_circle
指定圆的圆心或 [三点(3P)/两点(2P)/切点、切点、半径(T)]: 0,0
指定圆的半径或 [直径(D)]: _d 指定圆的直径：
```

3.4.3 三点方式

执行“三点”命令后，命令行的提示内容如下。

```
命令：_circle
```

```
指定圆的圆心或 [三点(3P)/两点(2P)/切点、切点、半径(T)]: _3p 指定圆上的第一个点：
指定圆上的第二个点：
指定圆上的第三个点：
```

3.4.4 相切、相切、半径方式

执行“相切，相切，半径”命令后，命令行提示内容如下。

```
命令：_circle
指定圆的圆心或 [三点(3P)/两点(2P)/切点、切点、半径(T)]: _ttr
指定对象与圆的第一个切点：
指定对象与圆的第二个切点：
指定圆的半径 <200.0000>:
```

在绘制圆的过程中，如果指定圆的半径或直径的值无效，系统将提示“需要数值距离或第二点”、“值必须为正且非零”等信息，或提示重新输入，或者退出该命令。

3.4.5 相切、相切、相切方式

执行“相切，相切，相切”命令后，利用光标来拾取已知3个图形对象即可完成圆形的绘制，如右图所示。命令行提示内容如下。

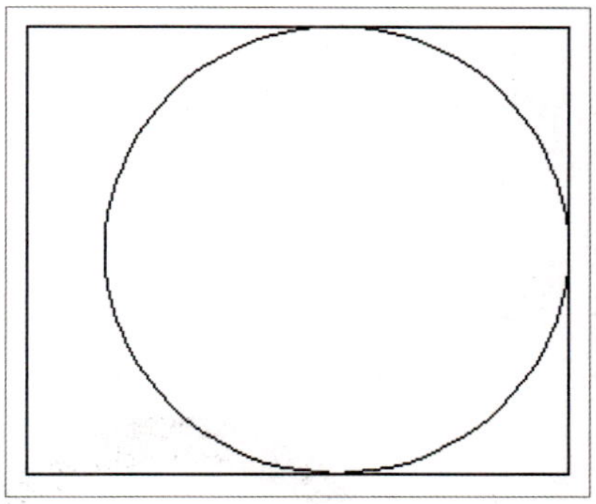

```
命令：_circle
指定圆的圆心或 [三点(3P)/两点(2P)/切点、切点、半径(T)]: _3p
指定圆上的第一个点：_tan 到
指定圆上的第二个点：_tan 到
指定圆上的第三个点：_tan 到
```

3.4.6 绘制圆弧的几种方式

绘制圆弧一般需要指定三个点，圆弧的起点、圆弧上的点和圆弧的端点。而在AutoCAD 2016中，绘制圆弧的方法有11种，“三点”命令为默认绘制方式，用户可通过以下方法执行“圆弧”命令。

- 在菜单栏中单击“绘图>圆弧”子菜单中的命令。
- 在“默认”选项卡的“绘图”面板中单击“圆弧”下拉按钮，在展开的下拉菜单中选择合适选项，如右图所示。

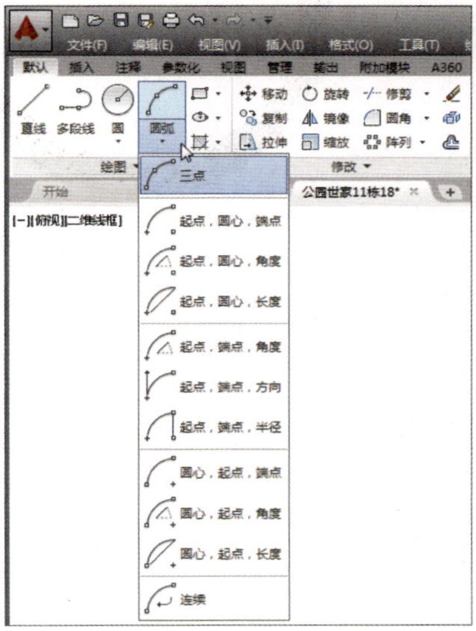

下面将对圆弧列表中的每一种选项的功能进行介绍。

- **三点：** 通过指定三个点来创建一条圆弧曲线。第一个点为圆弧的起点，第二个点为圆弧上的点，第三个点为圆弧的端点。
- **起点、圆心、端点：** 指定圆弧的起点、圆心和端点绘制圆弧。
- **起点、圆心、角度：** 指定圆弧的起点、圆心和角度绘制圆弧。在输入角度值时，若当前环境设置的角度方向为逆时针方向，且输入的角度值为正，则从起始点绕圆心沿逆时针方向绘制圆弧；若输入的角度值为负，则沿顺时针方向绘制圆弧。

- **起点、圆心、长度：**指定圆弧的起点、圆心和长度绘制圆弧。所指定的弦长不能超过起点到圆心距离的两倍。如果弦长的值为负值，则该值的绝对值将作为对应整圆的空缺部分圆弧的弦长。
- **起点、端点、角度：**指定圆弧的起点、端点和角度绘制圆弧。
- **起点、端点、方向：**指定圆弧的起点、端点和方向绘制圆弧。移动光标指定起点切向时，系统会在当前光标与圆弧起始点之间形成一条橡皮筋线，此橡皮筋线即可为圆弧在起始点的切线。通过拖动鼠标确定圆弧在起始点处的切线方向，然后单击，即可得到相应的圆弧。
- **起点、端点、半径：**指定圆弧的起点、端点和半径绘制圆弧。
- **圆心、起点命令组：**指定圆弧的圆心和起点后，再根据需要指定圆弧的端点，或角度、长度即可绘制圆弧。
- **连续：**使用该方法绘制的圆弧将与最后一个创建的对象相切。

3.4.7 圆环

圆环是由两个圆心相同、半径不同的圆组成的。圆环分为填充环和实体填充圆，即带有宽度的闭合多段线。可通过以下方法执行“圆环”命令。

- 执行“绘图>圆环”命令。
- 在“默认”选项卡的“绘图”面板中单击“圆环”按钮◎。
- 在命令行输入快捷命令DO，然后按回车键。

进阶案例 绘制圆环

使用“圆环”命令绘制内径为100，外径为120的圆环。

01 执行“圆环”命令，根据命令行的提示绘制所需圆环，如下图所示。命令行提示内容如下。

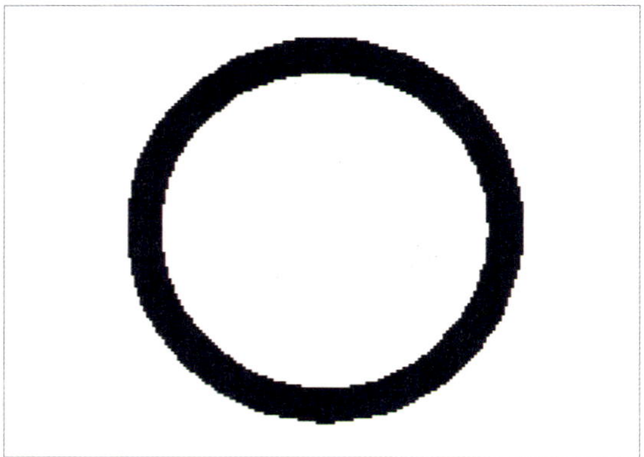

02 创建一个圆环之后，继续指定圆环的中心点，即可绘制多个圆环，如下图所示。

```
命令：_donut                              （调用“圆环”命令）
指定圆环的内径 <0.5000>: 100              （输入 100 并按回车键）
指定圆环的外径 <1.0000>: 120              （输入 120 并按回车键）
指定圆环的中心点或 <退出>:                 （指定一点）
```

进阶案例 绘制床头柜

利用前面所学的知识绘制床头柜立面图。在整个绘制过程中，首先绘制床头柜柜体轮廓，然后绘制抽屉面板与拉手，具体操作过程如下。

01 执行“直线”命令，然后开启“正交”功能，绘制一个长为500mm，宽为500mm的矩形作为床头柜的柜体，如下图所示。

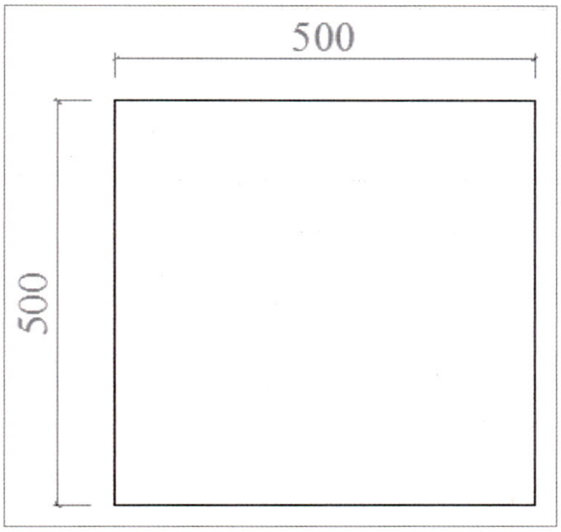

02 执行“矩形”命令，绘制如下图所示的矩形，命令行提示内容如下。

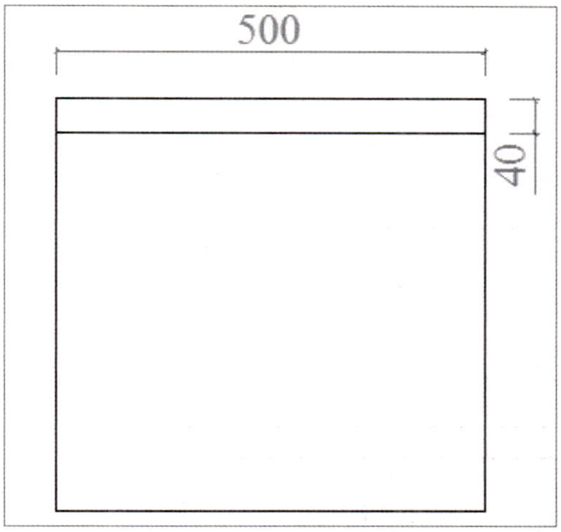


```
命令：_rectang                                                   （调用矩形命令）
指定第一个角点或 [倒角(C)/标高(E)/圆角(F)/厚度(T)/宽度(W)]    （单击矩形左上角端点并单击鼠标左键）
指定另一个角点或 [面积(A)/尺寸(D)/旋转(R)]: D↙                 （选择尺寸选项）
指定矩形的长度 <10.0000>: 500↙                                 （输入长度值并按回车键）
指定矩形的宽度 <10.0000>: 40↙                                  （输入宽度值并按回车键）
指定另一个角点或 [面积(A)/尺寸(D)/旋转(R)]:                   （在矩形内单击鼠标左键，完成矩形的绘制）
```

03 继续执行“矩形”命令，结合“对象捕捉追踪”功能，指定矩形的左下角端点为新矩形的第一个角点，如下图所示。

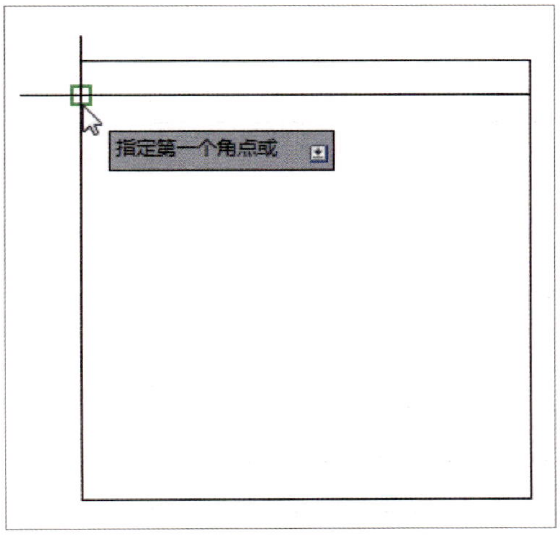

04 按回车键后，输入点坐标（@500，-200），确定另一角点的位置，如下图所示。

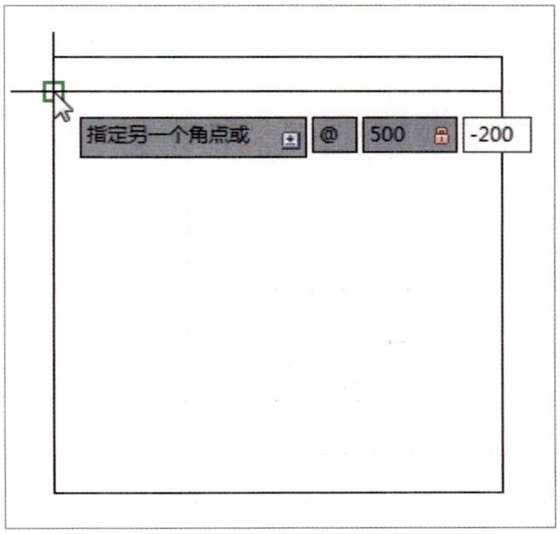

05 按回车键后，即完成矩形的绘制，效果如下图所示。

06 重复执行“矩形”命令，按照同样的操作方法，绘制出相同尺寸的矩形，效果如下图所示。

07 执行“圆心，半径”命令，在图形合适的位置单击，指定圆的圆心，然后输入圆的半径值为15mm，如下图所示。

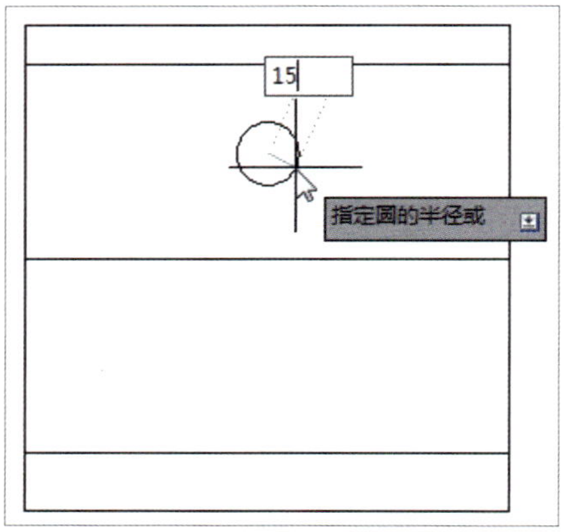

08 按回车键后，即可完成圆的绘制，如下图所示。

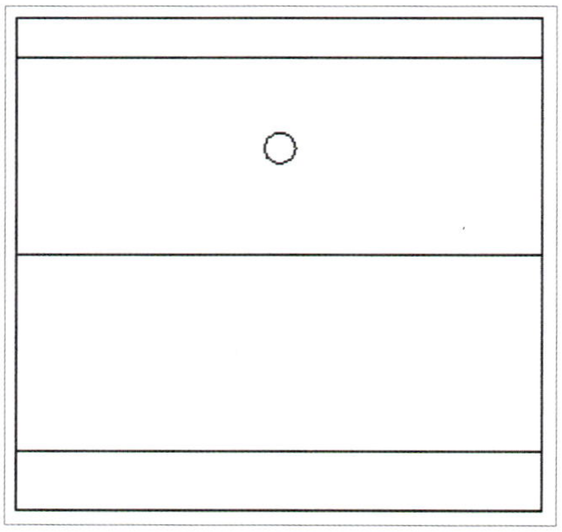

09 继续执行“圆心，半径”命令，捕捉圆的圆心并向下移动光标至合适位置处单击，确定第二个圆的圆心位置，如下图所示。

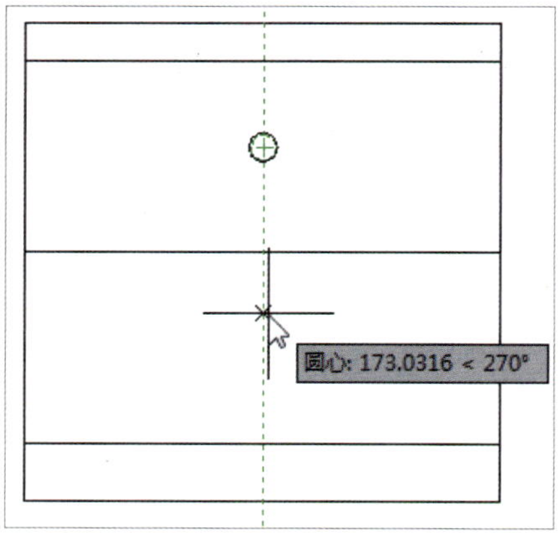

10 输入圆的半径为15，然后按回车键，即可绘制出另一个半径相同的圆，如下图所示。至此，完成床头柜图形的绘制。

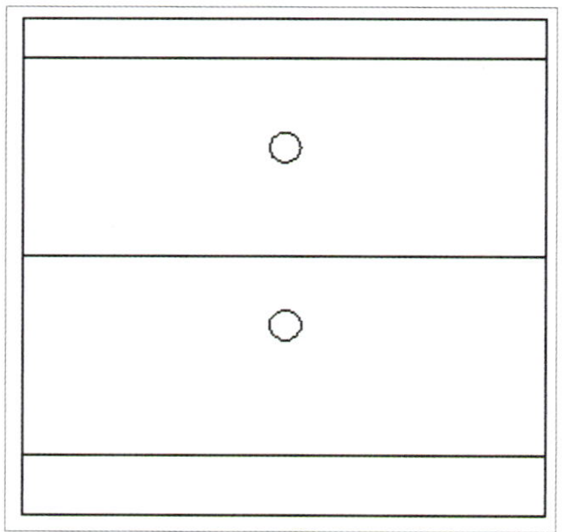

3.5 椭圆和椭圆弧的绘制

椭圆曲线有长半轴和短半轴之分，长半轴与短半轴的值决定了椭圆曲线的形状，设置椭圆的起始角度和终止角度可以绘制椭圆弧。下面将对椭圆、椭圆弧的绘制进行介绍。

3.5.1 绘制椭圆

在AutoCAD中，用户可以通过以下方法执行“椭圆”命令。

- 执行“绘图>椭圆”子菜单中的“圆心”或“轴，端点”命令。
- 在“默认”选项卡的“绘图”面板中单击“椭圆”下拉按钮，在展开的下拉菜单中选择“圆心”或“轴，端点”选项。
- 在命令行中输入快捷命令EL，然后按回车键。

1.“圆心”方式

“圆心”方式是通过指定椭圆的圆心、长半轴的端点以及短半轴的长度绘制椭圆。在AutoCAD 2016中，执行“圆心”命令后，命令行提示内容如下。

```
命令：_ellipse
指定椭圆的轴端点或 [圆弧(A)/中心点(C)]: _c
指定椭圆的中心点：
指定轴的端点：
指定另一条半轴长度或 [旋转(R)]:
```

2.“轴，端点”方式

该方式是在绘图区域直接指定椭圆的一轴的两个端点，并输入另一条半轴的长度，来完成椭圆的绘制。在AutoCAD 2016中，执行“轴，端点”命令后，命令行提示内容如下。

```
命令：_ellipse
指定椭圆的轴端点或 [圆弧(A)/中心点(C)]:
指定轴的另一个端点：
指定另一条半轴长度或 [旋转(R)]:
```

进阶案例 绘制椭圆

利用所学的命令绘制指定大小的椭圆。

01 执行“圆心”命令，根据命令行的提示输入点坐标（0，0），指定原点为中心点，然后向右移动光标确定长半轴长度，输入点坐标（@400,0），如下图所示。

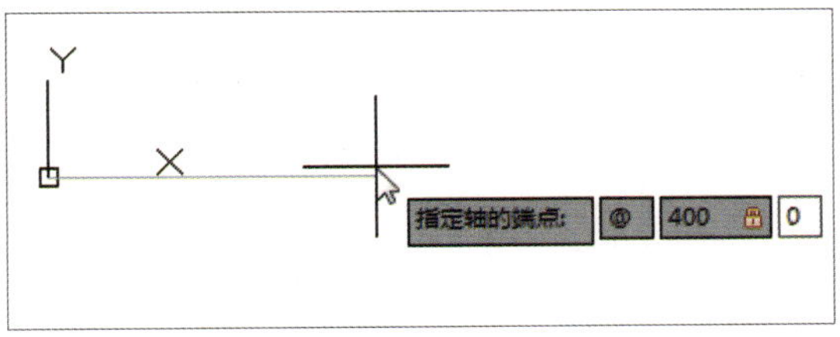

02 按回车键后，输入200确定短半轴的长度，再次按回车键，即可完成椭圆的绘制，如下图所示。

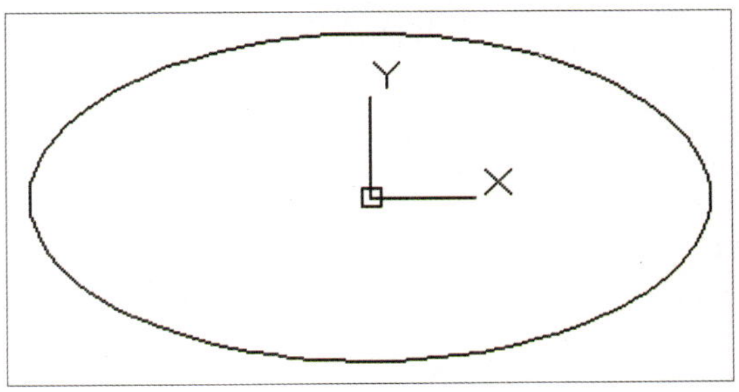

3.5.2 绘制椭圆弧

椭圆弧是椭圆的部分弧线。指定圆弧的起止角和终止角，即可绘制椭圆弧。在AutoCAD 2016中，用户可以通过以下方法执行“椭圆弧”命令。

- 执行“绘图>椭圆弧”命令。
- 在“默认”选项卡的“绘图”面板中单击“椭圆”下拉按钮，在展开的下拉菜单中选择“椭圆弧”选项。

执行“椭圆弧”命令后，命令行提示内容如下。

```
命令： _ellipse
指定椭圆的轴端点或 [圆弧(A)/中心点(C)]: _a
指定椭圆弧的轴端点或 [中心点(C)]:
指定轴的另一个端点：
指定另一条半轴长度或 [旋转(R)]:
指定起点角度或 [参数(P)]:
指定端点角度或 [参数(P)/包含角度(I)]:
```

进阶案例 绘制轴长均为100的椭圆弧

利用“椭圆弧”命令，绘制轴长均为100的椭圆弧。

01 单击“绘图”面板中的“椭圆弧”按钮，输入点坐标（0, 0），指定原点作为椭圆弧的轴端点，然后向右移动光标并输入点坐标（@100, 0），确定轴的另一个端点，如下图所示。

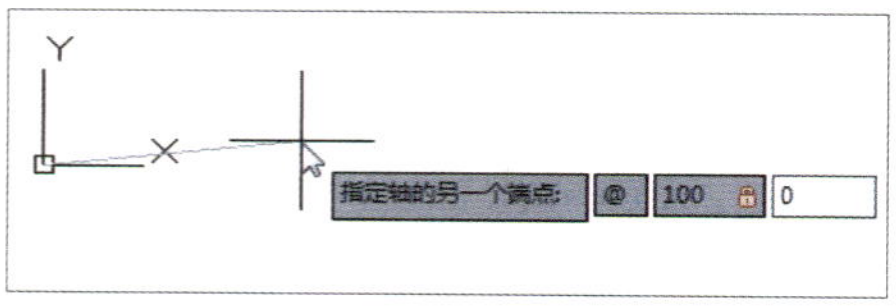

02 按回车键后，输入另一条半轴的长度为50，如下图所示。

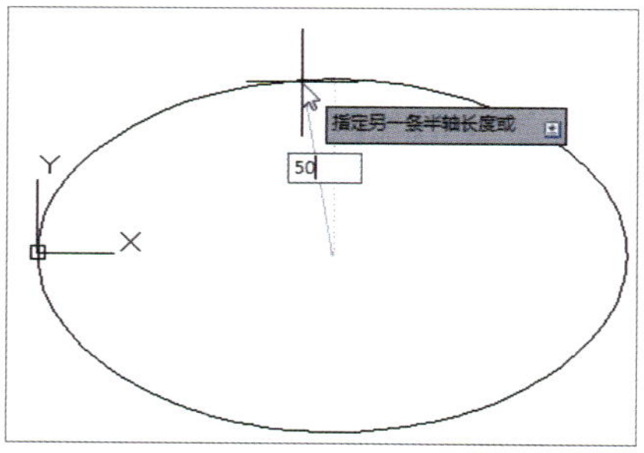

03 按回车键后，输入起始角度为0°，如下图所示。

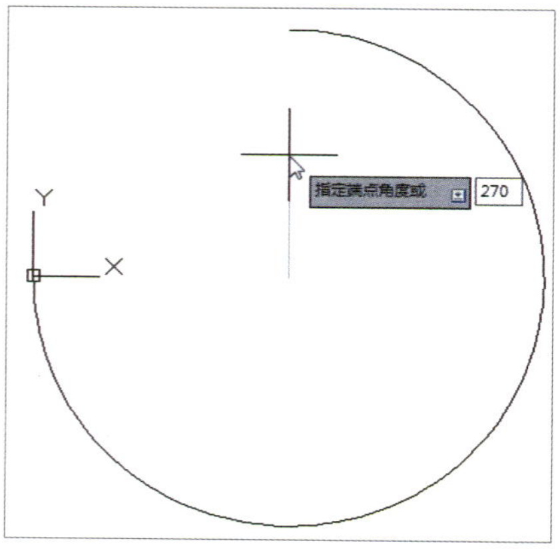

04 按回车键后，输入终止角度为270°，再次按回车键，即可完成椭圆弧的绘制，如下图所示。

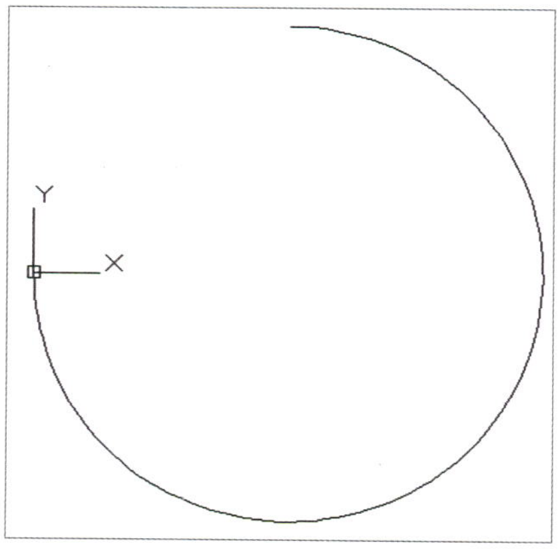

课后练习

一. 选择题

1. 用“直线”命令绘制一个矩形，该矩形中有（ ）个图元实体。

A. 1个　　B. 2个

C. 3个　　D. 4个

2. 系统默认的多段线快捷命令别名是（ ）。

A. p　　B. D

C. pli　　D. pl

3. 执行“样条曲线”命令后，下列（ ）选项用来输入曲线的偏差值。值越大，曲线越远离指定的点；值越小，曲线离指定的点越近。

A. 闭合　　B. 端点切向

C. 拟合公差　　D. 起点切向

4. 圆环是填充环或实体填充圆，即带有宽度的闭合多段线，用“圆环”命令创建圆环对象时（ ）。

A. 必须指定圆环圆心　　B. 圆环内径必须大于0

C. 外径必须大于内径　　D. 运行一次圆环命令只能创建一个圆环对象

二. 填空题

1. 用户可以在__________对话框中，设置点的样式。
2. 在AutoCAD中，绘制多边形常用的有__________和__________两种方式。
3. 在AutoCAD中，绘制椭圆有__________和__________两种方式。

三. 操作题

1. 利用“矩形”命令绘制门板，然后利用“三点”圆弧命令绘制门的开启方向，如下左图所示。
2. 利用“矩形”、“直线”命令绘制双人床，并设置矩形圆角，利用“圆”和“多段线”命令绘制床头柜和台灯部分，如下右图所示。

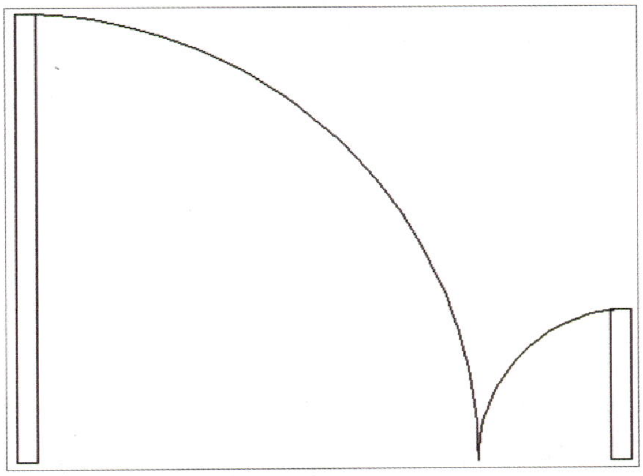

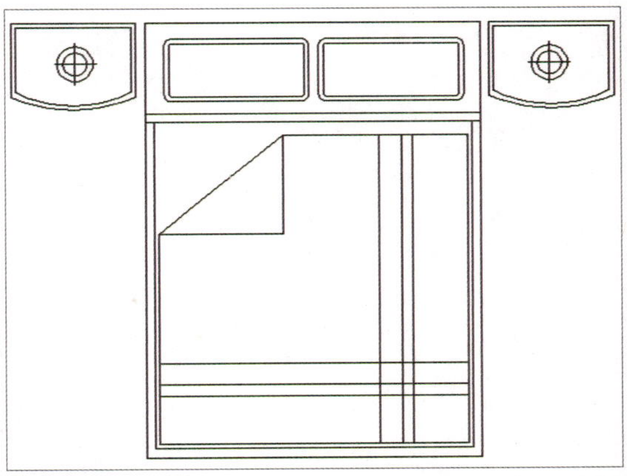

Chapter

04

编辑二维图形

在绘制二维图形的同时，需借助图形的修改编辑功能来完成图形的绘制操作。新版AutoCAD的图形编辑功能非常完善，提供了一系列编辑图形的工具。本章将对图形的编辑命令进行详细介绍，其中包括镜像、旋转、阵列、偏移以及修剪等，通过综合应用这些编辑命令以绘制出更为复杂的图形。

知识要点

① 选择图形
② 复制图形、调整图形
③ 编辑多线、多段线
④ 填充图形

上机安排

学习内容	学习时间
● 图形的选择	5分钟
● 图形对象的复制	20分钟
● 图形对象的修改	25分钟
● 图形对象的调整	20分钟
● 图形图案的填充	20分钟

4.1 图形对象的选取

选择对象是整个绘图工作的基础，在编辑图形之前，首先要指定一个或多个编辑对象，这个指定编辑对象的过程就是选择。准确熟练地选择对象是编辑操作的基本前提，它可以给绘图工作带来很大的帮助。在CAD中，图形的选取方式有多种，下面将分别进行介绍。

4.1.1 选取图形的方式

在AutoCAD软件中，用户可通过点选图形的方式进行选择，也可通过框选的方式进行选择，当然也可通过围选或栏选的方式来选择。

1. 点选图形方式

点选的方法较为简单，用户只需直接单击选取图形对象即可。当用户在选择某图形时，只需将光标放置该图形上，其后单击该图形即可选中。当图形被选中后，将会显示该图形的夹点。若要选择多个图形，则只需单击其他图形，如下图所示。

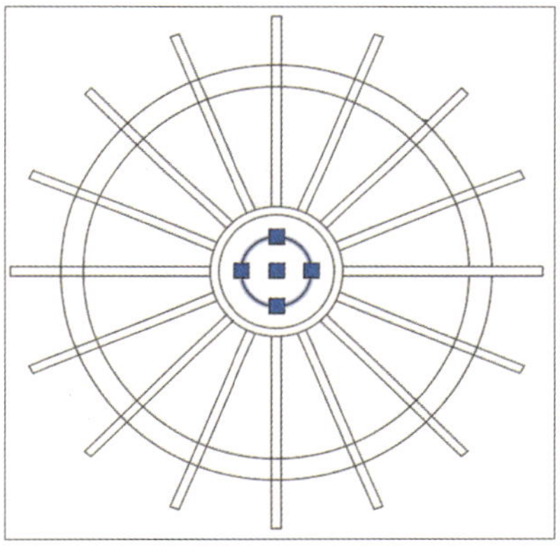

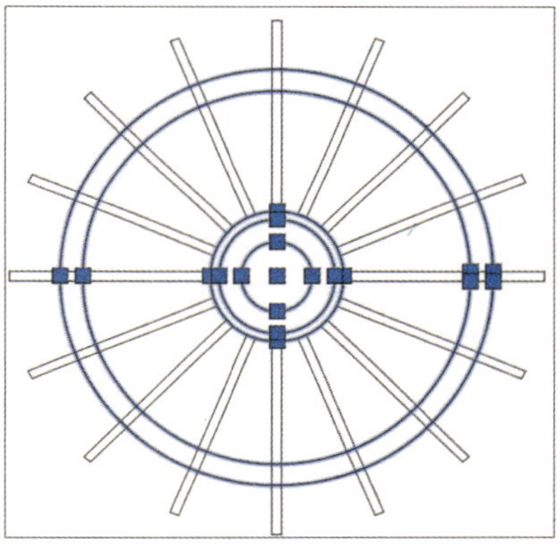

该方法选择图形较为简单、直观，但精确度不高。如果对较为复杂的图形进行选取操作，往往会出现误选或漏选现象。

2. 框选图形方式

在选择大量图形时，使用框选方式较为合适。用户只需在绘图区中指定框选起点，移动光标至合适位置，如下左图所示。此时在绘图区中会显示矩形窗口，而在该窗口内的图形将被选中，选择完成后再次单击即可，如下右图所示。

框选的方式分为2种，一种是从左至右框选，而另一种则是从右至左框选。使用这2种方式都可进行图形的选择。

- 从左至右框选，称为窗口选择，位于矩形窗口内的图形将被选中，窗口外图形将不能被选中。
- 从右至左框选，称为窗交选择，其操作方法与窗口选择相似，它同样也可创建矩形窗口，并选中窗口内所有图形，而与窗口方式不同的是，在进行框选时，与矩形窗口相交的图形也可被选中。

3. 栏选图形方式

栏选方式则是利用一条开放的多段线进行图形的选择，其所有与该线段相交的图形都会被选中。在对复杂图形进行编辑时，使用栏选方式，可方便地选择连续的图形。用户只需在命令行中输入F并按回车键，即可选择图形，如下图所示。

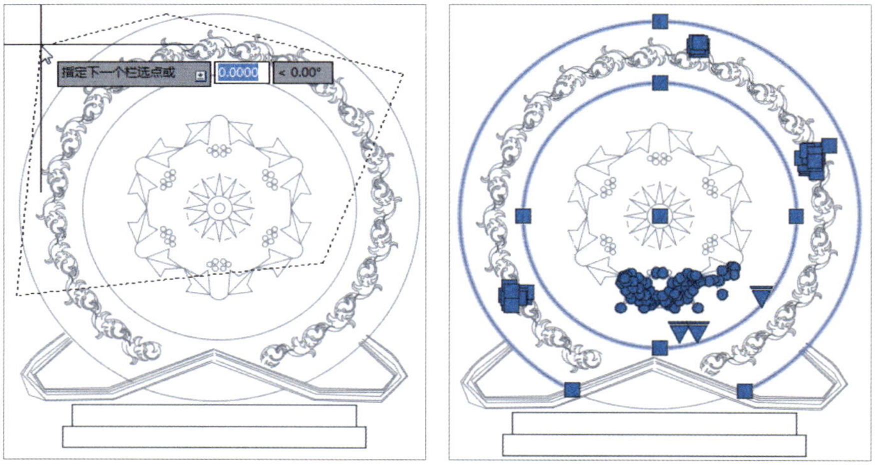

命令行提示如下。

```
命令： 指定对角点或 [栏选(F)/圈围(WP)/圈交(CP)]: f          (输入"F"，选择"栏选"选项)
指定下一个栏选点或 [放弃(U)]:                              (选择下一个拾取点)
```

除了以上常用选取图形的方式外，还可以使用其他一些方式进行选取。例如"上一个"、"全部"、"多个"、"自动"等。用户只需在命令行中输入SELECT后回车，其后输入"？"，则可显示多种选取方式，此时用户可根据需要进行选取操作。

命令行提示如下。

```
命令： SELECT
选择对象： ?                                                (输入"？")
*无效选择*
需要点或窗口(W)/上一个(L)/窗交(C)/框(BOX)/全部(ALL)/栏选(F)/圈围(WP)/圈交(CP)/编组(G)/添加(A)/
删除(R)/多个(M)/前一个(P)/放弃(U)/自动(AU)/单个(SI)/子对象(SU)/对象(O)     (选择所需选择的方式)
```

命令行中主要选取方式说明如下。

- **上一个：** 选择最近一次创建的图形对象。该图形需在当前绘图区中。
- **全部：** 该方式用于选取图形中没有被锁定、关闭或冻结的图层上所有图形对象。
- **添加：** 该方式可使用任何对象选择方式将选定对象添加到选择集中。
- **删除：** 该选项可使用任何对象选择方式从当前选择集中删除图形。
- **前一个：** 该选项表示选择最近创建的选择集。

- **放弃：** 该选项将放弃选择最近加到选择集中的图形对象。如果最近一次选择的图形对象多于一个，将从选择集中删除最后一次选择的图形。
- **自动：** 该选项切换到自动选择模式，单击一个对象即可选择。单击对象内部或外部的空白区，将形成框选方法定义的选择框的第一点。
- **多个：** 该选项可单击选中多个图形对象。
- **单个：** 该选项切换到单选模式，选择指定的第一个或第一组对象而不继续提示进一步选择。
- **子对象：** 该选项可逐个选择原始形状，这些形状是复合实体的一部分或三维实体上的顶点、边和面。
- **对象：** 该选项将结束选择子对象的功能，使用对象选择方法。

4.1.2 过滤选取

使用过滤选取功能可以使用对象特性或对象类型，将对象包含在选择集中或排除对象。在命令行中输入Filter并按回车键，可打开“对象选择过滤器”对话框。在该对话框中可以对象的类型、图层、颜色、线型等特性为过滤条件来过滤选择符合条件的图形对象，如右图所示。

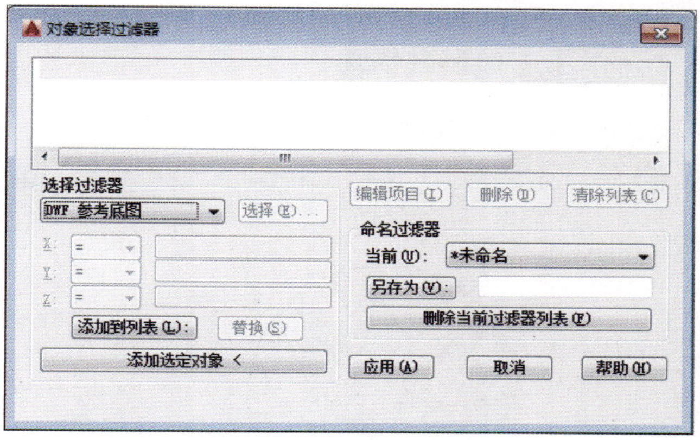

“对象选择过滤器”对话框中，各选项说明如下。

- **选择过滤器：** 该选项组用于设置选择过滤器的类型。
- **X、Y、Z轴：** 该选项用于设置与选择调节对应的关系运算符。
- **添加到列表：** 该按钮用于将选择的过滤器及附加条件添加到过滤器列表中。
- **替换：** 该按钮可用当前“选择过滤器”选项组中的设置替代列表框中选定的过滤器。
- **添加选定对象：** 该按钮将切换到绘图区，选择一个图形对象，系统将会把选中的对象特性添加到过滤器列表框中。
- **编辑项目：** 该按钮用于编辑过滤器列表框中选定的项目。
- **删除：** 该按钮用于删除过滤器列表框中选定的项目。
- **清除列表：** 该按钮用于删除过滤器列表框中选中的所有项目。
- **当前：** 该选项用于显示可用的已命名的过滤器。
- **另存为：** 该按钮可保存当前设置的过滤器。
- **删除当前过滤器列表：** 该按钮可从“Filter.nfl”文件中删除当前的过滤器集。

4.2 图形对象的复制

在AutoCAD软件中，若想要快速绘制多个图形，可以使用复制、偏移、镜像、阵列等命令进行绘制。灵活运用这些命令，可提高绘图效率。

4.2.1 复制图形

“复制”命令在制图中经常会用到。复制对象是将原对象保留，移动原对象的副本图形，复制后的对象将继承原对象的属性。在CAD中可进行单个复制，当然也可根据需要进行连续复制。

执行“默认>修改>复制”命令，根据命令行提示，选择所需复制的图形，并指定复制基点，其后移至新位置即可完成复制操作。

命令行提示如下。

```
命令：_copy
选择对象：指定对角点：找到 35 个
选择对象：                                          （选择所需复制图形）
当前设置：  复制模式 = 多个
指定基点或 [位移(D)/模式(O)] <位移>:                （指定复制基点）
指定第二个点或 [阵列(A)] <使用第一个点作为位移>:    （指定新位置，完成）
指定第二个点或 [阵列(A)/退出(E)/放弃(U)] <退出>: *取消*
```

进阶案例 绘制装饰物

下面将举例介绍复制命令的具体使用方法。

01 执行“复制”命令，根据命令行提示，选中所需复制的图形对象，如下图所示。

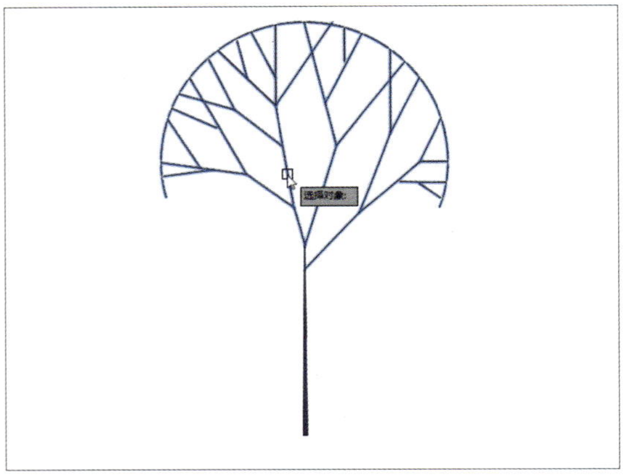

02 在绘图区中，指定复制基点，如下图所示。

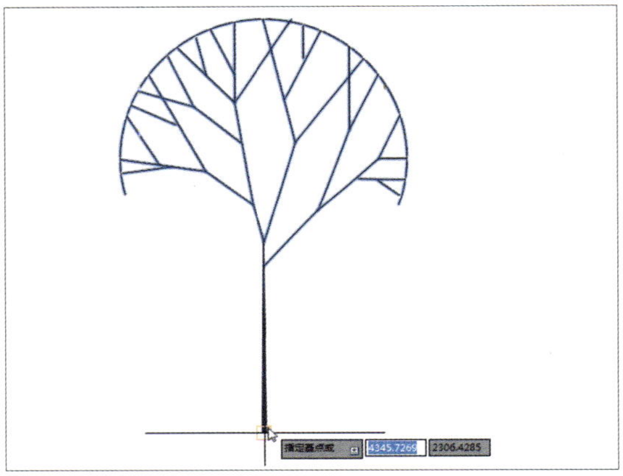

03 选择完成后，根据命令行提示指定图形的新基点，如下图所示。

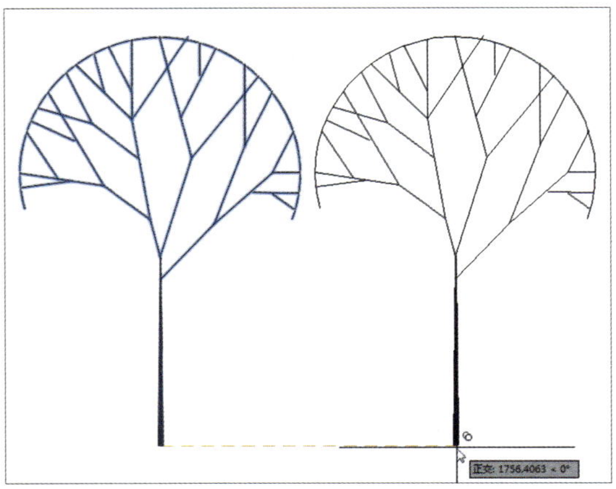

04 确定新基点后单击确认，即可完成图形的复制，如下图所示。在命令行中直接输入CO后按回车键，也可执行复制命令。

4.2.2 偏移图形

偏移命令可根据指定的距离或指定的某个特殊点，创建一个与选定对象类似的新对象，并将偏移的对象放置在离原对象一定距离的位置上，同时保留原对象。偏移的对象可以为直线、圆弧、圆、椭圆、椭圆弧、二维多段线、构造线、射线和样条曲线组成的对象。

执行“默认>修改>偏移”命令，根据命令行提示，输入偏移距离，并选择所需偏移的图形，其后在所需偏移方向上单击任意一点，即可完成偏移操作。

当然用户也可在命令行中直接输入O后按回车键，也可执行偏移命令。

命令行提示如下。

```
命令：o
OFFSET
当前设置：删除源 = 否  图层 = 源  OFFSETGAPTYPE=0
指定偏移距离或 [通过(T)/删除(E)/图层(L)] <通过>:  20            (输入偏移距离)
选择要偏移的对象，或 [退出(E)/放弃(U)] <退出>:                  (选择偏移对象)
指定要偏移的那一侧上的点，或 [退出(E)/多个(M)/放弃(U)] <退出>:   (指定偏移方向上的一点)
选择要偏移的对象，或 [退出(E)/放弃(U)] <退出>:  *取消*
```

进阶案例 绘制多人餐桌图形

下面将以绘制多人餐桌图形为例，介绍偏移命令的使用方法。

01 执行“偏移”命令，根据命令行提示，输入偏移距离为50，其后选中圆形，如下图所示。

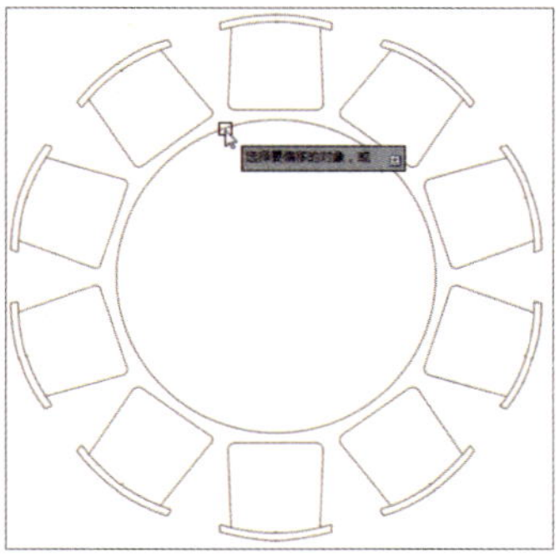

02 在圆内的空白区域，单击任意一点，即可完成偏移操作，如下图所示。

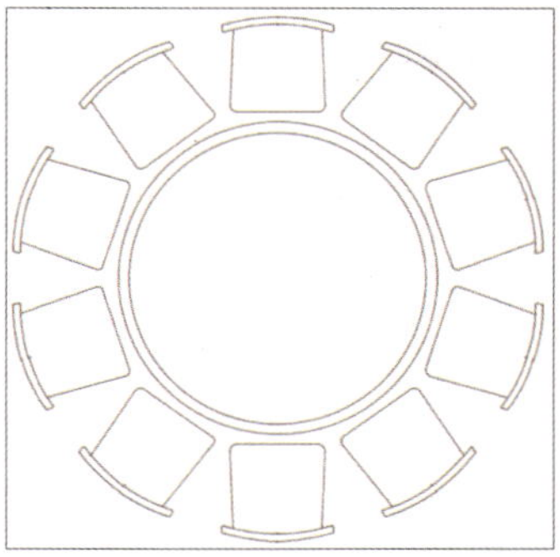

03 再次执行“偏移”命令，将偏移距离设为300，如下图所示。

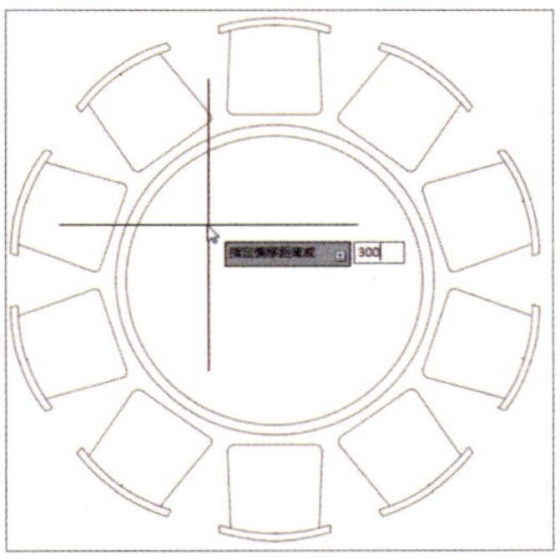

04 将第二道圆形向内偏移，再添加植物素材，完成多人餐桌图形的绘制，如下图所示。

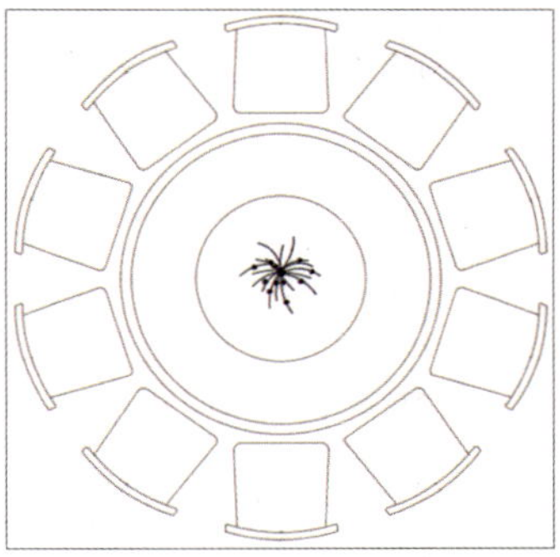

4.2.3 镜像图形

镜像图形是将选择的图形以两个点为镜像中心进行对称复制。在进行镜像操作时，用户需指定好镜像轴线，并根据需要选择是否删除或保留原对象。灵活运用镜像命令，可在很大程度上避免重复操作的麻烦。

执行“默认>修改>镜像”命令，根据命令行提示，选择所需图形对象，其后指定镜像轴线，并确定是否删除原图形对象，最后按回车键，即可完成镜像操作。

命令行提示如下。

```
命令：_mirror
选择对象：指定对角点：找到 49 个                        （选中需要镜像图形）
选择对象：  指定镜像线的第一点：指定镜像线的第二点：        （指定镜像轴的起点和终点）
要删除源对象吗？[是(Y)/否(N)] <N>:                    （选择是否删除原对象）
```

进阶案例 绘制桌椅图形

下面将举例介绍镜像命令的使用方法。

01 执行“镜像”命令，根据命令行提示，选中需镜像的图形对象，如下图所示。

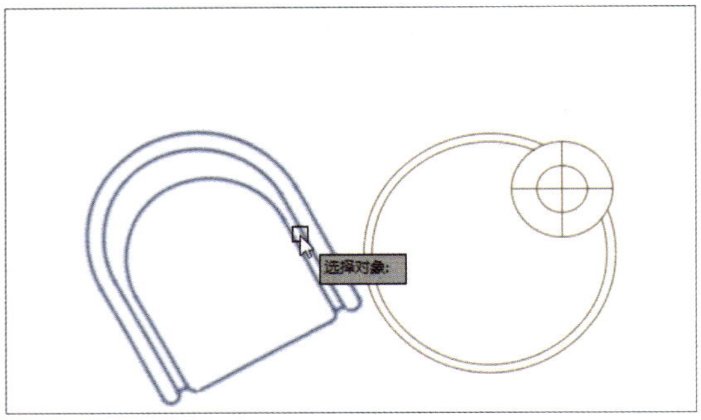

02 选中镜像轴线的起点，本例中选择A点，如下图所示。

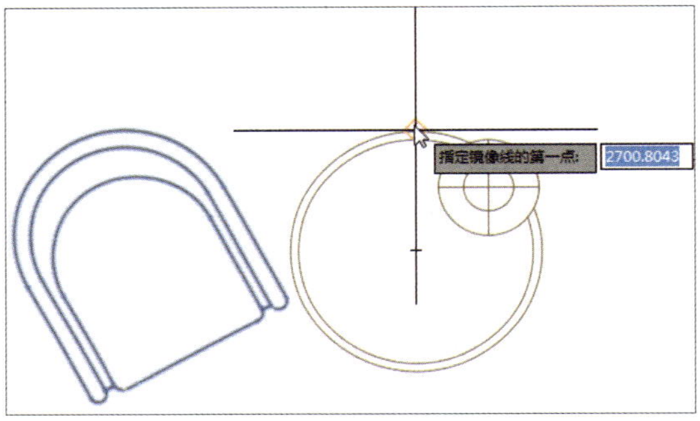

03 选中镜像轴线的端点，本例中选择B点，如下图所示。

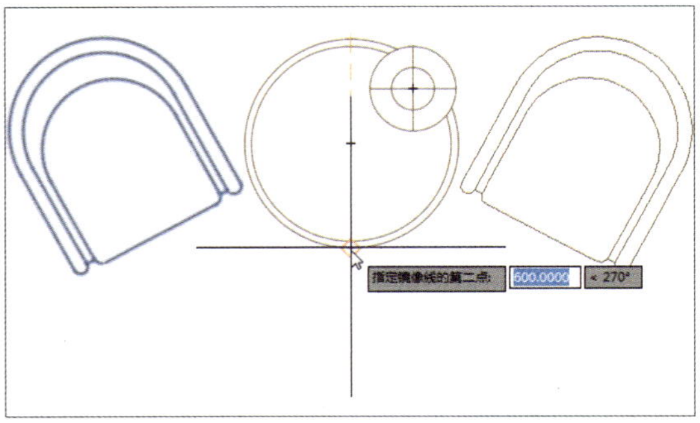

04 选择完成后按回车键，根据提示选择不删除源对象，即可完成镜像操作，结果如下图所示。

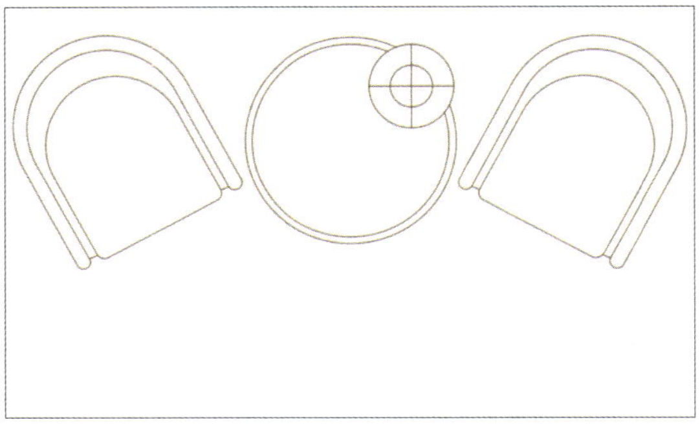

专家技巧：偏移图形需注意

使用偏移命令时，如果偏移的对象是直线，则偏移后的直线大小不变；如果偏移的对象是圆、圆弧和矩形，其偏移后的对象将被缩小或放大。

4.2.4 阵列图形

“阵列”命令是一种有规则的复制命令，它可创建按指定方式排列的多个图形副本。如果用户遇到一些有规则分布的图形，即可以使用该命令来绘制。AutoCAD软件提供了三种阵列选项，分别为矩形阵列、环形阵列以及路径阵列。

1. 矩形阵列

矩形阵列是通过设置行数、列数、行偏移和列偏移来对选择的对象进行复制。执行“默认>修改>矩形阵列”命令，根据命令行提示，输入行数、列数及间距值，按回车键即可完成矩形阵列操作，如下图所示。

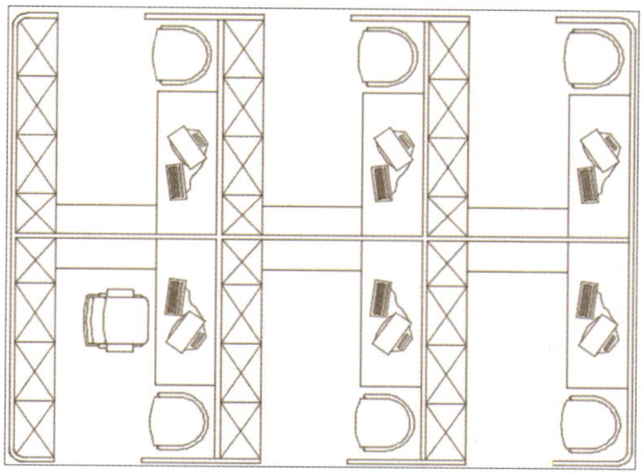

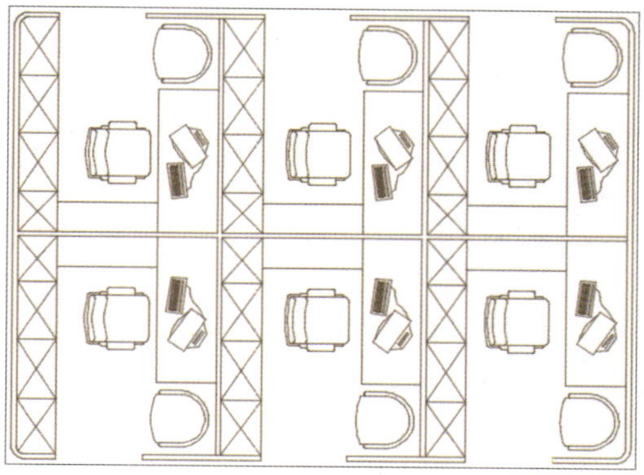

命令行提示如下。

```
命令：_arrayrect
选择对象：指定对角点：找到 1个
选择对象：
类型 = 矩形  关联 = 是
选择夹点以编辑阵列或 [关联(AS)/基点(B)/计数(COU)/间距(S)/列数(COL)/行数(R)/层数(L)/退出(X)] <
退出>: cou
输入列数或 [表达式(E)] <4>: 3
输入行数或 [表达式(E)] <3>: 2
选择夹点以编辑阵列或 [关联(AS)/基点(B)/计数(COU)/间距(S)/列数(COL)/行数(R)/层数(L)/退出(X)] <
退出>: s
指定列之间的距离或 [单位单元(U)] <420>: 2000
指定行之间的距离 <555>:1700
选择夹点以编辑阵列或 [关联(AS)/基点(B)/计数(COU)/间距(S)/列数(COL)/行数®/层数(L)/退出(X)] <退出>:
```

执行阵列命令后，功能区中会打开“阵列创建”选项卡，在该选项卡中，用户可对阵列后的图形进行编辑修改，如下图所示。

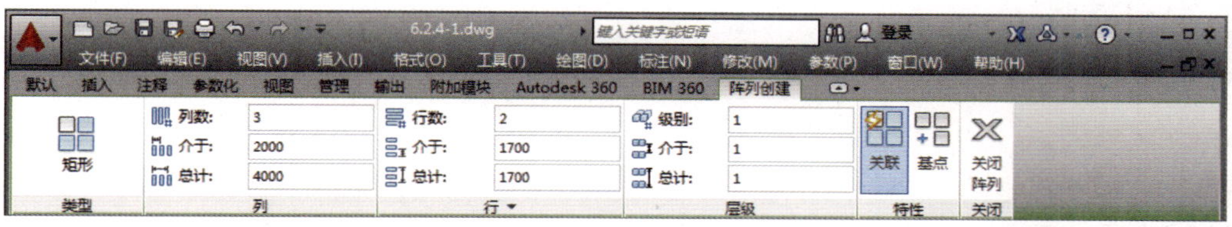

上述选项卡中各主要选项说明如下。

- **列：** 在该面板中，用户可设置列数、列间距以及列的总距离值。
- **行：** 在该面板中，用户可设置行数、行间距以及行的总距离值。

- **层级：** 在该面板中，用户可设置层数、层间距以及级层的总距离。
- **基点：** 该选项可重新定义阵列的基点。
- **编辑来源：** 该选项可编辑选定项的原对象或替换原对象。
- **替换项目：** 该选项可引用原始源对象的所有项的原对象。
- **重置对象：** 恢复已删除项，并删除任何替代项。

2. 环形阵列

环形阵列后的图形呈环形。使用环形阵列时也需要设定有关参数，其中包括中心点、方法、项目总数和填充角度。与矩形阵列相比，环形阵列创建出的阵列效果更灵活。执行“默认>修改>环形阵列”命令，根据命令行提示，指定阵列中心，并输入阵列数目值，即可完成环形阵列，如下图所示。

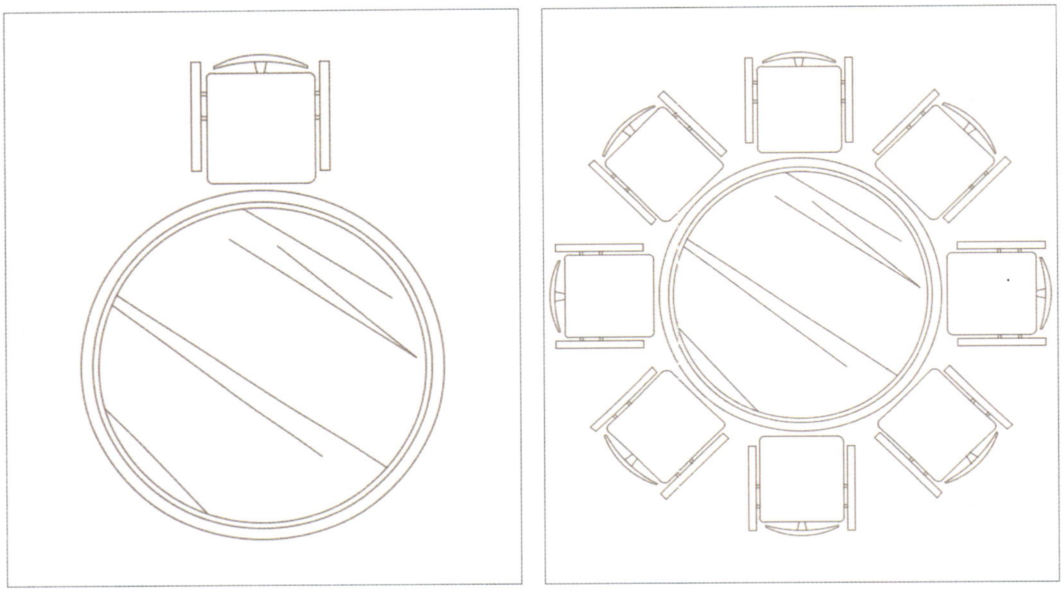

命令行提示如下。

```
命令：_arraypolar
选择对象：指定对角点：找到 1 个
选择对象：                                                    （选中所需阵列的图形）
类型 = 极轴  关联 = 是
指定阵列的中心点或 [基点(B)/旋转轴(A)]:                         （指定阵列中心点）
选择夹点以编辑阵列或 [关联(AS)/基点(B)/项目(I)/项目间角度(A)/填充角度(F)/行(ROW)/层(L)/旋转项目
(ROT)/退出(X)] <退出>: I                                       （选择“项目”选项）
输入阵列中的项目数或 [表达式(E)] <6>: 8                         （输入阵列数目值）
选择夹点以编辑阵列或 [关联(AS)/基点(B)/项目(I)/项目间角度(A)/填充角度(F)/行(ROW)/层(L)/旋转项目
(ROT)/退出(X)] <退出>:                                         （按回车键，完成操作）
```

环形阵列完毕后，选中阵列的图形，同样会打开“阵列创建”选项卡。在该选项卡中可对阵列后的图形进行编辑，如下图所示。

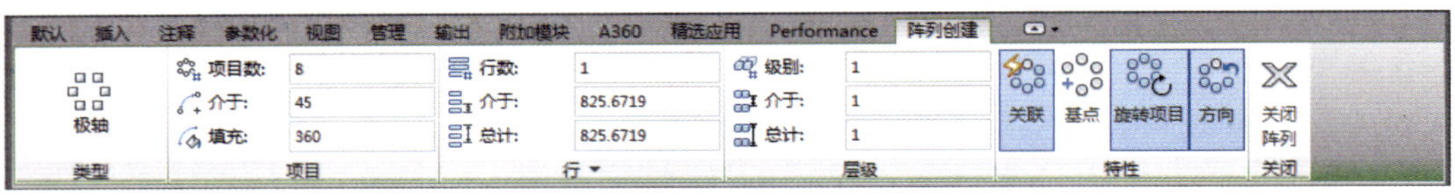

上述选项卡中各主要选项说明如下。

- **项目：** 在该面板中，可设置阵列项目数、阵列角度以及指定阵列中第一项到最后一项之间的角度。
- **行：** 该面板可设置行数、行间距以及行的总距离值。
- **层级：** 该面板可设置层数、层间距以及级层的总距离。

3. 路径阵列

路径阵列是根据指定的路径进行阵列，例如曲线、弧线、折线等所有开放型线段。执行“默认>修改>路径阵列”命令，根据命令行提示，选择要阵列的图形对象，其后选择所需阵列的路径曲线，并输入阵列数目即可完成路径阵列操作，如下图所示。

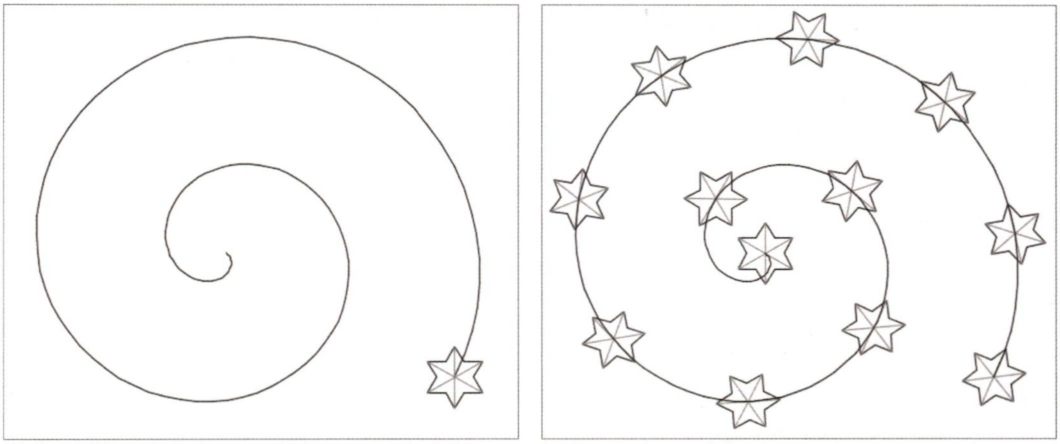

命令行提示如下。

```
命令：_arraypath 找到 1 个
类型 = 路径  关联 = 是
选择路径曲线：
选择夹点以编辑阵列或 [关联(AS)/方法(M)/基点(B)/切向(T)/项目(I)/行(R)/层(L)/对齐项目(A)/z 方向(Z)/退出(X)] <退出>:
选择夹点以编辑阵列或 [关联(AS)/方法(M)/基点(B)/切向(T)/项目(I)/行(R)/层(L)/对齐项目(A)/z 方向(Z)/退出(X)] <退出>:
选择夹点以编辑阵列或 [关联(AS)/方法(M)/基点(B)/切向(T)/项目(I)/行(R)/层(L)/对齐项目(A)/z 方向(Z)/退出(X)] <退出>:                          (按回车键，完成操作)
```

在执行路径阵列后，系统会打开“阵列”选项卡。该选项卡与其他“阵列创建”选项卡相似，都可对阵列后的图形进行编辑操作，如下图所示。

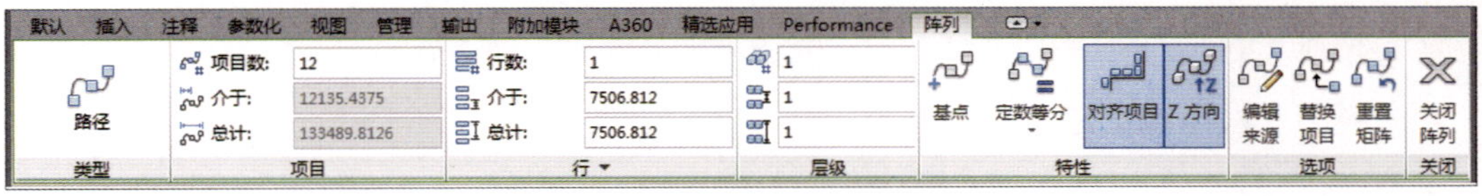

上述选项卡中各主要选项说明如下。

- **项目：** 该面板可设置项目数、项目间距、项目总间距。
- **测量：** 该面板可重新布置项目，以沿路径长度平均定数等分。
- **对齐项目：** 该选项指定是否对齐每个项目以与路径方向相切。
- **Z方向：** 该选项控制是保持项的原始Z方向还是沿三维路径倾斜方向。

4.3 图形对象的修改

在图形绘制完毕后，有时会根据需要对图形进行修改。AutoCAD软件提供了多种图形修改命令，其中包括“倒角”、“倒圆角”、“分解”、“合并”以及“打断”等。下面将对这些修改命令进行介绍。

4.3.1 图形倒角

倒角命令可将两个图形对象以平角或倒角的方式连接。在实际的图形绘制中，通过倒角命令可对直角或锐角进行倒角处理。执行“默认>修改>倒角”命令，根据命令行的提示，设置两条倒角边距离，其后选择所需的倒角边即可，如下图所示。

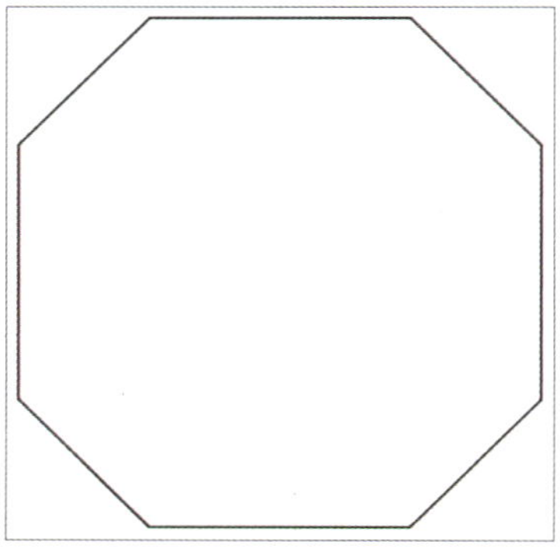

命令行提示如下。

```
命令： _chamfer
（“修剪”模式） 当前倒角距离 1 = 0.0000，距离 2 = 0.0000
选择第一条直线或 [放弃(U)/多段线(P)/距离(D)/角度(A)/修剪(T)/方式(E)/多个(M)]:  d
                                                              （选择“距离”选项）
指定 第一个 倒角距离 <0.0000>: 100                              （输入第一条倒角距离值）
指定 第二个 倒角距离 <50.0000>: 100                             （输入第二条倒角距离值）
选择第一条直线或 [放弃(U)/多段线(P)/距离(D)/角度(A)/修剪(T)/方式(E)/多个(M)]:
选择第二条直线，或按住 Shift 键选择直线以应用角点或 [距离(D)/角度(A)/方法(M)]:
                                                              （选择两条倒角边）
```

4.3.2 图形倒圆角

圆角命令可按指定半径的圆弧并与对象相切来连接两个对象。执行“默认>修改>倒圆角”命令，根据命令行提示，设置好圆角半径，并选择所需倒角边，按回车键即可完成倒圆角操作，如下图所示。

命令行提示如下。

```
命令：_FILLET
当前设置：模式 = 修剪，半径 = 0.0000
选择第一个对象或 [放弃(U)/多段线(P)/半径(R)/修剪(T)/多个(M)]: r          （选择“半径”选项）
指定圆角半径 <0.0000>: 100                                              （输入圆角半径值）
选择第一个对象或 [放弃(U)/多段线(P)/半径(R)/修剪(T)/多个(M)]:             （选择两条倒角边，回车即可）
选择第二个对象，或按住 Shift 键选择对象以应用角点或 [半径(R)]:
```

4.3.3 分解图形

分解对象是将多段线、面域或块对象分解成独立的线段。执行“默认>修改>分解 ”命令，根据命令行的提示，选中所要分解的图形对象，之后按回车键即可完成分解操作，如下图所示。

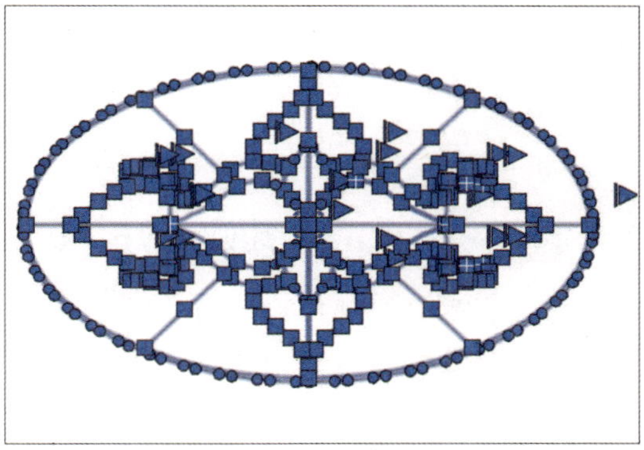

4.3.4 合并图形

合并对象是将相似的对象合并为一个对象，例如要将两条断开的直线合并成一条线段，即可使用“合并”命令。合并的对象必须位于相同的平面上。合并的对象可以为圆弧、椭圆弧、直线、多段线和样条曲线。执行“默认>修改>合并”命令，根据命令行提示，选中所需合并的线段，按回车键即可完成合并操作。

命令行提示如下。

```
命令：_join
选择源对象或要一次合并的多个对象：找到 1 个
选择要合并的对象：找到 1 个，总计 2 个                    （选择所需合并的图形对象）
选择要合并的对象：                                        （按回车键，完成合并）
2 条直线已合并为 1 条直线
```

专家技巧：合并操作注意事项

合并两条或多条圆弧时，将从源对象开始沿逆时针方向合并圆弧。合并直线时，所要合并的所有直线必须共线，即位于同一无限长的直线上，合并多个线段时，其对象可以是直线、多段线或圆弧。但各对象间不能有间隙，而且须位于同一平面上。

4.3.5 打断图形

打断命令可将直线、多段线、圆弧或样条曲线等图形分为两个图形对象，或将其中一部分删除。执行“默认>修改>打断”命令，根据命令行提示，选择一条要打断的线段，并选择两点作为打断点，即可完成打断操作，如下图所示。

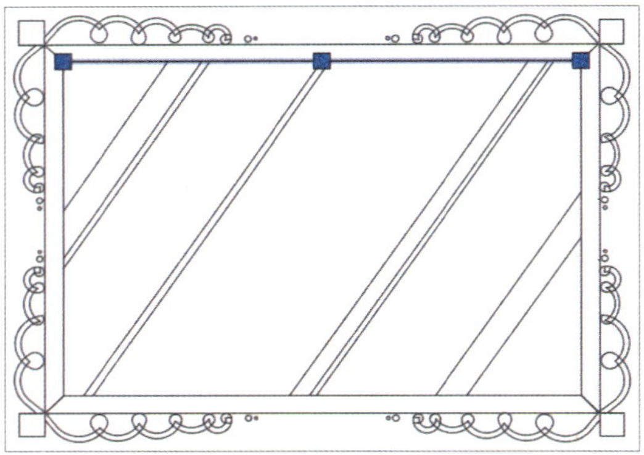

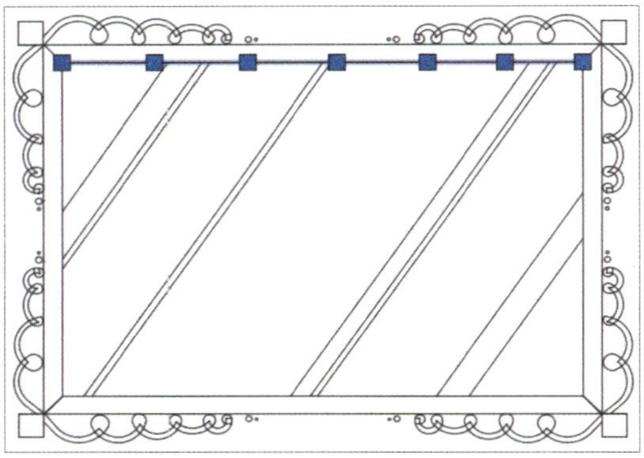

命令行提示如下。

```
命令： _break
选择对象：                                          （选择打断对象）
指定第二个打断点 或 [第一点(F)]:                    （指定打断点，完成操作）
```

4.4 图形对象的调整

在绘制二维图形时，有时会遇到图形方向、大小、尺寸等不合理的状况，这时就需要利用移动、旋转、缩放、拉伸等命令对图形对象进行调整和优化。

4.4.1 移动图形

移动图形是指在不改变对象的方向和大小的情况下，按照指定的角度和方向进行移动操作。执行“默认>修改>移动”命令，根据命令行提示，选中所需移动图形，并指定移动基点，即可将其移动至新位置，如下图所示。

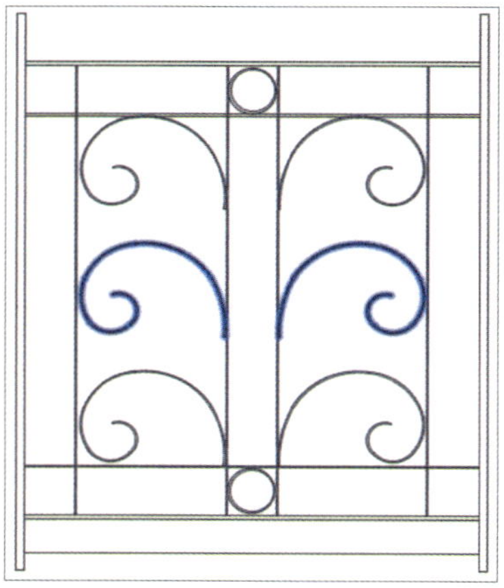

命令行提示如下。

```
命令： m
MOVE 找到 1 个                              （选择所需移动对象）
指定基点或 [位移(D)] <位移>:                 （指定移动基点）
指定第二个点或 <使用第一个点作为位移>:       （指定新位置点或输入移动距离值即可）
```

4.4.2 旋转图形

旋转对象是将图形对象按照指定的旋转基点进行旋转。执行“默认>修改>旋转”命令，选择所需旋转对象，指定旋转基点，并输入旋转角度即可完成，如下图所示。

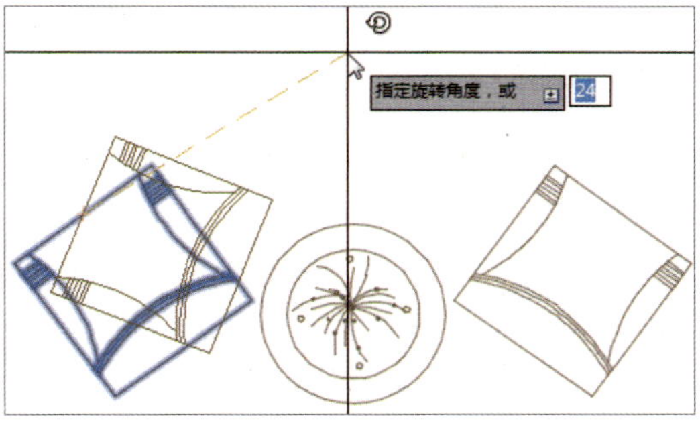

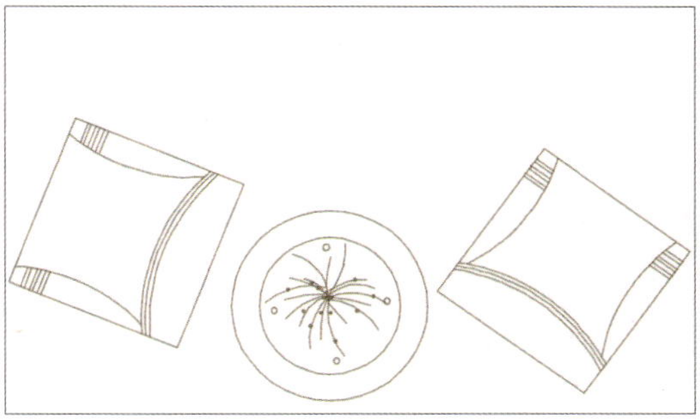

命令行提示如下。

```
命令： _rotate
UCS 当前的正角方向：  ANGDIR= 逆时针   ANGBASE=0
选择对象： 指定对角点： 找到 1 个
选择对象：                                                    （选中图形对象）
指定基点：                                                    （指定旋转基点）
指定旋转角度，或 [ 复制 (C)/ 参照 (R)] <0>:  90               （输入旋转角度）
```

4.4.3 修剪图形

修剪命令是将超过修剪边的线段修剪掉。执行“默认>修改>修剪”命令，根据命令行提示选择修剪边，按回车键后选择需修剪的线段即可，如下图所示。

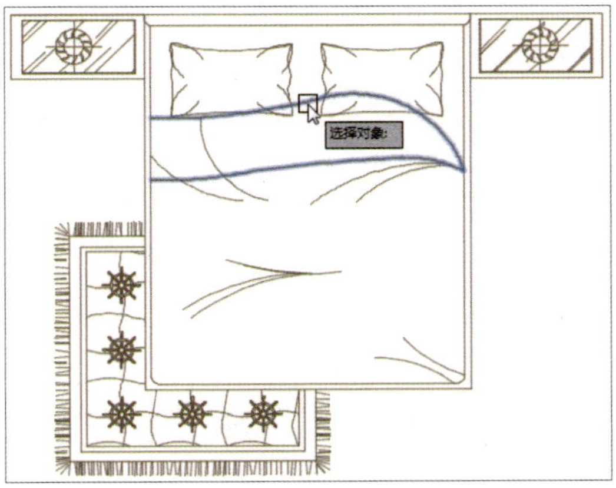

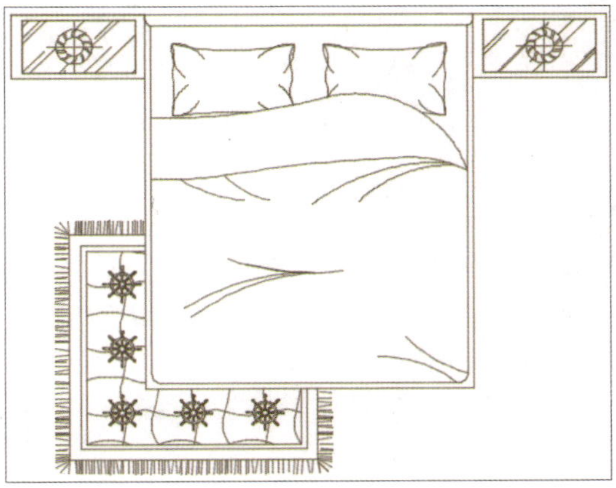

命令行提示如下。

```
命令： _trim
当前设置：投影 =UCS，边 = 无
选择剪切边 ...
选择对象或 <全部选择 >: 找到 1 个
选择对象： 找到 1 个，总计 2 个
选择对象： 找到 1 个，总计 3 个
```

```
选择对象： 找到 1 个，总计 4 个
选择对象：
选择要修剪的对象，或按住 Shift 键选择要延伸的对象，或
[栏选(F)/窗交(C)/投影(P)/边(E)/删除(R)/放弃(U)]:
```

4.4.4 延伸图形

延伸命令是将指定的图形对象延伸到指定的边界。执行“默认>修改>延伸”命令，根据命令行提示，选择所需延伸到的边界线，按回车键，其后选择要延伸的线段即可，如下图所示。

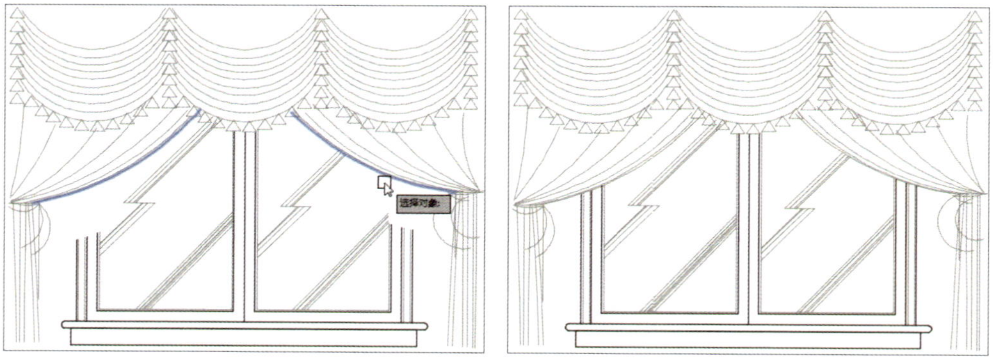

命令行提示如下。

```
命令： _extend
当前设置：投影 =UCS，边 = 无
选择边界的边 ...
选择对象或 <全部选择>：  找到 1 个
选择对象： 找到 1 个，总计 2 个                    （选择所需延长到的线段，按回车键）
选择对象：
选择要延伸的对象，或按住 Shift 键选择要修剪的对象，或 [栏选(F)/窗交(C)/投影(P)/边(E)/放弃(U)]:
                                                    （选择要延长的线段）
```

4.4.5 拉伸图形

拉伸是将对象沿指定的方向和距离进行延伸，拉伸后的对象与原对象是一个整体，只是长度发生了改变。执行“默认>修改>拉伸”命令，根据命令行提示，选择要拉伸的图形对象，指定拉伸基点，输入拉伸距离或指定新基点即可，如下图所示。

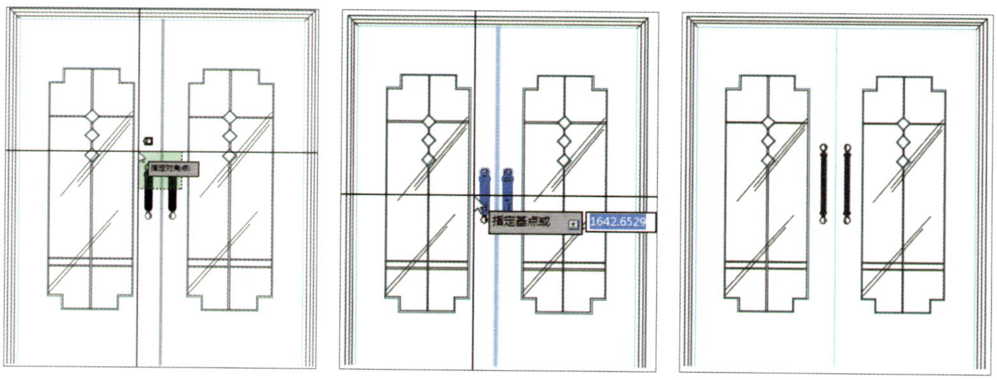

命令行提示如下。

```
命令： _stretch
以交叉窗口或交叉多边形选择要拉伸的对象 ...
选择对象： 指定对角点： 找到 1163 个
选择对象：
指定基点或 [位移(D)] <位移>:
指定第二个点或 <使用第一个点作为位移>: 150
```

进阶案例 绘制双人床平面图

在此将综合利用前面所学的知识，绘制一个双人床平面图。其中涉及到的编辑命令包括偏移、复制、镜像、旋转以及修剪等。

01 启动AutoCAD 2016软件，执行“绘图>矩形”命令，绘制一个1800×2100的矩形，作为双人床轮廓，如下图所示。

02 执行“修改>偏移”命令，将矩形向内偏移30，如下图所示。

03 执行“修改>圆角”命令，设置圆角半径为50，对矩形下方两个角执行圆角操作，如下图所示。

04 执行“绘图>矩形”命令，绘制一个1800×60的矩形，与图形上方对齐，如下图所示。

05 执行“修改>修剪”命令，修剪掉多余的线条，如下图所示。

06 执行“修改>圆角”命令，设置圆角半径尺寸为30，对图形执行圆角操作，如下图所示。

07 执行“修改>偏移”命令，将内部轮廓向外偏移10，如下图所示。

08 执行“绘图>圆弧”命令，绘制两条圆弧线，如下图所示。

09 执行“修改>修剪”命令，修剪多余的线条，如下图所示。

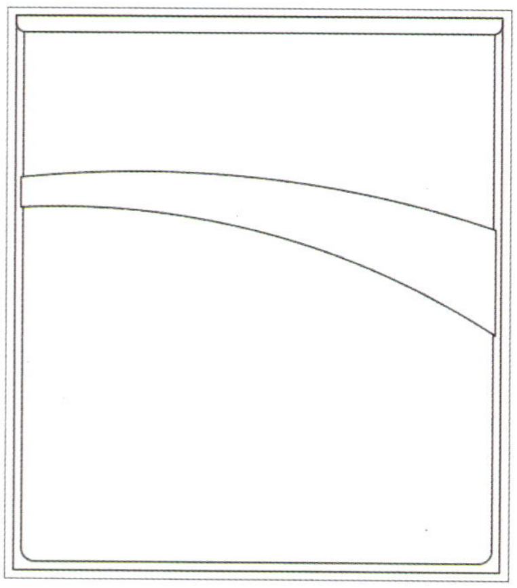

10 执行“绘图>圆弧”命令，利用圆弧绘制一个枕头图形，如下图所示。

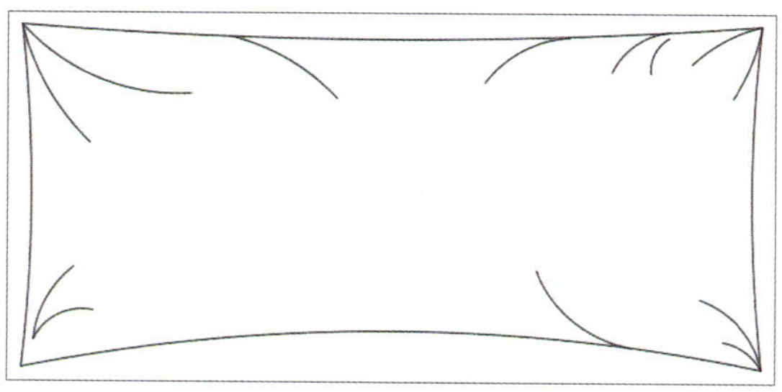

11 执行“修改>拉伸”命令，将沙发的一侧向外延伸，设置拉伸距离为1200，如下图所示。

12 执行“绘图>圆弧”命令，利用圆弧绘制一个抱枕图形，如下图所示。

13 复制并旋转抱枕图形，调整到合适位置，如下图所示。

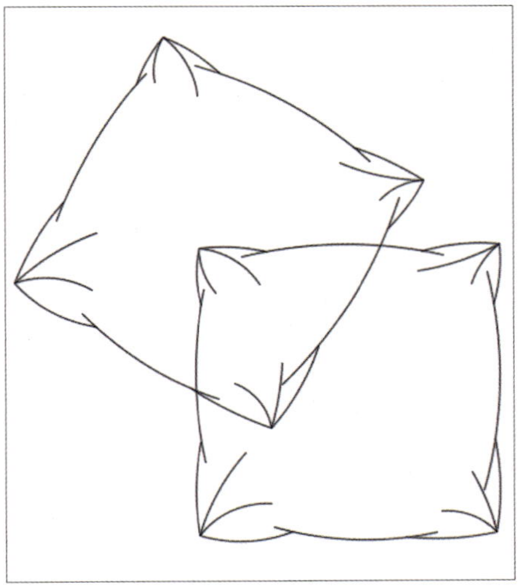

14 执行“修改>修剪”命令，修剪被覆盖的图形，如下图所示。

15 执行“绘图>矩形”命令，绘制一个550×300的矩形，如下图所示。

16 执行“绘制>圆弧”命令，捕捉绘制一段圆弧，如下图所示。

17 执行“修改>修剪”命令，修剪多余的线条，如下图所示。

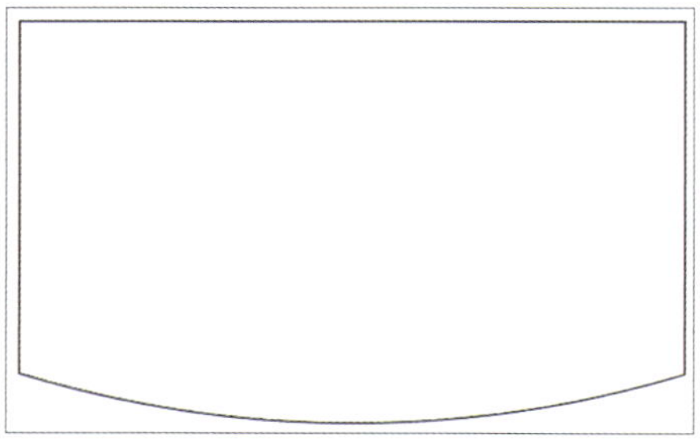

18 执行“修改>偏移”命令，将图形向内依次偏移30、5，如下图所示。

19 执行“修改>修剪”命令，对图形进行修剪，如下图所示。

20 执行“绘图>直线”命令，绘制两条互相垂直的直线，长260，如下图所示。

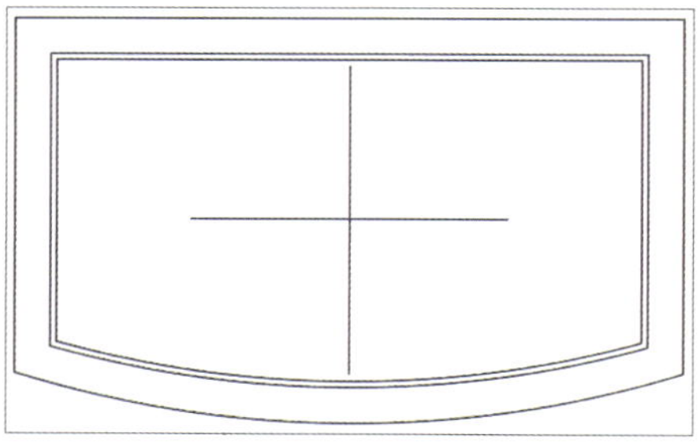

21 执行“绘图>圆”命令，捕捉直线交点，绘制半径分别为100和50的同心圆，如下图所示。

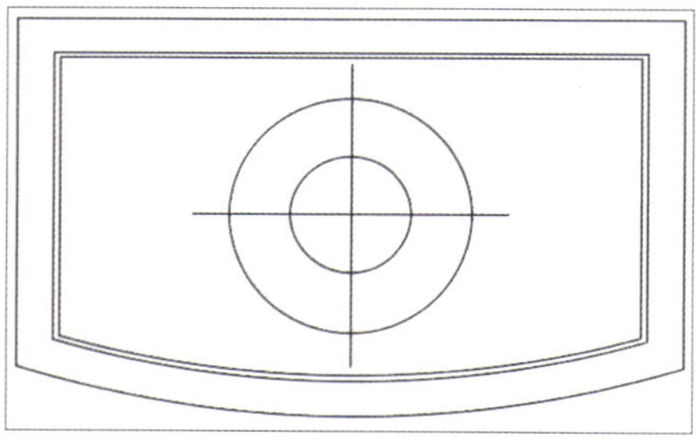

22 执行“绘图>圆弧”命令，绘制两条圆弧，如下图所示。

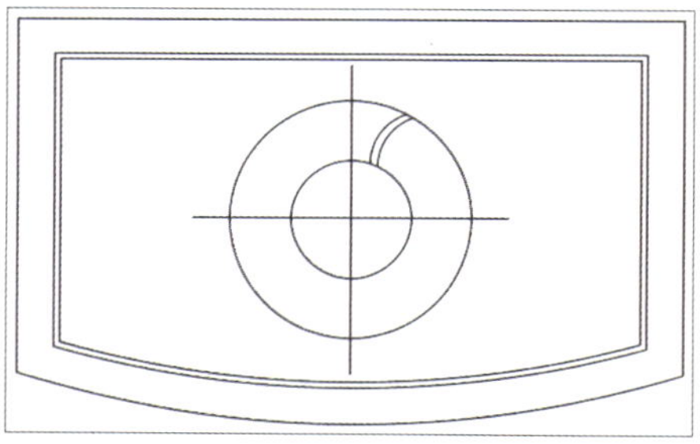

23 执行“修改>阵列>环形阵列”命令，以圆心为阵列中心，对两条弧线进行环形阵列，设置阵列数为8，完成一侧床头柜图形的制作，如下图所示。

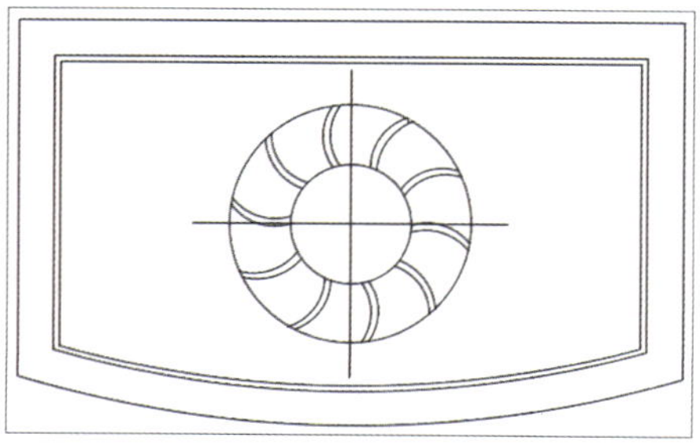

24 执行“修改>镜像”命令，将床头柜图形镜像复制到双人床的另一侧，如下图所示。

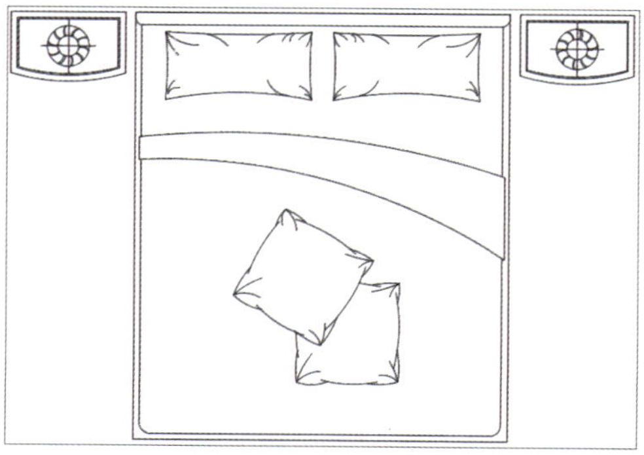

25 执行“绘图>矩形”命令，绘制一个1600×1200的矩形，并将其移到合适的位置，如下图所示。

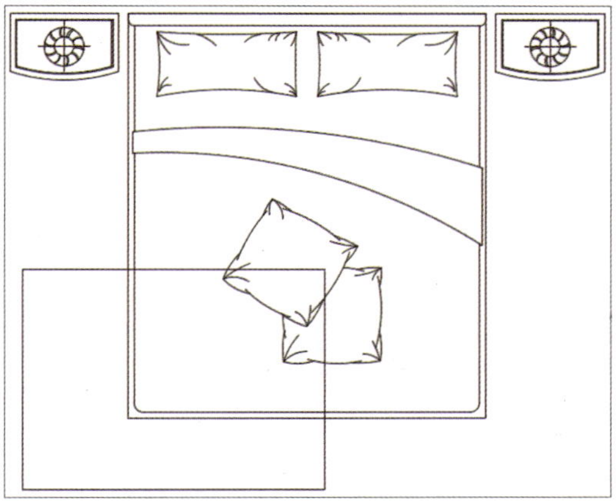

26 执行“修改>修剪”命令，修剪被覆盖的图形，如下图所示。

27 执行“修改>偏移”命令，将图形向内偏移40，如下图所示。

28 执行“绘图>图案填充”命令，选择填充图案CROSS，并设置比例为10，角度为0，对地毯内部区域进行填充，如下图所示。

29 执行“绘图>直线”命令，绘制各种角度的直线，作为地毯的边，如下图所示。

30 最后调整图形线条的颜色及线型等，完成双人床图形的绘制，如下图所示。

4.5 多线与多段线的编辑

在上一章向用户介绍了如何使用多线、多段线来绘制图形。下面将介绍如何对这些特殊线段进行修改编辑操作。

4.5.1 编辑多线

通常在使用多线命令绘制后，需要对线段进行编辑。用户可以利用“多线编辑工具”对多线进行编辑，在菜单栏中执行“修改>对象>多线”命令，打开“多线编辑工具”对话框，根据需要选择相关编辑工具，即可进行编辑，如下图所示。

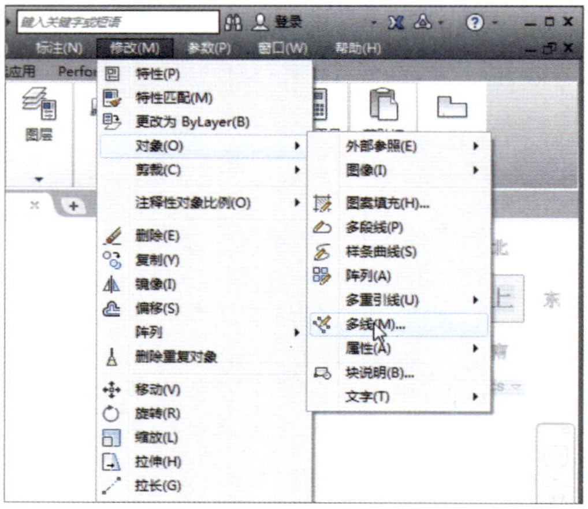

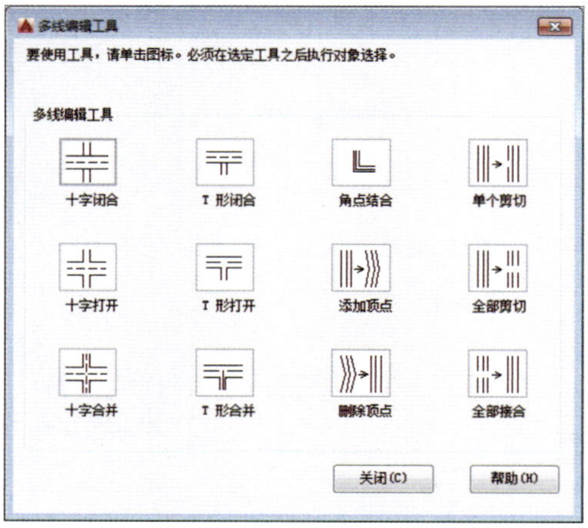

双击需要编辑的多线，同样能够打开“多线编辑工具”对话框，并进行设置操作。

“多线编辑工具”对话框中的各工具说明如下。

- **十字闭合：** 用于两条多线相交为闭合的十字交点。
- **十字打开：** 用于两条多线相交为打开的十字交点。
- **十字合并：** 用于两条多线相交为合并的十字交点。
- **T形闭合：** 用于两条多线相交为闭合的T形交点。
- **T形打开：** 用于两条多线相交为打开的T形交点。
- **T形合并：** 用于两条多线相交为合并的T形交点。
- **角点结合：** 用于两条多线相交为角点结合。
- **添加顶点：** 用于在多线上添加一个顶点。
- **删除顶点：** 用于将多线上的一个顶点删除。
- **单个剪切：** 通过指定两个点，将多线的一条线打断。
- **全部剪切：** 用于通过指定两个点将多线的所有线打断。
- **全部接合：** 用于将被全部剪切的多线全部连接。

4.5.2 编辑多段线

编辑多段线的方式有多种，其中包括闭合、合并、线段宽度、以及移动、添加或删除单个顶点等。用户只需双击要编辑的多段线，其后根据命令行提示，选择相关编辑方式，即可执行相应操作。

编辑多段线有如下2种方法。

- 使用菜单栏命令，单击“修改>对象>多段线”命令。
- 在命令行中输入pedit命令。

在菜单栏中单击“修改>对象>多段线”命令，选择图形，如果选择的对象是直线或弧线，则会出现提示信息，这里以直线绘制的长方形为例，如下左图所示，输入y即可将直线或弧线转换为多段线。

如果选择的对象是直线多段线或弧线多段线，则会直接弹出一个菜单，这里以矩形为例，如下右图所示，菜单中有10个选项，选择所需的选项即可。

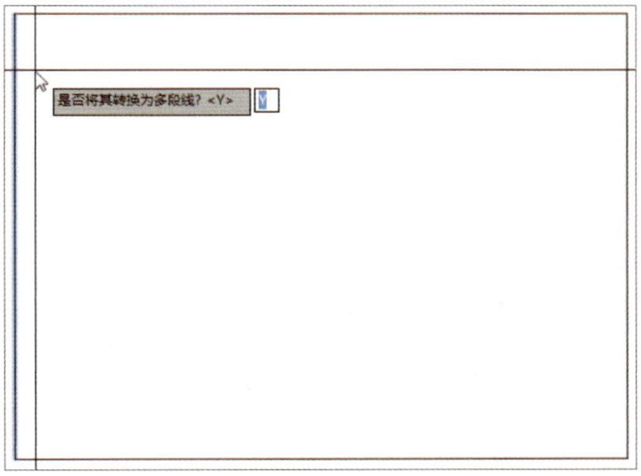

命令行提示如下。

```
命令：_pedit
输入选项 [闭合(C)/合并(J)/宽度(W)/编辑顶点(E)/拟合(F)/样条曲线(S)/非曲线化(D)/线型生成(L)/反转(R)/
放弃(U)]：*取消*
```

下面将对这10种选项进行介绍。

- **闭合：**该选项用于闭合多段线。
- **合并：**该选项用于合并直线、圆弧或多段线，使所选对象成为一条多段线。合并的前提则是各段对象首尾相连。
- **宽度：**该选项可设置多选项的线宽。
- **编辑顶点：**编辑多段线的顶点。
- **拟合：**该选项将多段线的拐角用光滑的圆弧曲线连接。
- **样条曲线：**用样条曲线拟合多段线。系统变量splframe控制是否显示所产生的样条曲线的边框，当该变量为0时（默认值），只显示拟合曲线；当值为1时，同时显示拟合曲线和曲线的线框。
- **非曲线化：**反拟合，即将多段线恢复到执行上述“拟合”或“样条曲线”选项之前的状态。
- **线型生成：**该选项用于控制多段线的线型生成方式开关。
- **反转：**可反转多段线的方向。
- **放弃：**取消上一次编辑命令操作。用户可重复使用该选项。

专家技巧：被选取对象须首尾相连

执行“合并”选项进行连结时，欲连接的各相邻对象必须在形式上彼此已经首尾相连，否则，在选取各对象后AutoCAD会提示：0条线段已添加到多段线。

4.6 图形图案的填充

图案填充是使用图形图案对指定的图形区域进行填充的操作。执行“默认>绘图>图案填充”命令，打开“图案填充创建”选项卡。在该选项卡中，用户可根据需要选择填充的图案、颜色以及其他设置选项，如下图所示。

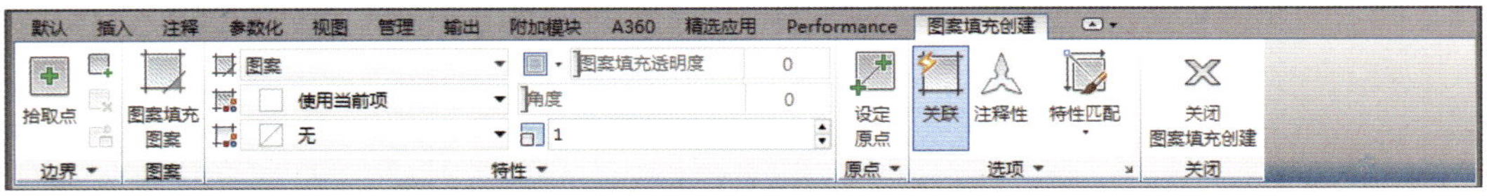

“图案填充创建”选项卡中常用命令说明如下。

- **边界：**该面板用来选择填充的边界点或边界线段。
- **图案：**单击该面板中的按钮，可在打开的下拉列表中，选中图案的类型。
- **特性：**在该面板中，用户可根据需要，设置填充的方式、填充颜色、填充透明度、填充角度以及填充比例值等。
- **原点：**设置原点可在移动填充图形时与指定原点对齐。
- **选项：**在该面板中，可根据需要选择是否自动更新图案，设置自动视口大小，调整填充比例值以及填充图案属性等。
- **关闭：**退出该选项卡。

专家技巧：渐变色的填充

在CAD软件中，除了可对图形进行图案填充，也可对图形进行渐变色填充。执行“默认>绘图>图案填充”命令，在其下拉列表中选择“渐变色 ”选项，打开“图案填充创建”选项卡，如下图所示。

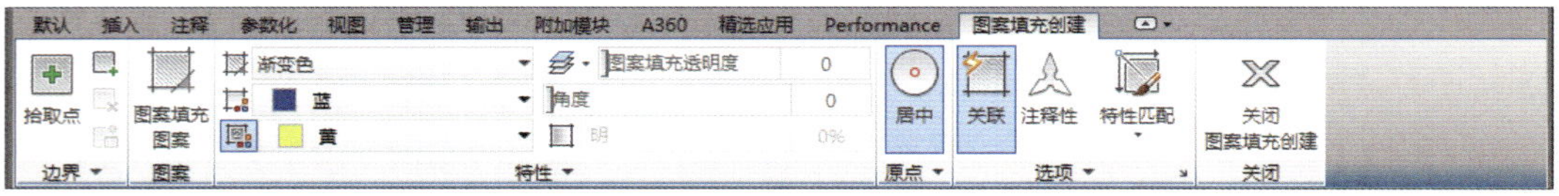

进阶案例 填充卧室平面图形

下面将举例介绍如何对图形进行图案填充。

01 打开图形文件，执行“绘图>图案填充”命令，在打开的“图案填充编辑器”面板中，单击“图案>图案填充图案”选项，在打开的列表中，选择合适的图案，如下图所示。

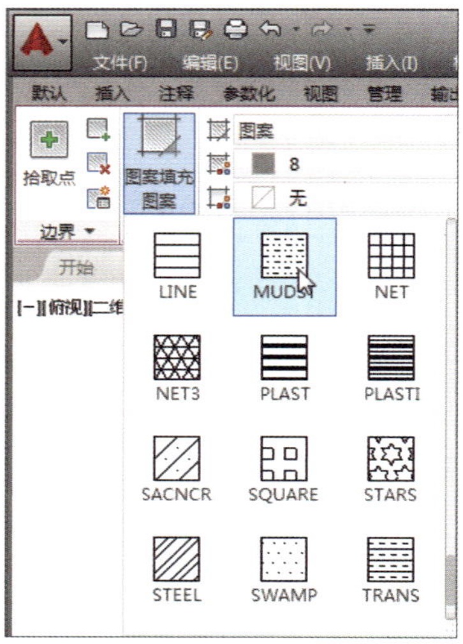

02 在绘图区中，将光标放置到所要填充的区域上，则可显示所填充的图案，按回车键可完成图案填充，如下图所示。

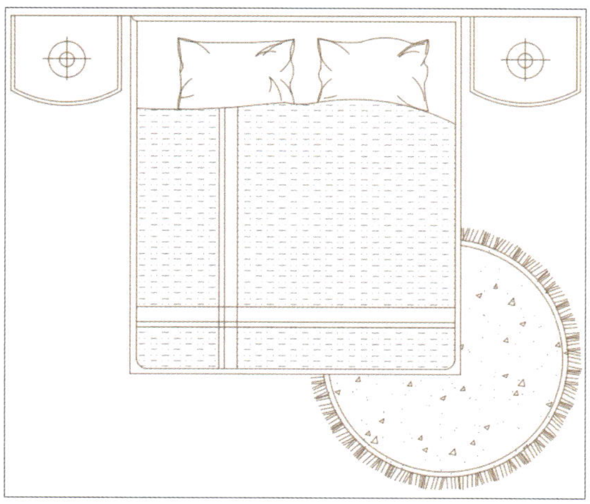

03 选中填充图案，进入“图案填充编辑器”面板，重新设置比例值，此时填充的图案比例已发生变化，其结果如下图所示。

04 再选中填充图案，进入“图案填充编辑器”面板，重新设置角度值，可更改图案填充角度，如下图所示。

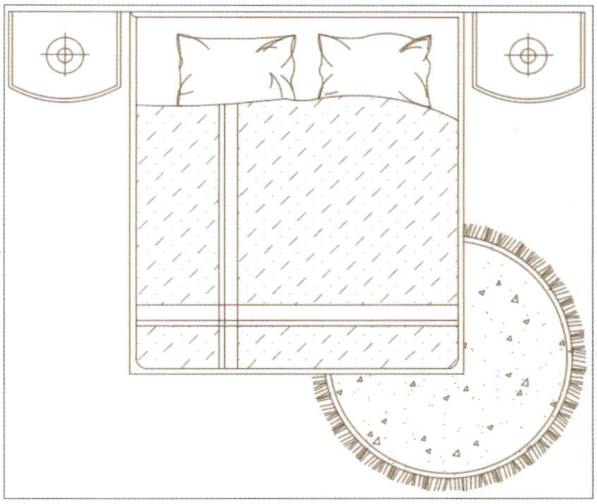

05 再选中填充图案，进入“图案填充编辑器”面板，重新设置图案颜色，即可更改当前填充图形的颜色，如右图所示。

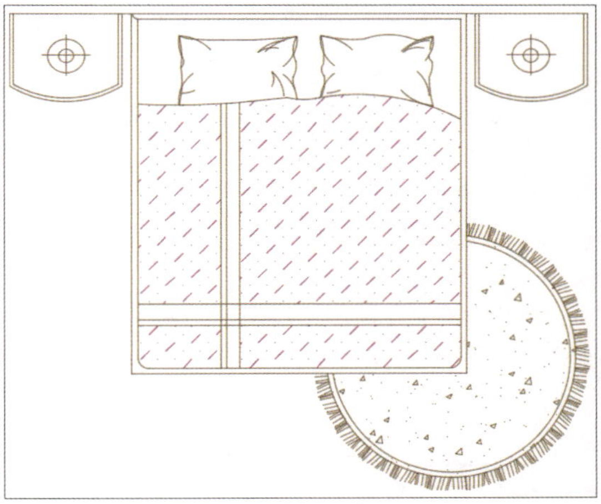

06 若想更改当前填充的图案，只需单击“图案>图案填充图案”命令，在下拉列表中，选择新图案即可，如右图所示。

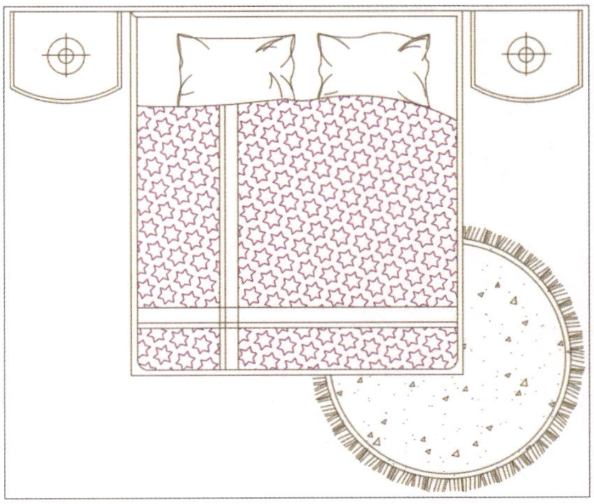

课后练习

一. 选择题

1. 使用“旋转”命令旋转对象时，(　　)。

A. 必须指定旋转角度　　B. 必须指定旋转基点

C. 必须使用参考方式　　D. 可以在三维空间旋转对象

2. 使用“延伸”命令进行对象延伸时，(　　)。

A. 必须在二维空间中延伸　　B. 可以在三维空间中延伸

C. 可以延伸封闭线框　　D. 可以延伸文字对象

3. 在执行“圆角”命令时，应先设置(　　)。

A. 圆角半径　　B. 距离

C. 角度值　　D. 内部块

4. 使用“拉伸”命令拉伸对象时，不能(　　)。

A. 把圆拉伸为椭圆　　B. 把正方形拉伸成长方形

C. 移动对象特殊点　　D. 整体移动对象

二. 填空题

1. 使用________命令可以增加或减少视图区域，而使对象的真实尺寸保持不变。

2. 偏移图形指对指定圆弧和圆等做________复制。对于________而言，由于圆心为无穷远，因此可以平行复制。

3. 使用________命令可以按指定的镜像线翻转对象，创建出对称的镜像图像。

三. 操作题

1. 利用“矩形”、“直线”和“镜像”命令绘制墙体轮廓，然后利用“偏移”、“直线”和“倒角”命令绘制窗户，如下左图所示。

2. 绘制如下右图所示的图形。首先利用“矩形”命令绘制大概轮廓线，然后使用“直线”和“偏移”命令绘制内部，最后使用“镜像”命令，对相同的部分进行镜像复制。

Chapter 05

文本与表格

文字对象是AutoCAD图形中很重要的图形元素，是建筑绘图中不可缺少的组成部分。添加文字标注的目的是表达各种信息，使用材料列表或添加技术要求等都需要使用文字注释。本章将对文本与表格的应用知识进行介绍，其中包括文字标注与编辑、文字样式的设置、单行和多行文本的应用等内容。

知识要点

① 创建和编辑文字样式
② 创建单行文本
③ 编辑多行文本
④ 创建与编辑表格

上机安排

学习内容	学习时间
● 文字样式的设置	10分钟
● 单行文本的创建	15分钟
● 多行文本的创建	15分钟
● 表格的应用	20分钟

5.1 创建文字样式

在进行文字标注之前，应先对文字样式进行设置，从而方便、快捷地对图形对象进行标注，得到统一、标准、美观的文字注释。定义文字样式包括选择字体文件、设置文字高度、宽度比例等。

在AutoCAD 2016中，可以使用“文字样式”对话框来创建和修改文本样式。用户可以通过以下方法打开“文字样式”对话框。

- 执行“格式>文字样式”命令。
- 在“默认”选项卡的“注释”面板中单击“文字样式”按钮。
- 在“注释”选项卡的“文字”面板中单击右下角箭头。
- 在命令行中输入快捷命令ST，然后按回车键。

执行以上任意一种操作后，都将打开“文字样式”对话框，如下图所示。在该对话框中，用户可创建新的文字样式，也可对已定义的文字样式进行编辑。

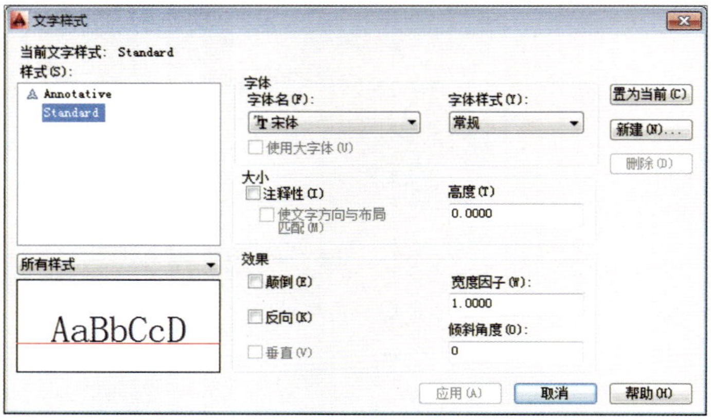

5.1.1 设置样式名

在AutoCAD 2016中，对文字样式名的设置包括新建文字样式名，以及对已定义的文字样式更改名称。其中，“文字样式”对话框中“新建”和“删除”按钮的作用如下。

- **新建：** 用于创建新文字样式。单击该按钮，打开“新建文字样式”对话框，如下左图所示。在该对话框的“样式名”文本框中输入新的样式名，然后单击“确定”按钮。
- **删除：** 用于删除在样式名下拉列表中所选择的文字样式。单击此按钮，在弹出的对话框中单击“确定”按钮即可，如下右图所示。

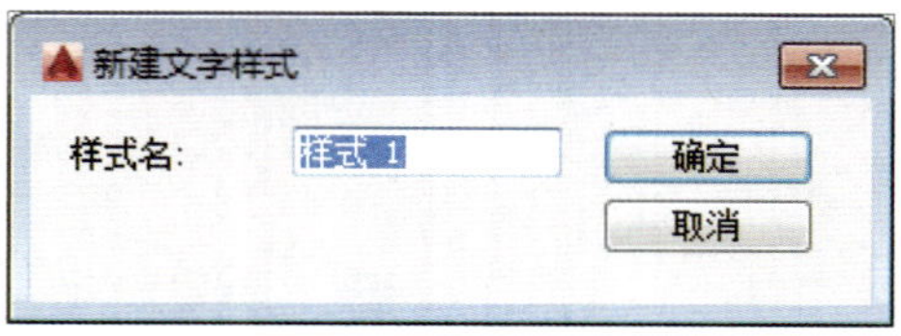

5.1.2 设置字体

在AutoCAD 2016中，对文本字体的设置主要是指选择字体文件和定义文字的高度。系统中可使用的字体文件分为两种：一种是普通字体，即TrueType字体文件；另一种是AutoCAD特有的字体文件（.shx）。

在“字体”和“大小”选项组中，各选项功能介绍如下。

- **字体名：** 在该下拉列表中，列出了Windows注册的TrueType字体文件和AutoCAD特有的字体文件（.shx）。
- **字体样式：** 指定字体格式，比如斜体、粗体或者常规字体。选定“使用大字体”后，该选项变为“大字体”，用于选择大字体文件。
- **使用大字体：** 指定亚洲语言的大字体文件。只有（.shx）文件可以创建“大字体”。
- **注释性：** 指定文字为注释性。
- **使文字方向与布局匹配：** 指定图纸空间视口中的文字方向与布局方向匹配。如果未选择“注释性”选项，则该选项不可用。
- **高度：** 用于设置文字的高度。AutoCAD 2016的默认高度值为0，采用默认值时，文本标注的实际文字高度为2.5mm，用户可根据需要重新进行设置。

在字体名中，有一类字体前带有@，如果选择了该类字体样式，则标注的文字效果为向左旋转90°。

5.1.3 设置文本效果

在AutoCAD 2016“文字样式”对话框中，可修改字体的特性，例如高度、宽度因子、倾斜角以及是否颠倒显示、反向或垂直对齐。“效果”选项组中各选项功能介绍如下。

- **颠倒：** 颠倒显示字符，用于将文字旋转180°，如下左图所示。
- **反向：** 用于将文字以镜方式显示，如下右图所示。

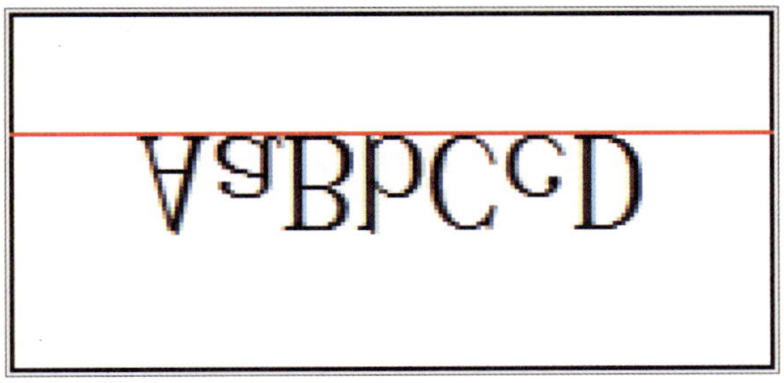
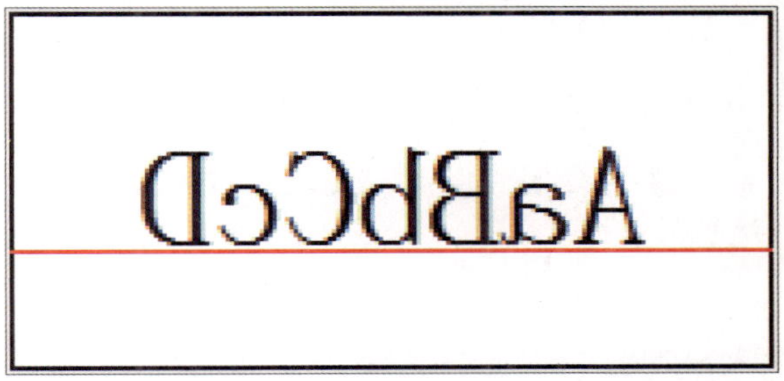

- **垂直：** 显示垂直对齐的字符。只有在选定字体支持双向时，“垂直”选项才可用。TrueType字体的垂直定位不可用。
- **宽度因子：** 设置字符间距。输入小于1.0的值将压缩文字。输入大于1.0的值则扩大文字。下左图中字体的宽度为1.5。
- **倾斜角度：** 设置文字的倾斜角。输入一个-85至85之间的值将使文字倾斜。下右图的字体倾斜角度为30。

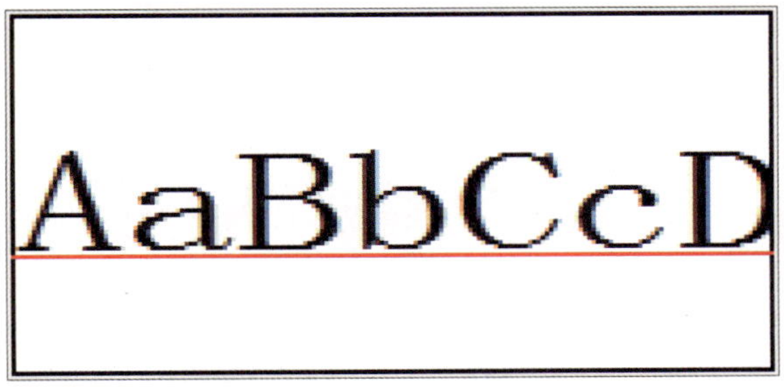

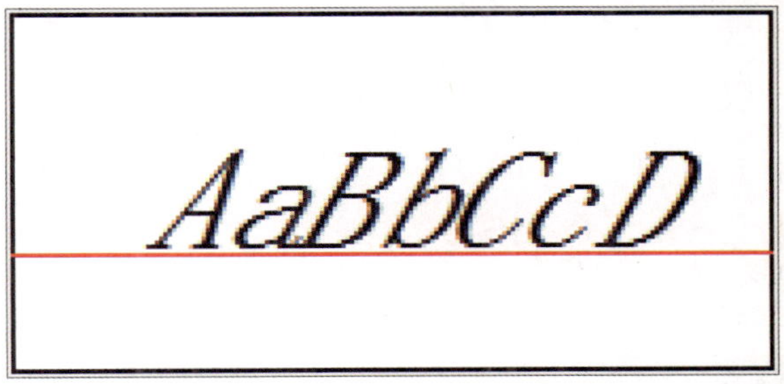

专家技巧：颠倒和反向文字效果应用范围

在“效果”选项组中进行的颠倒和反向文字效果设置只限于单行文字标注。

5.1.4 预览与应用文本样式

在AutoCAD 2016中，对文字样式的设置效果，可在“文字样式”对话框的相应区域进行预览。单击“应用”按钮，将当前设置的文字样式应用到AutoCAD正在编辑的图形中，作为当前文字样式。“文字样式”对话框中的相关按钮功能如下。

- **应用：** 用于将当前的文字样式应用到AutoCAD正在编辑的图形中。
- **取消：** 放弃文字样式的设置，并关闭“文字样式”对话框。
- **关闭：** 关闭“文字样式”对话框，同时保存对文字样式的设置。

进阶案例 文字样式的应用

定义名为“文字标注”的文字样式，字体为宋体，字高为8，宽度为2。

01 执行“格式>文字样式”命令，打开“文字样式”对话框，单击“新建”按钮，如下图所示。

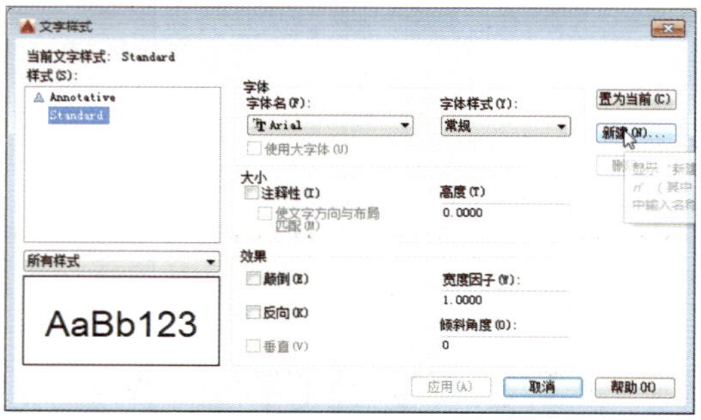

02 打开“新建文字样式”对话框，输入“样式名”为“文字标注”，如下图所示。

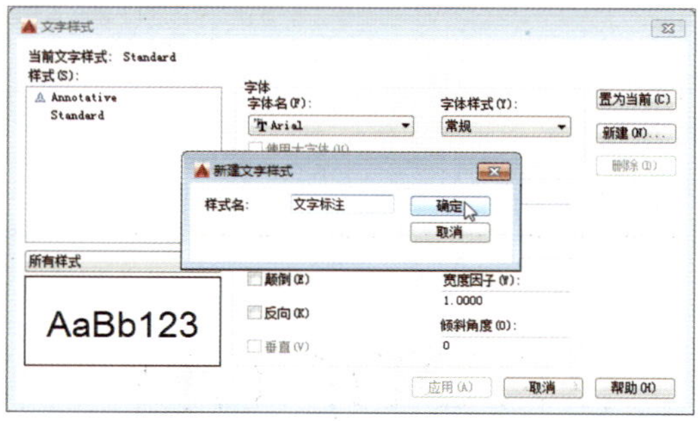

03 单击“确定”按钮返回到上一对话框，在“字体名”下拉列表中选择“宋体”，如下图所示。

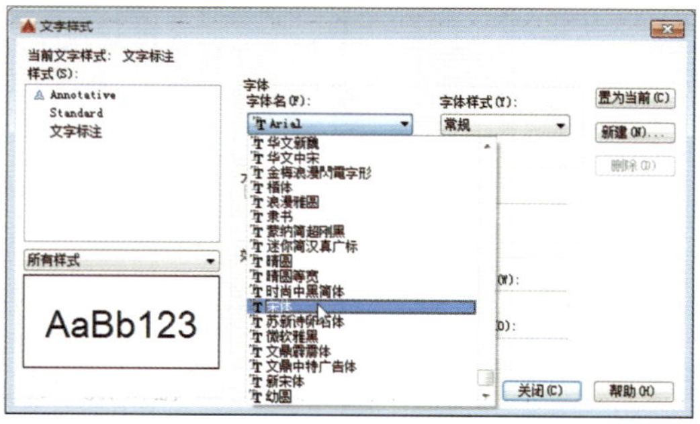

04 设置“高度”为8，“宽度因子”为2，如下图所示。

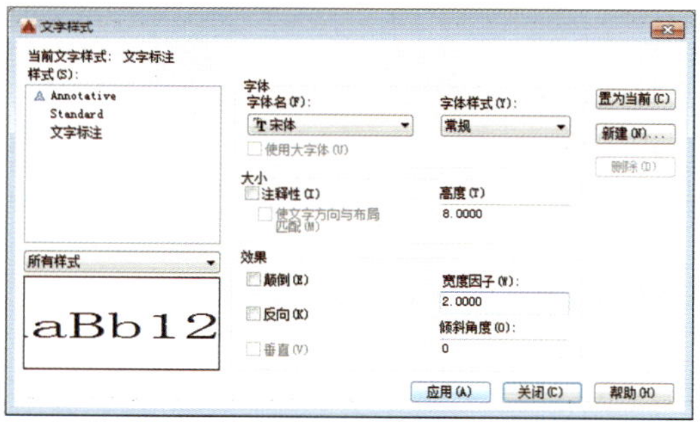

05 依次单击“应用”、“置为当前”、“关闭”按钮，即可完成文字样式的创建，如右图所示。

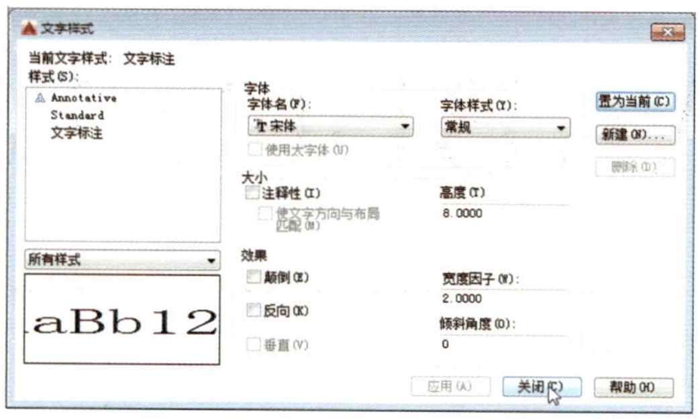

06 在命令行中输入TEXT命令，输入文字内容“法兰盘主视图”，如右图所示。

命令行提示内容如下。

```
命令： TEXT
当前文字样式：“文字标注”  文字高度： 8.0000
注释性： 否   对正： 左
指定文字的起点 或 [ 对正 (J)/ 样式 (S)]:
                                        （指定一点）
指定文字的旋转角度 <0>:
                                        （按回车键）
```

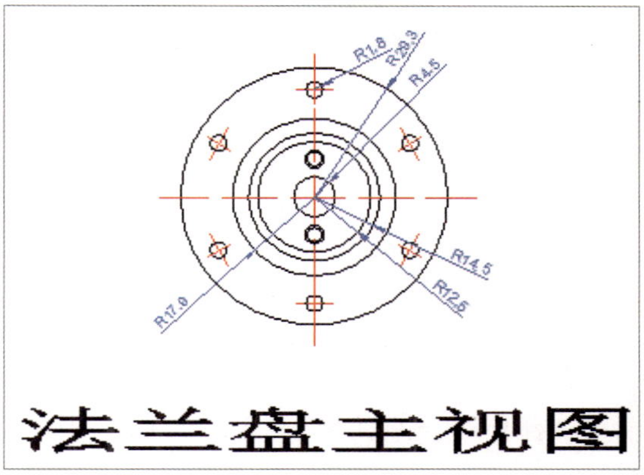

5.2 创建与编辑单行文本

单行文本就是将每一行作为一个文字对象，一次性地在图纸中的任意位置添加所需的文本内容，并且可对每个文字对象进行单独的修改。下面将介绍单行文本的标注与编辑，以及在文本标注中使用控制符输入特殊字符的方法。

5.2.1 创建单行文本

在AutoCAD 2016中，用户可以通过以下方法执行“单行文字”命令。

- 执行“绘图>文字>单行文字”命令。
- 在“默认”选项卡的“注释”面板中单击“单行文字”按钮A。
- 在“注释”选项卡的“文字”面板中单击“单行文字”按钮A。
- 在命令行中输入命令TEXT，然后按回车键。

执行上述命令后，命令行提示内容如下。

```
指定文字的起点 或 [ 对正 (J)/ 样式 (S)]:
指定高度 <2.5000>:
指定文字的旋转角度 <0>:
```

其中，命令行中各选项的含义如下。

1. 指定文字的起点

在绘图区域单击一点，确定文字的高度后，将指定文字的旋转角度，按回车键即可完成创建。

在执行“单行文字”命令过程中，用户可随时用鼠标确定下一行文字的起点，也可按回车键换行，但输入的文字与前面的文字属于不同的实体。

2. 对正

该选项用于确定标注文本的排列方式和排列方向。AutoCAD 2016用直线确定标注文本的位置，分别是顶线、中线、基线和底线。选择该选项后，命令行提示内容如下。

```
输入选项 [ 对齐 (A)/ 布满 (F)/ 居中 (C)/ 中间 (M)/ 右对齐 (R)/ 左上 (TL)/ 中上 (TC)/ 右上 (TR)/ 左中 (ML)/ 正中
(MC)/ 右中 (MR)/ 左下 (BL)/ 中下 (BC)/ 右下 (BR)]:
```

- **对齐：**通过指定基线端点来指定文字的高度和方向。
- **布满：**指定文字按照由两点定义的方向和一个高度值布满一个区域。
- **居中：**用于确定标注文本基线的中点。选择该选项后，输入的文本均匀分布在该中点的两侧。
- **中间：**文字在基线的水平中点和指定高度的垂直中点上对齐。中间对齐的文字不保持在基线上。“中间”选项与“正中”选项不同，“中间”选项使用的中点是所有文字包括下行文字在内的中点，而“正中”选项使用大写字母高度的中点。

3.“样式”选项

指定文字样式，文字样式决定文字字符的外观。新创建的文字采用当前文字样式。输入？将列出当前文字样式、关联的字体文件、字体高度及其他参数。

在该提示下按回车键，系统将自动打开“AutoCAD文本窗口”对话框，如右图所示，此窗口列出了指定文字样式的具体设置。

若不输入文字样式名称直接按回车键，则窗口中列出的是当前AutoCAD图形文件中所有文字样式的具体设置。

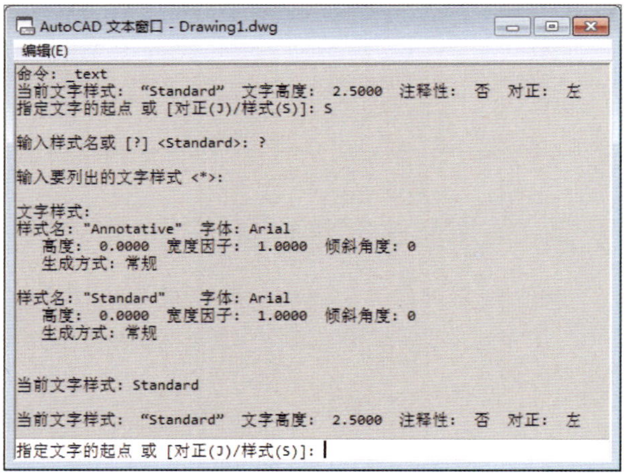

5.2.2 使用文字控制符

在文本标注中，经常需要标注一些不能直接利用键盘输入的特殊字符，如直径“Φ”、角度“°”等。AutoCAD 2016为输入这些字符提供了控制符，如下表所示。可以通过输入控制符来输入特殊的字符。在单行文本标注和多行文本标注中，控制符的使用方法有所不同。

特殊字符控制符

控制符	对应特殊字符	控制符	对应特殊字符
%%C	直径（Φ）符号	%%D	度（°）符号
%%O	上划线符号	%%P	正负公差（±）符号
%%U	下划线符号	\U+2238	约等于（≈）符号
%%%	百分号（%）符号	\U+2220	角度（∠）符号

1. 在单行文本中使用文字控制符

在需要使用特殊字符的位置直接输入相应的控制符，此时输入的控制符将会显示在图中特殊字符的位置上，当单行文本标注命令执行结束后，控制符会自动转换为相应的特殊字符。

2. 在多行文本中使用文字控制符

标注多行文本时，可以灵活地输入特殊字符，因为其本身具有一些格式化选项。在“多行文字编辑器”选项卡的“插入”面板中单击“符号”下拉按钮，在展开的下拉列表中将会列出特殊字符的控制符选项，如下左图所示。

另外，在“符号”下拉列表中选择“其他”选项，将弹出“字符映射表”对话框，从中选择所需字符进行输入即可，如下右图所示。

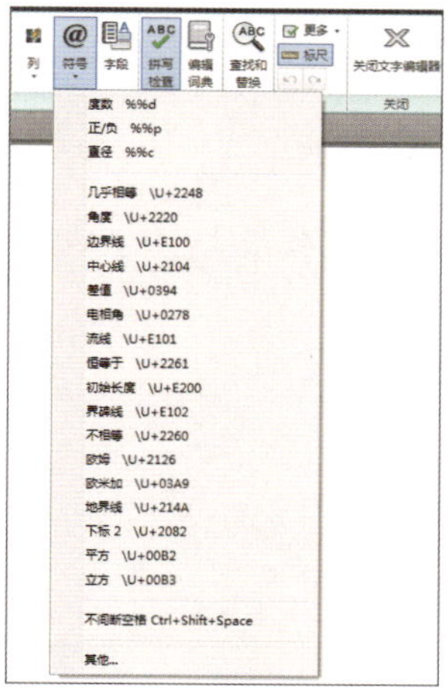

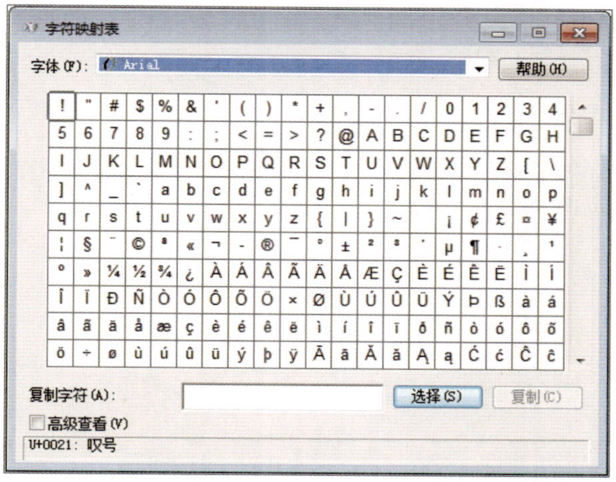

5.2.3　编辑单行文本

若对已标注的文本进行修改，如文字的内容、对正方式以及缩放比例等，可通过DDEDIT命令和“特性”选项板进行编辑。

1. 用DDEDIT命令编辑单行文本

在AutoCAD 2016中，用户可以通过以下方法执行文本编辑命令。

- 执行“修改>对象>文字>编辑”命令。
- 在命令行中输入DDEDIT，然后按回车键。

执行以上任意一种操作后，在绘图窗口中单击要编辑的单行文字，即进入文字编辑状态，对文本内容进行相应的修改即可。

2. 用“特性”选项板编辑单行文本

选择要编辑的单行文本，右击弹出快捷菜单，选择“特性”命令，打开“特性”选项板，在“文字”卷展栏中，可对文字进行修改，如下图所示。

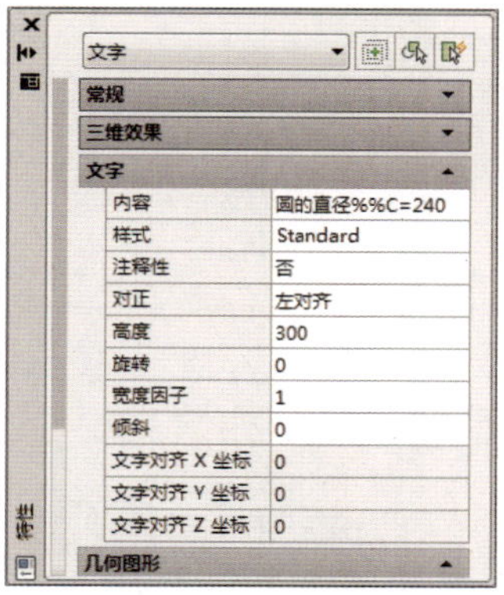

该选项板中各卷展栏的功能如下。

- **常规：**用于修改文本颜色和所属的图层。
- **三维效果：**用于设置三维材质。
- **文字：**用于修改文字的内容、样式、对正方式、高度、旋转角度、倾斜角度和宽度比例等。
- **几何图形：**用于修改文本的起始点位置。

进阶案例 输入单行文字

下面将具体介绍单行文字的输入方法。

01 执行“绘图>文字>单行文字”命令，根据命令行提示，在绘图区指定文字起点，按回车键，如下图所示。

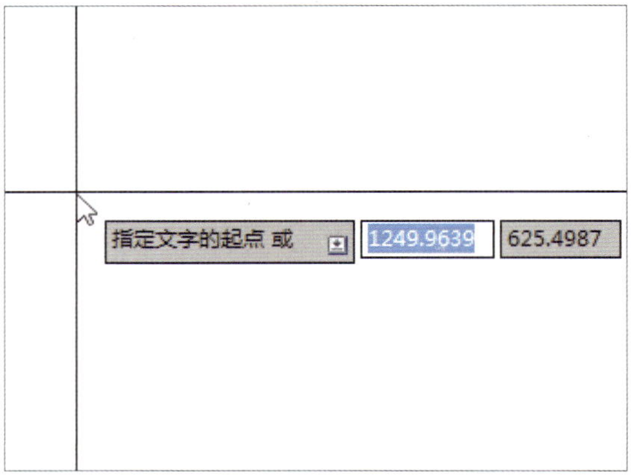

02 根据提示输入文字高度值，这里输入100，如下图所示。

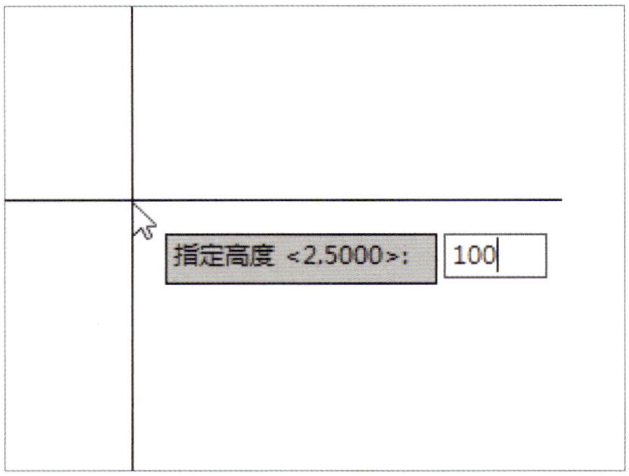

03 同样根据提示输入文字的旋转角度，这里输入0，如下图所示。

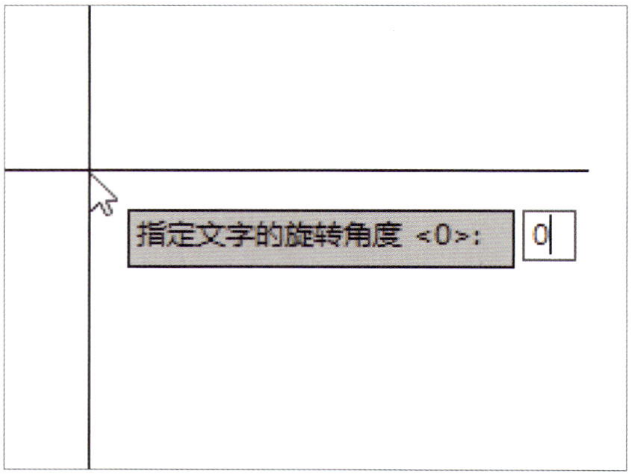

04 输入完成后，按回车键。在光标闪动的位置输入相应文本内容，其后单击绘图区任意空白处，并按回车键即完成输入操作，如下图所示。

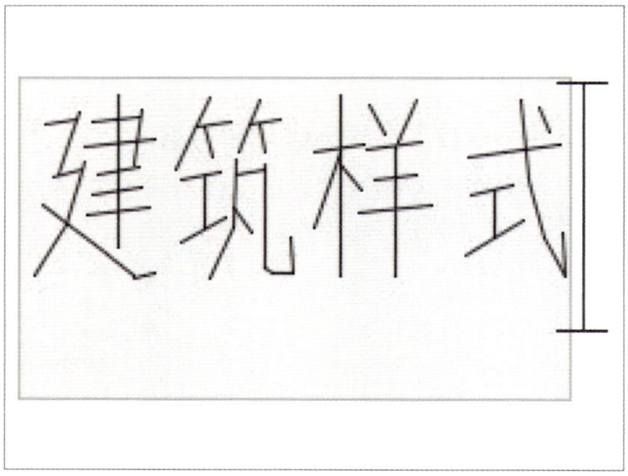

5.3 创建与编辑多行文本

多行文本包含一个或多个文字段落，可作为单一的对象处理。在输入文字标注前需要先指定文字边框的对角点，文字边框用于定义多行文字对象中段落的宽度。多行文本可用“文字编辑器”面板进行编辑。

5.3.1 创建多行文本

在AutoCAD 2016中，用户可以通过以下方法执行“多行文字”命令。

- 执行“绘图>文字>多行文字”命令。
- 在“默认”选项卡的“注释”面板中单击“多行文字”按钮A。

- 在“注释”选项卡的“文字”面板中单击“多行文字”按钮A。
- 在命令行中输入快捷命令T，然后按回车键。

执行“多行文字”命令后，命令行提示内容如下。

```
命令：_mtext
当前文字样式："Standard"  文字高度： 100  注释性： 否
指定第一角点：
指定对角点或 [高度(H)/对正(J)/行距(L)/旋转(R)/样式(S)/宽度(W)/栏(C)]:
```

其中，命令行中各选项含义介绍如下。

- **对正：**用于设置文本的排列方式。
- **行距：**用于指定多行文字对象的行距。行距是一行文字的底部（或基线）与下一行文字底部之间的垂直距离。
- **样式：**用于指定多行文字的文字样式。其中“样式名”用于指定文字样式名；“?—列出样式”用于列出文字样式名称和特性。
- **栏：**用于指定多行文字对象的栏选项。“静态”指定总栏宽、栏数、栏间距宽度（栏之间的间距）和栏高；“动态”指定栏宽、栏间距宽度和栏高。动态栏由文字驱动，调整栏将影响文字流，而文字流将导致添加或删除栏。

在绘图区域中通过指定对角点框选出文字输入范围，如下左图所示，在文本框中即可输入文字，如下右图所示。

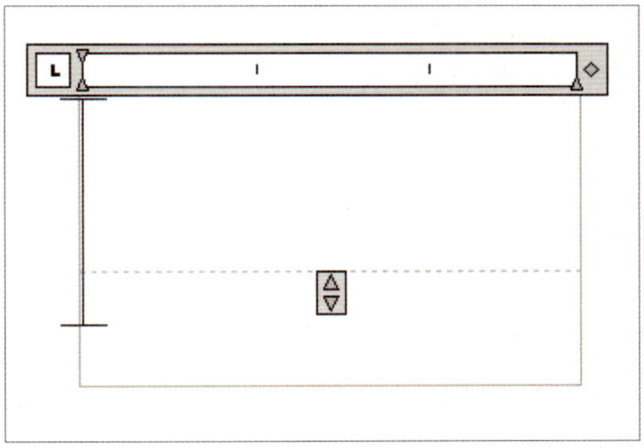

在系统自动打开的“文本编辑器”选项卡中可对文字的样式、字体、加粗以及颜色等属性进行设置，如下图所示。

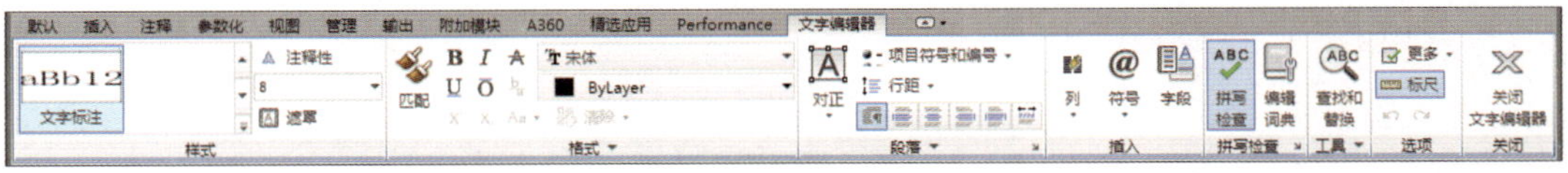

5.3.2 编辑多行文本

编辑多行文本与编辑单行文本一样，可以用DDEDIT命令和“特性”选项板进行编辑。

1. 用DDEDIT命令编辑多行文本

在命令行中输入DDEDIT，按回车键，或者执行“修改>对象>文字>编辑”命令，选择多行文本作为编辑对象，将会弹出“文字编辑器”选项卡和文本编辑框。同创建多行文字一样，在“文字编辑器”选项卡中，可对多行文字字体属性进行设置。

2. 用“特性”选项板编辑多行文本

选取多行文本后右击，在打开的快捷菜单中选择“特性”命令，打开“特性”选项板，如右图所示。

与单行文本的“特性”选项板不同的是，此处“文字”卷展栏中增加了“行距比例”、“行间距”、“行距样式”3个选项，但缺少了“倾斜”和“宽度因子”选项。

进阶案例 在图纸中插入文字注释

应用本章所学的知识在图纸中插入文字注释。在编辑过程中，首先打开所需的图形文件，然后用多行文字命令为图形添加文字注释，具体操作步骤如下。

01 打开实例文件“两居室原始结构图.dwg”，如下图所示。

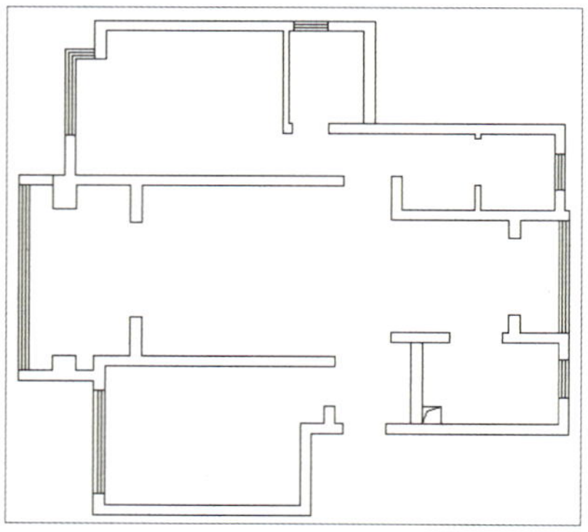

02 单击“图层特性”按钮，新建“文字注释”图层，并设置其图层属性，如下图所示。

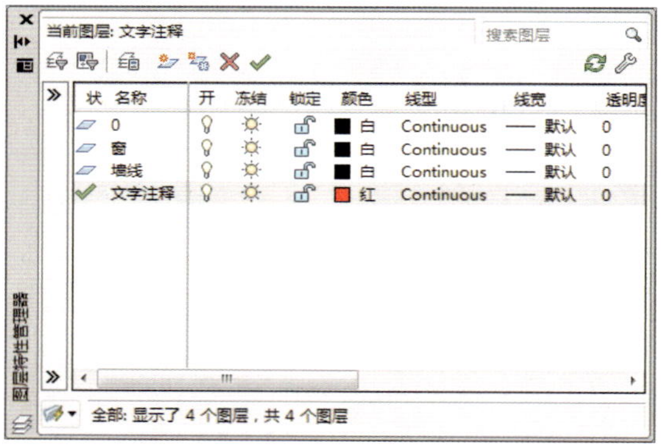

03 双击该图层，将其设置为当前层。执行“格式>文字样式”菜单命令，打开相应的对话框，单击“新建”按钮，输入文字样式名称，如下图所示。

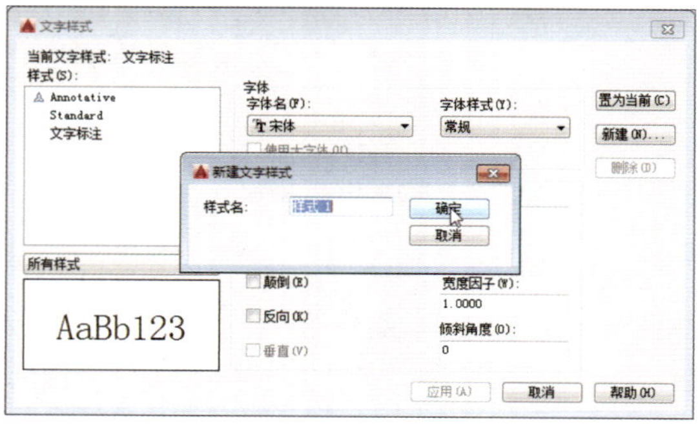

04 设置完成后，单击“确定”按钮，返回至“文字样式”对话框，设置字体和大小，然后依次单击“应用”、“置为当前”、“关闭”按钮，如下图所示。

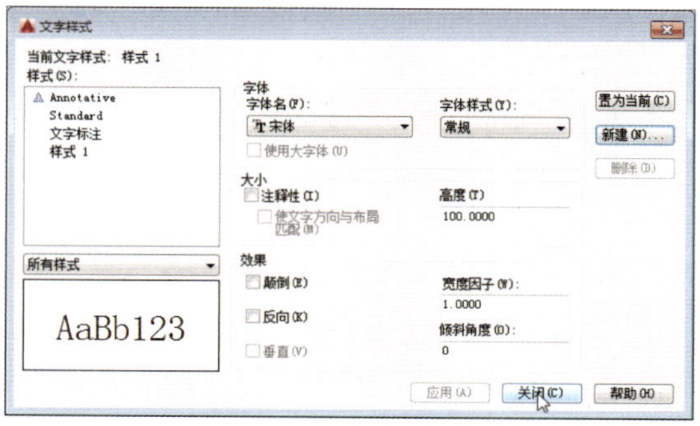

05 执行“绘图>文字>多行文字”菜单命令，在图形中框选出文字输入范围，如下图所示。

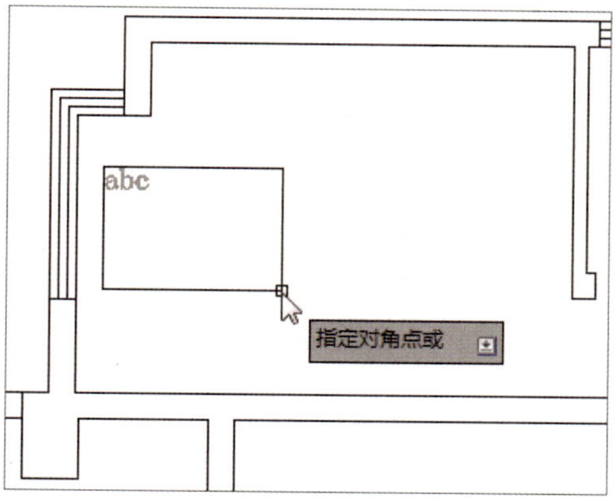

06 指定第二角点后，在文本框中，输入窗高、窗宽以及台高的尺寸数值，如下图所示。

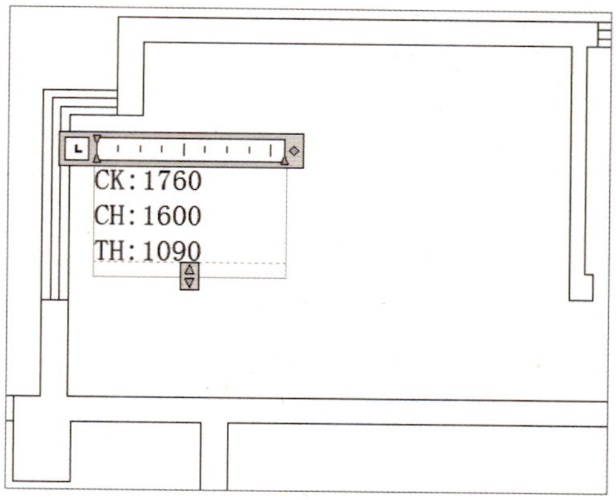

07 输入完毕后，在绘图区的空白处单击，即可完成输入，效果如下图所示。

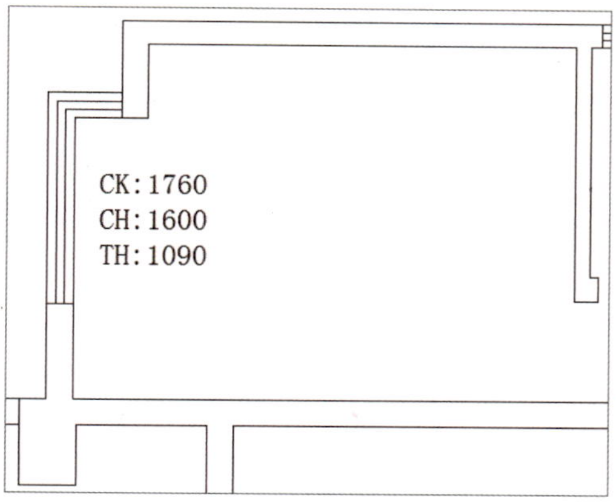

08 选中所输入的文字内容，执行“复制”命令，将该文字复制至各窗洞合适位置，如下图所示。

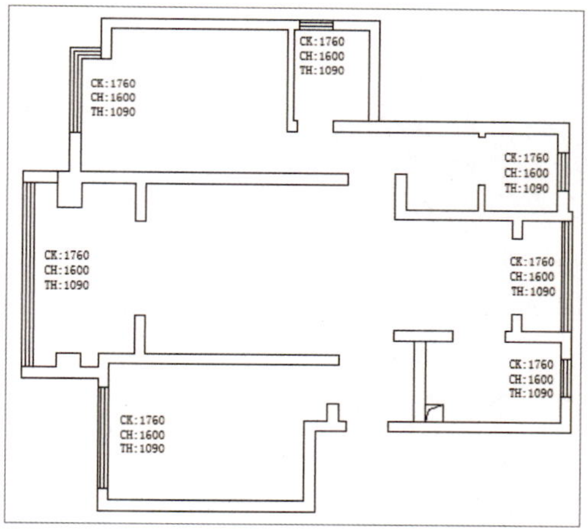

09 双击其中一个需修改的尺寸数值，并选中要修改的内容，然后输入新内容即可，如下图所示。

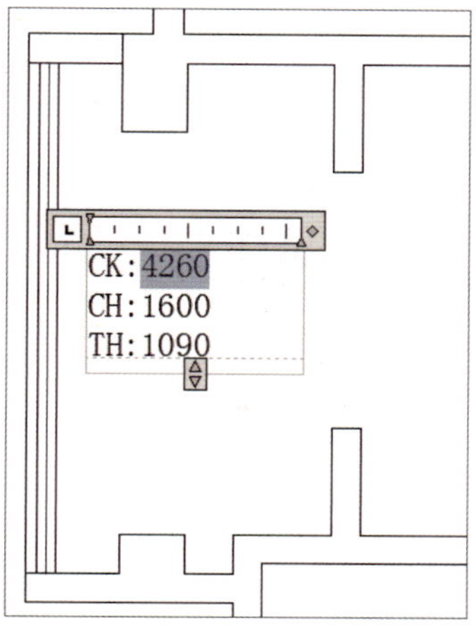

10 按照同样的操作方法，修改其他尺寸，效果如下图所示。

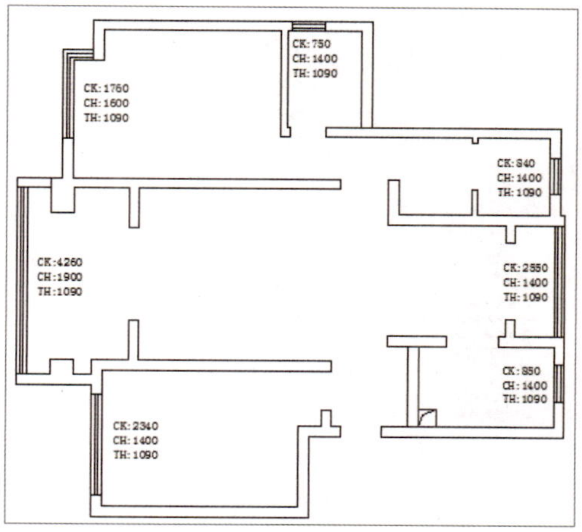

11 执行“多行文字”命令，在其中一个门洞的合适位置，输入门宽和门高的尺寸数值，如下图所示。

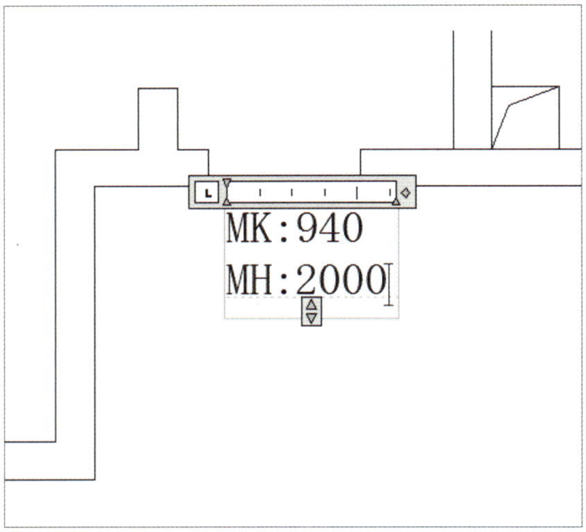

12 执行“复制”命令，将输入好的门洞尺寸复制至其他门洞合适位置，并双击门洞值，对尺寸进行修改，最终效果如下图所示。

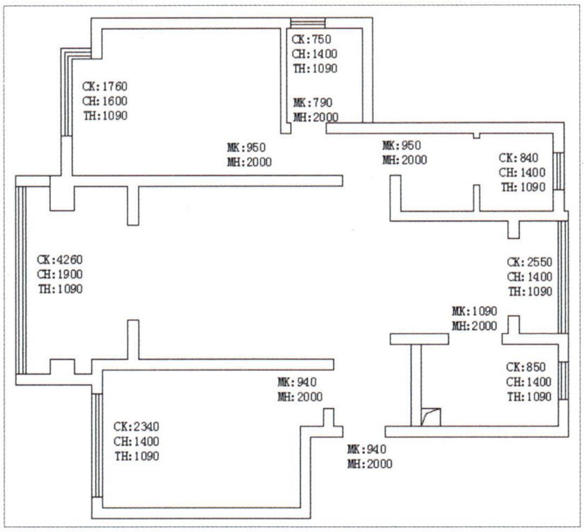

5.4 表格的使用

表格是在行和列中包含数据的对象，在工程图中会大量用到表格，例如标题栏和明细表都属于表格的应用。通过对表格样式进行新建或者修改，可以对表格的方向、常规特性、表格内使用的文字样式以及表格的边框类型等一系列内容进行设置，从而建立符合用户需求的表格。

5.4.1 设置表格样式

表格样式控制一个表格的外观，用于统一字体、颜色、文本、高度和行距以符合要求。在创建表格前，应先创建表格样式，并通过管理表格样式，使表格样式更符合行业的需要。在此将首先介绍如何对表格样式进行设置。

步骤01 执行“注释>表格>表格”命令，打开“插入表格”对话框，如下图所示。

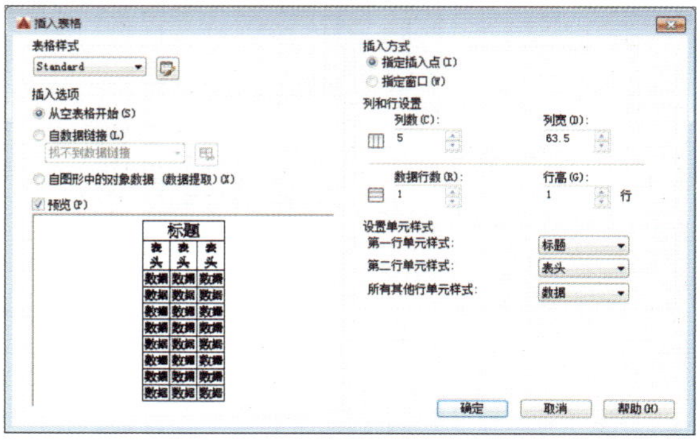

步骤02 单击“表格样式”按钮，打开“表格样式”对话框，如下图所示。

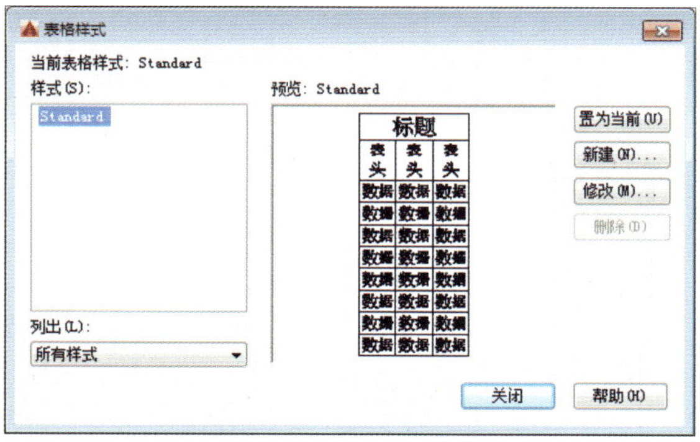

步骤03 在此单击“新建”按钮，打开“创建新的表格样式”对话框，输入新样式名称，并单击“继续”按钮，如下图所示。

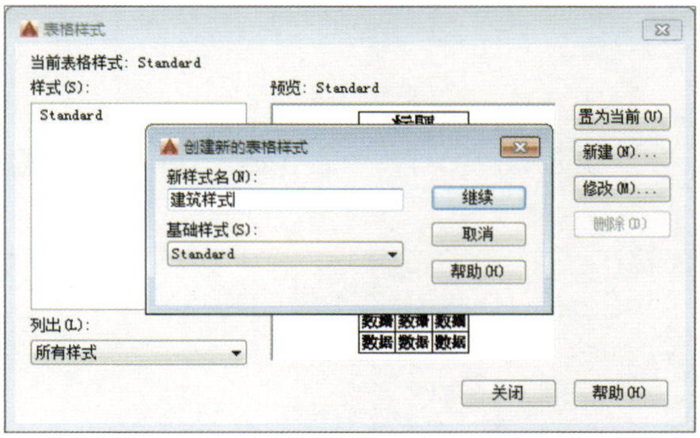

步骤04 在打开的“新建表格样式”对话框中，可在“单元样式”下拉列表内，选择设置标题、数据、表头所对应的文字、边框等特性，如下图所示。

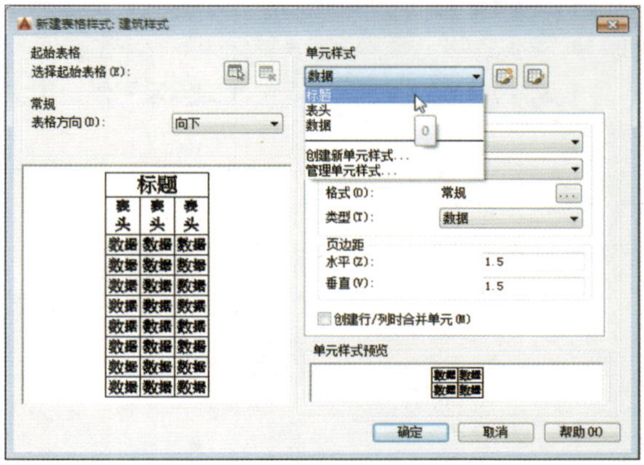

步骤05 设置完成后，单击“确定”按钮，返回“表格样式”对话框。此时在“样式”列表中会显示刚创建的表格样式。单击“关闭”按钮，完成操作。

在“新建表格样式”对话框中，用户可通过以下3种选项对表格的标题、表头和数据样式进行设置。下面将分别介绍。

1. 常规

在该选项卡中，用户可以对填充颜色、对齐方式、格式、类型和页边距进行设置。该选项卡中各选项说明如下。

- **填充颜色：** 用于设置表格的背景填充颜色。
- **对齐：** 用于设置表格单元中的文字对齐方式。
- **格式：** 单击其右侧按钮，打开“表格单元格式”对话框，用于设置表格单元格的数据格式。
- **类型：** 用于设置是数据类型还是标签类型。
- **页边距：** 用于设置表格单元中的内容距边线的水平和垂直距离。

2. 文字

该选项卡可设置表格单元中的文字样式、高度、颜色和角度等特性，如下图所示。

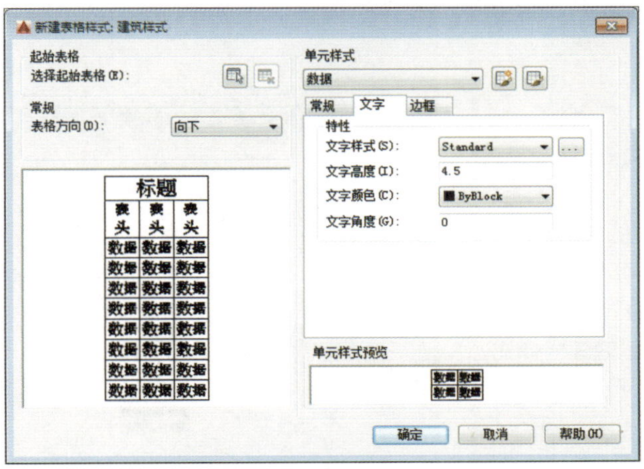

选项卡中各主要选项说明如下。

- **文字样式：** 选择可以使用的文字样式，单击其右侧的...按钮，可以打开“文字样式”对话框，并创建新的文字样式。
- **文字高度：** 用于设置表单元中的文字高度。
- **文字颜色：** 用于设置表单元中的文字颜色。
- **文字角度：** 用于设置表单元中的文字倾斜角度。

3. 边框

该选项卡可以对表格边框特性进行设置，如下图所示。在该选项卡中，有8个边框按钮，单击其中任意按钮，可将设置的特性应用到相应的表格边框上。

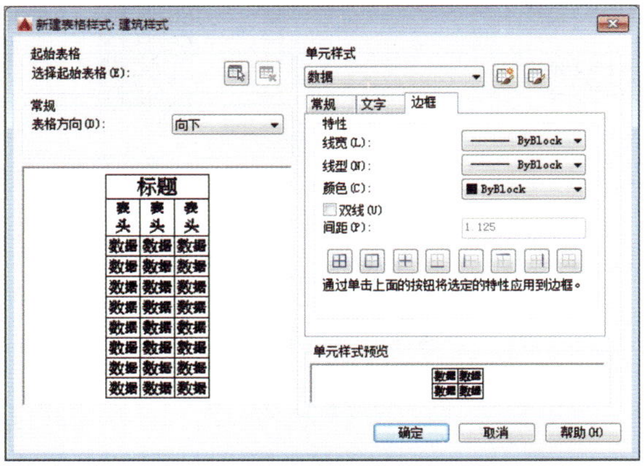

该选项卡中各主要选项说明如下。

- **线宽：** 用于设置表格边框的线宽。
- **线型：** 用于设置表格边框的线型样式。
- **颜色：** 用于设置表格边框的颜色。
- **双线：** 勾选该复选框，可将表格边框线型设置为双线。
- **间距：** 用于设置边框双线间的距离。

5.4.2 创建与编辑表格

表格样式创建完成后，即可使用“插入表格”命令创建表格。如果用户对创建的表格不满意，也可根据需要使用编辑命令，对表格进行编辑操作。

1. 创建表格

执行“注释>表格>表格”命令，打开“插入表格”对话框，如右图所示，根据需要设置表格的行数和列数，并在绘图区中指定插入点即可。

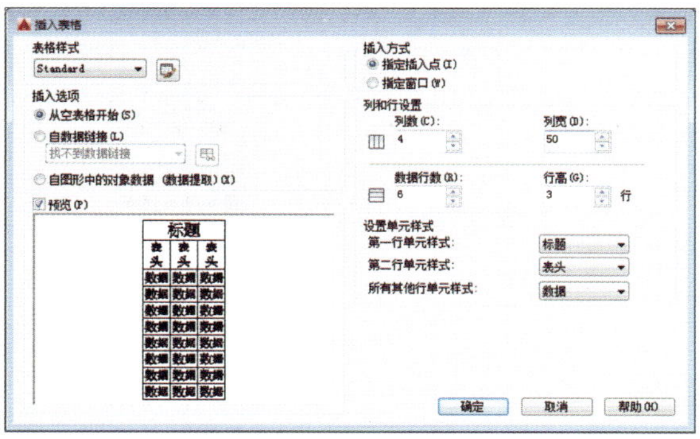

“插入表格”对话框中的各选项说明如下。

- **表格样式：** 该选项可从当前表格样式中进行选择。单击下拉按钮右侧“表格样式”对话框启动器按钮，可创建新的表格样式。
- **从空表格开始：** 用于创建可以手动填充数据的空表格。

- **自数据链接：** 用于从外部电子表格中的数据创建表格。单击右侧按钮，可在“选择数据链接”对话框中进行数据链接设置。
- **自图形中的对象数据：** 用于启动“数据提取”向导。
- **预览：** 用于显示当前表格样式。
- **指定插入点：** 用于指定表格左上角的位置。可以使用定点设置，也可在命令行中输入坐标值。如果表格样式将表格的方向设为由下而上读取，则插入点位于表格左下角。
- **指定窗口：** 用于指定表格的大小和位置。该选项同样可以使用定点设置，也可在命令行中输入坐标值，选定此项时，行数、列数、列宽和行高取决于窗口的大小以及列和行设置。
- **列数：** 用于指定表格的列数。
- **列宽：** 用于指定表格列宽值。
- **数据行数：** 用于指定表格的行数。
- **行高：** 用于指定表格行高值。
- **第一行单元样式：** 用于指定表格中第一行的单元样式。系统默认为标题单元样式。
- **第二行单元样式：** 用于指定表格中第二行的单元样式。系统默认为表头单元样式。
- **所有其他行单元样式：** 用于指定表格中所有其他行的单元样式。系统默认为数据单元样式。

2. 编辑表格内容

创建表格后，用户可对表格进行剪切、复制、删除、缩放或旋转等操作，也可对表格内文字进行编辑。下面将分别进行介绍。

（1）编辑表格

选中需编辑的单元格，在“表格单元”选项卡中，用户可根据需要对表格的行、列、单元样式、单元格式等元素进行编辑操作，如下图所示。

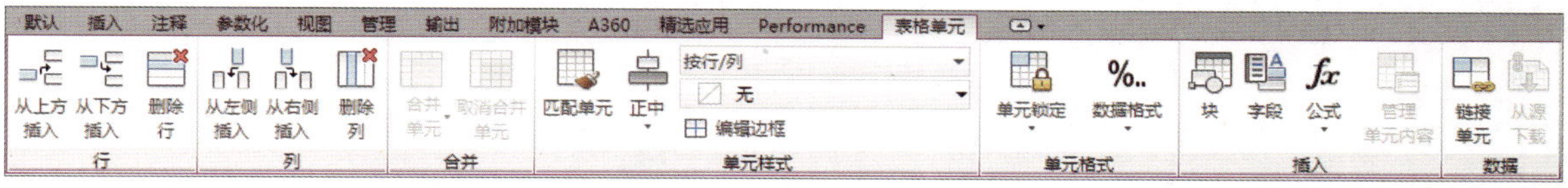

下面将对该选项卡中各面板进行说明。

- **行：** 在该面板中，用户可对单元格的行进行相应的操作，例如插入行、删除行。
- **列：** 在该面板中，用户可对选定的单元列进行操作，例如插入列、删除列。
- **合并：** 在该面板中，用户可将多个单元格合并成一个单元格，也可将已合并的单元格取消合并。
- **单元样式：** 在该面板中，用户可设置表格文字的对齐方式、单元格的颜色以及表格的边框样式等。
- **单元格式：** 在该面板中，用户可确定是否对选择的单元格进行锁定操作，也可以设置单元格的数据类型。
- **插入：** 在该面板中，用户可插入图块、字段以及公式等特殊符号。
- **数据：** 在该面板中，用户可设置表格数据，如将Excel电子表格中的数据与当前表格中的数据进行链接操作。

（2）编辑表格文字

表格中的文字可以根据需要进行更改。例如更换文字内容，修改文字大小、颜色和字体等。

进阶案例 编辑采购清单表

下面将对采购清单表的具体编辑操作进行介绍。

01 双击表格中需修改的单元格内容，使其变成可编辑状态，如下图所示。

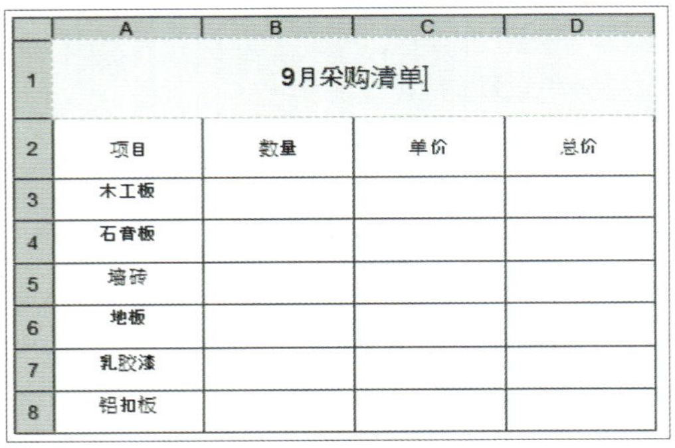

02 输入表格内容。完成后，单击绘图区空白处，完成表格内容的更改，如下图所示。

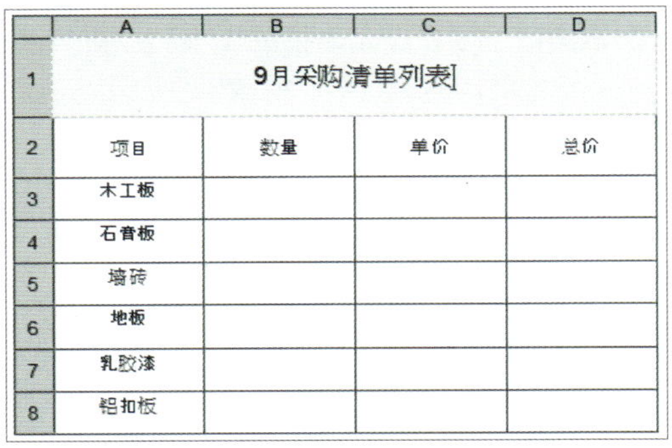

03 双击需编辑的文本，将其转换成可编辑状态，选中文本，如下图所示。

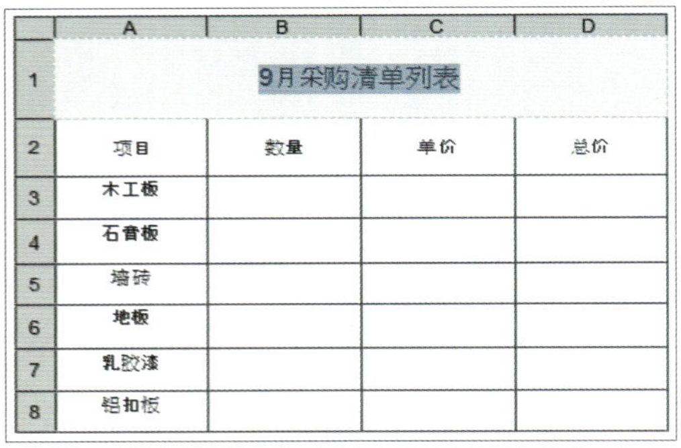

04 执行“文字编辑器>格式>字体”命令，在下拉列表中，选择合适的字体选项，即可完成字体的更改，如下图所示。

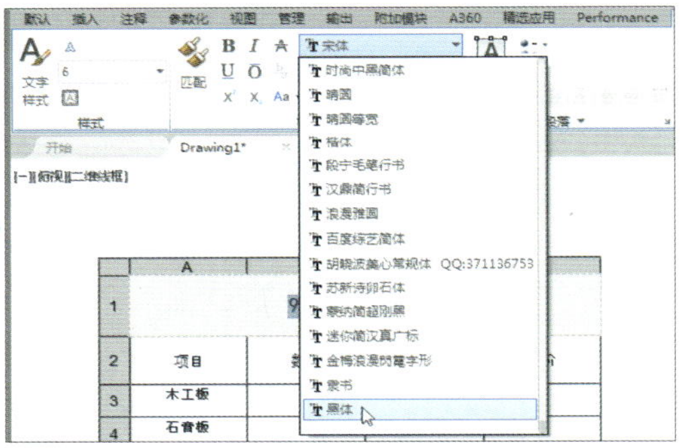

05 按照同样的方法，完成其他文字字体的更改，其结果如下图所示。

06 双击需编辑的文本，执行“文字编辑器>格式>颜色”命令，在下拉列表中，选择合适的颜色，完成字体颜色的更改，如下图所示。

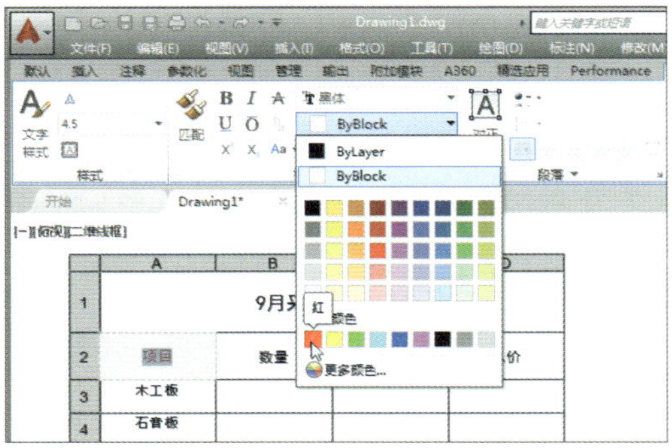

07 按照同样方法，完成剩余文字颜色的更改。当然，在“文字编辑器”选项卡中，用户还可对文字的大小、文字的样式以及排列方式进行更改。在此不一一介绍。

课后练习

一. 选择题

1. 在AutoCAD中设置文字样式可以有很多效果，除了（ ）。

A. 垂直　　B. 水平
C. 颠倒　　D. 反向

2. 定义文字样式时，符合国标GB要求的大字体是（ ）。

A. gbcbig.shx　　B. chineset.shx
C. txt.shx　　D. bigfont.shx

3. 下列文字特性不能在“文字编辑器”面板中的“特性”选项卡下设置的是（ ）。

A. 高度　　B. 宽度
C. 旋转角度　　D. 样式

4. 用“单行文字”命令书写直径符号时，应使用（ ）。

A. %%d　　B. %%p
C. %%c　　D. %%u

5. 多行文字的命令是（ ）。

A. TEXT　　B. MTEXT
C. QTEXT　　D. WTEXT

二. 填空题

1. 执行__________命令，可以打开“文字样式”对话框，利用该对话框可创建和修改文本样式。
2. 创建单行文字的命令是__________，编辑单行文字的命令是__________。
3. 创建多行文字的命令是__________，编辑多行文字的命令是__________。

三. 操作题

1. 使用“单行文字”命令，为表格添加文字说明，如下图所示。

序号	代号	名称	数量	材料
1	GB/T8-1988	轴承座	1	HT150
2	GB/T700-1988	固定套	1	ZQAL9-4
3	GB/1700-168	上轴衬	1	ZQAL9-4
4	GB/1700-168	下轴衬	1	HT150
5	GB/T600-1988	轴承盖	1	HT200

2. 使用“多行文字”命令，为平面图添加空间说明。其中，字体为宋体，字体高度为250，如下图所示。

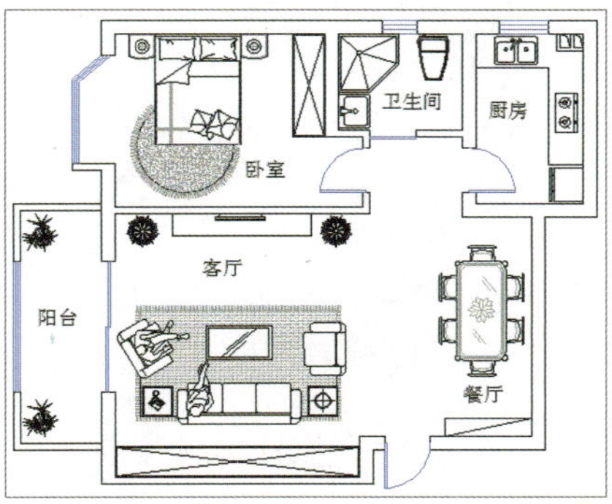

Chapter 06

尺寸标注

尺寸标注是绘图设计过程中的一个重要环节，在绘制图形时添加尺寸标注，能够起到提示和解释图形作用。本章将介绍创建与设置标注样式、多重引线标注、编辑标注对象等内容，掌握这些内容能够有效地节省我们的绘图时间。

知识要点

① 创建和设置尺寸标注
② 编辑尺寸标注
③ 角度标注
④ 半径、直径和圆心标注
⑤ 长度标注

上机安排

学习内容	学习时间
● 创建尺寸标注	10分钟
● 设置标注样式	10分钟
● 标注图形长度	20分钟
● 标注图形角度	20分钟
● 多重引线标注	10分钟
● 为户型图添加标注	20分钟

6.1 尺寸标注的规则与组成

尺寸标注是工程绘图设计中的一项重要内容，它描述了图形对象的真实大小、形状和位置，是实际生活和生产中的重要依据。下面将介绍尺寸标注的规则、尺寸标注的组成以及尺寸标注的一般步骤。

6.1.1 尺寸标注的规则

国家标准《尺寸注法》（GB/4458.4-1984），对尺寸标注时应遵循的有关规则作了明确规定。

1. 基本规则

在AutoCAD中，对绘制的图形进行尺寸标注时，应遵循以下5个规则。

- 图样上所标注的尺寸数为图形的真实大小，与绘图比例和绘图的准确度无关。
- 图形中的尺寸以系统默认值mm（毫米）为单位时，不需要计算单位代号或名称，如果采用其他单位，则必须注明相应计量的代号或名称，如“度”的符号“°”和英寸“″”等。
- 图样上所标注的尺寸数值应为工程图形完工的实际尺寸，否则需要另外说明。
- 建筑图像中的每个尺寸一般只标注一次，并标注在最能清晰表现该图形结构特征的视图上。
- 尺寸的配置要合理，功能尺寸应该直接标注，尽量避免在不可见的轮廓线上标注尺寸，数字之间不允许有任何图线穿过，必要时可以将图线断开。

2. 尺寸数字

- 线性尺寸的数字一般应注写在尺寸线的上方，也允许注写在尺寸线的中断处。
- 线性尺寸数字的方向，以平面坐标系的Y轴为分界线，左边按顺时针方向标注在尺寸线的上方，右边按逆时针方向标注在尺寸线的上方，但在与Y轴正负方向成30°角的范围内不标注尺寸数字。在不引起误解时，也允许采用引线标注。但在一张图样中，应尽可能采用一种方法。
- 角度的数字一律写成水平方向，一般注写在尺寸线的中断处。必要时也可使用引线标注。
- 尺寸数字不可被任何图线所通过，否则必须将该图线断开。

3. 尺寸线

- 尺寸线用细实线绘制，其终端可以用箭头和斜线两种形式。箭头适用于各种类型的图样，但在实践中多用于机械制图，斜线多用于建筑制图。斜线用细实线绘制，当尺寸线的终端采用斜线形式时，尺寸线与尺寸界线必须相互垂直。
- 当尺寸线与尺寸界线相互垂直时，同一张图样中只能采用一种尺寸线终端的形式。当采用箭头时，在空间不够的情况下，允许用圆点或斜线代替箭头。
- 标注线性尺寸时，尺寸线必须与所标注的线段平行。尺寸线不能用其他图线代替，一般也不得与其他图线重合或画在其延长线上。
- 标注角度时，尺寸线应画成圆弧，其圆心是该角的顶点。
- 当对称机件的图形只画出一半或略大于一半时，尺寸线应略超过对称中心线或断裂处的边界线，此时仅在尺寸线的一端画出箭头。

4. 尺寸界线

- 尺寸界线用细实线绘制，并应由图形的轮廓线、轴线或对称中心线处引出。也可利用轮廓线、轴线或对称中心线作尺寸界线。
- 当表示曲线轮廓上各点的坐标时，可将尺寸线或其延长线作为尺寸界线。
- 尺寸界线一般应与尺寸线垂直，必要时才允许倾斜。在光滑过渡处标注尺寸时，必须用细实线将轮廓线延长，从它们的交点处引出尺寸界线。

- 标注角度的尺寸界线应沿径向引出。标注弦长或弧长的尺寸界线应平行于该弦的垂直平分线，当弧度较大时，可沿径向引出。

5. 标注尺寸的符号

- 标注直径时，应在尺寸数字前加注符号“Φ”；标注半径时，应在尺寸数字前加注符号R；标注球面的直径或半径时，应在符号“Φ”或R前再加注符号S。
- 标注弧长时，应在尺寸数字上方加注符号“⌒”。
- 标注参考尺寸时，应将尺寸数字加上圆括弧。
- 当需要指明半径尺寸是由其他尺寸所确定时，应用尺寸线和符号R标出，但不要注写尺寸数。

6.1.2　尺寸标注的组成

一个完整的尺寸标注具有尺寸界线、尺寸线、箭头和尺寸数字4个要素，如下图所示。

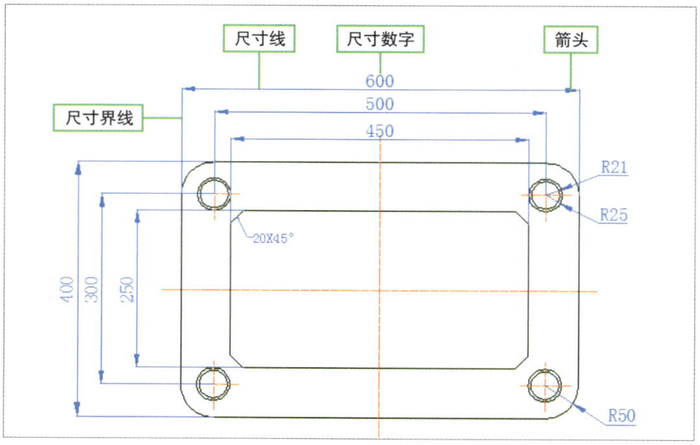

尺寸标注基本要素的含义与作用如下。

- **尺寸界线：**也称为投影线，从被标注的对象延伸到尺寸线。尺寸界线一般与尺寸线垂直，特殊情况下也可以将尺寸界线倾斜。有时也用对象的轮廓线或中心线代替尺寸界线。
- **尺寸线：**表示尺寸标注的范围。通常与所标注的对象平行，一端或两端带有终端号，如箭头或斜线，角度标注的尺寸线圆弧线。
- **箭头：**位于尺寸线两端，用于标记标注的起始和终止位置。箭头的范围很广，既可以是短划线、点或其他标记，也可以是块，还可以是用户创建的自定义符号。
- **尺寸数字：**用于指示测量的字符串，一般位于尺寸线上方或中断处。标注文字可以反映基本尺寸，也可以包含前缀、后缀和公差，还可以按极限尺寸形式标注。如果尺寸界线内放不下尺寸文字，AutoCAD将会自动将其放到外部。

6.1.3　尺寸标注的创建过程

尺寸标注是一项系统化的工作，涉及尺寸线、尺寸界线、指引线所属的图层，尺寸文本的样式、尺寸样式、尺寸公差样式等。在AutoCAD中对图形进行尺寸标注时，通常按以下步骤进行。

（1）创建或设置尺寸标注图层，将尺寸标注放在该图层上。

（2）创建或设置尺寸标注的文字样式。

（3）创建或设置尺寸标注样式。

（4）使用对象捕捉等功能，对图形中的元素进行相应的标注。

（5）设置尺寸公差样式。
（6）标注带公差的尺寸。
（7）设置形位公差样式。
（8）标注形位公差。
（9）修改调整尺寸标注。

6.2 创建与设置标注样式

标注样式可以控制尺寸标注的格式和外观，建立和强制执行图形的绘图标准，便于对标注格式和用途进行修改。在AutoCAD 2016中，利用“标注样式管理器”对话框可创建与设置标注样式。可以通过以下方法调出该对话框。

- 执行“格式>标注样式”命令。
- 在“默认”选项卡的“注释”面板中单击“标注样式”按钮。
- 在“注释”选项卡的“标注”面板中单击右下角箭头。
- 在命令行中输入快捷命令D或DS，然后按回车键。

执行以上任意一种操作后，都可打开“标注样式管理器”对话框，如下图所示。在该对话框中，用户可以创建新的标注样式，也可以对已定义的标注样式进行设置。

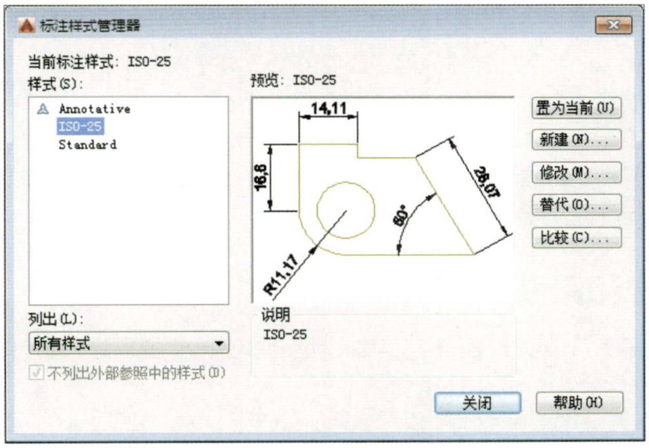

6.2.1 新建标注样式

在“标注样式管理器”对话框中，单击“新建”按钮，可打开“创建新标注样式”对话框，如下图所示。其中各选项的含义介绍如下。

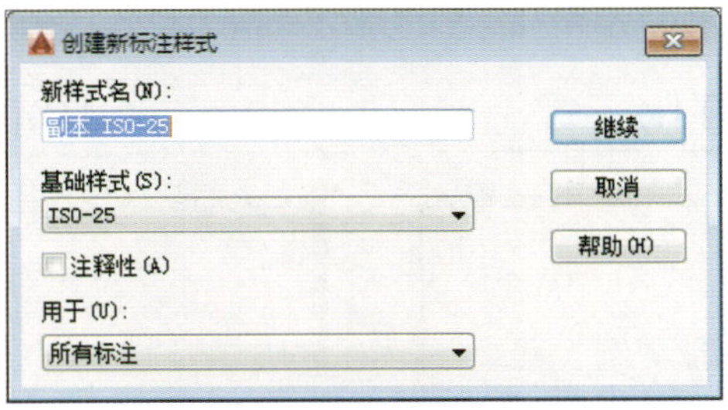

- **新样式名：**指定新的标注样式名。
- **基础样式：**设定作为新样式的基础的样式，仅更改基础特性中的部分特性，以形成新的样式。

- **用于：** 创建一种仅适用于特定标注类型的标注子样式。
- **继续：** 单击该按钮可打开“新建标注样式”对话框，从中可以定义新的标注样式特性。

“新建标注样式”对话框中包含了7个选项卡，在各个选项卡中可对标注样式进行相关设置，如下图所示。

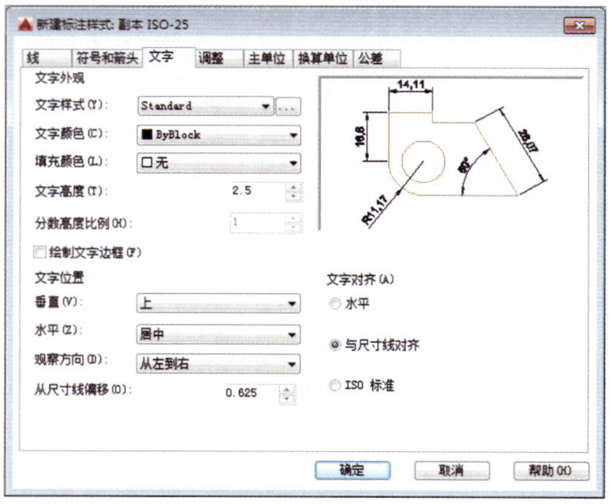

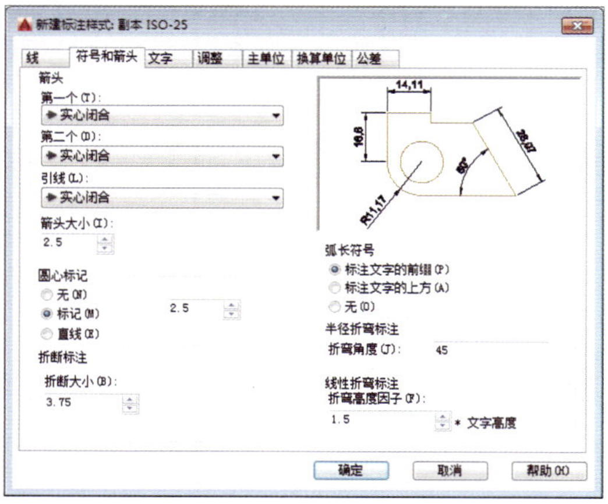

其中，各选项卡功能介绍如下。

- **线：** 主要用于设置尺寸线、尺寸界线的相关参数。
- **箭头和符号：** 主要用于设置箭头、圆心标记、弧长符号和折弯半径标注的格式和位置。
- **文字：** 主要用于设置标注文字的样式外观、放置位置、对齐方式等参数。
- **调整：** 主要用于控制标注文字、箭头、引线和尺寸线的放置。
- **主单位：** 主要用于设定主标注单位的格式和精度，并设定标注文字的前缀和后缀。
- **换算单位：** 主要用于指定标注测量值中换算单位的显示，并设定其格式和精度。
- **公差：** 主要用于指定标注文字中公差的显示及格式。

6.2.2 设置直线和箭头

在“线”和“符号和箭头”选项卡中，用户可以设置尺寸线、尺寸界线、圆心标记和箭头等内容。

1. 尺寸线

该选项组用于设置尺寸线的特性，如颜色、线宽、基线间距等参数，还可以控制是否隐藏尺寸线。

- **颜色：** 显示并设定尺寸线的颜色。单击“选择颜色”，将打开“选择颜色”对话框。
- **线型：** 设定尺寸线的线型。
- **线宽：** 设定尺寸线的线宽。
- **超出标记：** 指定当箭头使用倾斜、建筑标记、积分和无标记时尺寸线超过尺寸界线的距离。下左图为尺寸线没有超出标记，下右图为超出标记。

- **基线间距：** 设定基线标注的尺寸线之间的距离。如下图所示。

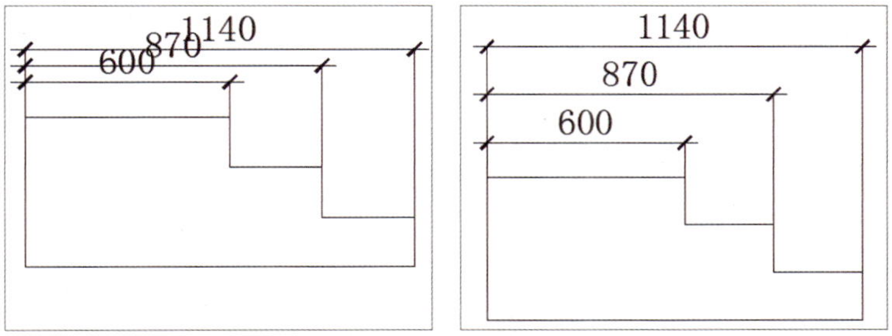

- **隐藏：** 不显示尺寸线。“尺寸线 1”不显示第一条尺寸线，“尺寸线 2”不显示第二条尺寸线，如下图所示。

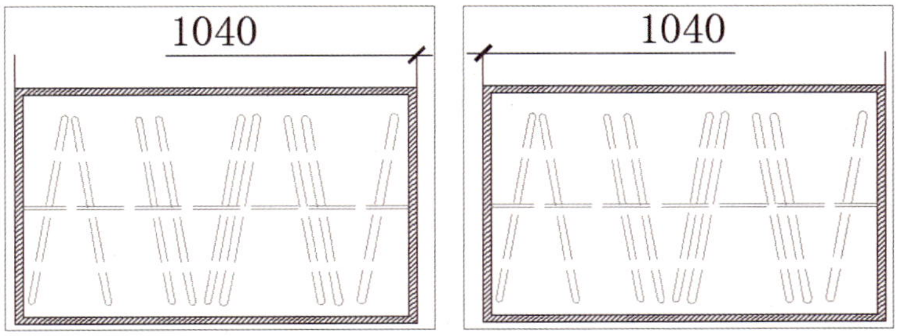

2. 尺寸界线

该选项组用于控制尺寸界线的外观，可以设置尺寸界线的颜色、线宽、超出尺寸线、起点偏移量等特征参数。

- **延伸线1的线型：** 设定第一条尺寸界线的线型。
- **延伸线2的线型：** 设定第二条尺寸界线的线型。
- **隐藏：** 不显示尺寸界线。
- **超出尺寸线：** 指定尺寸界线超出尺寸线的距离。
- **起点偏移量：** 设定自图形中定义标注的点到尺寸界线的偏移距离。
- **固定长度的尺寸界线：** 启用固定长度的尺寸界线，可使用“长度”选项，设定尺寸界线的总长度，起始于尺寸线，终止于标注原点。

3. 箭头

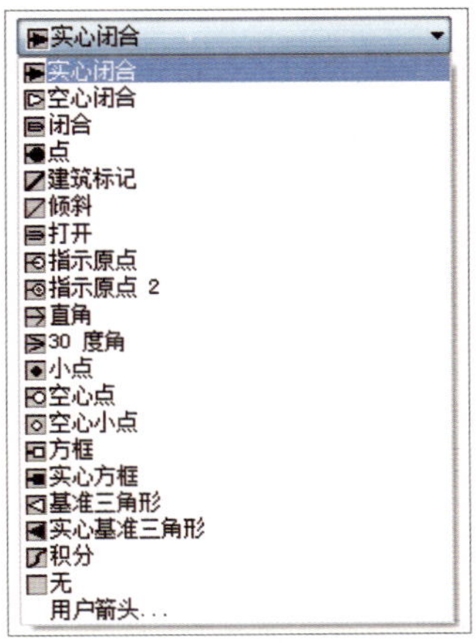

在“符号和箭头”选项卡的“箭头”选项组中，可以选择尺寸线和引线标注的箭头形式，还可以设置箭头的大小。AutoCAD 2016提供的箭头种类如右图所示。

- **第一个：** 设定第一条尺寸线的箭头。当改变第一个箭头的类型时，第二个箭头将自动改变以同第一个箭头相匹配。
- **第二个：** 设定第二条尺寸线的箭头。
- **引线：** 设定引线箭头。

4. 圆心标记

该选项组用于控制直径标注和半径标注的圆心标记和中心线的外观。

- **无：** 不创建圆心标记或中心线。
- **标记：** 创建圆心标记。选择该选项，圆心标记为圆心位置的小十字线，如下左图所示。
- **直线：** 创建中心线。选择该选项时，圆心标记的标注线将延伸到圆外，如下右图所示。

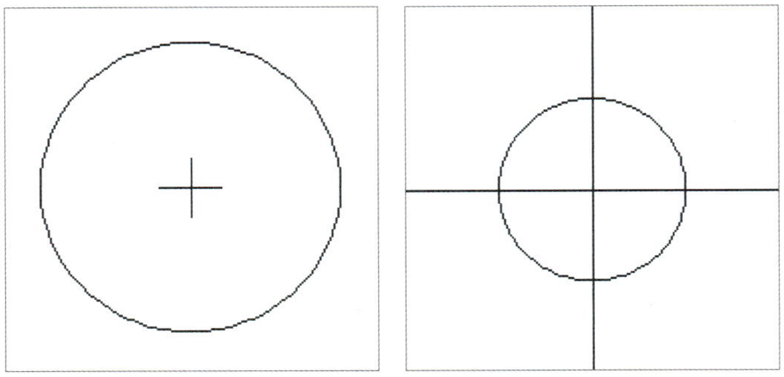

6.2.3 设置文字

在“文字”选项卡中，用户可以设置标注文字的格式、位置和对齐方式，如下图所示。

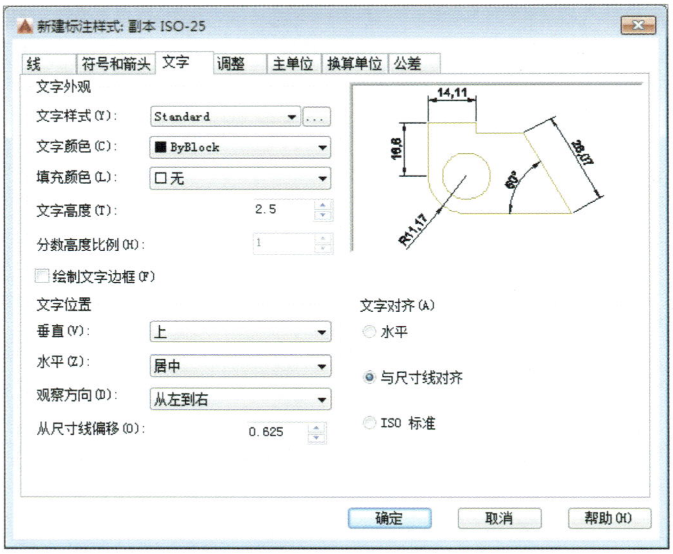

1. 文字外观

该选项组用于控制标注文字的样式、颜色、高度等属性。

- **文字样式：** 列出可用的文本样式。单击后面的按钮，可显示“文字样式”对话框，从中可以创建或修改文字样式。
- **填充颜色：** 设定标注中文字背景的颜色。
- **分数高度比例：** 设定相对于标注文字的分数比例。在此处输入的值乘以文字高度，可确定标注分数相对于标注文字的高度。

2. 文字位置

在该选项组中，用户可以设置文字的垂直、水平位置以及文字与尺寸线之间的距离。

（1）垂直

该选项用于控制标注文字相对于尺寸线的垂直位置。垂直位置包括如下子选项。

- **居中：** 用于将标注文字放在尺寸线的两部分中间。如下左图所示。
- **上方：** 用于将标注文字放在尺寸线上方。如下中图所示。
- **外部：** 用于将标注文字放在尺寸线上远离第一个定义点的一边。
- **JIS：** 用于按照日本工业标准 (JIS) 放置标注文字。
- **下方：** 将标注文字放在尺寸线下方。如下右图所示。

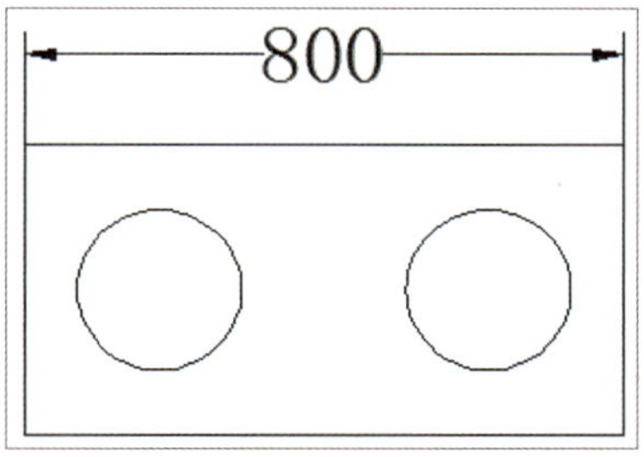

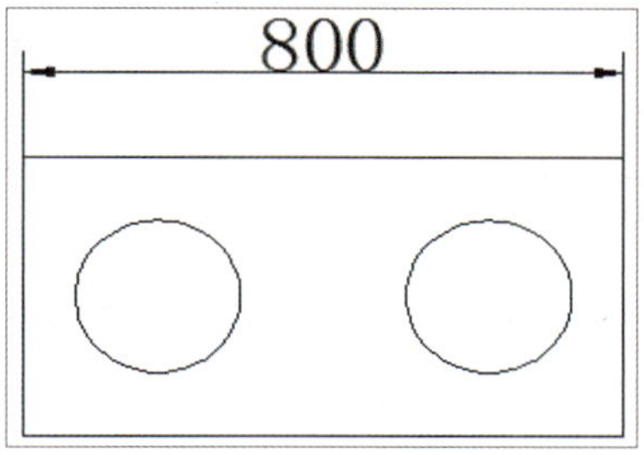

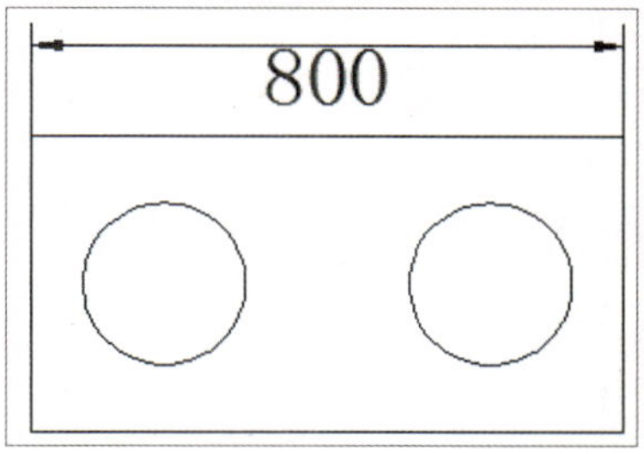

（2）水平

该选项用于控制标注文字在尺寸线上相对于尺寸界线的水平位置。水平位置子选项如下。

- **居中：** 用于将标注文字沿尺寸线放在两条尺寸界线的中间。如下左图所示。
- **第一条尺寸界线：** 用于将标注文字沿尺寸线与第一条尺寸界线左对正。如下中图所示。
- **第二条尺寸界线：** 用于将标注文字沿尺寸线与第二条尺寸界线右对正。如下右图所示。

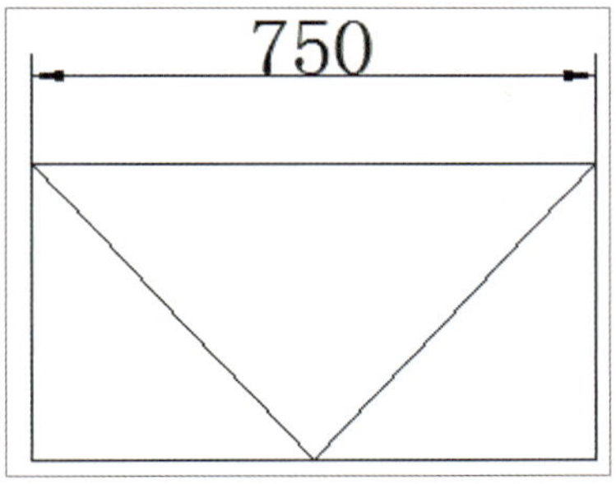

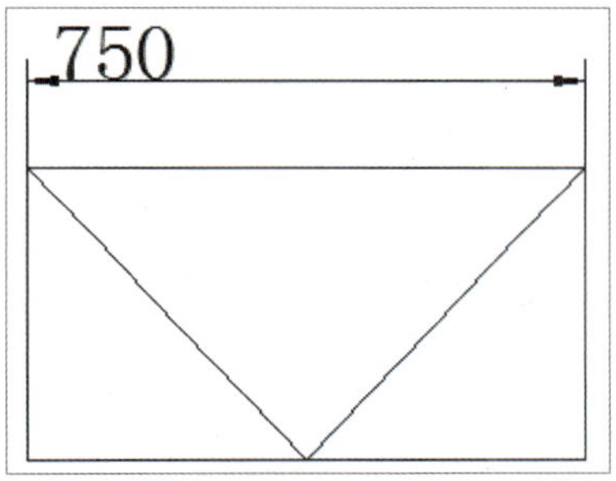

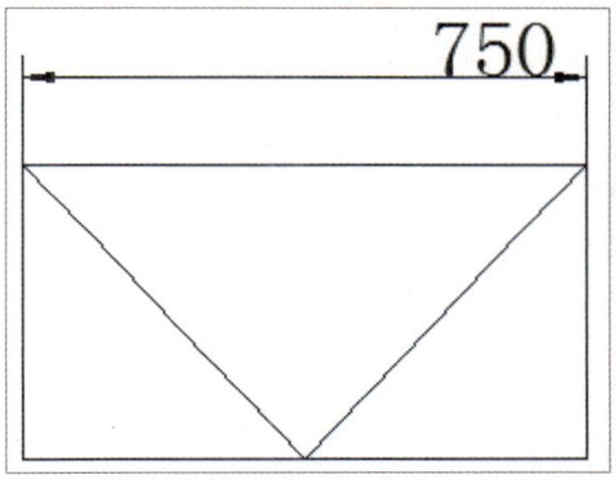

- **第一条尺寸界线上方：** 用于沿第一条尺寸界线放置标注文字或将标注文字放在第一条尺寸界线之上。
- **第二条尺寸界线上方：** 用于沿第二条尺寸界线放置标注文字或将标注文字放在第二条尺寸界线之上。

（3）观察方向

该选项用于控制标注文字的观察方向。“从左到右”选项是按从左到右阅读的方式放置文字。“从右到左”选项是按从右到左阅读的方式放置文字。

（4）从尺寸线偏移

该选项用于设定当前文字间距，文字间距是指当尺寸线断开以容纳标注文字时标注文字周围的距离。

3. 文字对齐

该选项组用于控制标注文字放在尺寸界线外边或里边时的方向是保持水平还是与尺寸界线平行。

- **水平：** 水平放置文字。
- **与尺寸线对齐：** 文字与尺寸线对齐。
- **ISO标准：** 当文字在尺寸界线内时，文字与尺寸线对齐。当文字在尺寸界线外时，文字水平排列。

6.2.4 调整标注

“调整”选项卡用于设置文字、箭头、尺寸线的标注方式、文字的标注位置和标注的特征比例等，如下图所示。

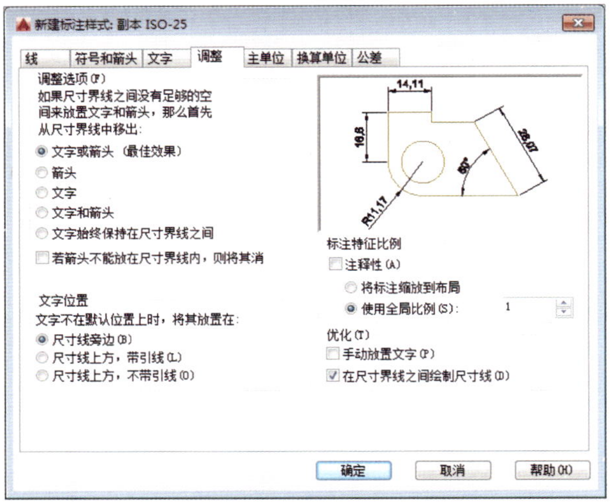

1. 调整选项

该选项组用于控制基于尺寸界线之间可用空间的文字和箭头的位置。

- **文字或箭头（最佳效果）：**按照最佳效果将文字或箭头移动到尺寸界线外，如下左图所示。
- **箭头：**先将箭头移动到尺寸界线外，然后移动文字，如下中图所示。
- **文字：**先将文字移动到尺寸界线外，然后移动箭头，如下右图所示。

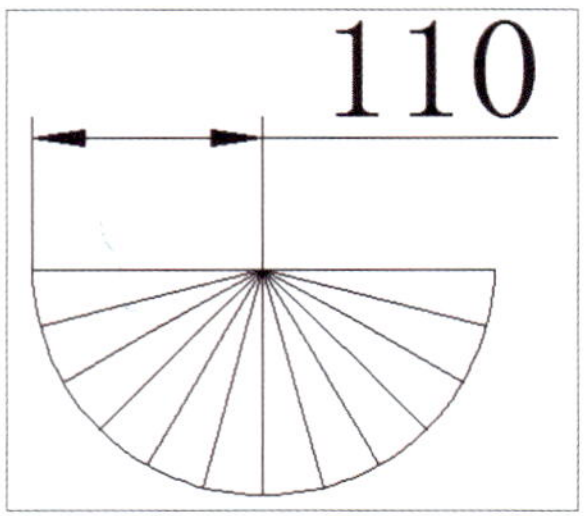

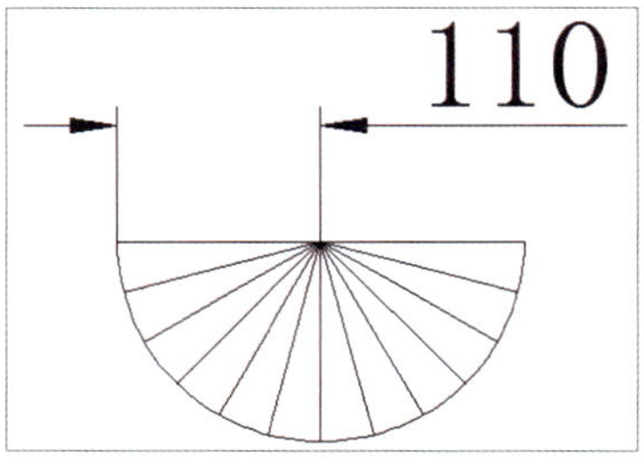

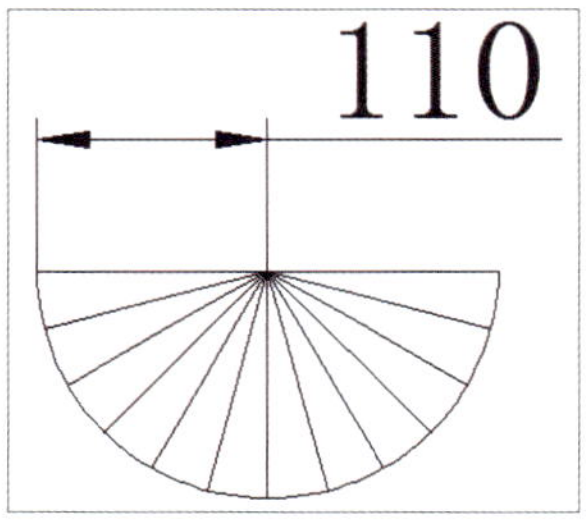

- **文字和箭头：**当尺寸界线间距离不足以放下文字和箭头时，文字和箭头都移到尺寸界线外，如下左图所示。
- **文字始终保持在尺寸界线之间：**始终将文字放在尺寸界线之间，如下中图所示。
- **若箭头不能放在尺寸界线内，则将其取消：**如果尺寸界线内没有足够的空间，则不显示箭头，如下右图所示。

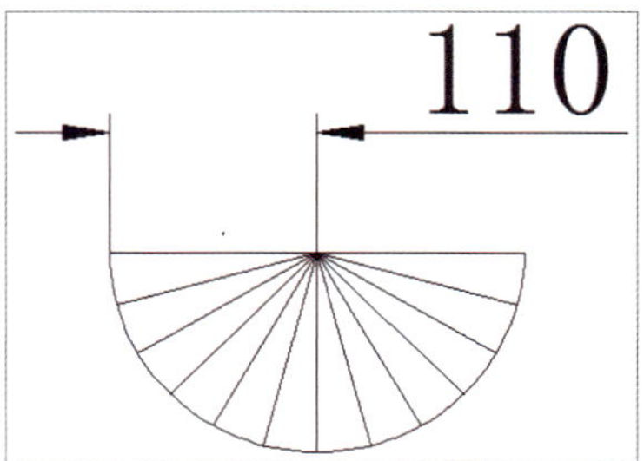

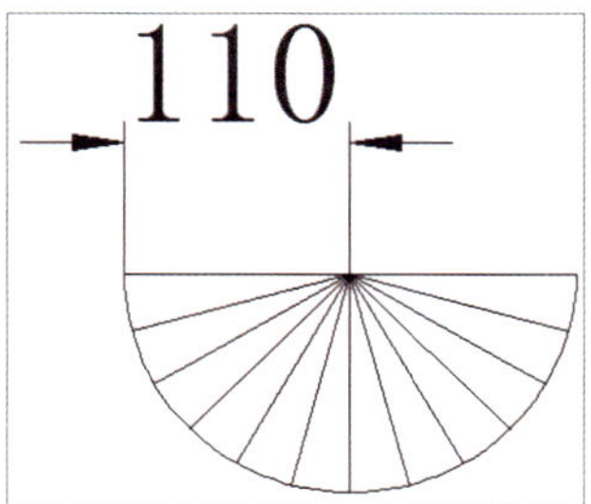

2. 文字位置

该选项组用于设定标注文字从默认位置（由标注样式定义的位置）移动时标注文字的位置。

- **尺寸线旁边：** 如果选定，只要移动标注文字尺寸线就会随之移动。
- **尺寸线上方，带引线：** 如果选定，移动文字时尺寸线不会移动。如果将文字从尺寸线上移开，将创建一条连接文字和尺寸线的引线。当文字非常靠近尺寸线时，将省略引线。
- **尺寸线上方，不带引线：** 如果选定，移动文字时尺寸线不会移动。远离尺寸线的文字不与带引线的尺寸线相连。

3. 标注特征比例

该选项组用于设定全局标注比例值或图纸空间比例。

4. 优化

该选项组用于设置放置标注文字的其他选项。

6.2.5 设置主单位

“主单位”选项卡用于设定主标注单位的格式和精度，并设定标注文字的前缀和后缀，如右图所示。

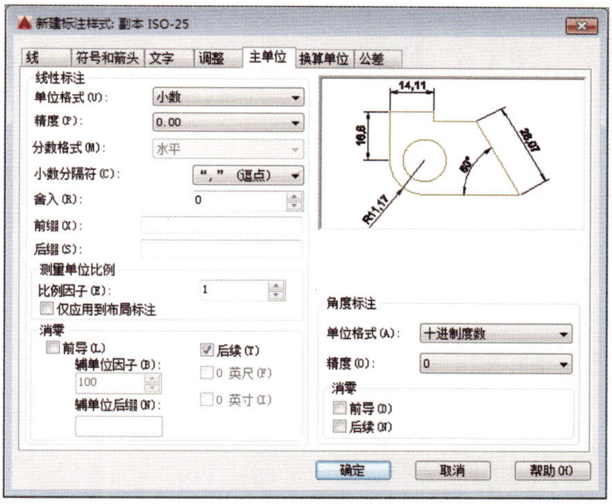

1. 线性标注

该选项组用于设定线性标注的格式和精度。

- **单位格式：** 设定除角度之外的所有标注类型的当前单位格式。
- **精度：** 显示和设定标注文字中的小数位数。
- **分数格式：** 设定分数的格式。只有当单位格式为“分数”时，此选项才可用。
- **舍入：** 为除“角度”之外的所有标注类型设置标注测量值的舍入规则。如果输入 0.25，则所有标注距离都以 0.25 为单位进行舍入。如果输入 1.0，则所有标注距离都将舍入为最接近的整数。小数点后显示的位数取决于“精度”设置。
- **前缀：** 在标注文字中包含前缀。可以输入文字或使用控制代码显示特殊符号。
- **后缀：** 在标注文字中包含后缀。可以输入文字或使用控制代码显示特殊符号。

2. 测量单位比例

该选项组用于定义线性比例选项，并设定该比例因子是否仅用于布局标注。

3. 消零

该选项组用于控制是否禁止输出前导零和后续零以及零英尺和零英寸部分。

- **前导：** 不输出所有十进制标注中的前导零。
- **辅单位因子：** 将辅单位的数量设定为一个单位，用于在距离小于一个单位时以辅单位为单位计算标注距离。
- **辅单位后缀：** 在标注值子单位中包含后缀，可以输入文字或使用控制代码显示特殊符号。
- **0英尺：** 如果长度小于一英尺，则消除英尺-英寸标注中的英尺部分。

- **0英寸：**如果长度为整英尺数，则消除英尺-英寸标注中的英寸部分。

4. 角度标注

该选项组用于显示和设定角度标注的当前角度格式。

6.2.6 设置单位换算

在“换算单位”选项卡中，可以设置换算单位的格式，如下图所示。设置换算单位的单元格式、精度、前缀、后缀和消零的方法，与设置主单位的方法相同，但该选项卡中有两个选项是独有的。

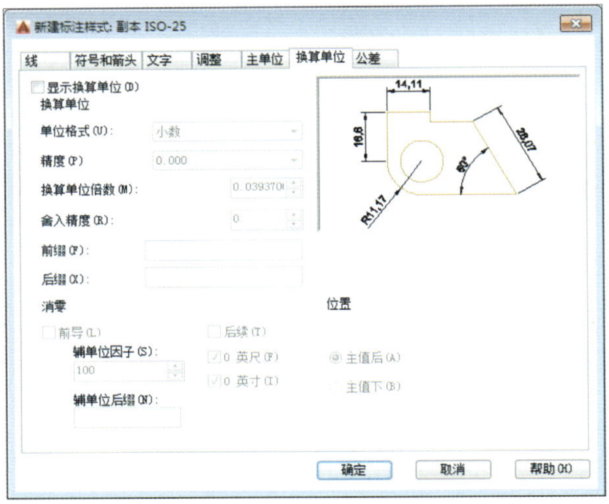

- **换算单位倍数：**指定一个乘数，作为主单位和换算单位之间的转换因子使用。例如，要将英寸转换为毫米，则输入25.4。此值对角度标注没有影响，而且不会应用于舍入值或者正、负公差值。
- **位置：**该选项组用于控制标注文字中换算单位的位置。其中“主值后”选项用于将换算单位放在标注文字中的主单位之后。“主值下”选项用于将换算单位放在标注文字中的主单位下面。

6.2.7 设置公差

在“公差”选项卡中，可以设置指定标注文字中公差的显示及格式，如下图所示。

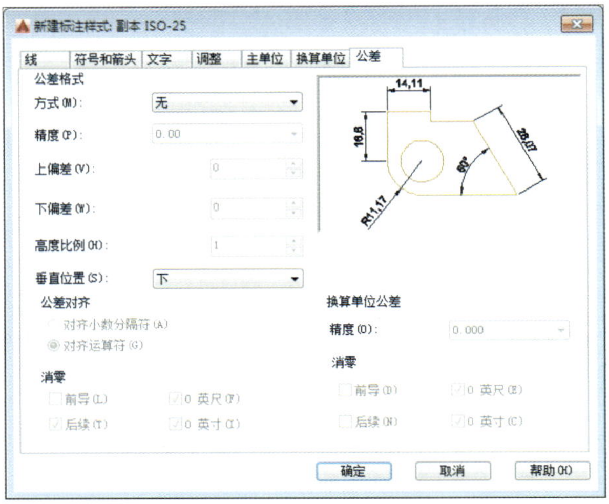

1. 公差格式

该选项组用于设置公差的方式、精度、公差值、公差文字的高度与对齐方式等。

- **方式：**设定计算公差的方法。其中，“无”表示不添加公差。“对称”表示公差的正负偏差值相同。“极限偏差”表示公差的正负偏差值不相同。“极限尺寸”表示公差值合并到尺寸值中，并且将上界显示在下界的上方。“基本尺寸”表示创建基本标注，这将在整个标注范围周围显示一个框。
- **精度：**设定小数位数。
- **上偏差：**设定最大公差或上偏差。如果在“方式”选项设为“对称”，则此值将用于公差。
- **下偏差：**设定最小公差或下偏差。
- **垂直位置：**控制对称公差和极限公差的文字对正。

知识链接 “公差”选项卡中“高度比例”选项

“公差”选项卡中的“高度比例”与“文字”选项卡中的“分数高度比例”是相关联的，设置其中的任一处，另一处将会自动与之相同。

2. 消零

该选项组用于控制是否显示公差文字的前导零和后续零。

3. 换算单位公差

该选项组用于设置换算单位公差的精度和消零。

6.3 尺寸标注的类型

在AutoCAD 2016中，系统共提供了多种尺寸标注类型，可以在图形中标注任意两点间的距离、圆或圆弧的半径和直径、圆心位置、圆弧或相交直线的角度等。下面介绍其中常用的8种。

1. 线性标注

线性标注是最基本的标注类型，它可以在图形中创建水平、垂直或倾斜的尺寸标注。线性标注有3种类型。

- **水平：**标注平行于X轴的两点之间的距离，如下左图所示。
- **垂直：**标注平行于Y轴的两点之间的距离，如下中图所示。
- **旋转：**标注指定方向上两点之间的距离，如下右图所示。

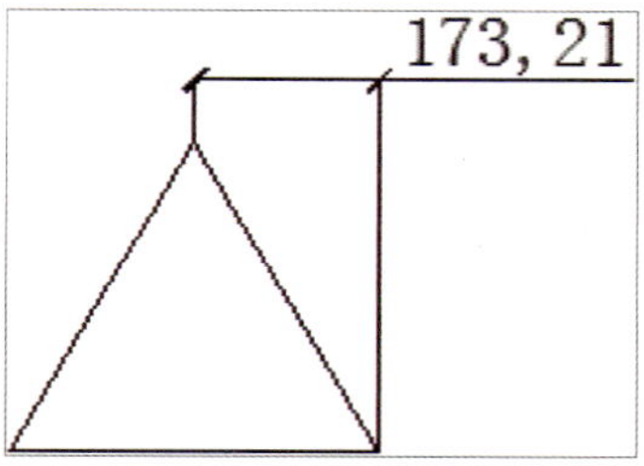

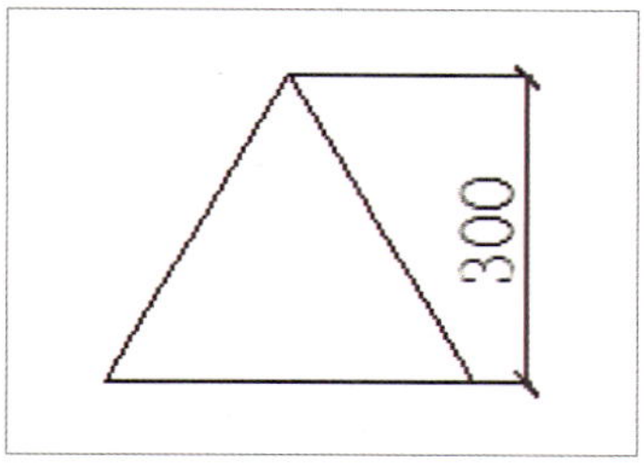

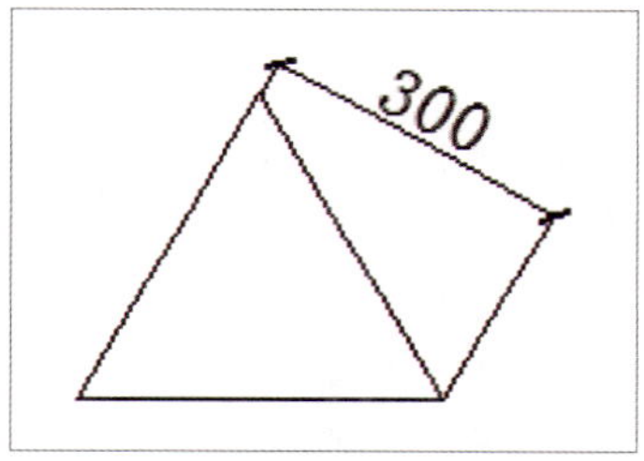

2. 对齐标注

对齐标注是尺寸线平行于尺寸界线原点连成的直线，它是线性标注的一种特殊形式，如下左图所示。

3. 坐标标注

坐标标注指的是标注指定点的坐标。执行该命令并选择标注点后，沿X轴方向移动光标将标注Y标注。如下右图所示。

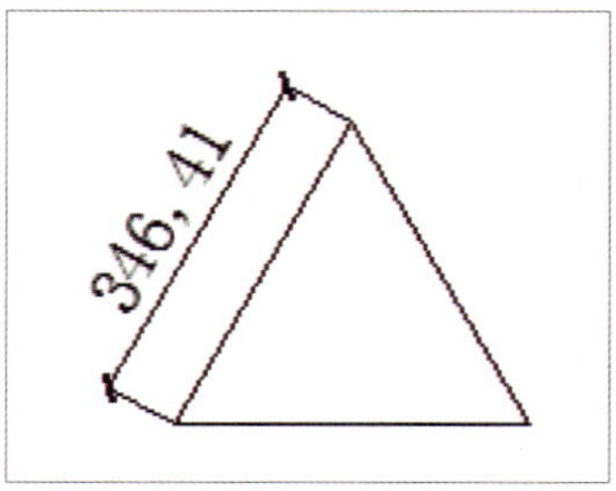

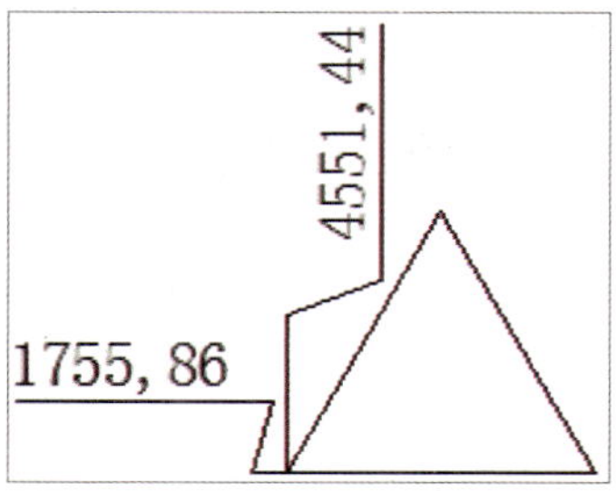

4. 半径、直径和圆心标注

半径和直径标注用于标注圆和圆弧的半径和直径，圆心标注可以标注圆和圆弧的圆心，这三种标注效果如下图所示。

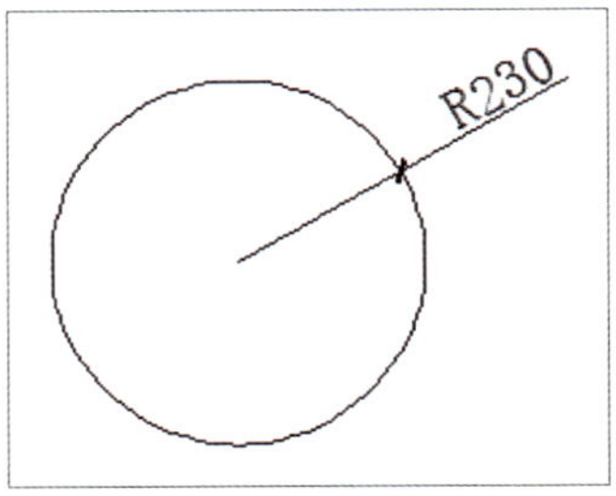

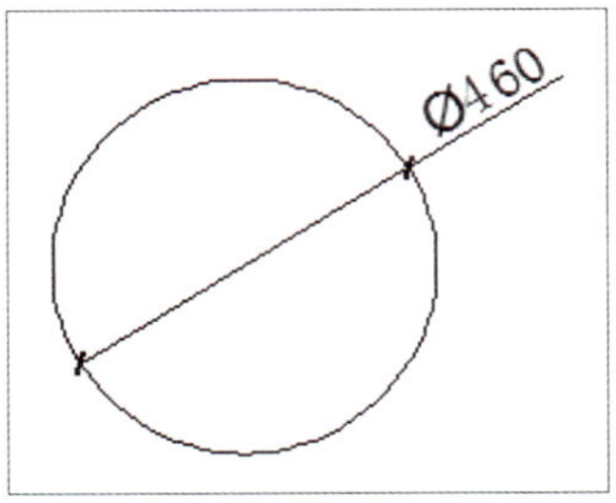

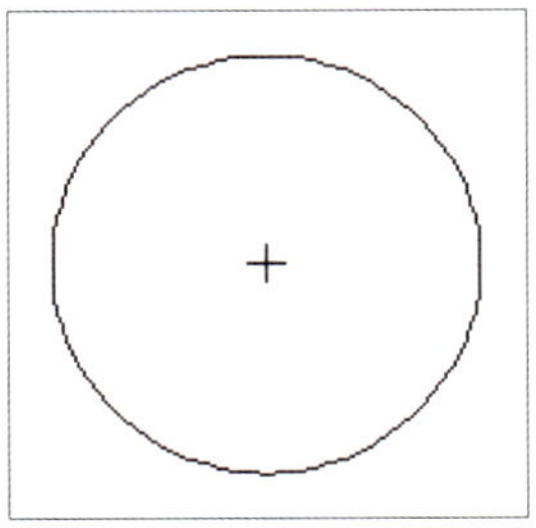

5. 角度标注

角度标注用于标注圆和圆弧的角度、两条非平行线之间的夹角或者不共线的三点之间的夹角，如下图所示。

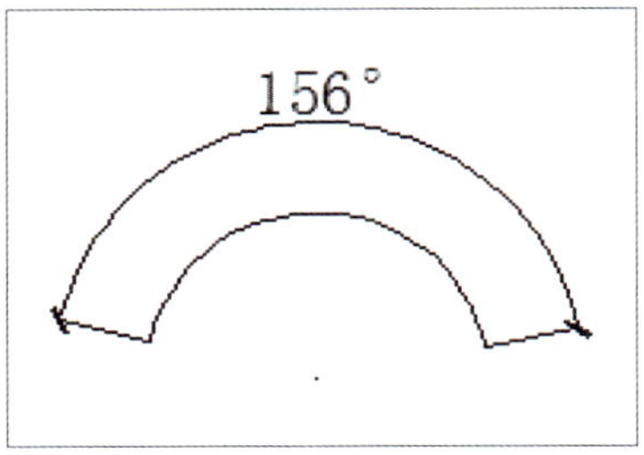

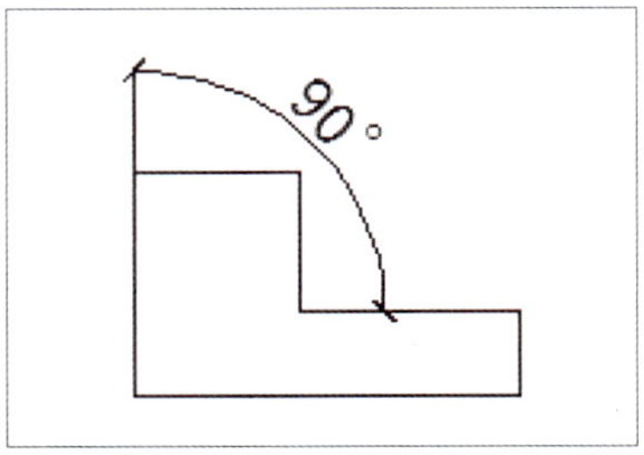

6. 基线标注

基线标注是从一个标注或选定标注的基线各创建线性、角度或坐标标注。系统会使每一条新的尺寸线偏移一段距离，以避免与前一段尺寸线重合，如下左图所示。

7. 连续标注

连续标注可以创建一系列连续的线性、对齐、角度或坐标标注，如下右图所示。

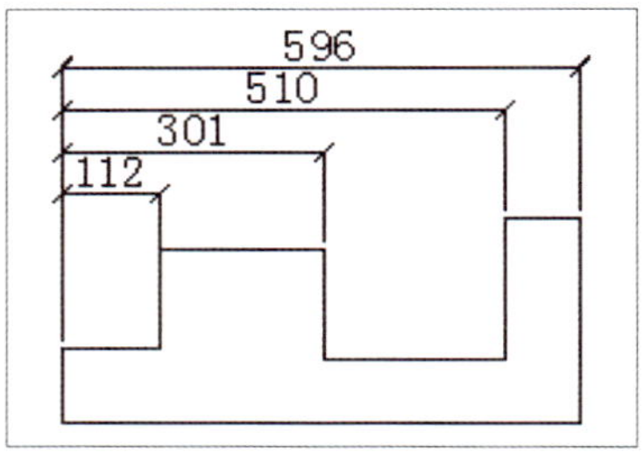

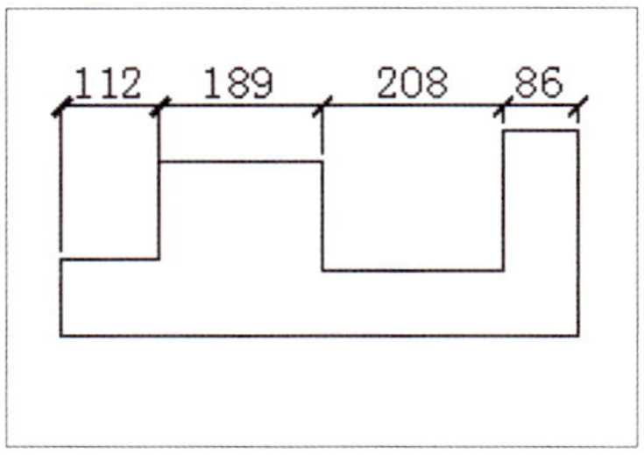

8. 快速标注

使用快速标注可以快速创建成组的基线、连续、阶梯和坐标标注，快速标注多个圆、圆弧及编辑现有标注的布局。

6.4 长度尺寸标注

长度尺寸标注包括线性标注、对齐标注、基线标注和连续标注4种方式，下面将分别介绍。

6.4.1 线性标注

在AutoCAD 2016中，用户可以通过以下方法执行“线性”标注命令。

- 执行“标注>线性”命令。

- 在“默认”选项卡的“注释”面板中单击“线性”按钮⊢⊣。
- 在“注释”选项卡的“标注”面板中单击“线性”按钮⊢⊣。
- 在命令行中输入快捷命令DIM，然后按回车键。

执行“线性”标注命令后，命令行提示内容如下。

```
命令：_dimlinear
指定第一个尺寸界线原点或 <选择对象>:
指定第二条尺寸界线原点：
指定尺寸线位置或
[多行文字(M)/文字(T)/角度(A)/水平(H)/垂直(V)/旋转(R)]:
标注文字 =
```

其中，命令行中各选项的含义介绍如下。

- **第一个尺寸界线原点：**指定第一条尺寸界线的原点之后，将提示指定第二条尺寸界线的原点。
- **尺寸线位置：**AutoCAD 使用指定点定位尺寸线并且确定绘制尺寸界线的方向。指定位置之后，将绘制标注。
- **多行文字：**显示在位文字编辑器，可用它来编辑标注文字。用尖括号（< >）表示生成的测量值。要给生成的测量值添加前缀或后缀，请在尖括号前后输入前缀或后缀。
- **文字：**在命令提示下，自定义标注文字。生成的标注测量值显示在尖括号中。
- **角度：**用于设置标注文字（测量值）的旋转角度。
- **水平\垂直：**用于标注水平尺寸和垂直尺寸。选择这两个选项时，用户可以直接确定尺寸线的位置，也可以选择其他选项来指定标注的文字内容或者标注文字的旋转角度。
- **旋转：**用于放置旋转标注对象的尺寸线。
- **选择对象：**在选择对象之后，自动确定第一条和第二条尺寸界线的原点。对多段线和其他可分解对象，仅标注独立的直线段和圆弧段。不能选择非统一比例缩放块参照中的对象。

专家技巧：拾取框的应用

在“选择对象”模式下，系统只允许用拾取框选择标注对象，不支持其他方式。选择标注对象后，AutoCAD将自动把标注对象的两个端点作为尺寸界线的起点。

进阶案例 为指定区域添加尺寸标注

使用“线性”标注命令，对下左图所示的图形进行尺寸标注。

01 执行“格式>标注样式”命令，打开“标注样式管理器”对话框，单击“新建”按钮，打开相应的对话框，从中设置新样式名，单击“继续”按钮，如下右图所示。

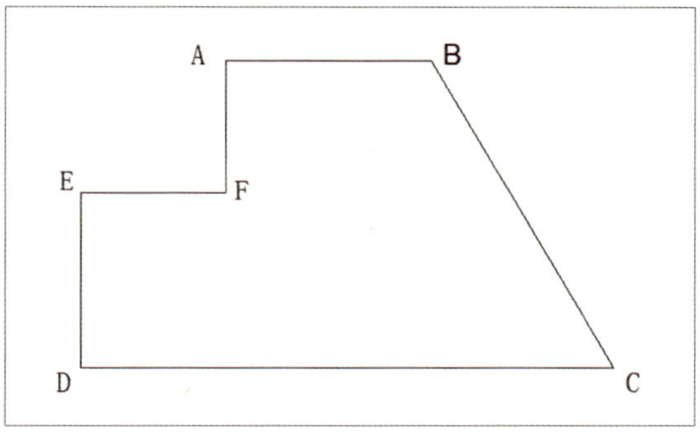

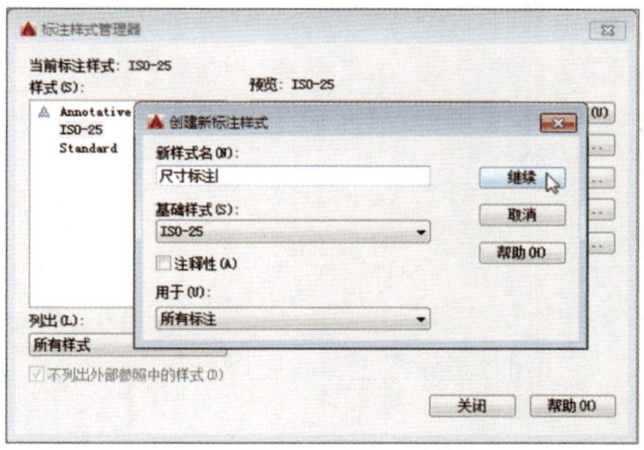

02 打开“新建标注样式”对话框，在“文字”选项卡中单击“文字样式”后面的按钮，如下图所示。

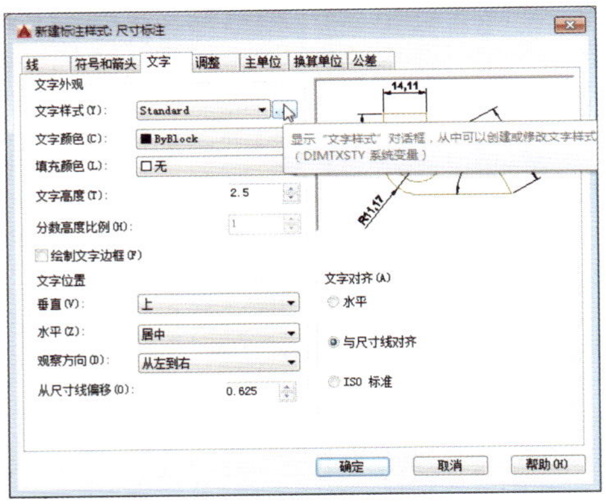

03 打开“文字样式”对话框，设置字体为“宋体”，“高度”为20，然后依次单击“应用”、“置为当前”、“关闭”按钮，如下图所示。

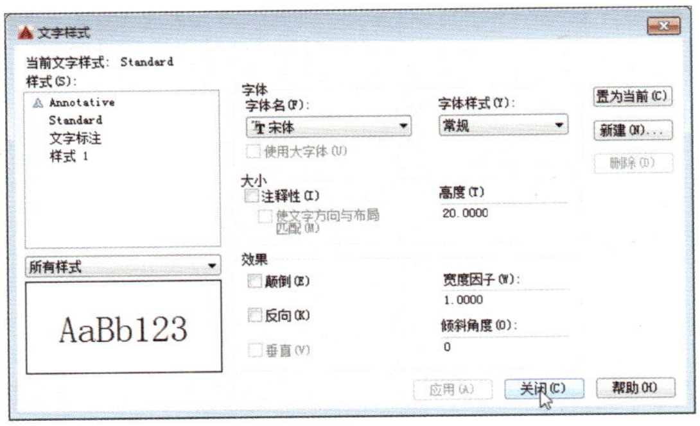

04 在“主单位”选项卡中，设置“精度”为0，然后在“符号和箭头”选项卡中，设置箭头样式为“建筑标记”，“箭头大小”为10，单击“确定”按钮，如下左图所示。

05 返回到上一对话框，依次单击“置为当前”、“关闭”按钮。然后单击“线性”命令，对图形AB段进行尺寸标注，如下右图所示。命令行提示内容如下。

```
命令：_dimlinear
指定第一个尺寸界线原点或 <选择对象>:                     (指定 A 点)
指定第二条尺寸界线原点：                                 (指定 B 点)
指定尺寸线位置或
[多行文字(M)/文字(T)/角度(A)/水平(H)/垂直(V)/旋转(R)]:   (指定一点)
标注文字 = 150                                           (AB 长度值)
```

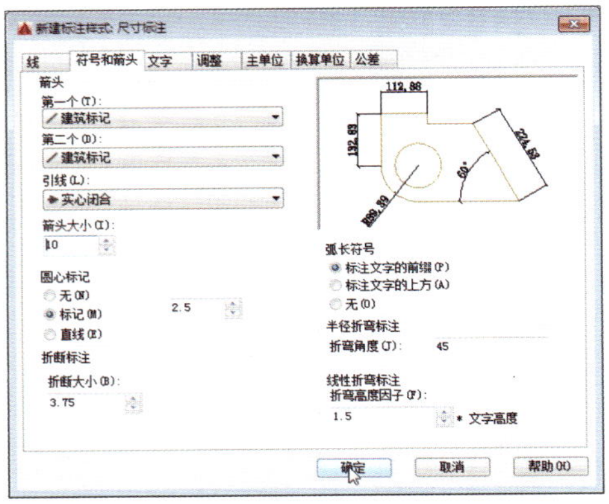

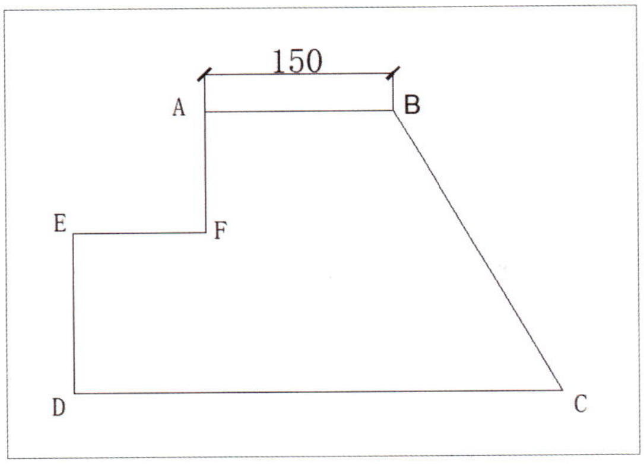

06 按回车键再执行“对齐”命令，对斜线BC进行尺寸标注，如下左图所示，命令行提示内容如下。

```
命令： DIMLINEAR
指定第一个尺寸界线原点或 <选择对象>:                      (指定 B 点)
指定第二条尺寸界线原点：                                  (指定 C 点)
指定尺寸线位置或
[多行文字(M)/文字(T)/角度(A)/水平(H)/垂直(V)/旋转(R)]: R  (输入 R 并按回车键)
指定尺寸线的角度 <0>: 120                                 (输入 120 并按回车键)
指定尺寸线位置或                                          (指定一点)
```

```
[多行文字(M)/文字(T)/角度(A)/水平(H)/垂直(V)/旋转(R)]:
标注文字 = 266
```

07 按回车键继续执行“线性”命令，对其余部分进行尺寸标注，最终效果如下右图所示。

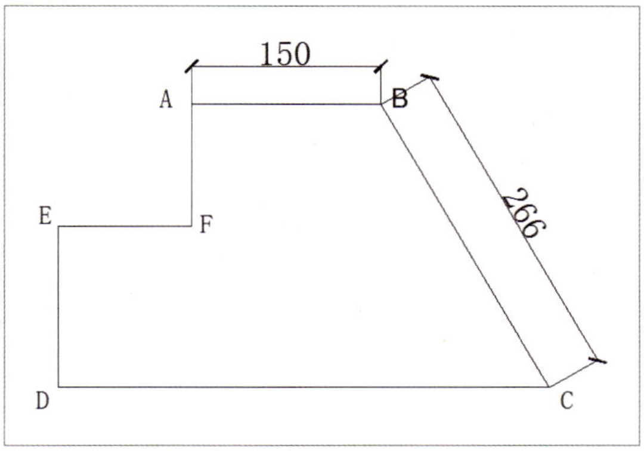

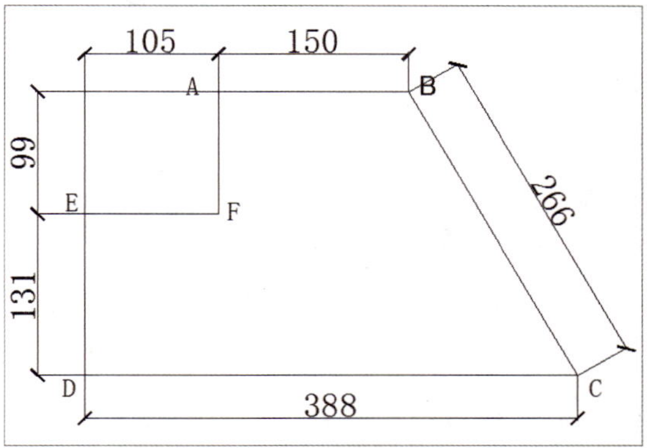

6.4.2 对齐标注

在AutoCAD 2016中，用户可以通过以下方法执行“对齐”标注命令。

- 执行“标注>对齐”命令。
- 在“默认”选项卡的“注释”面板中单击“对齐”按钮。
- 在“注释”选项卡的“标注”面板中单击“对齐”按钮。
- 在命令行中输入快捷命令DAL，然后按回车键。

执行“对齐”标注命令后，在绘图窗口中，分别指定要标注的第一个点和第二个点，并指定好标注尺寸位置，即可完成对齐标注。

进阶案例 对齐标注图形尺寸

使用“对齐”标注命令，对如下左图所示的四边形的斜边AC、BD进行尺寸标注。

01 单击“标注”面板中的“对齐”按钮，对线段AC进行对齐标注操作。命令行提示内容如下。

```
命令：_dimaligned
指定第一个尺寸界线原点或 <选择对象>:                (指定A点)
指定第二条尺寸界线原点：                            (指定C点)
指定尺寸线位置或                                    (指定一点)
[多行文字(M)/文字(T)/角度(A)]:
标注文字 = 29                                       (AC长度)
```

02 按回车键，继续执行对齐命令，对线段BD进行对齐标注，最终效果如下右图所示。

```
命令： DIMALIGNED                                  (按回车键)
指定第一个尺寸界线原点或 <选择对象>:                (指定B点)
指定第二条尺寸界线原点：                            (指定D点)
指定尺寸线位置或                                    (指定一点)
```

```
[多行文字(M)/文字(T)/角度(A)]:
标注文字 = 34                                    (BD长度)
```

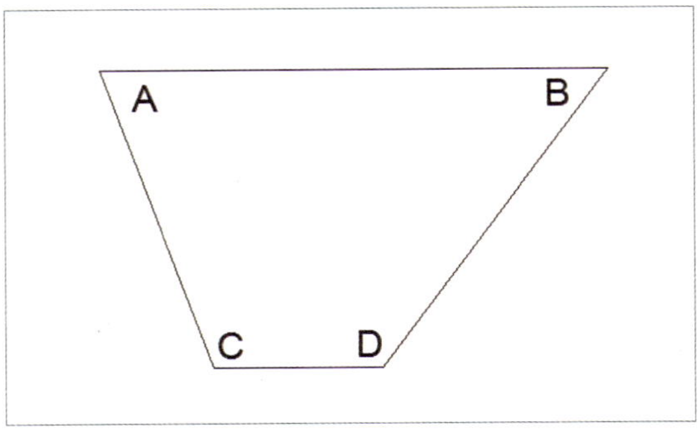

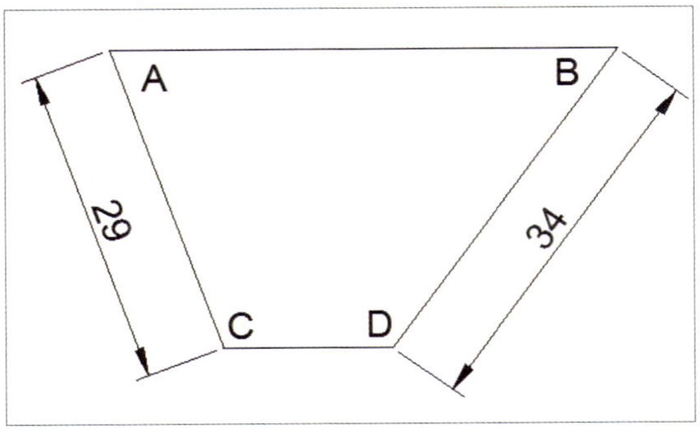

6.4.3 基线标注

在AutoCAD 2016中，用户可以通过以下方法执行“基线”标注命令。

- 执行“标注>基线”命令。
- 在“注释”选项卡的“标注”面板中单击“基线”按钮。
- 在命令行中输入快捷命令DBA，然后按回车键。

执行以上任意一种操作后，系统将自动指定基准标注的第一条尺寸界线作为基线标注的尺寸界线原点，然后根据命令行的提示指定第二条尺寸界线原点。选择第二点之后，将绘制基线标注，并再次显示“指定第二条尺寸界线原点”提示。

进阶案例 标注建筑图形尺寸

使用“基线”标注命令标注图形，如下左图所示。

01 单击“注释”面板中的“基线”按钮，选取基准标注，如下右图所示。

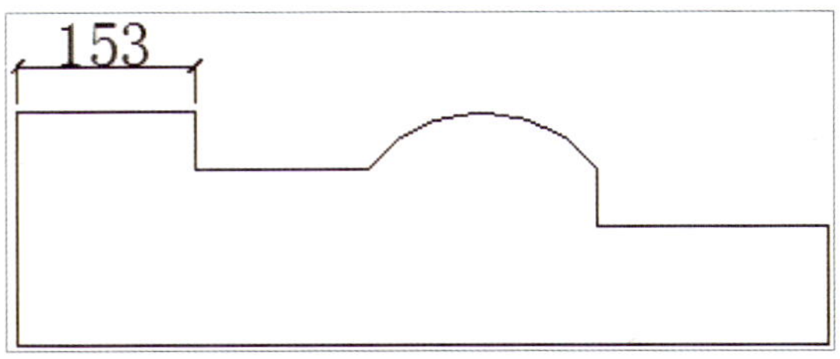

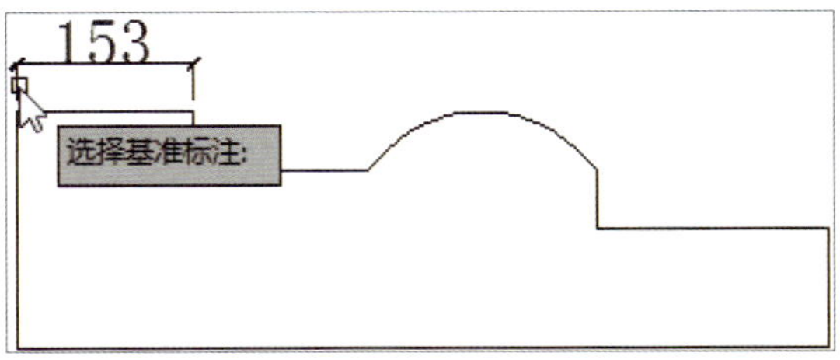

02 选取基准标注后，根据命令行的提示，指定第二条尺寸界线原点，如下左图所示。继续完成基线标注操作，效果如下右图所示。最终命令行提示内容如下。

```
命令: _dimbaseline
选择基准标注:                                      (选择线性标注第一条尺寸界线)
指定第二条尺寸界线原点或 [放弃(U)/选择(S)] <选择>:   (选择原点)
标注文字 = 303                                     (标注尺寸)
指定第二条尺寸界线原点或 [放弃(U)/选择(S)] <选择>:   (选择原点)
标注文字 = 500                                     (标注尺寸)
```

```
指定第二条尺寸界线原点或 [ 放弃 (U)/ 选择 (S)] < 选择 >:            ( 选择原点 )
标注文字 = 700                                                      ( 标注尺寸 )
指定第二条尺寸界线原点或 [ 放弃 (U)/ 选择 (S)] < 选择 >:            ( 按退出键 )
```

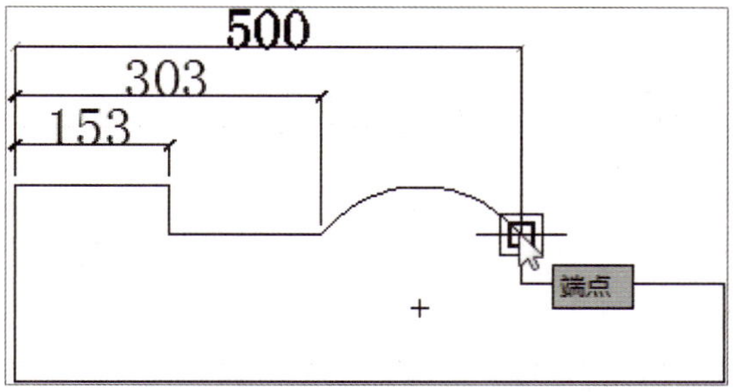

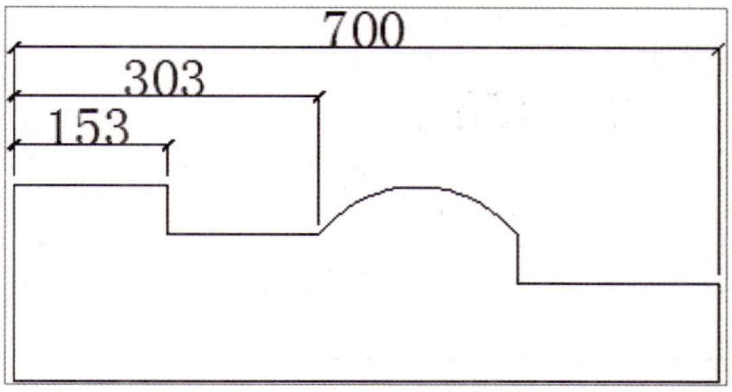

6.4.4 连续标注

通过下列方法可执行“连续”标注命令。

- 执行“标注>连续”命令。
- 在“注释”选项卡的“标注”面板中单击“连续”按钮[icon]。
- 在命令行中输入快捷命令DCO，然后按回车键。

连续标注用于绘制一连串尺寸，每一个尺寸的第二个尺寸界线的原点是下一个尺寸的第一个尺寸界线的原点，在使用连续标注之前，要标注的对象必须有一个尺寸标注。

专家技巧：连续标注的原则

连续标注要先选取一个基准标注，该尺寸只能是线性标注、角度标注或坐标标注。

进阶案例 连续标注建筑图形尺寸

使用“连续”标注命令，对下左图进行连续标注操作。

01 单击“标注”面板中的“连续”按钮，先选择连续标注，如下右图所示。

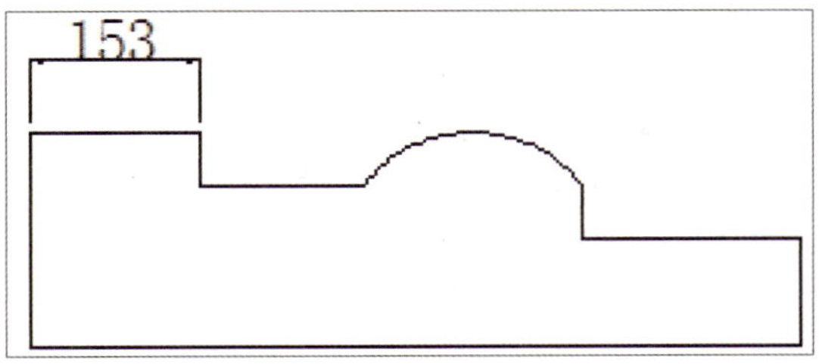

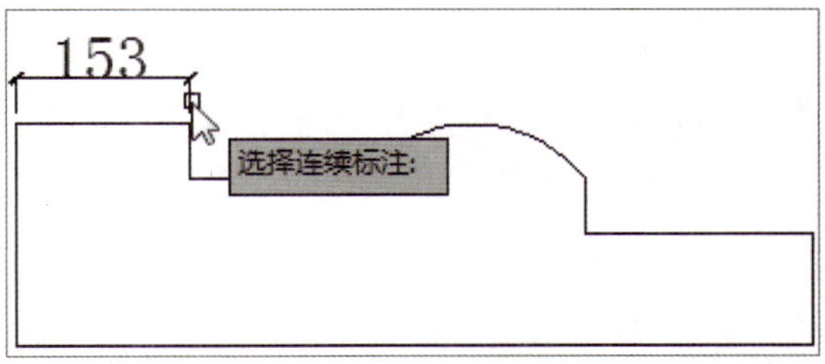

02 根据命令行的提示指定第二条尺寸界线原点，如下左图所示。

03 继续指定第二条尺寸标注原点，标注完成后，效果如下右图所示。最终命令行提示内容如下。

```
命令: _dimcontinue
选择连续标注:                                                       ( 选择已标注好的线性标注 )
指定第二条尺寸界线原点或 [ 放弃 (U)/ 选择 (S)] < 选择 >:            ( 指定第二点 )
标注文字 = 150                                                      ( 连续标注 )
```

```
指定第二条尺寸界线原点或 [放弃(U)/选择(S)] <选择>:        (指定第二点)
标注文字 = 197                                          (连续标注)
指定第二条尺寸界线原点或 [放弃(U)/选择(S)] <选择>:        (指定第二点)
标注文字 = 200                                          (连续标注)
指定第二条尺寸界线原点或 [放弃(U)/选择(S)] <选择>:        (按退出键)
```

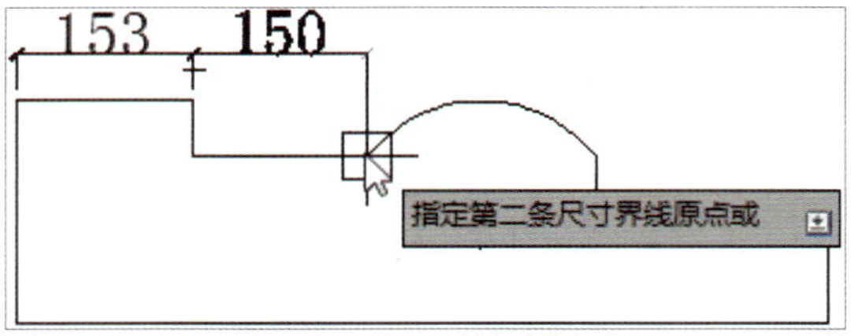

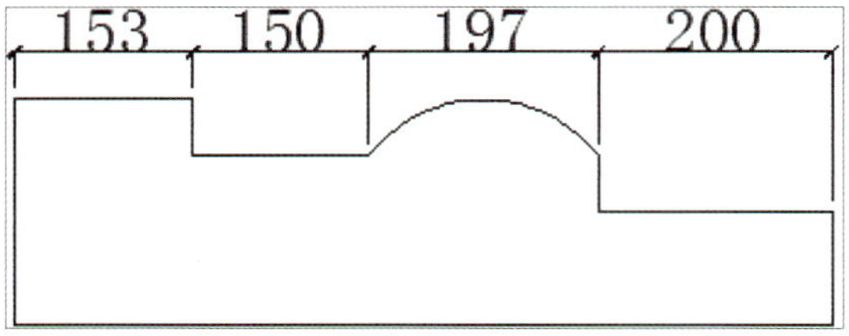

6.5 半径、直径和圆心标注

半径标注主要用于标注图形中的圆或圆弧半径，直径标注的操作方法与半径标注的操作方法相同，圆心标注主要是用于标注圆弧或圆的圆心。下面将介绍具体操作方法。

6.5.1 半径标注

在AutoCAD 2016中，用户可以通过以下方法执行“半径”标注命令。

- 执行“标注>半径”命令。
- 在“注释”选项卡的“标注”面板中单击“半径”按钮。
- 在命令行中输入快捷命令DRA，然后按回车键。

执行“半径”标注命令后，在绘图窗口中选择所需标注的圆或圆弧，并指定好标注尺寸位置，即可完成半径标注。

6.5.2 直径标注

在AutoCAD 2016中，用户可以通过以下方法执行“直径”标注命令。

- 执行“标注>直径”命令。
- 在“注释”选项卡的“标注”面板中单击“直径”按钮。
- 在命令行中输入快捷命令DDI，然后按回车键。

执行“直径”标注命令后，在绘图窗口中，选择要进行标注的圆或圆弧，并指定尺寸标注位置，即可创建出直径标注。

6.5.3 圆心标注

在AutoCAD 2016中，用户可以通过以下方法执行“圆心标记”命令。

- 执行“标注>圆心标记”命令。
- 在“注释”选项卡的“标注”面板中单击“圆心标记”按钮。
- 在命令行中输入DIMCENTER，然后按回车键。

在绘图窗口中，选择圆弧或圆形，此时在圆心位置将自动显示圆心点。

6.6 角度标注与其他类型的标注

下面将为用户介绍角度标注、引线标注、坐标标注和快速标注。

6.6.1 角度标注

在AutoCAD 2016中，用户可以通过以下方法执行“角度”标注命令。

- 执行“标注>角度”命令。
- 在“注释”选项卡的“标注”面板中单击“角度”按钮△。
- 在命令行中输入快捷命令DAN，然后按回车键。

执行“角度”标注命令后，命令行提示内容如下。

```
命令：_dimangular
选择圆弧、圆、直线或 <指定顶点>:
```

命令行中各选项含义如下。

- **选择圆弧：**使用选定圆弧上的点作为三点角度标注的定义点。圆弧的圆心是角度的顶点。圆弧端点成为尺寸界线的原点。
- **选择圆：**系统自动把该拾取点作为角度标注的第二条尺寸界线的起始点。
- **选择直线：**用两条直线定义角度。系统通过将每条直线作为角度的矢量，将直线的交点作为角度顶点来确定角度。尺寸线跨越这两条直线之间的角度。如果尺寸线与被标注的直线不相交，将根据需要添加尺寸界线，以延长一条或两条直线。圆弧总是小于180度。
- **指定顶点：**创建基于指定三点的标注。角度顶点可以同时为一个角度端点。如果需要尺寸界线，那么角度端点可用作尺寸界线的原点。

6.6.2 坐标标注

在AutoCAD 2016中，用户可以通过以下方法执行“坐标”标注命令。

- 执行“标注>坐标”命令。
- 在“注释”选项卡的“标注”面板中单击“坐标”按钮。
- 在命令行中输入快捷命令DOR，然后按回车键。

执行“坐标”标注命令后，命令行提示内容如下。

```
命令：_dimordinate
指定点坐标：
指定引线端点或 [X 基准(X)/Y 基准(Y)/多行文字(M)/文字(T)/角度(A)]:
标注文字 =
```

其中，命令行中主要选项含义介绍如下。

- **指定引线端点：**使用点坐标和引线端点的坐标差可确定它是X坐标标注还是Y坐标标注。如果Y坐标的坐标差较大，标注将测量X坐标，否则将测量Y坐标。
- **X基准：**测量X坐标并确定引线和标注文字的方向。
- **Y基准：**测量Y坐标并确定引线和标注文字的方向。

6.6.3 快速标注

在AutoCAD 2016中，用户可以通过以下方法执行“快速标注”命令。

- 执行“标注>快速标注”命令。
- 在“注释”选项卡的“标注”面板中单击“快速标注”按钮。
- 在命令行中输入QDIM，然后按回车键。

执行“快速标注”命令后，命令行提示内容如下。

```
选择要标注的几何图形：
指定尺寸线位置或 [连续(C)/并列(S)/基线(B)/坐标(O)/半径(R)/直径(D)/基准点(P)/编辑(E)/设置(T)] <半径>:
```

其中，命令行中各选项的含义介绍如下。

- **连续：** 创建一系列连续标注，其中线性标注线端对端地沿同一条直线排列。
- **并列：** 创建一系列并列标注，其中线性尺寸线以恒定的增量相互偏移。
- **基线：** 创建一系列基线标注，其中线性标注共享一条公用尺寸界线。
- **半径：** 创建一系列半径标注，其中将显示选定圆弧和圆的半径值。
- **直径：** 创建一系列直径标注，其中将显示选定圆弧和圆的直径值。
- **基准点：** 为基线和坐标标注设置新的基准点。
- **编辑：** 在生成标注之前，删除出于各种考虑而选定的点位置。

进阶案例 为户型图添加尺寸标注

应用所学的知识在为户型图添加尺寸标注，在标注过程中，首先打开所需的图形文件，然后新建尺寸标注样式，最后运用尺寸标注命令对图形进行标注，具体操作步骤如下。

01 打开“卧室平面布置图.dwg”文件，然后将其另存，如下图所示。

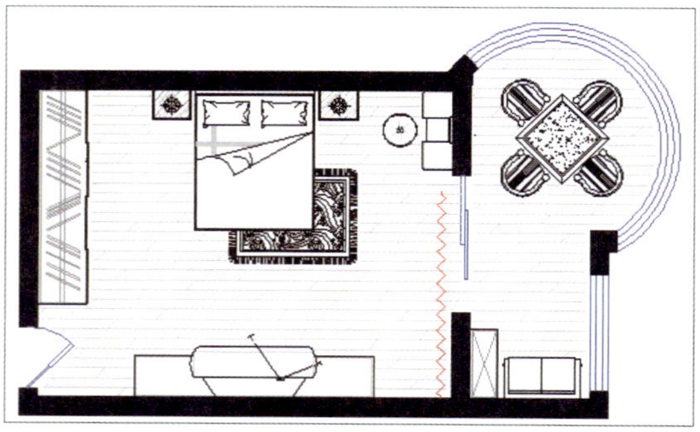

02 执行“格式>标注样式”命令，打开“标注样式管理器”对话框。单击“新建”按钮，打开相应的对话框，输入新样式名，如下图所示。

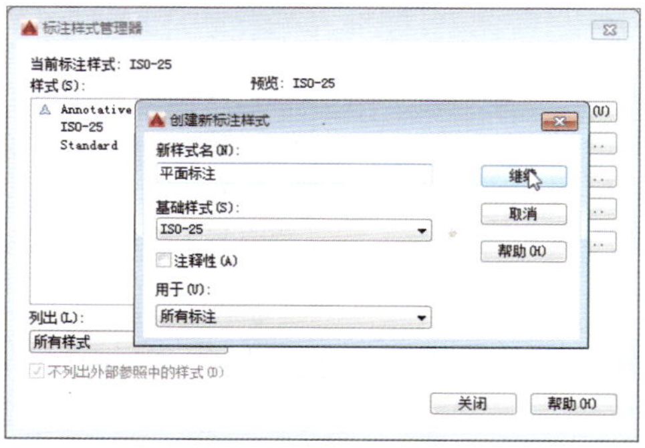

03 单击“继续”按钮，打开“新建标注样式”对话框，然后在“线”选项卡中，设置尺寸线和尺寸界线颜色为红色，“超出尺寸线”为50，“起点偏移量”为200，如右图所示。

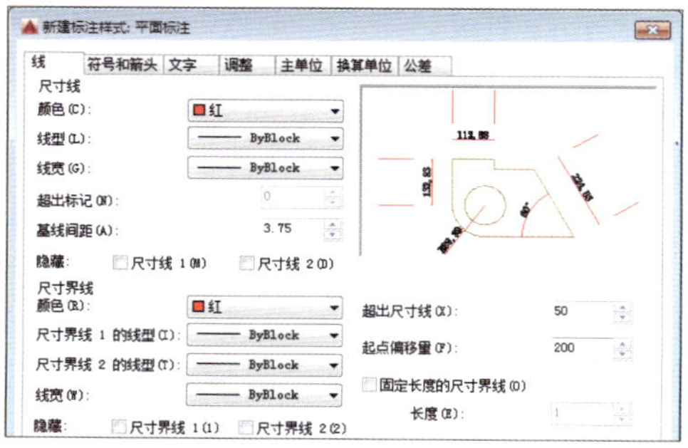

04 在“符号和箭头”选项卡中，设置样式为“建筑标记”，“箭头大小”为80，如下图所示。

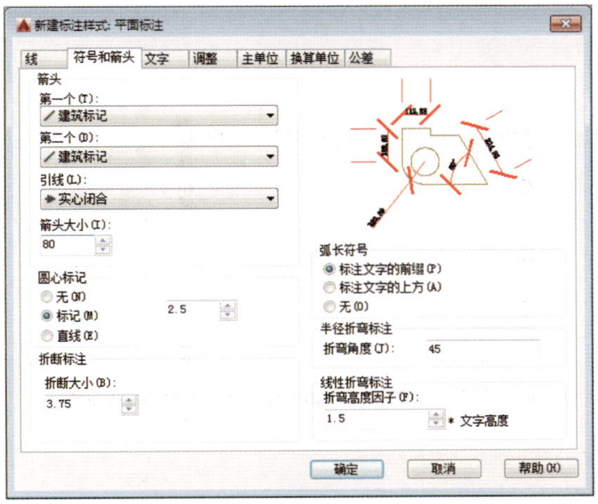

05 在“文字”选项卡中，单击“文字样式”按钮，打开“文字样式”对话框，设置字体为“宋体”，“高度”为200，然后依次单击“应用”、“关闭”按钮，如下图所示。

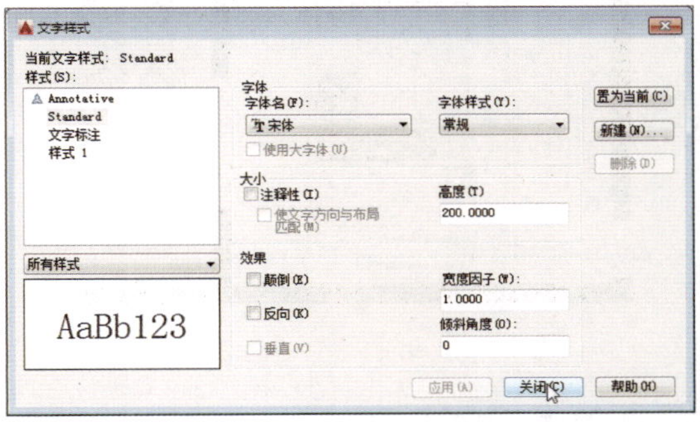

06 返回上一对话框，设置“文字颜色”为红色，“从尺寸线偏移”为50，如下图所示。

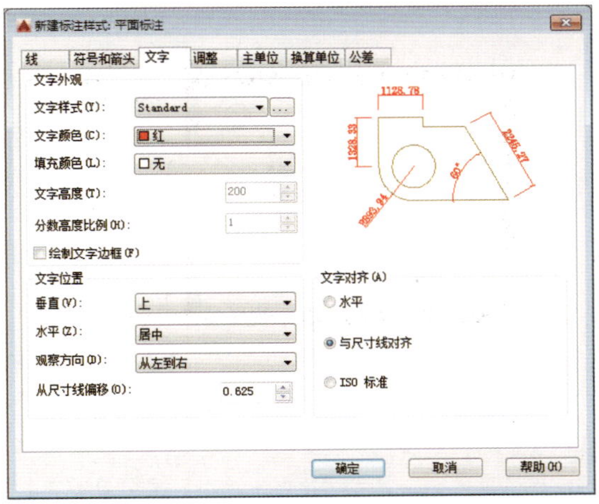

07 在“调整”选项卡的“文字位置”选项组中，选择“尺寸线上方，不带引线”单选按钮，如下图所示。

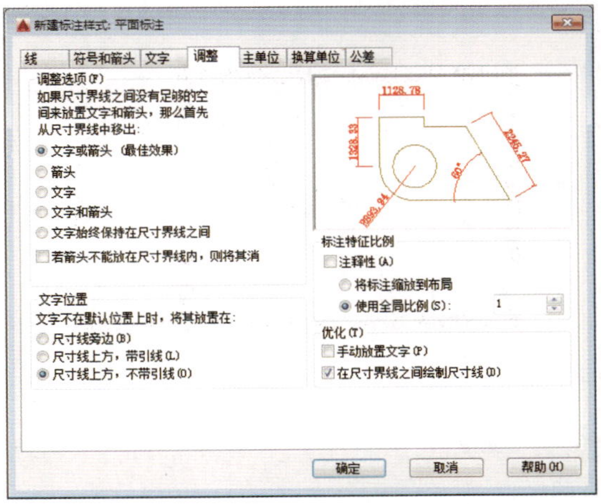

08 在“主单位”选项卡的“线性标注”选项组中，设置“单位格式”为“小数”，“精度”为0，如右图所示。

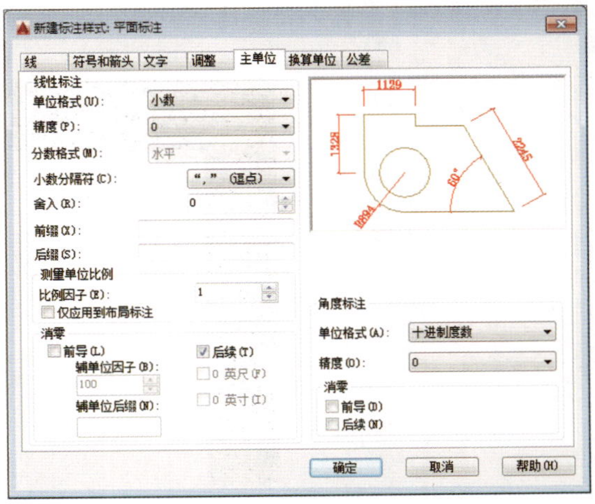

09 单击“确定”按钮，返回上一对话框，依次单击“置为当前”、“关闭”按钮。执行“线性”标注命令，对图形进行线性标注，如下图所示。

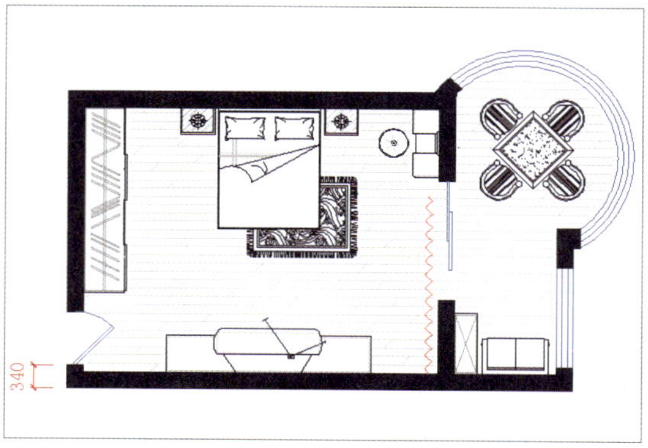

10 执行“连续”标注命令，进行连续标注操作，如下图所示。

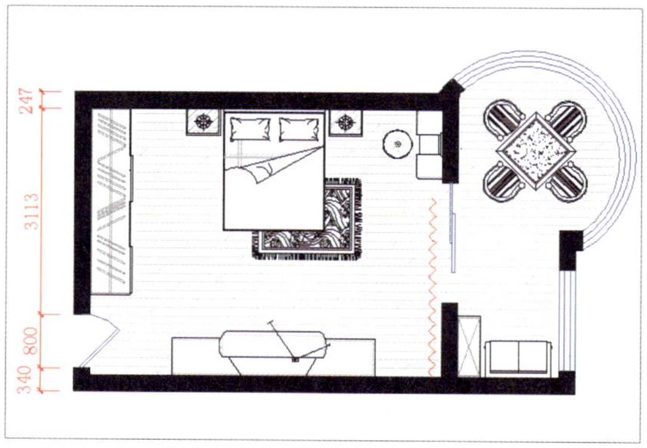

11 再次执行“线性”标注命令，对已标注的墙体进行测量，获得其总长度值，如下图所示。

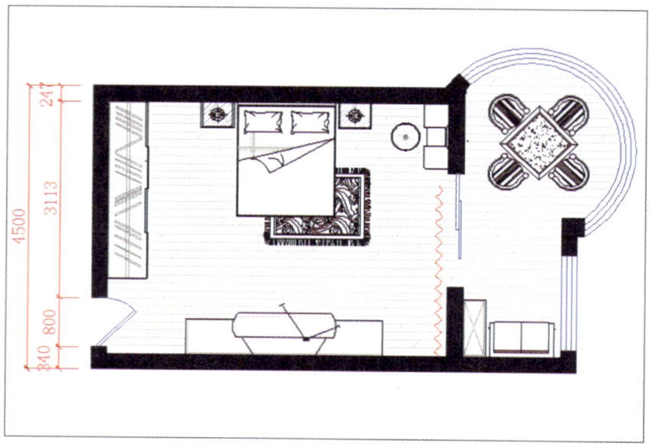

12 继续执行“线性”和“连续”标注命令，按照上述相同的操作方法，对图形中其他部分进行标注，如下图所示。

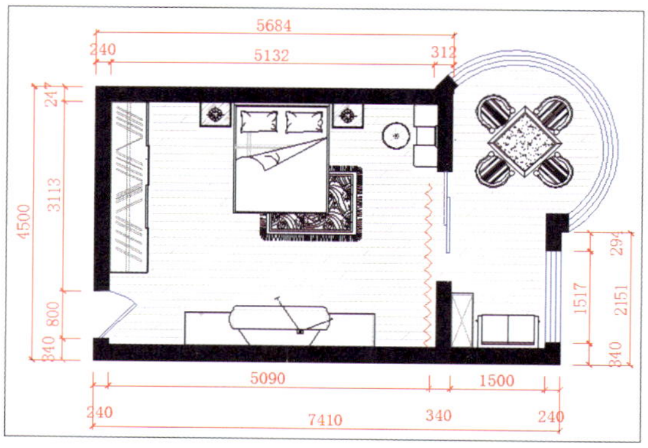

13 选中要编辑的尺寸标注后，将光标停留在尺寸数字夹点上，然后右击并在快捷菜单中选择“仅移动文字”命令，如下图所示。

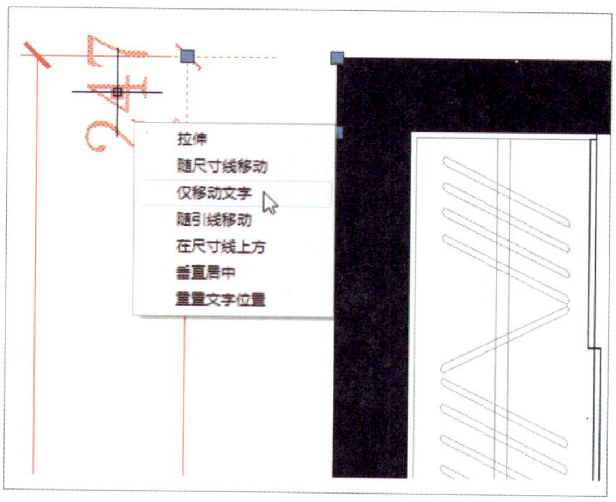

14 向下移动光标，然后在命令行中输入150，确定目标点位置，即可完成移动文字操作，如下图所示。

15 按照以上相同的操作方法，编辑其他标注文字的位置，效果如下图所示。

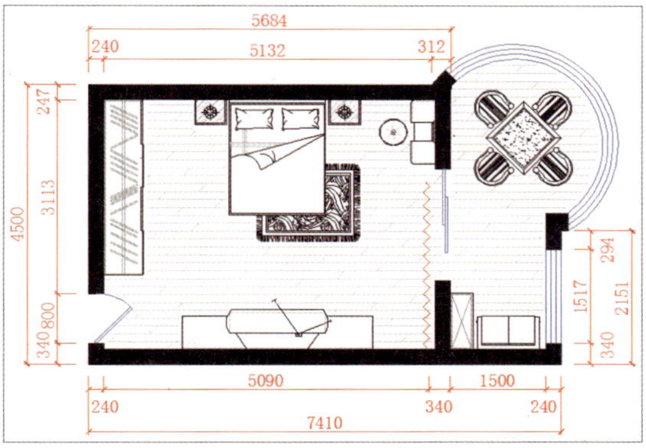

16 执行“半径”标注命令，对图形进行半径标注，如下图所示。

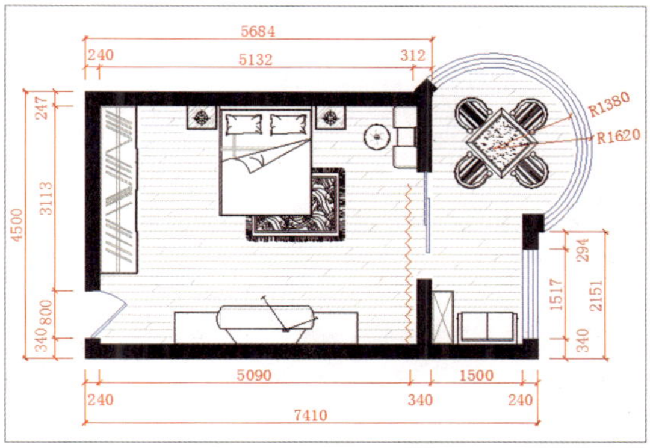

6.7 多重引线标注

引线对象是一条线或样条曲线，其一端可能带有箭头，另一端带有多行文字对象或块。多重引线标注常用于对图形中的某些特定对象进行说明，使图形表达更清楚。在向AutoCAD图形添加多重引线时，单一的引线样式往往不能满足设计的要求，这就需要预先定义新的引线样式，即指定基线、引线、箭头和注释内容的格式，用于控制多重引线对象的外观。

在AutoCAD 2016中，通过“多重引线样式管理器”对话框可创建并设置多重引线样式，用户可以通过以下方法调出该对话框。

- 执行“格式>多重引线样式”命令。
- 在“默认”选项卡的“注释”面板中单击“多重引线样式”按钮。
- 在“注释”选项卡的“引线”面板中单击右下角箭头。
- 在命令行中输入MLEADERSTYLE命令。

执行以上任意一种操作后，可打开如下左图所示的“多重引线样式管理器”对话框。单击“新建”按钮，打开“创建新多重引线样式”对话框，从中输入样式名并选择基础样式，如下右图所示。单击“继续”按钮，即可在打开的“修改多重引线样式”对话框的各选项卡中进行详细的设置。

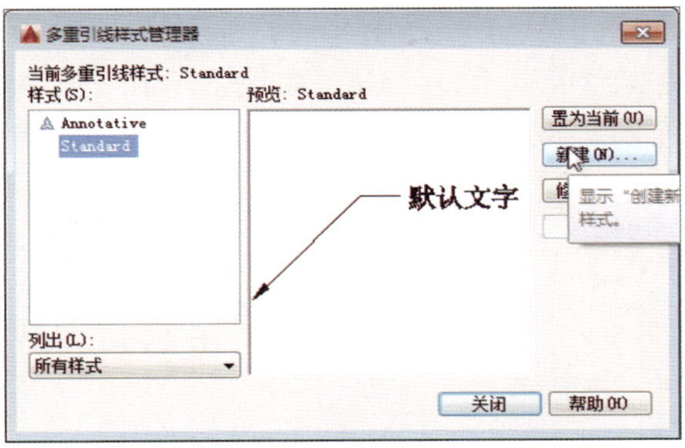

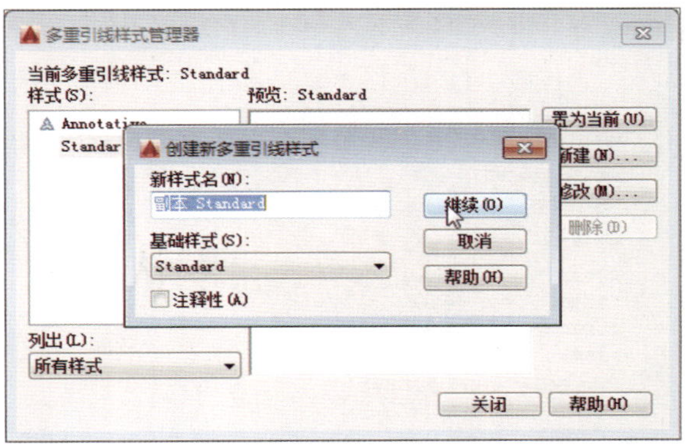

1. 引线格式

在“修改多重引线样式”对话框中，“引线格式”选项卡用于设置引线的类型及箭头的形状，如下左图所示。其中各选项组的作用如下。

- **常规：** 主要用于设置引线的类型、颜色、线型、线宽等。其中在下拉列表中可以选择“直线”、“样条曲线”或“无”选项。
- **箭头：** 主要用于设置箭头的形状和大小。
- **引线打断：** 主要用于设置引线“打断大小”参数。

2. 引线结构

在“引线结构”选项卡中可设置引线的段数、引线每一段倾斜角度及引线的显示属性，如下右图所示。

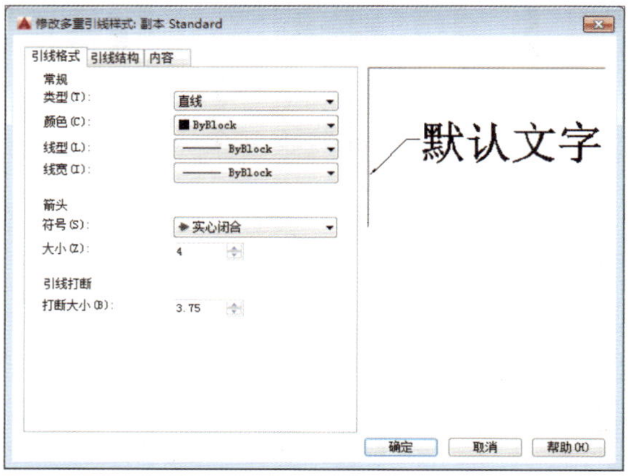

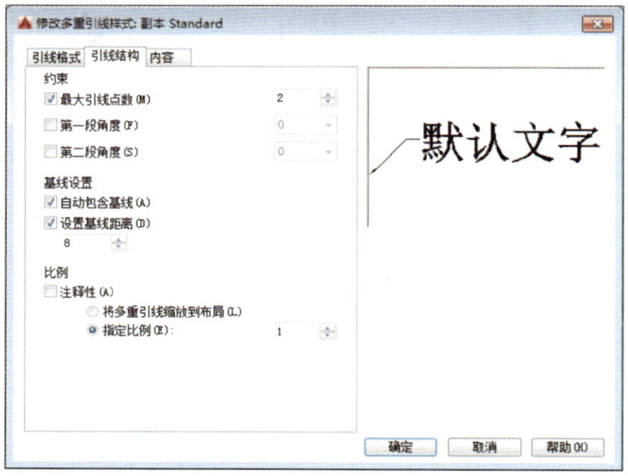

其中各选项组的作用如下。

- **约束：** 在该选项组中启用相应的复选框可指定点数目和角度值。
- **基线设置：** 可以指定是否自动包含基线及多重引线的固定距离。
- **比例：** 启用相应的复选框或选择相应单选按钮，可以确定引线比例的显示方式。

3. 内容

“内容”选项卡主要用于设置引线标注的文字属性。在引线中既可以标注多行文字，也可以在其中插入块，这两个类型的内容主要通过“多重引线类型”下拉列表来切换。

- **多行文字：** 选择该选项后，则选项卡中各选项用来设置文字的属性，与“文字样式”对话框基本类似，如下左图所示。单击“文字选项”选项组中“文字样式”右侧的[...]按钮，可直接打开“文字样式”对话框。“引线连接”选项组，用于控制多重引线的引线连接，引线可以水平或垂直连接。
- **块：** 选择“块”选项后，即可在“源块”列表中指定块内容，并在“附着”列表中指定块的范围、插入点或中心范围块类型，还可以在“颜色”列表中指定多重引线块内容颜色，如下右图所示。

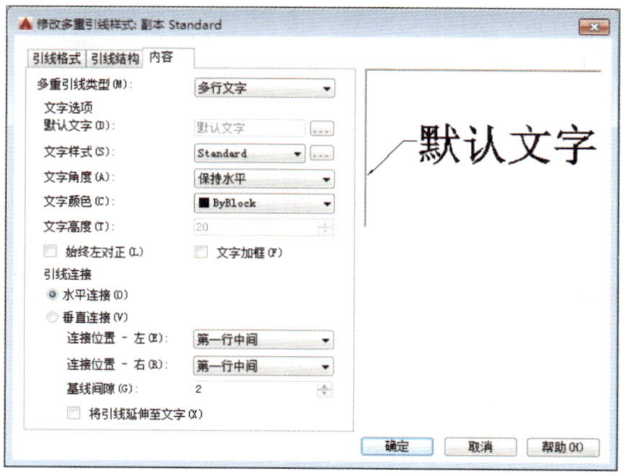

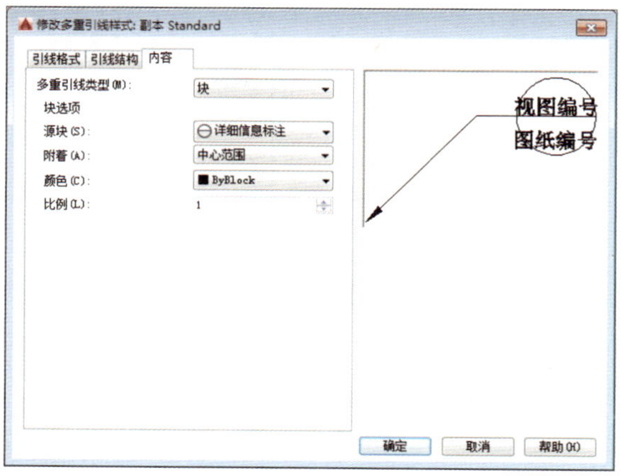

6.8 形位公差标注

下面将为用户介绍公差标注，其中包括符号表示、使用对话框标注公差等内容。

6.8.1 形位公差的符号表示

在AutoCAD中，可通过特征控制框来显示形位公差信息，如图形的形状、轮廓、方向、位置和跳动的偏差等。下面将介绍几种常用公差符号，如下表所示。

公差符号

符 号	含 义	符 号	含 义	符 号	含 义
⌖	定位	∅	直径	↗	圆跳动
◎	同心/同轴	Ⓟ	投影公差	⌰	全跳动
⌯	对称	▱	平坦度	Ⓛ	最小包容条件（LMC）
//	平行	○	圆或圆度	Ⓢ	不考虑特征尺寸（RFS）
⊥	垂直	—	直线度	Ⓜ	最大包容条件（MMC）
∠	角	⌓	平面轮廓		
⌭	柱面性	⌒	直线轮廓		

6.8.2 使用对话框标注形位公差

在AutoCAD 2016中，用户可以通过以下方法执行“公差”标注命令。

- 执行“标注>公差”命令。
- 在“注释”选项卡的“标注”面板中单击“公差”按钮。
- 在命令行中输入快捷命令TOL，然后按回车键。

执行“公差”标注命令后，系统将打开“形位公差”对话框，如下图所示。

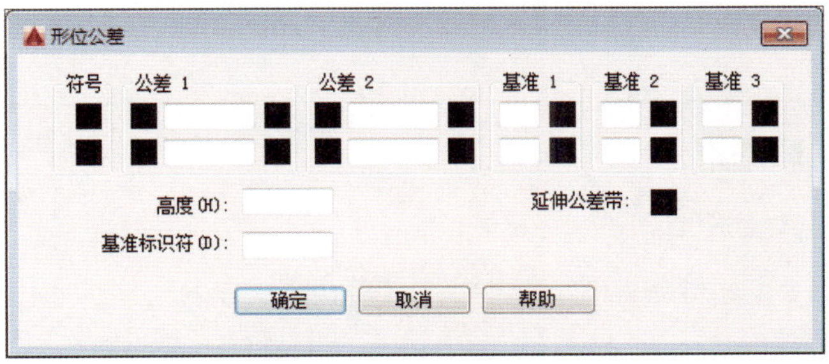

对话框中各选项的功能介绍如下。

1. 符号

该选项组用于显示从“特征符号”对话框中选择的几何特征符号。

2. 公差1

该选项组用于创建特征控制框中的第一个公差值。公差值指明了几何特征相对于精确形状的允许偏差量。可在公差值前插入直径符号，在其后插入包容条件符号。

- **第一个框：** 在公差值前面插入直径符号。单击该框插入直径符号。
- **第二个框：** 创建公差值，在框中输入值。

- **第三个框：** 显示“附加符号”对话框，从中选择修饰符号。这些符号可以作为几何特征和大小可改变的特征公差值的修饰符。

3. 公差2

该选项组用于在特征控制框中创建第二个公差值。指定方式与公差1相同。

4. 基准1

该选项组用于在特征控制框中创建第一级基准参照。基准参照由值和修饰符号组成。基准是理论上精确的几何参照，用于建立特征的公差带。

- **第一个框：** 创建基准参照值。
- **第二个框：** 显示“附加符号”对话框，从中选择修饰符号。这些符号可以作为基准参照的修饰符。

5. 基准2

在特征控制框中创建第二级基准参照，方式与创建第一级基准参照相同。

6. 基准3

在特征控制框中创建第三级基准参照，方式与创建第一级基准参照相同。

7. 高度

创建特征控制框中的投影公差零值。投影公差带控制固定垂直部分延伸区的高度变化，并以位置公差控制公差精度。

8. 延伸公差带

在延伸公差带值的后面插入延伸公差带符号。

9. 基准标识符

创建由参照字母组成的基准标识符。基准是理论上精确的几何参照，用于建立其他特征的位置和公差带。点、直线、平面、圆柱或者其他几何图形都能作为基准。

进阶案例 标注圆环图形

使用“公差”命令，对图形进行形位公差标注。

01 执行“直径”标注命令，对3个圆进行直径标注，如下图所示。

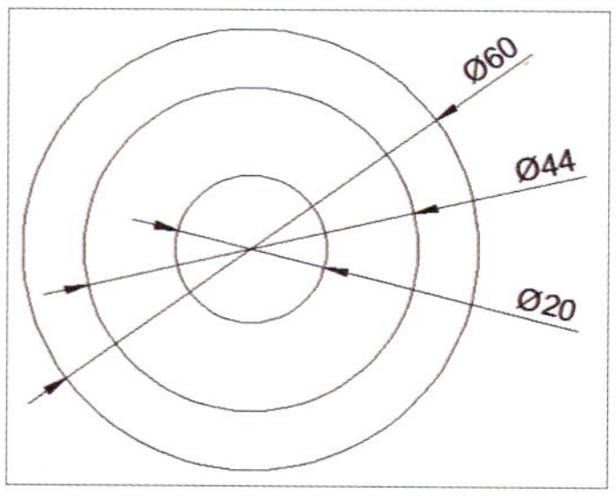

02 执行“标注>公差”标注命令，打开“形位公差”对话框，单击“符号”选项组下的第一个黑色方框，如下图所示。

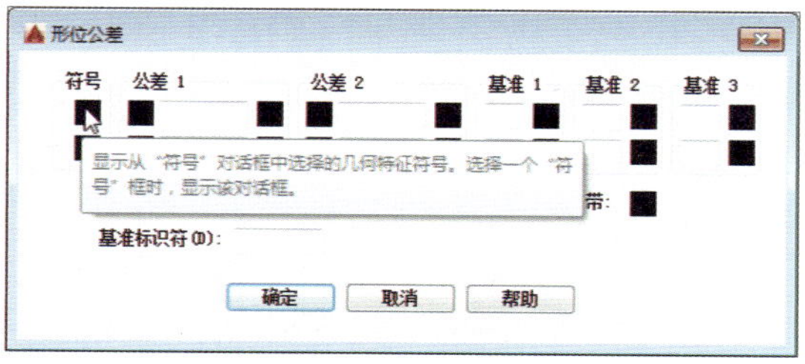

03 打开“特征符号”对话框，选择“同轴度”符号，如下图所示。

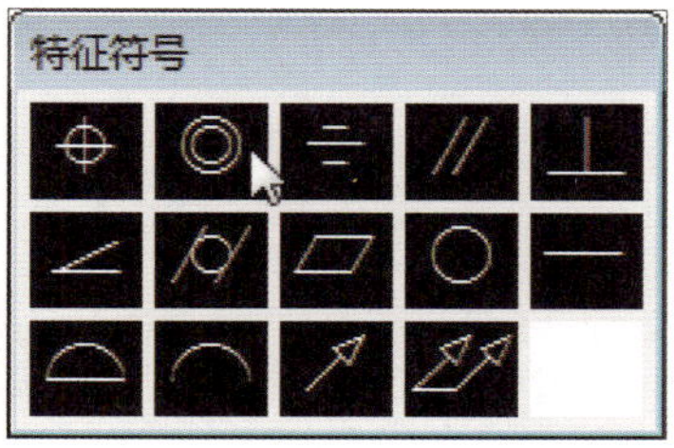

04 返回上一对话框，单击“公差1”选项组第一个黑色方框，即可显示同轴度符号，然后在其后文本框中输入0.02，如下图所示。

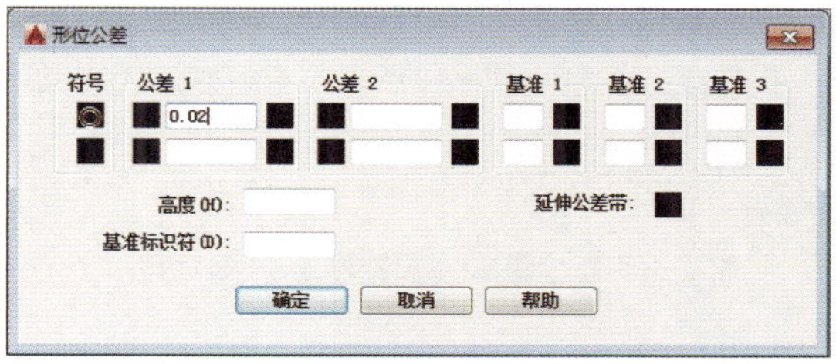

05 在“基准1”选项组的第一个文本框中输入A，单击“确定”按钮，如下图所示。

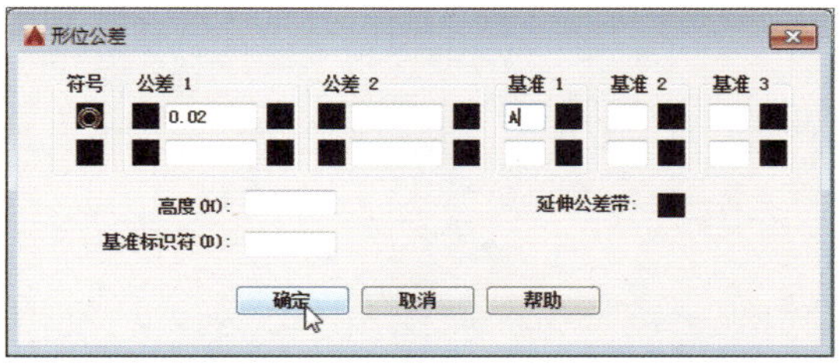

06 在图形合适位置放置形位公差标注，并单击“多重引线”命令，绘制形位公差的引线，如下图所示。

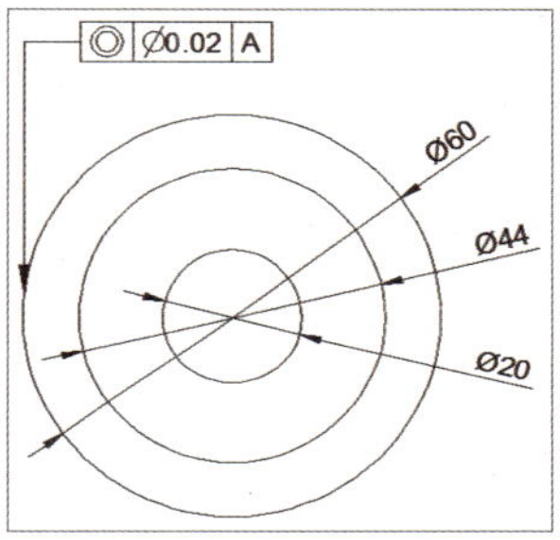

专家技巧：“公差”命令

用“公差”命令标注形位公差不能绘制引线，只能用“引线”命令绘制引线。另外一种解决方法是使用“引线”命令直接标注形位公差，操作时在“引线设置”对话框中将“注释类型”设置为“公差”，然后单击“确定”按钮，弹出“形位公差”对话框，便可标注形位公差。

6.9 编辑标注对象

下面将为用户介绍标注对象的编辑方法，包括编辑标注、替代标注、更新标注等内容。

6.9.1 编辑标注

使用编辑标注命令可以改变尺寸文本或者强制尺寸界线旋转一定的角度。在命令行中输入快捷命令DED并按回车键，根据命令行提示进行编辑标注操作，命令行提示内容如下。

```
命令：DED DIMEDIT
输入标注编辑类型 [默认(H)/新建(N)/旋转(R)/倾斜(O)] <默认>:
```

- **默认：** 将旋转标注文字移回默认位置。选定的标注文字移回到由标注样式指定的默认位置和旋转角。
- **新建：** 使用在位文字编辑器更改标注文字。
- **旋转：** 用于旋转指定对象中的标注文字，选择该项后系统将提示用户指定旋转角度，如果输入0则把标注文字按默认方向放置。
- **倾斜：** 调整线性标注尺寸界线的倾斜角度，选择该项后系统将提示用户选择对象并指定倾斜角度。当尺寸界线与图形的其他要素冲突时，“倾斜”选项将很有用处。

6.9.2 编辑标注文本

编辑标注文字命令可改变标注文字的位置或是放置标注文字。通过下列方法可执行编辑标注文字命令。

- 执行“标注>对齐文字”子菜单中的命令。
- 在命令行中输入DIMTEDIT，然后按回车键。

执行以上任意一种操作后，命令行提示内容如下。

```
命令： DIMTEDIT
选择标注：
为标注文字指定新位置或 [左对齐(L)/右对齐(R)/居中(C)/默认(H)/角度(A)]:
```

其中，上述命令行中各选项的含义介绍如下。

- **为标注文字指定新位置：** 移动光标更新标注文字的位置。
- **左对齐：** 沿尺寸线左对正标注文字。
- **右对齐：** 沿尺寸线右对正标注文字。
- **居中：** 将标注文字放在尺寸线的中间。
- **默认：** 将标注文字移回默认位置。
- **角度：** 修改标注文字的角度，文字的圆心并没有改变。

6.9.3 替代标注

当少数尺寸标注与其他大多数尺寸标注在样式上有差别时，若不想创建新的标注样式，可以创建标注样式替代。

在“标注样式管理器”对话框中，单击“替代”按钮，打开“替代当前样式”对话框，如下左图所示。从中可对所需的参数进行设置，然后单击“确定”按钮，返回到上一对话框，在“样式”列表中显示了“样式替代”，如下右图所示。

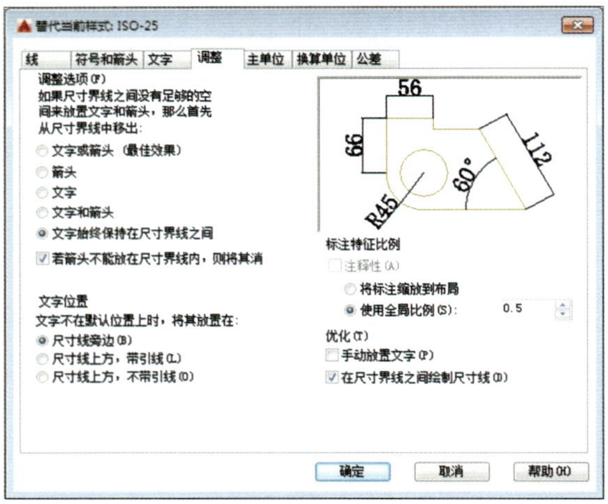

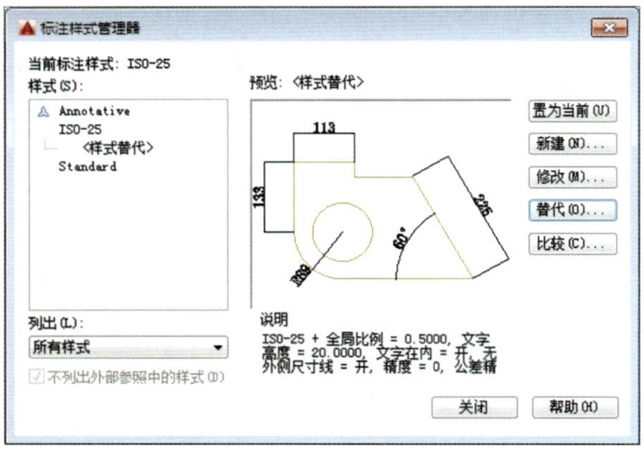

6.9.4 更新标注

在标注建筑图形中，用户可以使用更新标注功能，使其采用当前的尺寸标注样式。通过以下方法可调用更新尺寸标注命令。

- 执行“标注>更新”命令。
- 在“注释”选项卡的“标注”面板中单击“更新”按钮。

课后练习

一. 选择题

1. 在“新建标注样式”对话框中，“文字”选项卡中的“分数高度比例”选项只有设置了（　　）选项后才可生效。

   A. 单位精度　　B. 公差

   C. 换算单位　　D. 使用全局比例

2. 在AutoCAD 2016中，使用（　　）命令，可以立刻标注多个圆、圆弧或编辑现有标注的布局。

   A. 引线标注　　B. 坐标标注

   C. 快速标注　　D. 折弯标注

3. 尺寸标注的快捷键是（　　）。

   A. DOC　　B. DLI

   C. D　　D. DIM

4. 使用“快速标注”命令标注圆或圆弧时，不能自动标注（　　）。

   A. 半径　　B. 基线

   C. 圆心　　D. 直径

二. 填空题

1. 在AutoCAD 2016中，使用__________命令，可以打开“标注样式管理器”对话框中，并利用该对话框创建、设置和修改标注样式。
2. 在工程制图时，一个完整的尺寸标注应该由__________、尺寸线、箭头和尺寸数字4个要素组成。
3. 在标注建筑图形中，用户可以使用__________功能，使其采用当前的尺寸标注样式。

三. 操作题

1. 使用线性、连续、基线、对齐等标注命令，为书柜立面图添加尺寸标注，如下左图所示。
2. 使用“多重引线”命令，对立面图进行引线标注说明，如下右图所示。

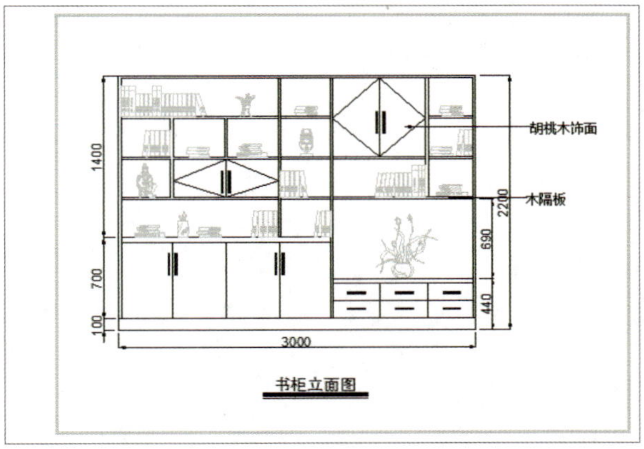

书柜立面图

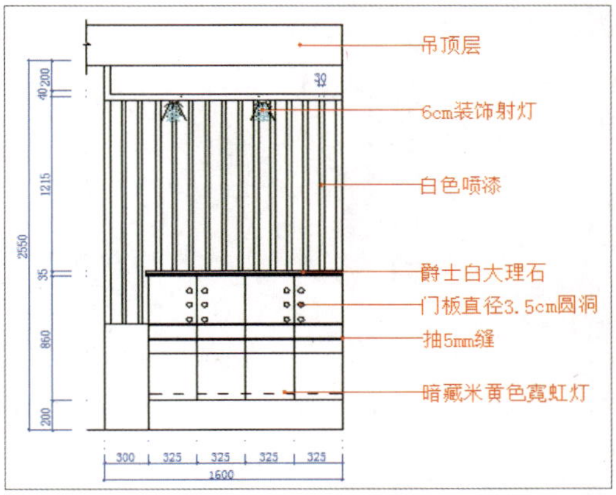

Chapter 07

图块、外部参照及设计中心

在绘制图形时如果图形中有大量相同的内容，则可以将重复绘制的图形创建成块然后插入到图形中。用户还可以把已有的图形文件以参照的形式插入到当前图形中（即外部参照），利用设计中心也可插入所需内容。本章将对块的创建与编辑、块属性的设置、外部参照以及设计中心的应用知识进行介绍。

知识要点

① 块的创建与编辑
② 外部参照的应用
③ 设计中心的应用

上机安排

学习内容	学习时间
● 块的创建与编辑	30分钟
● 外部参照的应用	30分钟
● 设计中心的应用	20分钟

7.1 认识图块

块是一个或多个对象形成的对象集合，常用于绘制复杂、重复的图形。当生成块时，可以把处于不同图层上的具有不同颜色、线型和线宽的对象定义为块，使块中的对象仍保持原来的图层和特性信息。

在AutoCAD中，使用图块具有如下特点。

- **提高绘图速度：** 在绘制图形时，常常要绘制一些重复出现的图形。将这些图形创建成图块，当再次需要绘制时就可以用插入块方法实现，即把绘图变成了拼图，从而把大量重复的工作简化，提高绘图速度。
- **节省存储空间：** 图中每一个对象的相关信息，如对象的类型、位置、图层、线型及颜色等，这些信息要占用存储空间。如果一幅图中包含有大量相同的图形，就会占据较大的磁盘空间。但如果把相同的图形事先定义成一个块，绘制时就可以直接把块插入到图中的相应位置。
- **便于修改图形：** 建筑工程图纸往往需要多次修改。比如，在建筑设计中要修改标高符号的尺寸，如果每一个标高符号都一一修改，既费时又不方便。但如果原来的标高符号是通过插入块的方法绘制，那么只要简单地对块进行再定义，就可对图中的所有标高进行修改。
- **可以添加属性：** 很多块还要求有文字信息以进一步解释其用途。此外，还可以从图中提取这些信息并将它们传送到数据库中。

7.2 创建与编辑图块

创建块首先要绘制组成块的图形对象，然后用块命令对其进行定义，这样在以后的工作中可以重复使用该块。因为块在图中是一个独立的对象，所以编辑块之前要将其分解。

7.2.1 创建块

内部图块是跟随定义它的图形文件一起保存的，存储在图形文件内部，因此只能在当前图形文件中调用，而不能在其他图形中调用。创建块可以通过以下几种方法来实现。

- 执行“绘图>块>创建”命令。
- 在“默认”选项卡的“块”面板中单击“创建”按钮。
- 在命令行中输入快捷命令B，然后按回车键。

执行以上任意一种操作后，即可打开“块定义”对话框，如下图所示。在该对话框中进行相关的设置，即可将图形对象创建成块。

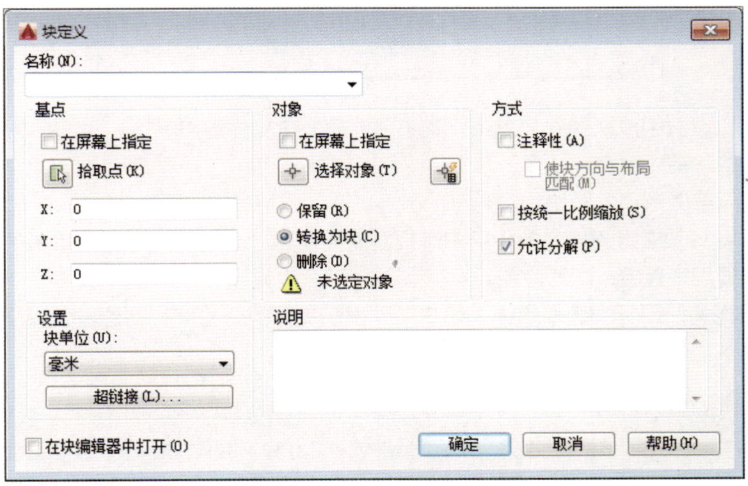

对话框中主要选项的含义介绍如下。

- **基点：** 该选项组中的选项用于指定图块的插入基点。系统默认图块的插入基点值为（0，0，0），用户可直接在X、Y和Z数值框中输入相对应的坐标数值，也可以单击“拾取点”按钮，切换到绘图区中指定基点。
- **对象：** 该选项组中的选项用于指定新块中要包含的对象，以及创建块之后如何处理这些对象，是保留还是删除选定的对象，或者是将它们转换成块实例。
- **方式：** 该选项组中的选项用于设置插入后的图块是否允许被分解、是否统一比例缩放等。
- **在块编辑器中打开：** 选中该复选框，当创建图块后，可在块编辑器窗口中进行“参数”、“参数集”等选项的设置。

7.2.2 存储块

存储图块是将块、对象或者某些图形文件保存到独立的图形文件中，又称为外部块。在AutoCAD 2016中，使用“写块”命令，可以将文件中的块作为单独的对象保存为一个新文件，被保存的新文件可以被其他对象使用。用户可以通过以下方法执行“写块”命令。

- 在“默认”选项卡的“块”面板中单击“写块”按钮。
- 在命令行中输入快捷命令W，然后按回车键。

执行以上任意一种操作后，即可打开“写块”对话框，如下图所示。

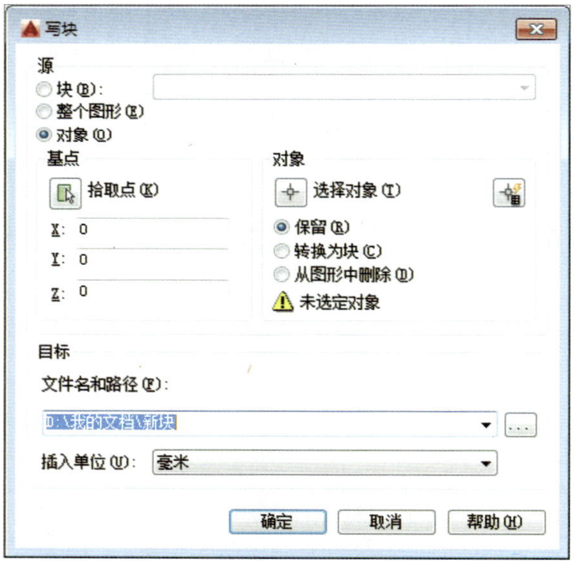

在该对话框中可以设置组成块的对象来源，其主要选项的含义介绍如下。

- **块：** 将创建好的块写入磁盘。
- **整个图形：** 将全部图形写入图块。
- **对象：** 指定需要写入磁盘的块对象，用户可根据需要使用“基点”选项组设置块的插入基点位置；使用“对象”选项组设置组成块的对象。

此外，在该对话框的“目标”选项组中，用户可以指定文件的新名称和新位置，以及插入块时所用的测量单位。

知识链接 外部图块与内部图块的区别

外部图块与内部图块的不同之处在于，外部图块作为独立文件保存，可以插入到任何图形中去，并可以对图块进行打开和编辑。

7.2.3 插入块

当图形被定义为块后，可使用“插入块”命令直接将图块插入到图形中。插入块时可以一次插入一个，也可一次插入呈矩形阵列排列的多个块参照。

在AutoCAD 2016中，用户可以通过以下方法执行“插入块”命令。

- 执行“绘图>块>插入”命令。
- 在“默认”选项卡的“块”面板中单击“插入”按钮。
- 在命令行中输入快捷命令I，然后按回车键。

执行以上任意一种操作后，即可打开“插入”对话框，如下图所示。利用该对话框可以把用户创建的内部图块插入到当前的图形中，或者把创建的外部图块从外部插入到当前的图形中。

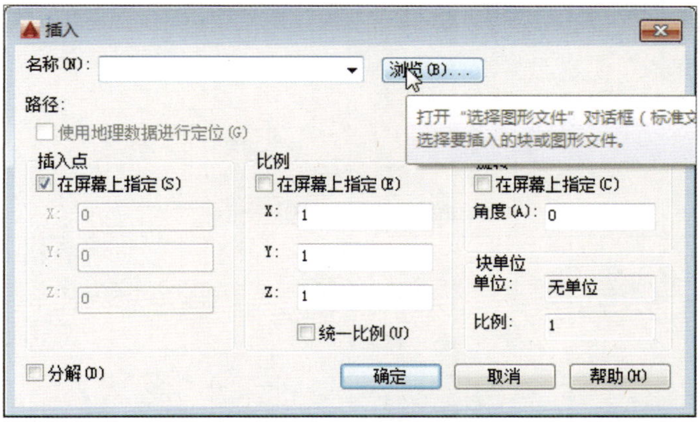

对话框中各主要选项的含义如下。

- **名称：** 用于选择块或图形的名称。单击其后的“浏览”按钮，可打开“选择图形文件”对话框，从中选择图块或外部文件，如下图所示。

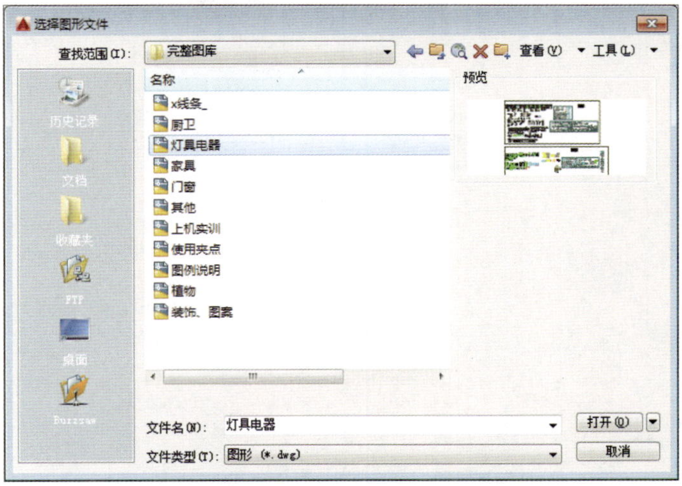

- **插入点：** 用于设置块的插入点位置。
- **比例：** 用于设置块的插入比例。“统一比例”复选框用于确定插入块在X、Y、Z这3个方向的插入块比例是否相同。
- **旋转：** 用于设置块插入时的旋转角度。
- **分解：** 用于将插入的块分解成组成块的各基本对象。

进阶案例 创建家居图块

使用“创建”命令创建图块。

01 执行“绘图>块>创建”命令，打开“块定义”对话框，单击“选择对象”按钮，如下图所示。

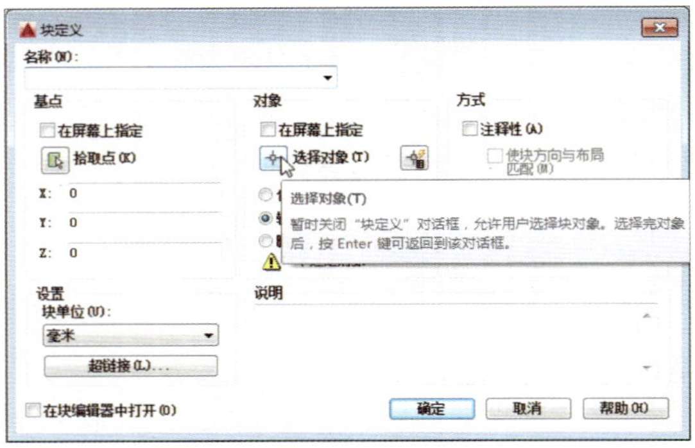

02 在绘图窗口中，选取所要创建的图块对象，如下图所示。

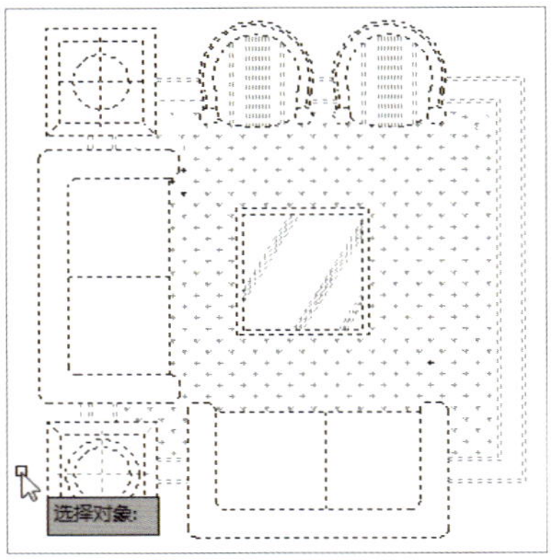

03 按回车键返回至“块定义”对话框，然后单击“拾取点”按钮，如下图所示。

04 在绘图窗口中，指定图形一点为块的基准点，如下图所示。

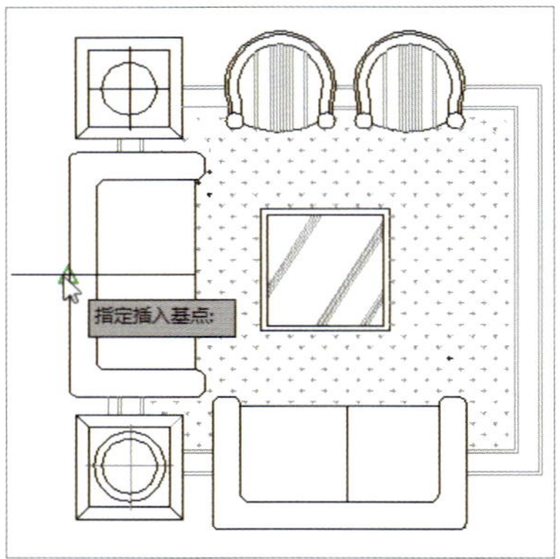

05 选择完成后，返回到对话框，输入块名称，将“块单位”设置为“毫米”，如下图所示。

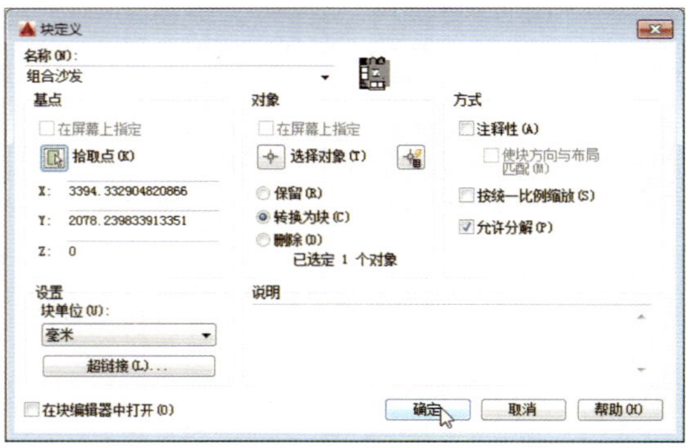

06 单击“确定”按钮即可完成图块的创建，选择创建好的图块，效果如下图所示。

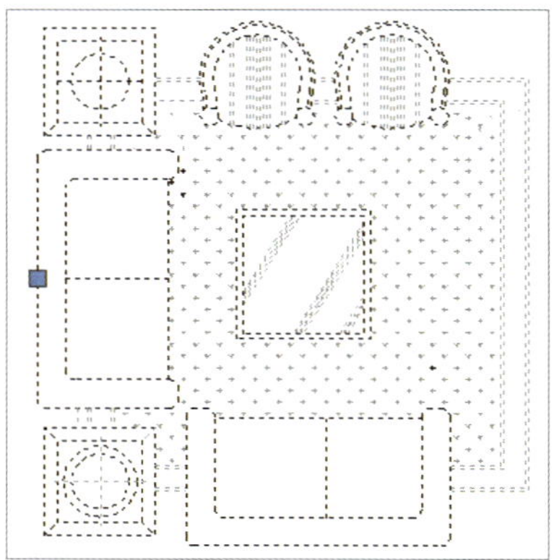

7.3 编辑与管理块属性

块的属性是块的组成部分，是包含在块定义中的文字对象，在定义块之前，要先定义该块的每个属性，然后将属性和图形一起定义成块。

7.3.1 块属性的特点

用户可以在图形绘制完成后（甚至在绘制完成前），调用ATTEXT命令将块属性数据从图形中提取出来，并将这些数据写入到一个文件中，这样就可以从图形数据库文件中获取数据信息。块属性具有如下特点。

- 块属性由属性标记名和属性值两部分组成。如可以把Name定义为属性标记名，而具体的姓名Mat就是属性值，即属性。
- 定义块前，应先定义该块的每个属性，即规定每个属性的标记名、属性提示、属性默认值、属性的显示格式（可见或不可见）及属性在图中的位置等。一旦定义了属性，该属性以标记名在图中显示出来，并保存有关的信息。
- 定义块时，应将图形对象和表示属性定义的属性标记名一起用来定义块对象。
- 插入有属性的块时，系统将提示用户输入需要的属性值。插入块后，属性用它的值表示。因此，同一个块在不同点插入时，可以有不同的属性值。如果属性值在属性定义时规定为常量，系统将不再询问它的属性值。
- 插入块后，用户可以改变属性的显示可见性，对属性作修改，把属性单独提取出来写入文件，以统计、制表使用，还可以与其他高级语言或数据库进行数据通信。

7.3.2 创建并使用带有属性的块

块属性是由图形对象和属性对象组成。对块增加属性，就是使块中的指定内容可以变化。要创建一个块属性，用户可以使用“定义属性”命令，先建立一个属性定义来描述属性特征，包括标记、提示符、属性值、文本格式、位置以及可选模式等。

在AutoCAD 2016中，用户可以通过以下方法执行“定义属性”命令。

- 执行“绘图>块>定义属性”命令。
- 在“默认”选项卡的“块”面板中单击“定义属性”按钮。
- 在命令行中输入ATTDEF，然后按回车键。

执行以上任意一种操作后，系统将自动打开“属性定义”对话框，如下图所示。该对话框中各选项的含义介绍如下。

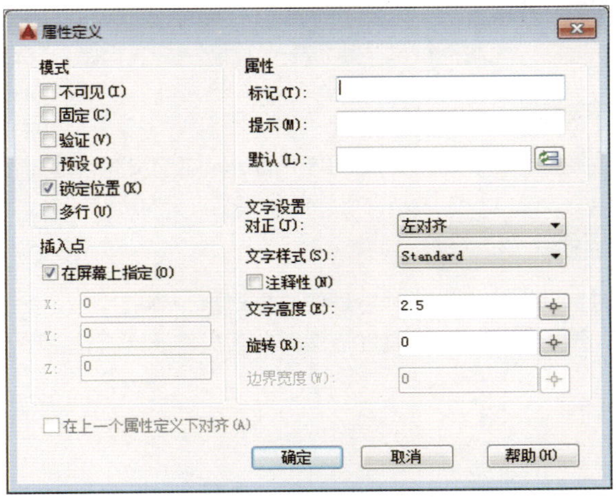

1. 模式

“模式”选项组用于在图形中插入块时，设定与块关联的属性值选项。

- **不可见：** 指定插入块时不显示或打印属性值。
- **固定：** 在插入块时赋予属性固定值。勾选该复选框，插入块时属性值不发生变化。
- **验证：** 插入块时提示验证属性值是否正确。勾选该复选框，插入块时系统将提示用户验证所输入的属性值是否正确。
- **预设：** 插入包含预设属性值的块时，将属性设定为默认值。勾选该复选框，插入块时，系统将把“默认”文本框中输入的默认值自动设置为实际属性值，不再要求用户输入新值。
- **锁定位置：** 锁定块参照中属性的位置。解锁后，属性可以相对于使用夹点编辑的块的其他部分移动，并且可以调整多行文字属性的大小。
- **多行：** 指定属性值可以包含多行文字。选定此选项后，可以指定属性的边界宽度。

2. 属性

“属性”选项组用于设定属性数据。

- **标记：** 标识图形中每次出现的属性。
- **提示：** 指定在插入包含该属性定义的块时显示的提示内容。如果不输入提示，属性标记将用作提示。如果在“模式”选项组中选择“固定”模式，“属性提示”选项将不可用。
- **默认：** 指定默认属性值。单击后面的“插入字段”按钮，打开“字段”对话框，可以插入一个字段作为属性的全部或部分值；选定“多行”模式后，显示“多行编辑器”按钮，单击此按钮将弹出包含“文字格式”工具栏和标尺的在位文字编辑器。

3. 插入点

“插入点”选项组用于指定属性位置。输入坐标值或者选择“在屏幕上指定”，并使用定点设备根据与属性关联的对象指定属性的位置。

4. 文字设置

“文字设置”选项组用于设定属性文字的对正、样式、高度和旋转。

- **对正：** 用于设置属性文字相对于参照点的排列方式。
- **文字样式：** 指定属性文字的预定义样式，显示当前加载的文字样式。
- **注释性：** 指定属性为注释性。如果块是注释性的，则属性将与块的方向相匹配。
- **文字高度：** 指定属性文字的高度。
- **旋转：** 指定属性文字的旋转角度。
- **边界宽度：** 换行至下一行前，指定多行文字属性中一行文字最大长度。此选项不适用单行文字属性。

5. 在上一个属性定义下对齐

该选项用于将属性标记直接置于之前定义的属性的下面。若之前没有创建属性定义，则此选项不可用。

7.3.3 块属性管理器

当图块中包含属性定义时，属性将作为一种特殊的文本对象一同被插入。此时可使用“块属性管理器”工具编辑之前定义的块属性，然后使用“增强属性管理器”工具将属性标记赋予新值，使之符合相似图形对象的设置要求。

1. 块属性管理器

当编辑图形文件中多个图块的属性定义时，可以使用“块属性管理器”重新设置属性定义的构成、文字特性和图形特性等属性。

在“插入”选项卡的“块定义”面板中单击“管理属性”按钮，将打开“块属性管理器”对话框，如下左图所示。

在该对话框中各选项含义介绍如下。

- **块：**列出具有属性的当前图形中的所有块定义，选择要修改属性的块。
- **属性列表：**显示所选块中每个属性的特性。
- **同步：**更新具有当前定义的属性特性的选定块的全部实例。
- **上移：**在提示序列的早期阶段移动选定的属性标签。选定“固定”属性时，“上移”按钮不可用。
- **下移：**在提示序列的后期阶段移动选定的属性标签。选定“固定”属性时，“下移”按钮不可使用。
- **编辑：**可打开“编辑属性”对话框，从中可以修改属性特性，如下右图所示。

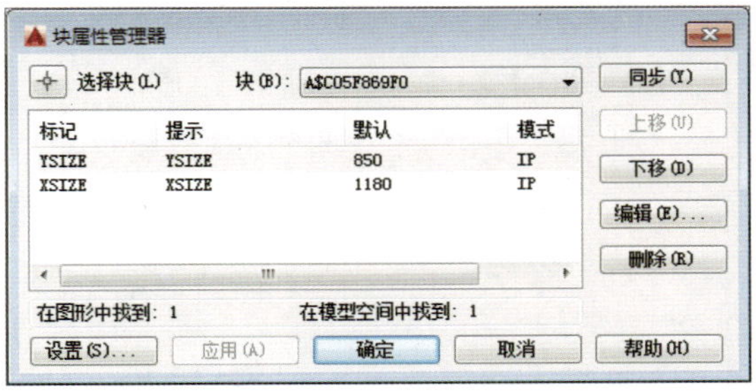

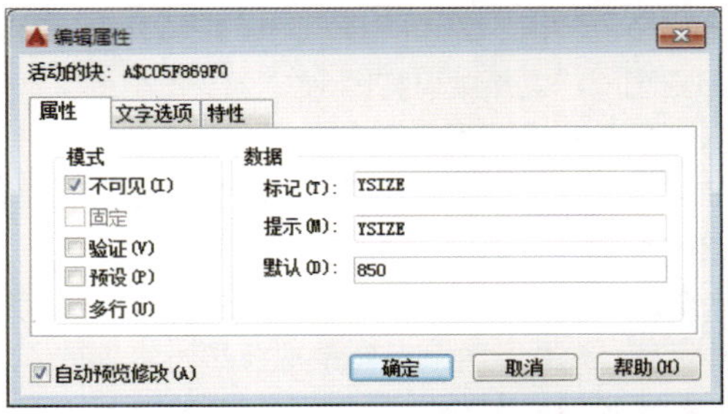

- **删除：**从块定义中删除选定的属性。
- **设置：**打开“块属性设置”对话框，从中可以自定义“块属性管理器”中属性信息的列出方式，如右图所示。

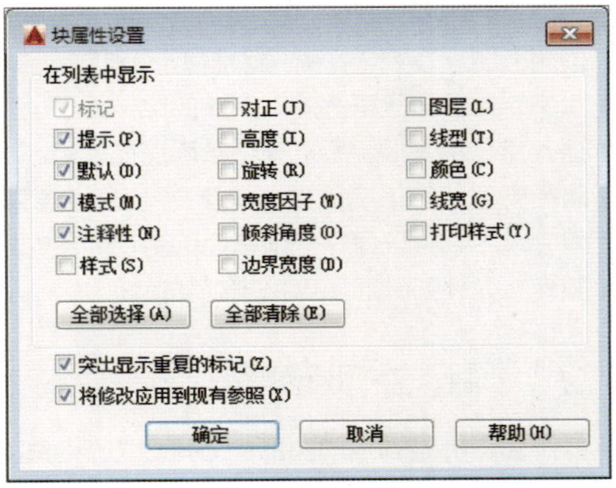

2. 增强属性编辑器

增强属性编辑器功能主要用于编辑块中定义的标记和值属性，与“块属性管理器”设置方法基本相同。

在“插入”选项卡的“块”面板中单击“编辑属性”下拉按钮，在展开的下拉列表中单击“单个”按钮，然后选择属性块，或者直接双击属性块，打开“增强属性编辑器”对话框，如右图所示。

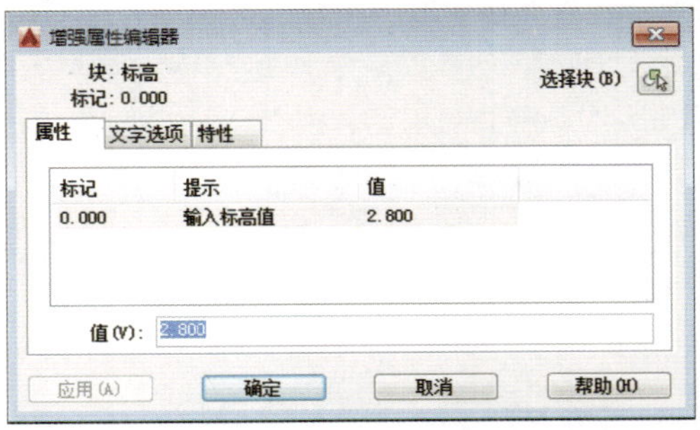

在该对话框中可指定属性块标记，在“值”数值框中为属性块标记赋予值。此外，还可以分别利用“文字选项”和“特性”选项卡设置图块不同的文字格式和特性，如更改文字的格式、文字的图层、线宽以及颜色等属性。

7.4 外部参照的使用

外部参照是指在绘制图形过程中，将其他图形以块的形式插入，并且可以作为当前图形的一部分。外部参照和块不同，外部参照提供了一种更为灵活的图形引用方法。使用外部参照可以将多个图形链接到当前图形中，并且作为外部参照的图形会随着原图形的修改而更新。

7.4.1 附着外部参照

要使用外部参照图形，先要附着外部参照文件。在“插入”选项卡的“参照”面板中单击“附着”按钮，打开“参照文件”对话框，选择合适的文件，单击“打开”按钮，即可打开“附着外部参照”对话框，如右图所示。从中可将图形文件以外部参照的形式插入到当前的图形中。

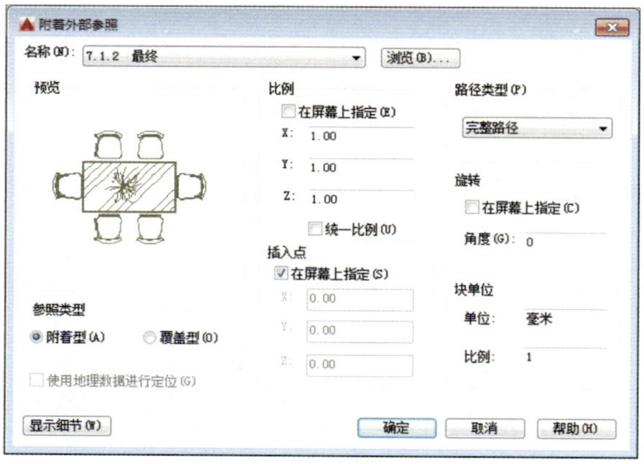

在“附着外部参照”对话框中，各主要选项的含义介绍如下。

- **浏览：** 单击该按钮将打开“选择参照文件”对话框，从中可为当前图形选择新外部参照。
- **参照类型：** 用于指定外部参照为附着型还是覆盖型。与附着型的外部参照不同，覆盖型外部参照的图形作为外部参照附着到另一图形时，将忽略该覆盖型外部参照。
- **比例：** 用于指定所选外部参照的比例因子。
- **插入点：** 用于指定所选外部参照的插入点。
- **路径类型：** 用于设置是否保存外部参照的完整路径。如果选择该选项，外部参照的路径将保存到数据库中，否则将只保存外部参照的名称而不保存其路径。
- **旋转：** 为外部参照引用指定旋转角度。

7.4.2 绑定外部参照

将参照图形绑定到当前图形中，可以方便地进行图形发布和传递操作，并且不会出现无法显示参照的错误提示信息。

执行“修改>对象>外部参照>绑定”命令，打开“外部参照绑定”对话框。在该对话框中可以将块、尺寸样式、图层、线型以及文字样式中的依赖符添加到主图形中。绑定依赖符后，它们会永久地加入到主图形中，且原来依赖符中的“|”符号变为“0”，如右图所示。

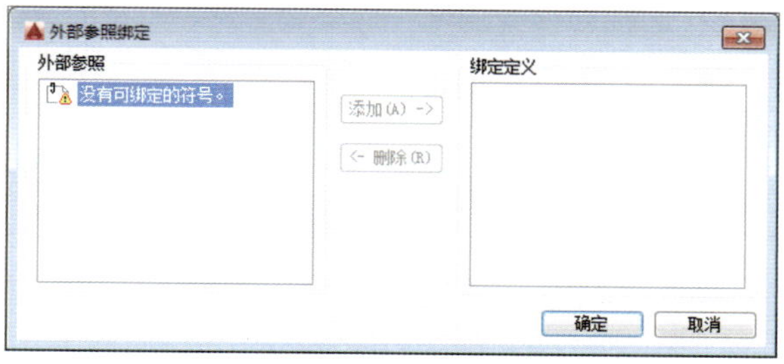

7.5 设计中心的使用

通过AutoCAD设计中心，用户可以访问图形、块、图案填充及其他图形内容，可以将原图形中的任何内容拖动到当前图形中使用。还可以在图形之间复制、粘贴对象属性，以避免重复操作。

7.5.1 “设计中心”选项板

“设计中心”选项板用于浏览、查找、预览以及插入内容，包括块、图案填充和外部参照。在AutoCAD 2016中，用户可以通过以下方法打开如下图所示的选项板。

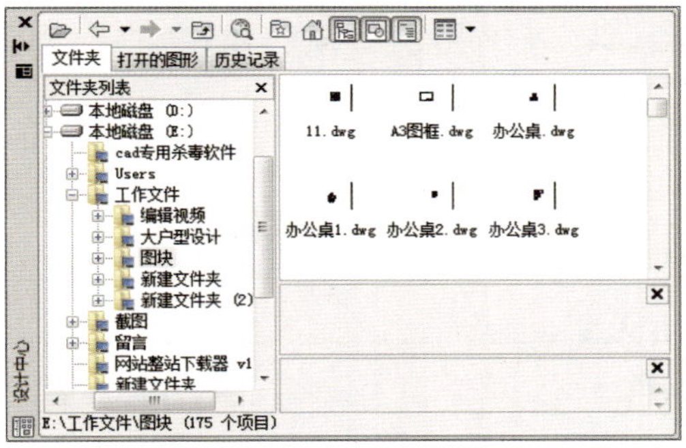

- 执行“工具>选项板>设计中心”命令。
- 在“视图”选项卡的“选项板”面板中单击“设计中心”按钮。
- 按Ctrl+2组合键。

从上图中可以看到，设计中心选项板主要由工具栏、选项卡、内容窗口、树状视图窗口、预览窗口和说明窗口6个部分组成。

1. 工具栏

工具栏控制着树状图和内容区中信息的显示。各选项作用如下。

- **加载：** 显示“加载”对话框（标准文件选择对话框）。使用“加载”浏览本地和网络驱动器或 Web 上的文件，然后选择内容加载到内容区域。
- **上一级：** 单击该按钮将会在内容窗口或树状视图中显示上一级内容、内容类型、内容源、文件夹、驱动器等内容。
- **主页：** 将设计中心返回到默认文件夹。可以使用树状图中的快捷菜单更改默认文件夹。
- **树状图切换：** 显示和隐藏树状视图。若绘图区域需要更多的空间，则可以隐藏树状图。树状图隐藏后，可以使用内容区域浏览器并加载内容。在树状图中使用“历史记录”列表时，“树状图切换”按钮不可用。
- **预览：** 显示和隐藏内容区域窗格中选定项目的预览。
- **说明：** 显示和隐藏内容区域窗格中选定项目的文字说明。

2. 选项卡

设计中心共有3个选项卡组成，分别为“文件夹”、“打开的图形”和“历史记录”。

- **文件夹：** 该选项卡可方便地浏览本地磁盘或局域网中所有的文件夹、图形和项目内容。
- **打开的图形：** 该选项卡显示了所有打开的图形，以便查看或复制图形内容。
- **历史记录：** 该选项卡主要用于显示最近编辑过的图形名称及目录。

7.5.2 插入设计中心内容

通过AutoCAD 2016设计中心，可以很方便地在当前图形中插入图块、引用图像和外部参照，并可在图形之间复制图层、图块、线型、文字样式、标注样式和用户定义等内容。

打开“设计中心”对话框，在“文件夹列表”中，查找文件的保存目录，并在内容区域选择需要插入为块的图形，右击鼠标，在打开的快捷菜单中选择“插入为块”命令，如下左图所示。打开“插入”对话框，从中进行相应的设置，单击“确定”按钮即可，如下右图所示。

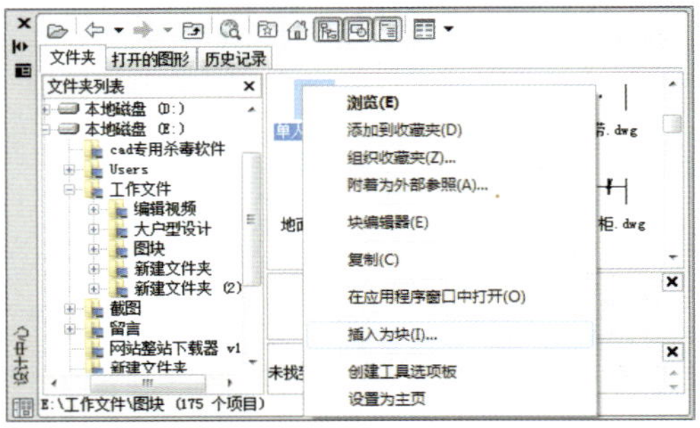

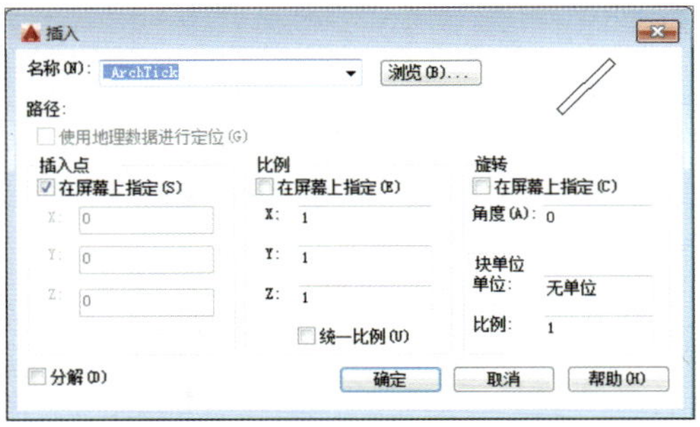

进阶案例 绘制平面布置图

应用本章所学的知识绘制平面布置图。在绘制过程中，首先打开所需的户型图文件，然后用插入命令或设计中心选项板在图形中插入图块，具体操作方法如下。

01 打开“户型图.dwg”文件，如下图所示。

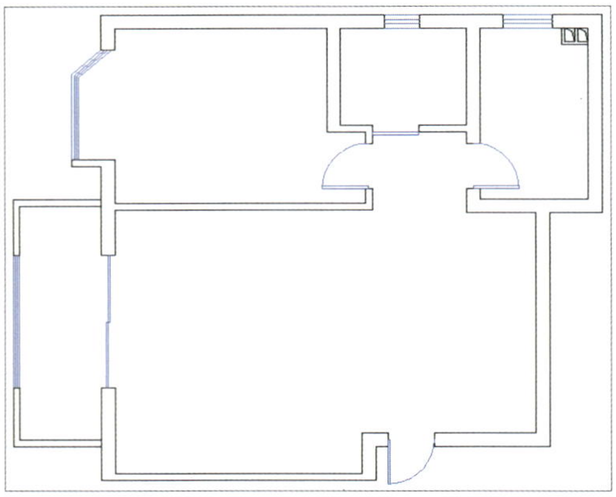

02 单击“常用”选项卡“块”面板中的“插入”按钮，在打开的“插入”对话框中，单击“浏览”按钮，如下图所示。

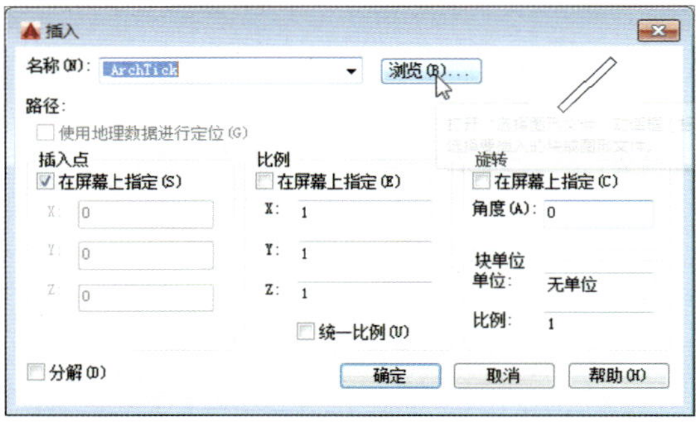

03 打开“选择图形文件”对话框，选择“双人床”图形文件，然后单击“打开”按钮，如下图所示。

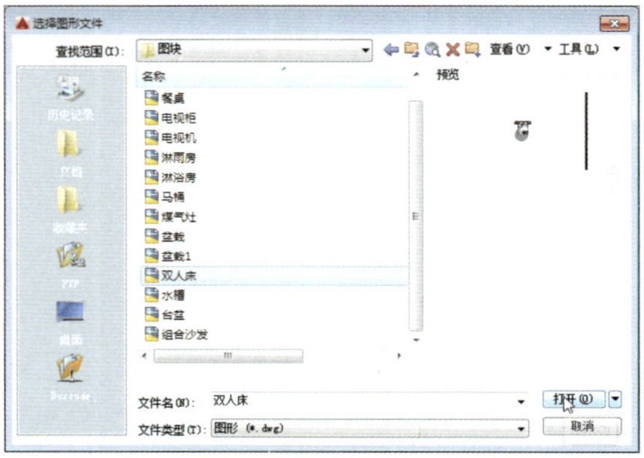

04 返回上一对话框，单击“确定”按钮，在绘图窗口中指定基点，将插入的图形对象放置于合适位置，如下图所示。

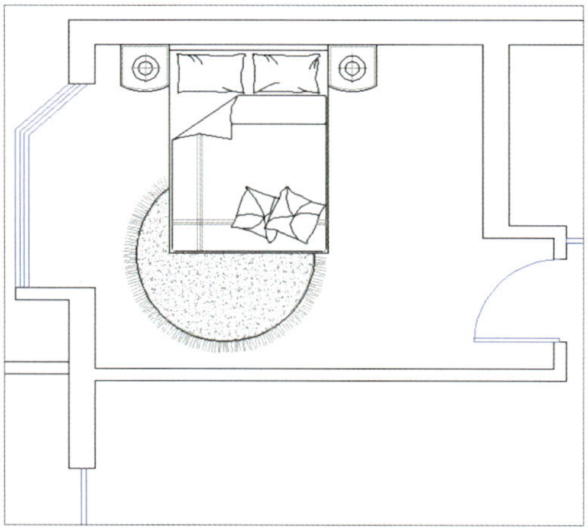

05 执行“矩形”和“偏移”命令，绘制尺寸为1860×550的矩形，并将其向内偏移20mm，然后执行“直线”命令，绘制相交直线，即可完成衣柜图形的绘制，如下图所示。

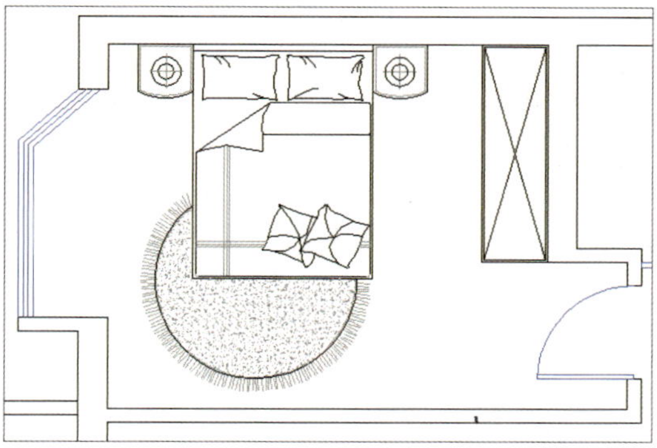

06 按照同样的操作方法，绘制尺寸为4260×550的柜子，并将其放置在客厅合适位置，如下图所示。

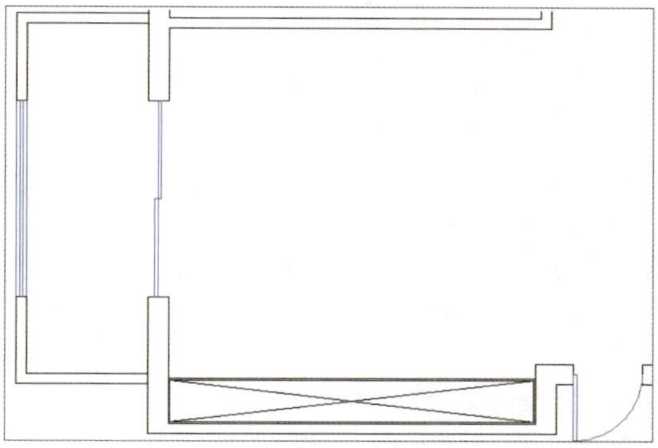

07 执行“插入”命令，再次打开“插入”对话框。单击“浏览”按钮，打开相应的对话框，然后选择“组合沙发”图形文件，再单击“打开”按钮，如下图所示。

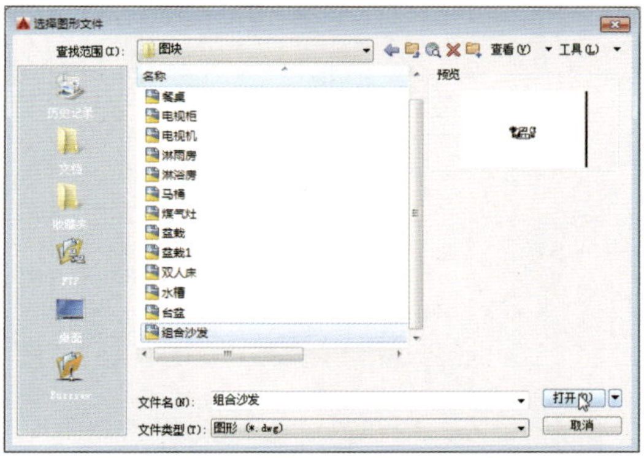

08 返回上一对话框，单击“确定”按钮，在绘图区窗口中指定基点，将插入的图形对象放置于合适位置，如下图所示。

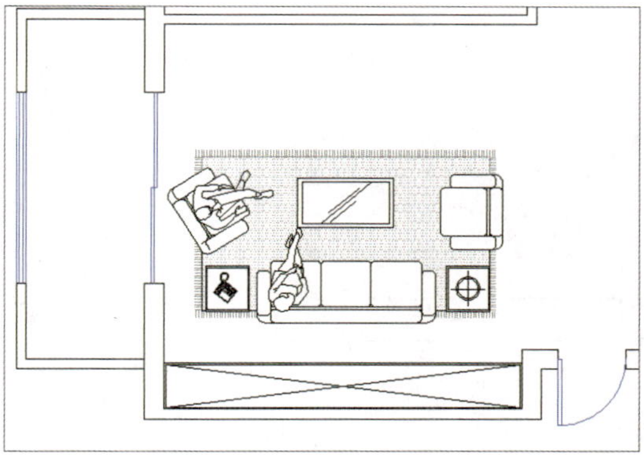

09 执行“矩形”和“直线”命令，绘制电视柜和鞋柜，然后执行“插入”命令，将“电视机”图块插入至电视柜合适位置，如下图所示。

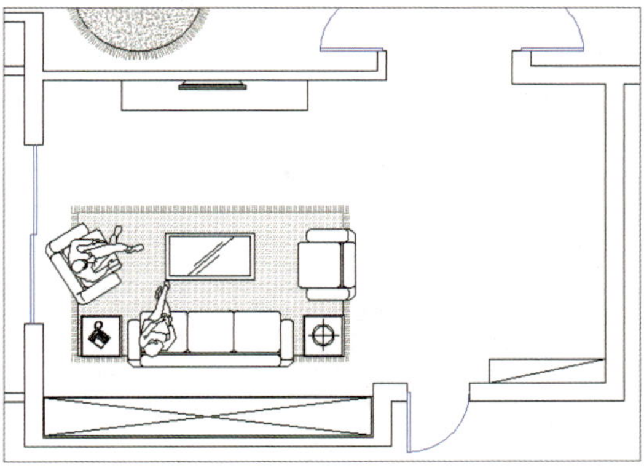

10 按组合键Ctrl+2键，打开“设计中心”选项板，在左侧树状图中，打开相关文件夹，单击想要选中的文件，窗口将显示文件的预览图像，如下图所示。

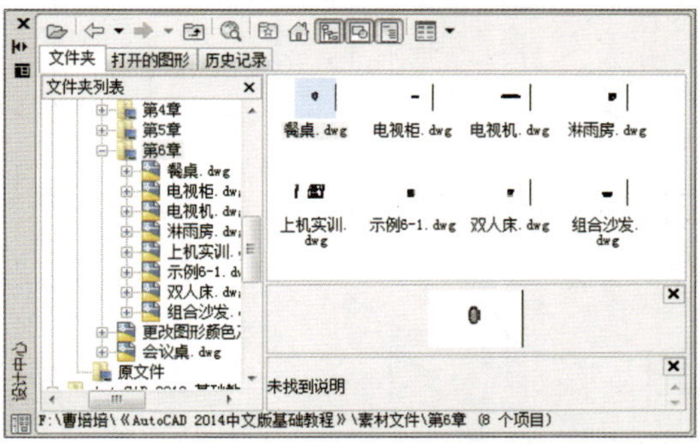

11 右击图形文件，然后从快捷菜单中选择“插入为块”命令，如下图所示。

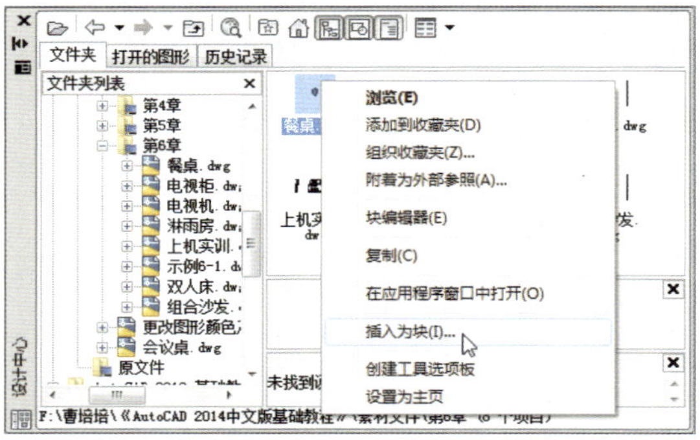

12 系统将弹出“插入”对话框，单击“确定”按钮，如下图所示。

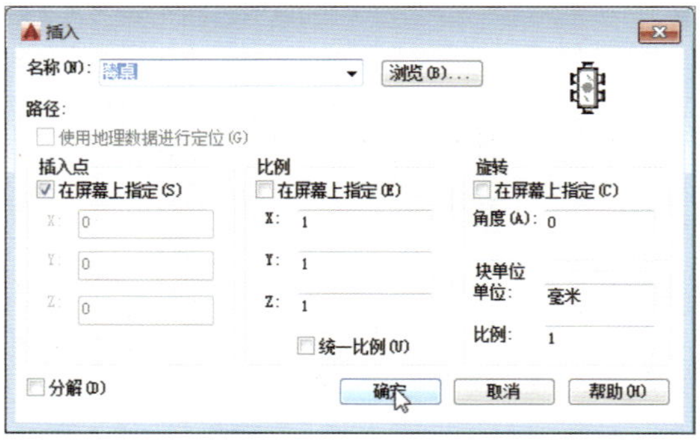

13 在绘图窗口中指定基点，将“餐桌”图形放置于合适位置，如下图所示。

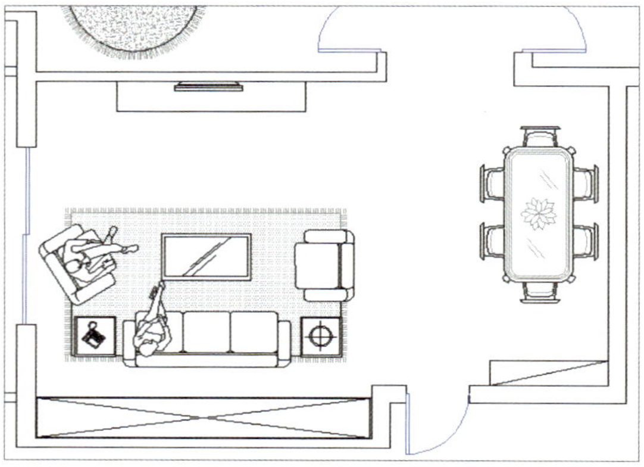

14 执行“偏移”、“延伸”和“修剪”命令，绘制橱柜台面，如下图所示。

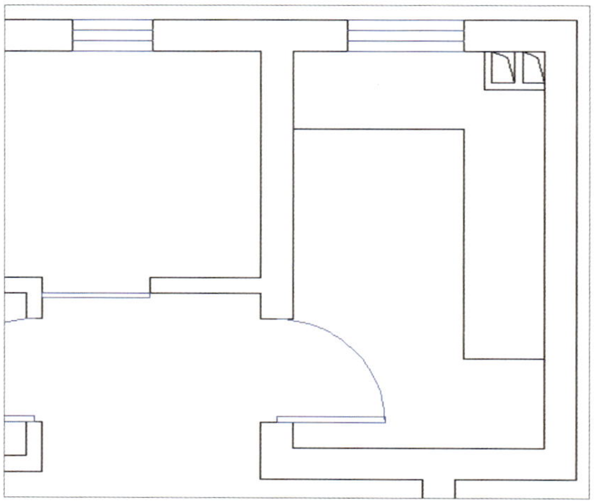

15 执行“插入”命令，将水槽放置于合适的位置，如下图所示。

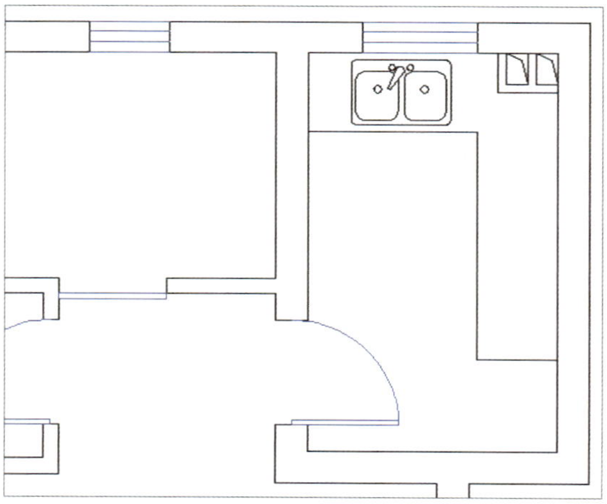

16 继续执行“插入”命令，将其他图形对象插入到当前户型图合适位置，如下图所示。至此，完成该平面布置图的绘制。

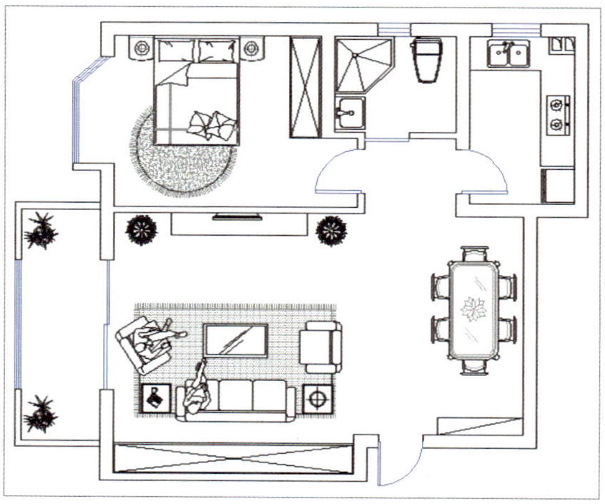

课后练习

一. 选择题

1. AutoCAD中块定义属性的快捷键是（　　）。

A. Ctrl+1　　B. W

C. ATT　　D. B

2. 下列哪个项目不能用“块属性管理器”进行修改（　　）。

A. 属性的可见性　　B. 属性文字如何显示

C. 属性所在图层和属性行的颜色、宽度及类型　　D. 属性的个数

3. 创建对象编组和定义块的不同之处在于（　　）。

A. 是否定义名称　　B. 是否选择包含对象

C. 是否有基点　　D. 是否有说明

4. 在AutoCAD中，打开“设计中心”选项板的组合键是（　　）。

A. Ctrl+1　　B. Ctrl+2

C. Ctrl+3　　D. Ctrl+4

二. 填空题

1. 块是一个或多个对象组成的__________，常用于绘制复杂、重复的图形。

2. 使用__________命令，可以将文件中的块作为单独的对象保存为一个新文件，被保存的新文件可以被其他对象使用。

3. __________功能主要用于编辑块中定义的标记和值属性。

三. 操作题

1. 块的使用不仅提高了绘图效率，还节省了存储空间，便于修改图形并能够为其添加相应的属性。下面将鞋、包、伞等图块插入到鞋柜中，如下左图所示。

2. 利用“设计中心”选项板，将餐椅外部参照添加至餐桌旁，然后对其进行复制、旋转、镜像设置，并摆放在合适位置，如下右图所示。

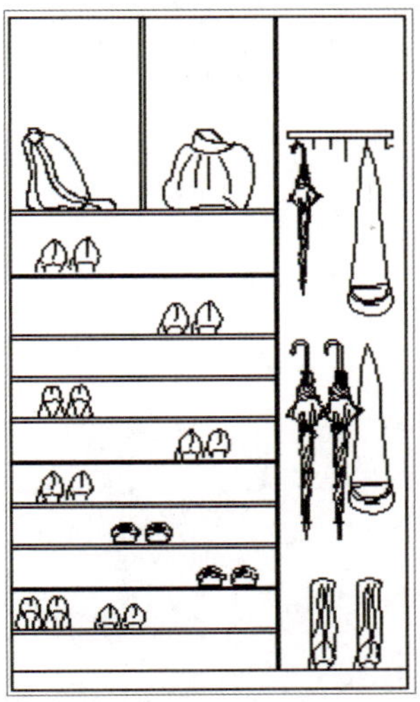
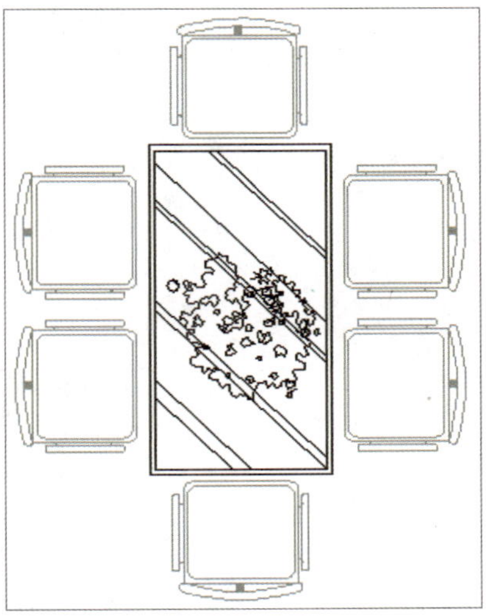

Chapter

08

创建三维模型

使用AutoCAD 2016创建三维模型需要在三维建模空间中进行，三维实体模型可以通过二维模型来创建，也可以直接使用三维模型命令来创建。本章将对三维绘图基础知识进行介绍，包括三维视图、坐标系、视觉样式的使用，以及三维实体的绘制、二维图形生成三维实体的方法等内容。

知识要点

① 三维视图与三维坐标系
② 调整视觉样式
③ 绘制三维实体
④ 二维图形生成三维图形

上机安排

学习内容	学习时间
● 设置三维视图	10分钟
● 设置视觉样式	10分钟
● 绘制三维模型	45分钟
● 二维图形生成三维实体	30分钟
● 绘制墙体模型	30分钟

8.1 三维绘图基础

使用AutoCAD进行三维模型的绘制时，要掌握三维绘图的基础知识，如三维视图、三维坐标系和动态UCS等，然后才能快速、准确地完成三维模型的绘制。绘制三维模型时，首先应将工作空间切换为“三维建模”工作空间。用户可以通过以下方法切换工作空间。

- 执行“工具>工作空间>三维建模”命令，即可切换至“三维建模”工作空间。
- 单击快速访问工具栏中的“工作空间”下拉按钮，在打开的下拉列表中选择“三维建模”选项，即可切换至“三维建模”工作空间。
- 单击状态栏中的“切换工作空间”按钮，在弹出的列表中选择“三维建模”选项，即可切换至“三维建模”工作空间。

8.1.1 设置三维视图

绘制三维模型时，由于模型有多个面，仅从一个角度不能观看到模型的其他面，因此，应根据情况选择相应的观察点。三维视图样式有多种，其中包括俯视、仰视、左视、右视、前视、后视、西南等轴测、东南等轴测、东北等轴测和西北等轴测。

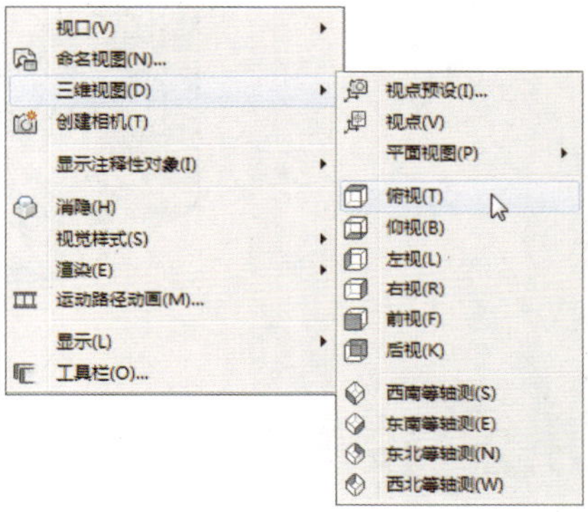

在AutoCAD 2016中，用户可以通过以下方法设置三维视图。

- 执行“视图>三维视图”子菜单中的命令，如右图所示。
- 在“常用”选项卡的“视图”面板中单击“三维导航”下拉按钮，在打开的下拉列表中选择相应的视图选项，如下左图所示。
- 在“视图”选项卡的“视图”面板中，选择相应的视图选项，如下中图所示。
- 在绘图窗口中单击“视图控件”图标，在打开的列表中选择相应视图选项，如下右图所示。

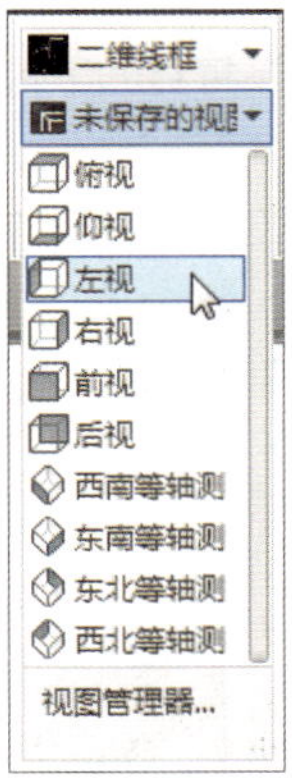

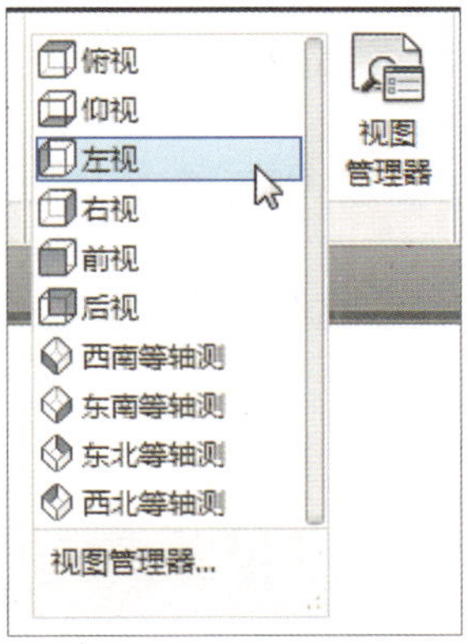

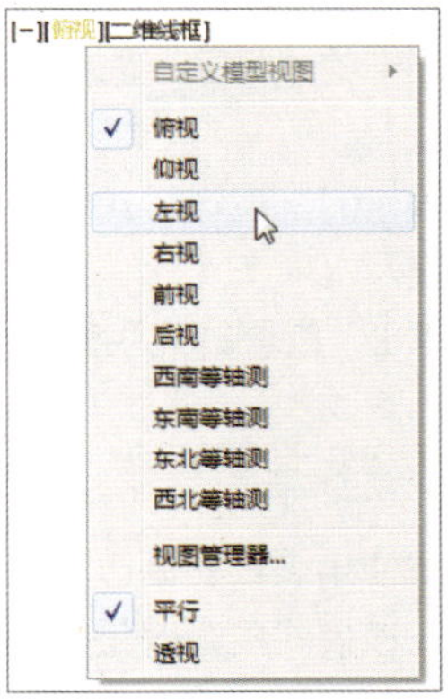

8.1.2 三维坐标系

三维坐标分为世界坐标系和用户坐标系两种。其中世界坐标系为系统默认坐标系，其坐标原点和方向为固定不变的。用户坐标系则可根据绘图需求，改变坐标原点和方向，使用起来较为灵活。

在AutoCAD 2016中，使用UCS命令可创建用户坐标系。用户可以通过以下方法执行UCS命令。

- 执行“工具>新建UCS”子菜单中的命令。
- 在“常用”选项卡的“坐标”面板中单击相关新建UCS按钮。
- 在命令行中输入UCS，然后按回车键。

执行UCS命令后，命令行提示内容如下。

```
命令： UCS
当前 UCS 名称： * 世界 *
指定 UCS 的原点或 [面(F)/命名(NA)/对象(OB)/上一个(P)/视图(V)/世界(W)/X/Y/Z/Z 轴(ZA)] <世界>:
```

8.1.3 动态UCS

使用动态UCS功能，可以在创建对象时使UCS的XY平面自动与实体模型上的平面临时对齐。在状态栏中单击“允许/禁止动态UCS”按钮，即打开或关闭动态UCS功能，分别如下图所示。

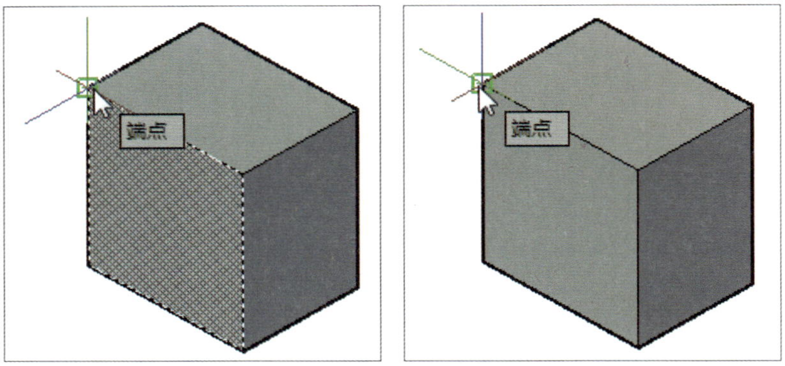

8.2 设置视觉样式

在等轴测视图中绘制三维模型时，默认状况下是以线框方式显示的。用户可以使用多种不同的视图样式观察三维模型，如真实、隐藏等。通过以下方法可执行视觉样式命令。

- 执行“视图>视觉样式”子菜单中的命令。
- 在“常用”选项卡的“视图”面板中单击“视觉样式”下拉按钮，在打开的下拉列表中选择相应的视觉样式选项。
- 在“视图”选项卡的“视觉样式”面板中单击“视觉样式”下拉按钮，在打开的下拉列表中选择相应的视觉样式选项。
- 在绘图窗口中单击“视图样式”图标，在打开的列表中选择相应的视图样式选项。

8.2.1 二维线框样式

二维线框视觉样式使用表现实体边界的直线和曲线来显示三维对象。在该模式中光栅和嵌入对象、线型及线宽均是可见的，并且线与线之间都是重复叠加的，如右图所示。

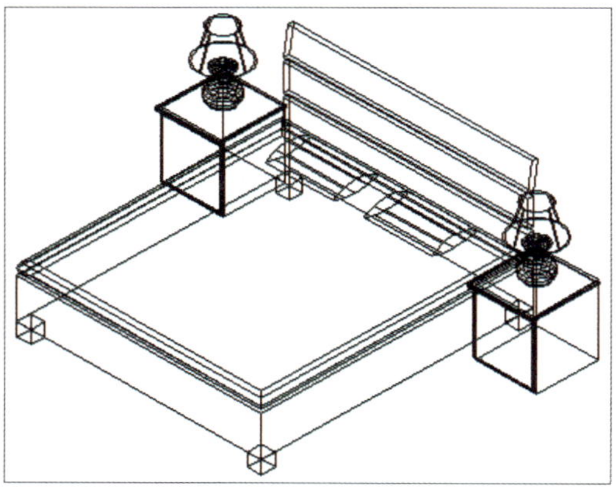

8.2.2 概念样式

概念视觉样式显示着色后的多边形平面间的对象，并使对象的边平滑化。该视觉样式缺乏真实感，但可以方便用户查看模型的细节，如右图所示。

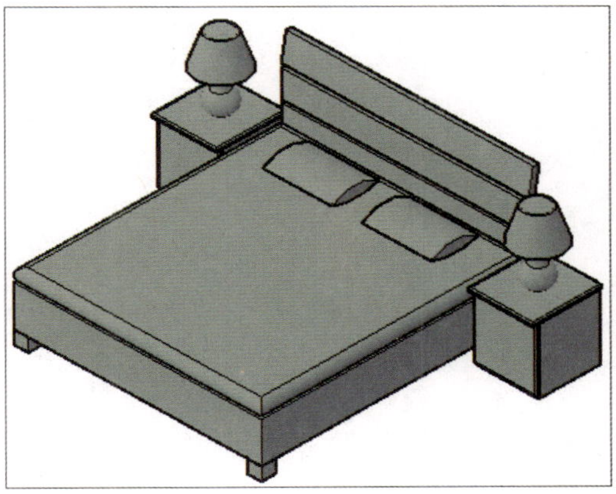

8.2.3 真实样式

真实视觉样式显示着色后的多边形平面间的对象，对可见的表面提供平滑的颜色过渡，其表达效果进一步提高，同时显示已经附着到对象上的材质效果，如右图所示。

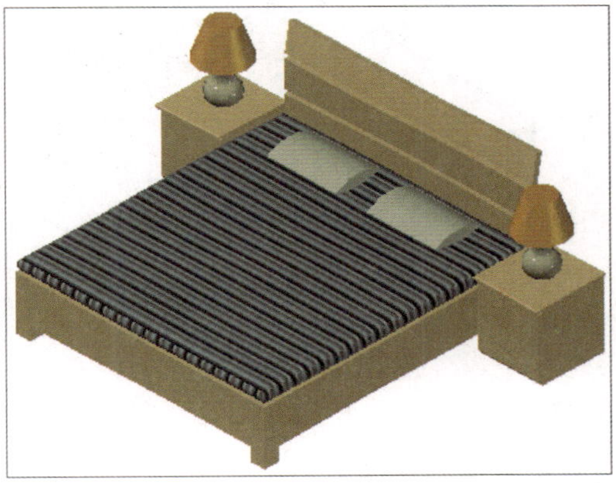

8.2.4 其他样式

在AutoCAD中还包括隐藏、着色、带边框着色、灰度和线宽等视觉样式。

- **隐藏样式：** 隐藏视觉样式与“概念”视觉样式相似，但是概念样式是以灰度显示，并略带有阴影光线；而隐藏样式则以白色显示，如下左图所示。
- **着色：** 着色视觉样式可使实体产生平滑的着色模型，如下右图所示。

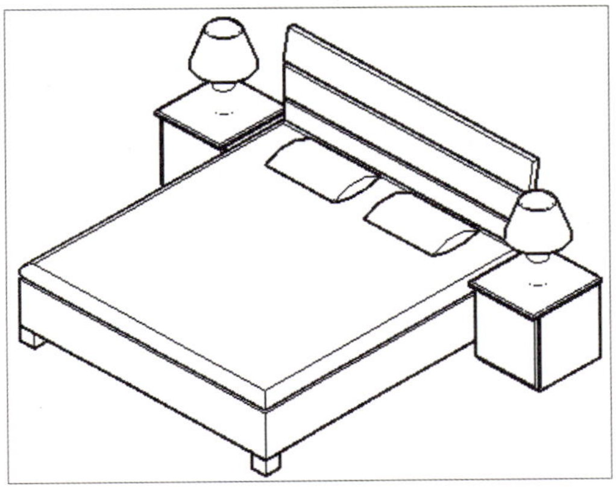

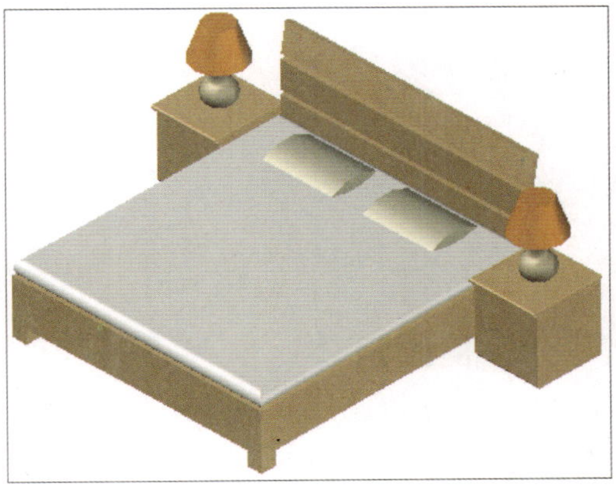

- **隐带边框着色样式：** 带边框着色视觉样式使用平滑着色和可见边显示对象，如右图所示。

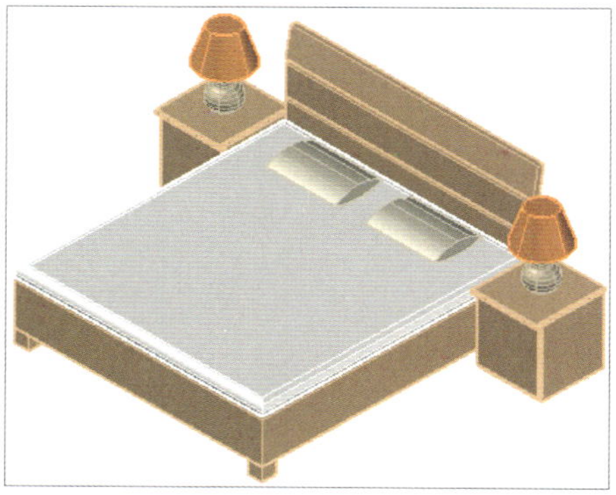

- **灰度样式：** 灰度视觉样式使用平滑着色和单色灰度显示对象，如下左图所示。
- **勾画样式：** 勾画视觉样式使用线延伸和抖动边修改器显示手绘效果，如下右图所示。

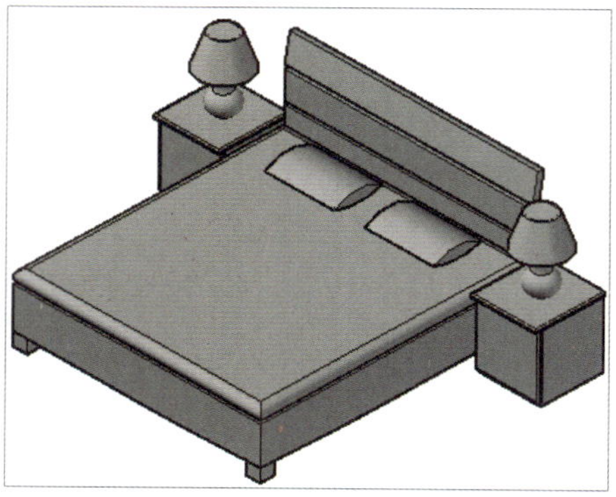

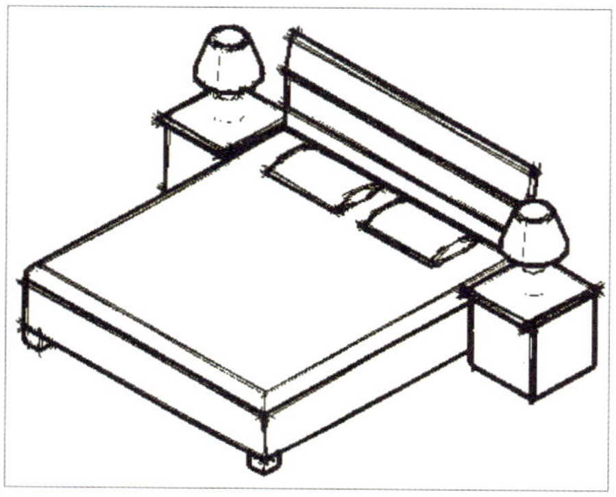

- **线框样式：** 线框视觉样式通过使用直线和曲线表示边界的方式显示对象，如下左图所示。
- **X射线样式：** X射线视觉样式可更改面的不透明度，使整个场景变成部分透明，如下右图所示。

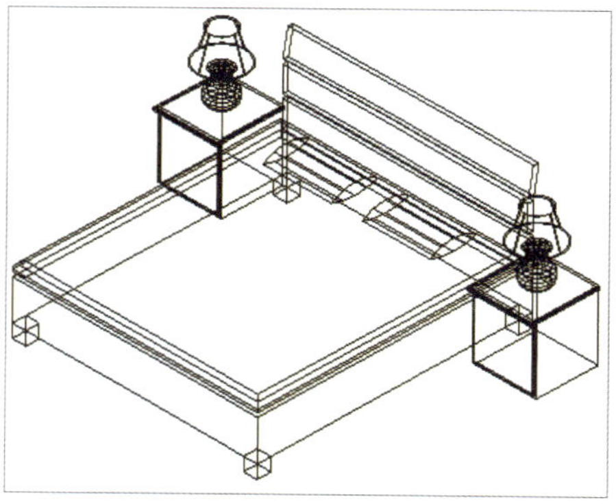

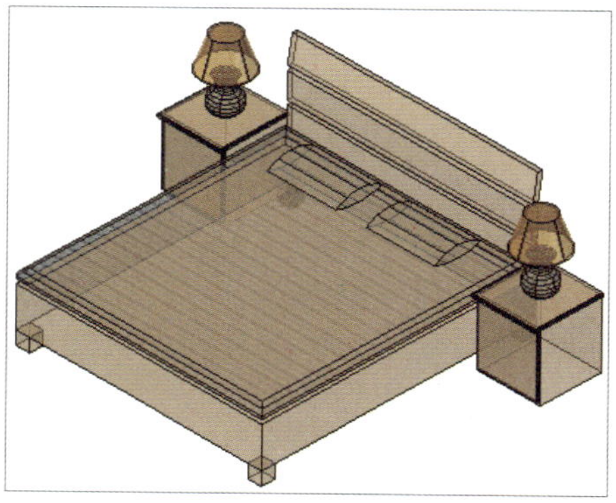

8.3 绘制三维实体

基本的三维实体主要包括长方体、球体、圆柱体、圆锥体和圆环体等。下面将介绍这些实体的绘制方法。

8.3.1 绘制长方体

长方体是最基本的实体对象，用户可以通过以下方法执行“长方体”命令。

- 执行“绘图>建模>长方体”命令。

- 在“常用”选项卡的“建模”面板中单击“长方体”按钮。
- 在“实体”选项卡的“图元”面板中单击“长方体”按钮。
- 在命令行中输入BOX，然后按回车键。

执行“长方体”命令后，根据命令行中的提示创建长方体，如下图所示。

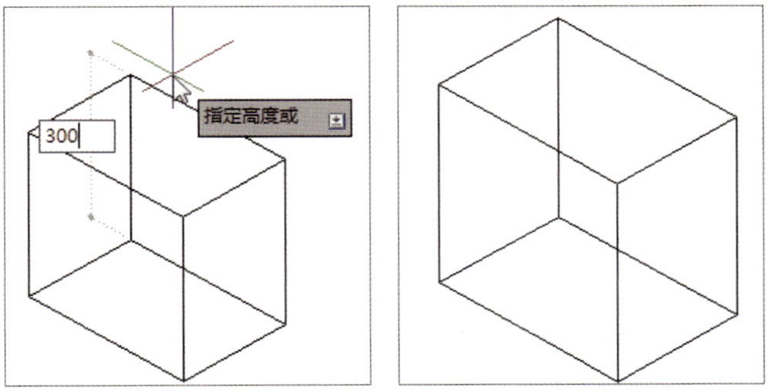

命令行提示内容如下。

```
命令： _box
指定第一个角点或 [中心(C)]: 0,0,0                                (指定一点 )
指定其他角点或 [立方体(C)/长度(L)]: @200,300,0                   (输入@200,300,0)
指定高度或 [两点(2P)] <200.0000>: 300                            (输入300)
```

8.3.2 绘制圆柱体

圆柱体是以圆或椭圆为截面形状，沿该截面法线方向拉伸所形成的实体特征。用户可以通过以下方法执行“圆柱体”命令。

- 执行“绘图>建模>圆柱体”命令。
- 在“常用”选项卡的“建模”面板中单击“圆柱体”按钮。
- 在“实体”选项卡的“图元”面板中单击“圆柱体”按钮。
- 在命令行中输入快捷命令CYL，然后按回车键。

执行“圆柱体”命令后，根据命令行中的提示创建圆柱体，如下图所示。

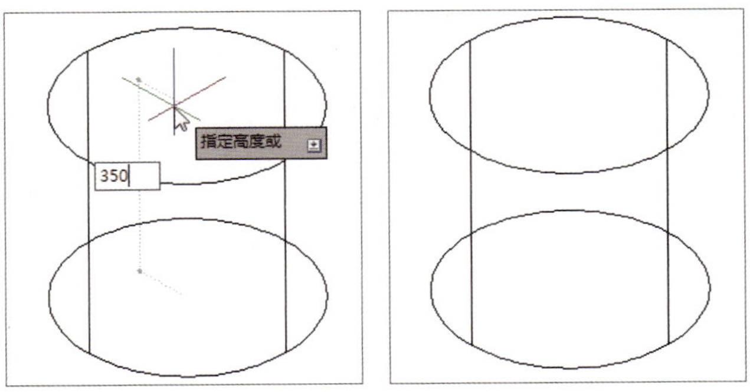

命令行提示内容如下。

```
命令： _cylinder
指定底面的中心点或 [三点(3P)/两点(2P)/切点、切点、半径(T)/椭圆(E)]:   (指定一点)
指定底面半径或 [直径(D)]: 200                                     (输入200)
指定高度或 [两点(2P)/轴端点(A)] <300.0000>: 350                    (输入350)
```

命令行中各选项的含义介绍如下。

- **三点：** 通过指定三个点来定义圆柱体的底面周长和底面。
- **两点：** 通过指定两个点来定义圆柱体的底面直径。
- **切点、切点、半径：** 定义具有指定半径，且与两个对象相切的圆柱体底面。
- **椭圆：** 定义圆柱体底面形状为椭圆，并生成椭圆柱体。
- **轴端点：** 指定圆柱体轴的端点位置。轴端点是圆柱体的顶面中心点。

8.3.3 绘制楔体

楔体可以看作是以矩形为底面，其一边沿法线方向拉伸所形成的具有楔状特征的实体，也就是1/2长方体。其表面总是平行于当前的UCS，其斜面沿Z轴倾斜。用户可以通过以下方法执行“楔体”命令。

- 执行“绘图>建模>楔体”命令。
- 在“常用”选项卡的“建模”面板中单击“楔体”按钮。
- 在命令行中输入快捷命令WE，然后按回车键。

执行“楔体”命令后，根据命令行中的提示创建楔体，如下图所示。

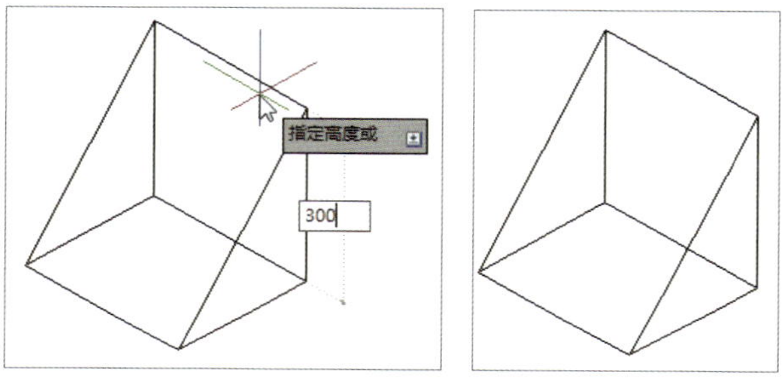

命令行提示内容如下。

```
命令： _wedge
指定第一个角点或 [中心(C)]:                                   (指定一点)
指定其他角点或 [立方体(C)/长度(L)]: @-250,300,0              (输入点坐标值)
指定高度或 [两点(2P)] <30.0000>: 300                          (输入高度值)
```

8.3.4 绘制球体

球体是到一个点即球心的距离相等的所有点的集合所形成的实体。用户可以通过以下方法执行“球体”命令。

- 执行“绘图>建模>球体”命令。
- 在“常用”选项卡的“建模”面板中单击“球体”按钮。
- 在命令行中输入命令SPHERE，然后按回车键。

执行“球体”命令后，根据命令行中的提示创建球体，如下图所示。

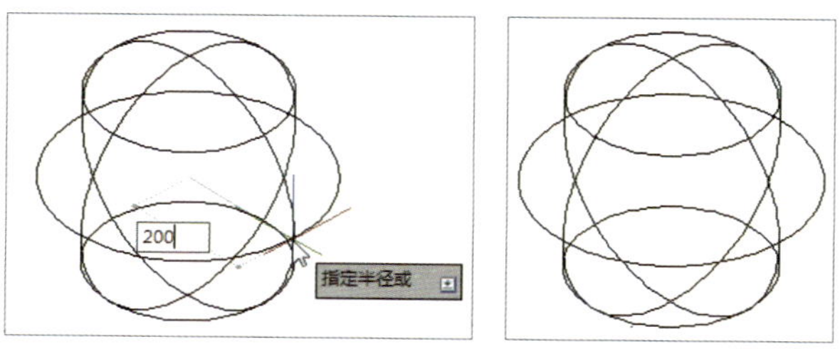

命令行提示内容如下。

```
命令： _sphere
指定中心点或 [三点(3P)/两点(2P)/切点、切点、半径(T)]:          (指定一点)
指定半径或 [直径(D)] <200.0000>: 200                       (输入半径值)
```

8.3.5 绘制圆环体

圆环体可以看作是绕圆轮廓线与其共面的直线旋转所形成的实体特征。用户可以通过以下方法执行“圆环体”命令。

- 执行“绘图>建模>圆环体”命令。
- 在“常用”选项卡的“建模”面板中单击“圆环体”按钮◎。
- 在“视图”选项卡的“图元”面板中单击“圆环体”按钮◎。
- 在命令行中输入快捷命令TOR，然后按回车键。

执行“圆环体”命令后，根据命令行中的提示创建圆环体，如下图所示。

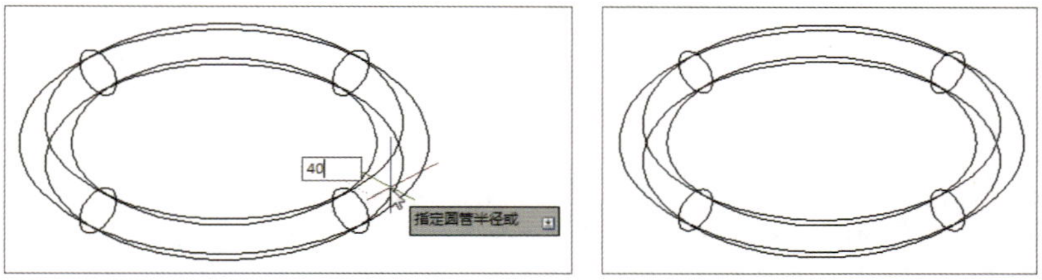

命令行提示内容如下。

```
命令： _torus
指定中心点或 [三点(3P)/两点(2P)/切点、切点、半径(T)]:          (指定一点)
指定半径或 [直径(D)] <200.0000>: 300                       (输入半径值)
指定圆管半径或 [两点(2P)/直径(D)]: 40                       (输入圆管半径值)
```

8.3.6 绘制棱锥体

棱锥体可以看作是以一个多边形面为底面，其余各面有一个公共顶点的具有三角形特征的面所构成的实体。用户可以通过以下方法执行“棱锥体”命令。

- 执行“绘图>建模>棱锥体”命令。
- 在“常用”选项卡的“建模”面板中单击“棱锥体”按钮◇。
- 在“实体”选项卡的“图元”面板中单击“棱锥体”按钮◇。
- 在命令行中输入快捷命令PYR，然后按回车键。

执行“棱锥体”命令后，根据命令行中的提示创建棱锥体，如下图所示。

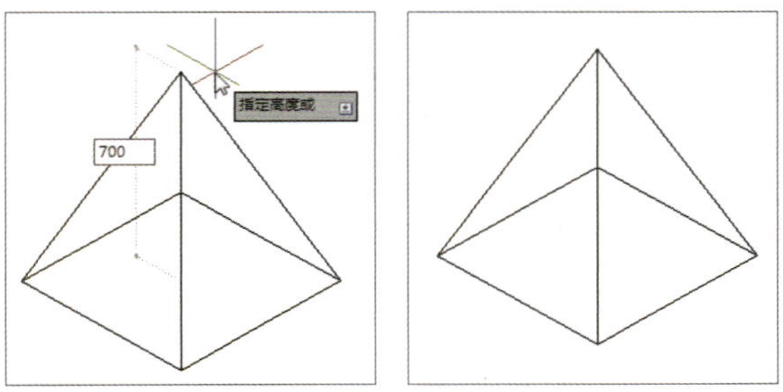

命令行提示内容如下。

```
命令：_pyramid
4 个侧面   外切
指定底面的中心点或 [边(E)/侧面(S)]:                          (指定一点)
指定底面半径或 [内接(I)] <300.0000>: 300                     (输入半径值)
指定高度或 [两点(2P)/轴端点(A)/顶面半径(T)] <300.0000>: 700   (输入高度值)
```

8.3.7 绘制多段体

在默认情况下，多段体始终带有一个矩形轮廓，可以指定轮廓高度和宽度。用户可以通过以下方法执行“多段体”命令。

- 执行“绘图>建模>多段体”命令。
- 在“常用”选项卡的“建模”面板中单击“多段体”按钮。
- 在“实体”选项卡的“图元”面板中单击“多段体”按钮。
- 在命令行中输入POLYSOLID，然后按回车键。

执行“多段体”命令后，根据命令行中的提示创建多段体，如下图所示。

命令行提示内容如下。

```
命令：_Polysolid 高度 = 80.0000，宽度 = 5.0000，对正 = 居中
指定起点或 [对象(O)/高度(H)/宽度(W)/对正(J)] <对象>:      (指定一点)
指定下一个点或 [圆弧(A)/放弃(U)]: 200                     (输入200)
指定下一个点或 [圆弧(A)/放弃(U)]: 200                     (输入200)
指定下一个点或 [圆弧(A)/闭合(C)/放弃(U)]: 300             (输入300)
```

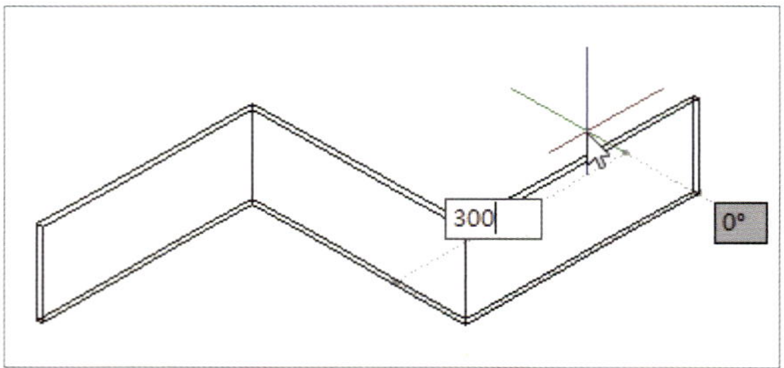

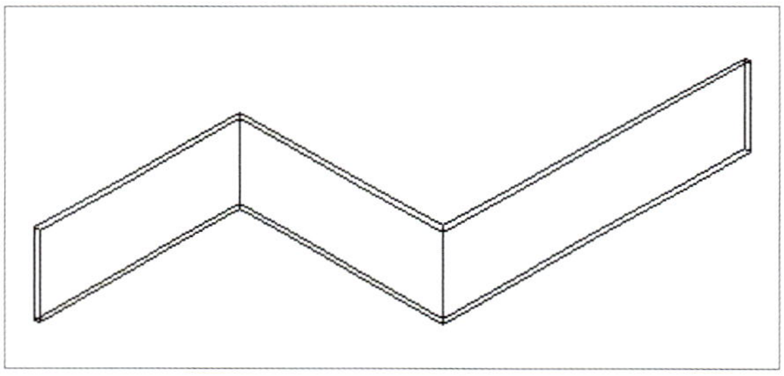

进阶案例 绘制建筑物墙体模型

利用本章所学的知识绘制墙体模型，在绘制过程中，先执行“多段体”命令并设置参数，创建墙体，然后使用“多段体”和“长方体”命令绘制窗户等部分。

01 打开原始文件“二居室户型图.dwg”文件，然后将工作空间切换至“三维建模”工作空间，执行“视图>三维视图>西南等轴测”命令，更改视图，如下左图所示。

02 执行“绘图>建模>多段体”命令，根据命令行的提示，绘制墙体，如下右图所示。命令行提示内容如下。

```
命令：_Polysolid 高度 = 300.0000，宽度 = 20.0000，对正 = 居中
指定起点或 [对象(O)/高度(H)/宽度(W)/对正(J)] <对象>: h   (选择高度)
指定高度 <300.0000>: 2600                                (输入高度值)
高度 = 2600.0000，宽度 = 20.0000，对正 = 居中
```

```
指定起点或 [对象(O)/高度(H)/宽度(W)/对正(J)] <对象>: w                    (选择宽度)
指定宽度 <20.0000>: 250                                                  (输入宽度值)
高度 = 2600.0000, 宽度 = 250.0000, 对正 = 居中
指定起点或 [对象(O)/高度(H)/宽度(W)/对正(J)] <对象>: j                    (选择对正)
输入对正方式 [左对正(L)/居中(C)/右对正(R)] <居中>: l                       (选择左对正)
高度 = 2600.0000, 宽度 = 250.0000, 对正 = 左对齐
指定起点或 [对象(O)/高度(H)/宽度(W)/对正(J)] <对象>:                      (指定A点)
指定下一个点或 [圆弧(A)/放弃(U)]:                                          (指定B点)
指定下一个点或 [圆弧(A)/放弃(U)]:                                          (指定C点)
指定下一个点或 [圆弧(A)/闭合(C)/放弃(U)]:                                  (指定D点)
指定下一个点或 [圆弧(A)/闭合(C)/放弃(U)]:                                  (按回车键)
```

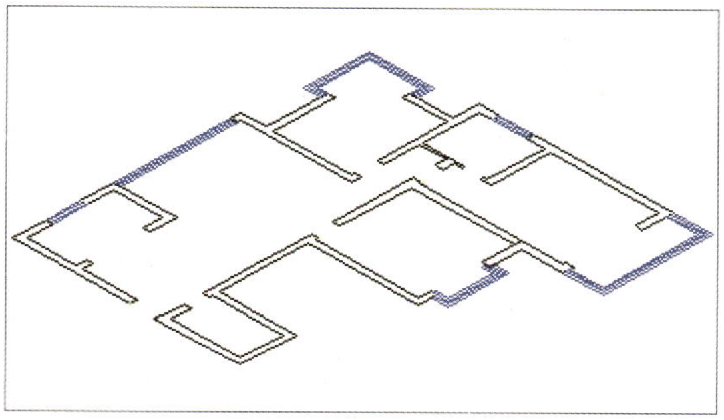

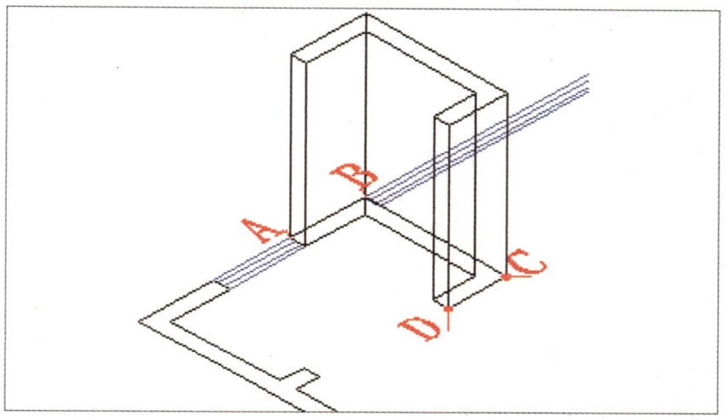

03 执行“多段体”命令，绘制其余部分墙体，如下左图所示。

04 继续执行“多段体”命令，根据不同的墙体宽度，绘制剩余部分的墙体。执行“视图>三维视图>概念”命令，更改视觉样式，如下右图所示。命令行提示内容如下。

```
命令: _Polysolid 高度 = 2600.0000, 宽度 = 250.0000, 对正 = 左对齐
指定起点或 [对象(O)/高度(H)/宽度(W)/对正(J)] <对象>: w                    (选择宽度)
指定宽度 <250.0000>: 80                                                  (输入宽度值)
高度 = 2600.0000, 宽度 = 80.0000, 对正 = 左对齐
指定起点或 [对象(O)/高度(H)/宽度(W)/对正(J)] <对象>:                      (指定一点)
指定下一个点或 [圆弧(A)/放弃(U)]:                                          (指定另外一点)
指定下一个点或 [圆弧(A)/放弃(U)]:                                          (按回车键)
```

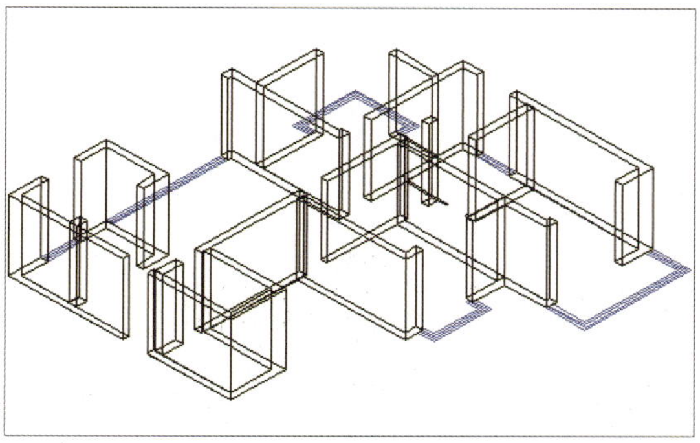

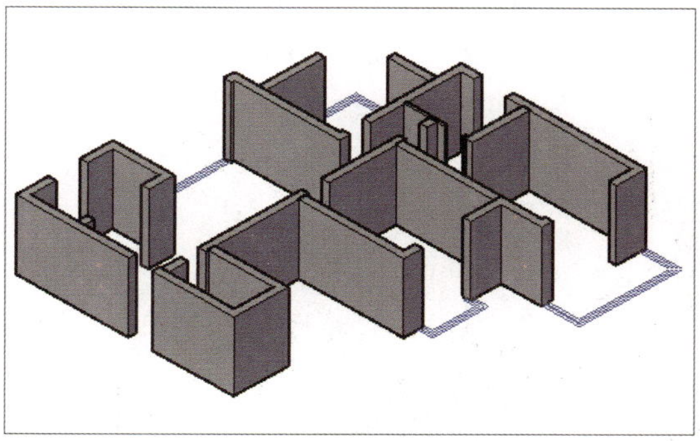

知识链接 转换为多段线

如果要创建多段体的线段不是多段线，可以在菜单栏中执行“修改>对象>多段线”命令，将线段转换为多段线，之后再创建实体。

05 更换至“二维线框”视觉样式，执行“多段体”命令，绘制窗台，其高度为800，宽度为230，如下图所示。

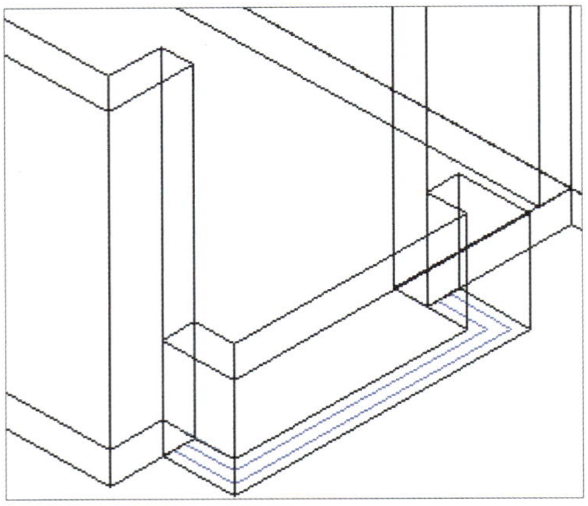

06 继续执行“多段体”命令，绘制窗台图形，如下图所示。

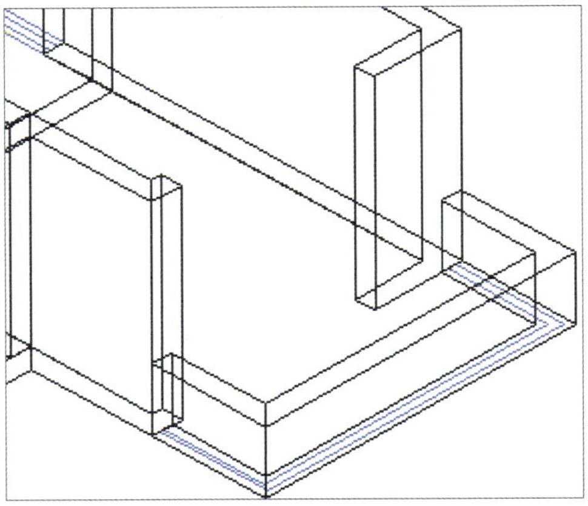

07 将视图更换至“东北等轴测”视图，执行“多段体”命令，绘制窗台，如下图所示。

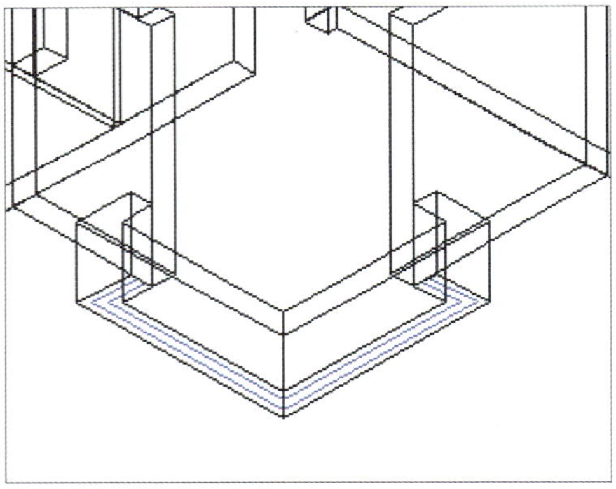

08 执行“长方体”命令，指定点A和点B，然后沿Z轴方向移动光标，输入高度值为800，如下图所示。

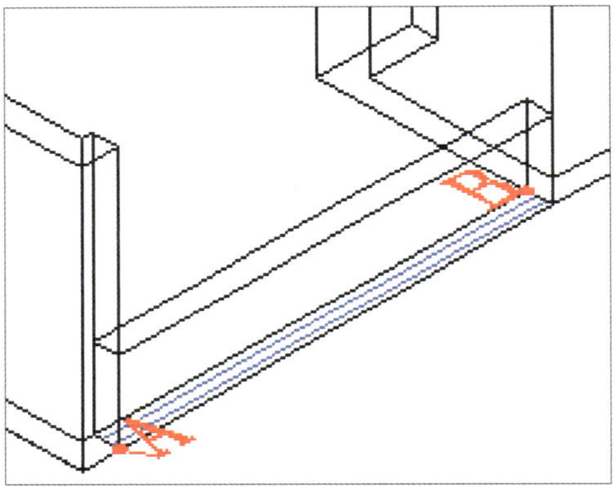

09 更换至“概念”视觉样式，执行“长方体”命令，指定两个角点，沿Z轴方向移动光标，输入高度值为-300，按回车键确定，如下图所示。

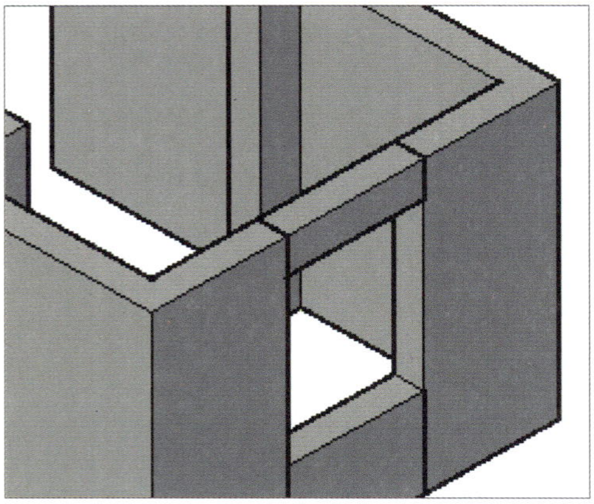

10 继续执行“长方体”命令，绘制其他窗户的顶部与墙体，效果如下图所示。

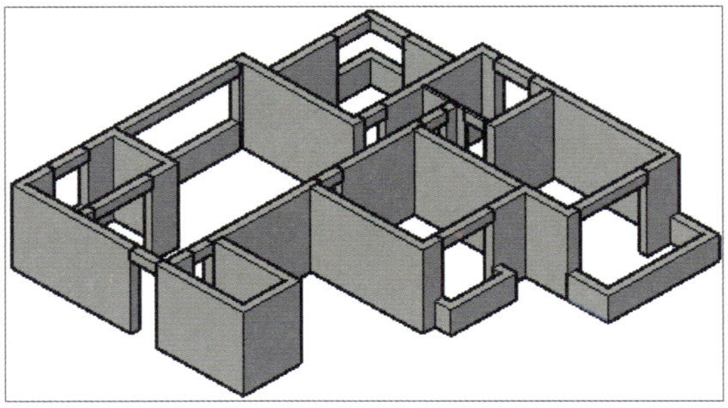

11 执行“并集”命令，选中墙体，按回车键即可完成交集运算，如下图所示。

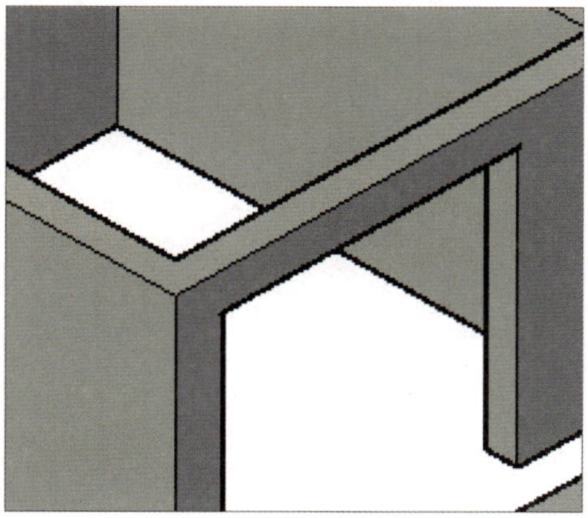

12 执行“并集”命令，对其余墙体进行并集操作，最终效果如下图所示。

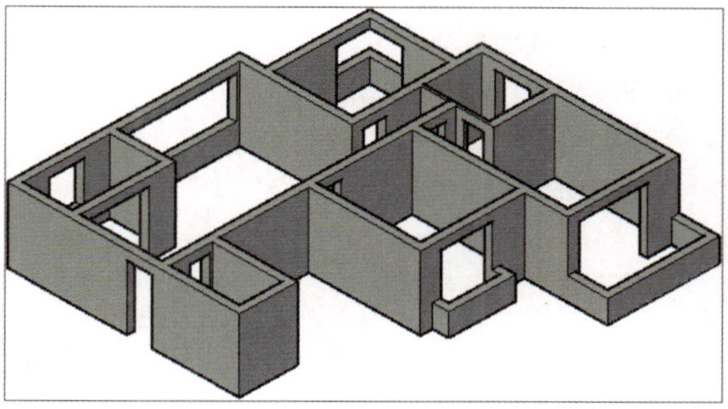

8.4 二维图形生成三维实体

在AutoCAD 2016中，除了使用三维绘图命令绘制实体模型外，还可以对绘制的二维图形进行拉伸、旋转、放样和扫掠等编辑，将其转换为三维实体模型。

8.4.1 拉伸实体

使用“拉伸”命令，可以绘制各种柱体、台形体和沿指定路径拉伸形成的拉伸实体。用户可以通过以下方法执行“拉伸”命令。

- 执行“绘图>建模>拉伸”命令。
- 在“常用”选项卡的“建模”面板中单击“拉伸”按钮。
- 在“实体”选项卡的“实体”面板中单击“拉伸”按钮。
- 在命令行中输入快捷命令EXT，然后按回车键。

执行“拉伸”命令后，根据命令行中的提示拉伸实体，如下图所示。

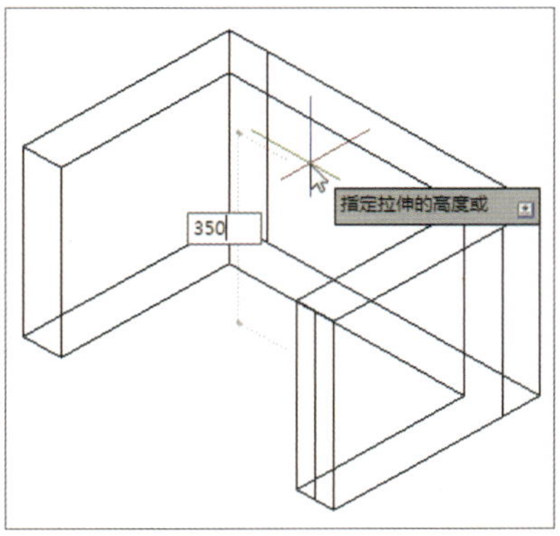

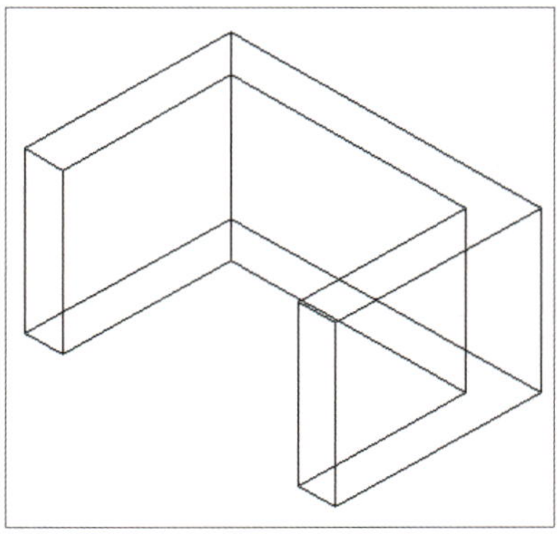

命令行提示内容如下。

```
命令： _extrude
当前线框密度： ISOLINES=4，闭合轮廓创建模式 = 实体
```

```
选择要拉伸的对象或 [模式(MO)]: _MO 闭合轮廓创建模式 [实体(SO)/曲面(SU)] <实体>: _SO
选择要拉伸的对象或 [模式(MO)]: 找到 1 个                                   (选择对象)
选择要拉伸的对象或 [模式(MO)]:                                             (按回车键)
指定拉伸的高度或 [方向(D)/路径(P)/倾斜角(T)/表达式(E)]: 350                 (输入高度值)
```

其中，命令行中选项的含义介绍如下。

- **拉伸的高度：** 表示沿正或负Z轴拉伸选定对象。
- **方向：** 表示用两个指定点指定拉伸的长度和方向。
- **路径：** 表示基于选定对象的拉伸路径。
- **倾斜角：** 表示拉伸的倾斜角。

8.4.2 旋转实体

使用“旋转”命令，可将二维闭合的图形以中心轴为旋转中心进行旋转，从而形成三维实体模型。用户可以通过以下方法执行“旋转”命令。

- 执行“绘图>建模>旋转”命令。
- 在“常用”选项卡的“建模”面板中单击“旋转”按钮。
- 在“实体”选项卡的“实体”面板中单击“旋转”按钮。
- 在命令行中输入快捷命令REV，然后按回车键。

执行“旋转”命令后，根据命令行中的提示旋转实体，如下图所示。

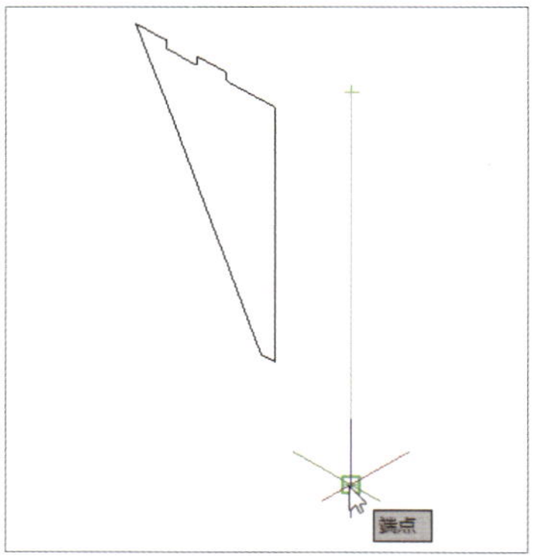

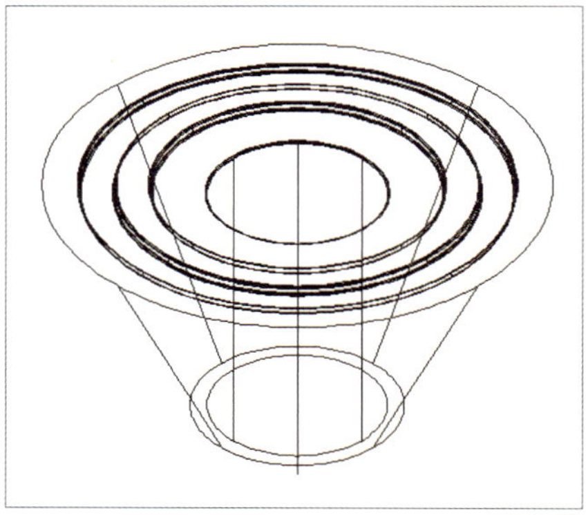

命令行提示内容如下。

```
命令: _revolve
当前线框密度:  ISOLINES=4，闭合轮廓创建模式 = 实体
选择要旋转的对象或 [模式(MO)]: _MO 闭合轮廓创建模式 [实体(SO)/曲面(SU)] <实体>: _SO
选择要旋转的对象或 [模式(MO)]: 找到 1 个                          (选择对象)
选择要旋转的对象或 [模式(MO)]:                                    (按回车键)
指定轴起点或根据以下选项之一定义轴 [对象(O)/X/Y/Z] <对象>:         (单击直线上端点)
指定轴端点:                                                       (单击直线下端点)
指定旋转角度或 [起点角度(ST)/反转(R)/表达式(EX)] <360>:     (按回车键，指定旋转角度为360°)
```

8.4.3 放样实体

“放样”命令用于在横截面之间的空间内绘制实体或曲面。使用“放样”命令时，至少必须指定两个横截面。用户可以通过以下方法执行“放样”命令。

- 执行“绘图>建模>放样”命令。
- 在“常用”选项卡的“建模”面板中单击“放样”按钮。
- 在命令行中输入LOFT，然后按回车键。

执行“放样”命令后，根据命令行的提示，可按放样次序选择横截面，然后选择“仅横截面”选项，即可完成放样实体，如下图所示。

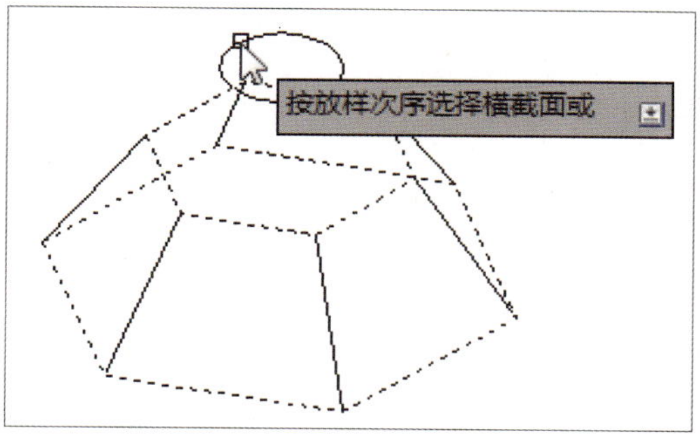

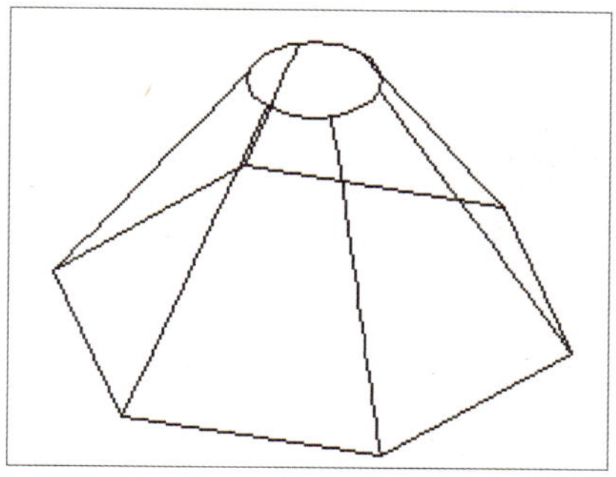

8.4.4 扫掠实体

“扫掠”命令用于沿指定路径以指定轮廓的形状绘制实体或曲面。用户可通过以下方法执行“扫掠”命令。

- 执行“绘图>建模>扫掠”命令。
- 在“常用”选项卡的“建模”面板中单击“扫掠”按钮。
- 在“实体”选项卡的“实体”面板中单击“扫掠”按钮。
- 在命令行中输入SWEEP，然后按回车键。

执行“扫掠”命令后，根据命令行的提示信息，选择要扫掠的对象和扫掠路径，按回车键即可创建扫掠实体，如下图所示。

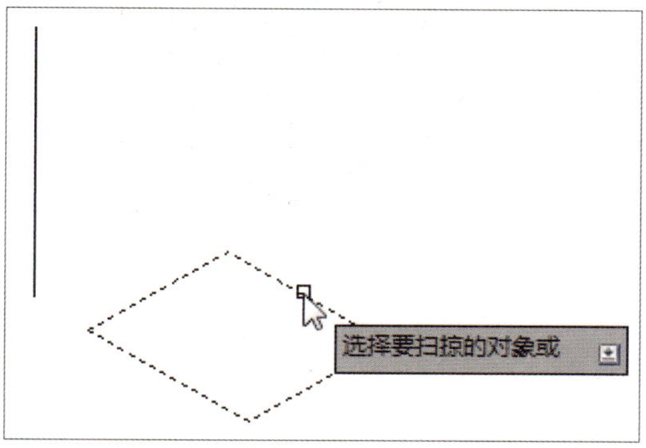

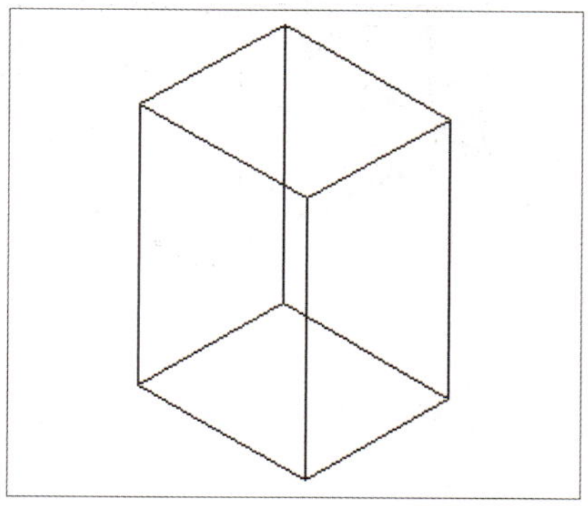

8.4.5 平面曲面

平面曲面是通过指定矩形表面的对角点来创建曲面，在指定曲面的对角点后，将创建一个平行于工作平面的曲面。也可以通过选择构成封闭区域的一个闭合对象或多个对象来创建平面曲面，有效对象包括直线、圆、圆弧、椭圆、椭圆弧，二维多段线、平面三维多段线和平面样条曲线。

在AutoCAD 2016中，用户可以通过以下方法执行平面曲面命令。

- 执行“绘图>建模>曲面>平面”命令。
- 在“曲面”选项卡的“创建”面板中单击“平面”按钮。
- 在命令行中输入PLANESURF，然后按回车键。

执行“平面”命令后，根据命令行的提示指定两个角点，即可确定平面，如下图所示。

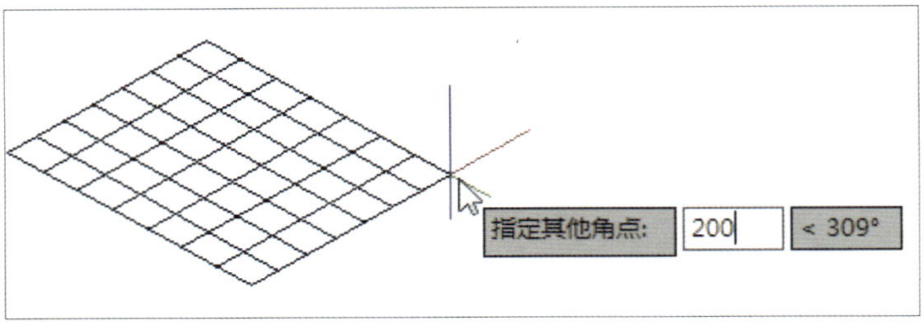

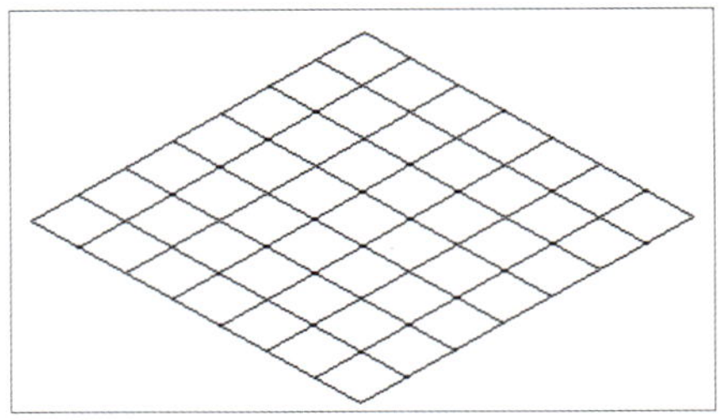

8.4.6 按住/拖动

“按住并拖动”命令通过选中有限区域，然后按住该区域并输入拉伸值或拖动边界区域，对选择的边界区域进行拉伸。用户可以通过以下方法执行“按住并拖动”命令。

- 在“常用”选项卡的“建模”面板中单击“按住并拖动”按钮。
- 在“实体”选项卡的“实体”面板中单击“按住并拖动”按钮。
- 在命令行中输入PRESSPULL，然后按回车键。

执行“按住并拖动”命令后，根据命令行的提示，选择对象或边界区域，然后指定拉伸高度，按回车键即可完成，如下图所示。

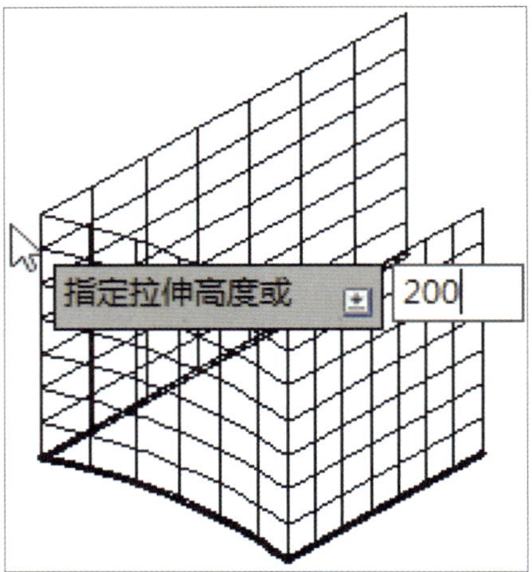

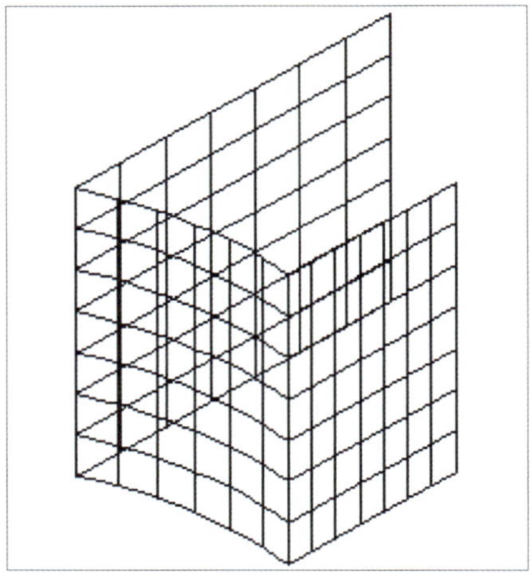

8.5 布尔运算

布尔运算在三维建模中是一项较为重要的功能，是将两个或两个以上的图形，通过加减方式结合而生成新实体。

8.5.1 并集操作

“并集”命令就是将两个或多个实体对象合并成一个新的复合实体，新实体由各个组成对象的所有部分组成，没有相重合的部分。用户可以通过以下方法执行“并集”命令。

- 执行“修改>实体编辑>并集”命令。
- 在“常用”选项卡的“实体编辑”面板中单击“并集”按钮。
- 在“实体”选项卡的“布尔值”面板中单击“并集”按钮。
- 在命令行中输入快捷命令UNI，然后按回车键。

执行“并集”命令后，选中所有需要合并的实体，按回车键即可完成操作，如下图所示。

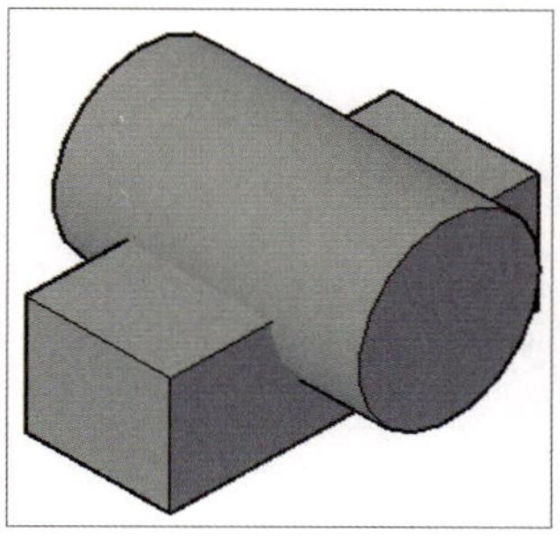

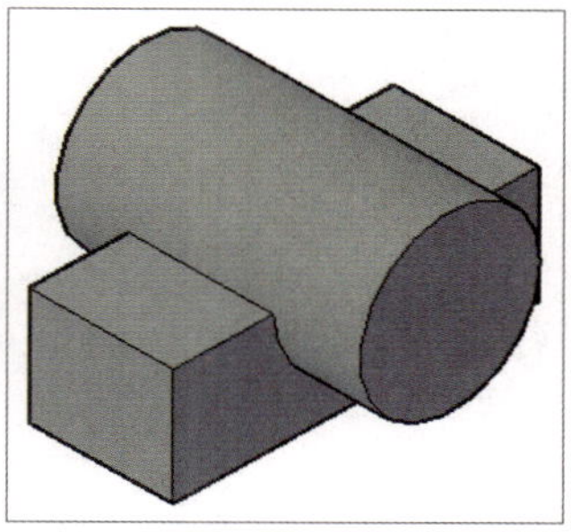

8.5.2 差集操作

“差集”命令是从一个或多个实体中减去其中之一或若干部分，得到一个新的实体。用户可以通过以下方法执行“差集”命令。

- 执行“修改>实体编辑>差集”命令。
- 在“常用”选项卡的“实体编辑”面板中单击“差集”按钮。
- 在“实体”选项卡的“布尔值”面板中单击“差集”按钮。
- 在命令行中输入快捷命令SU，然后按回车键。

执行“差集”命令后，选择对象，然后选择要从中减去的实体、曲面和面域，按回车键即可得到差集效果，如下图所示。

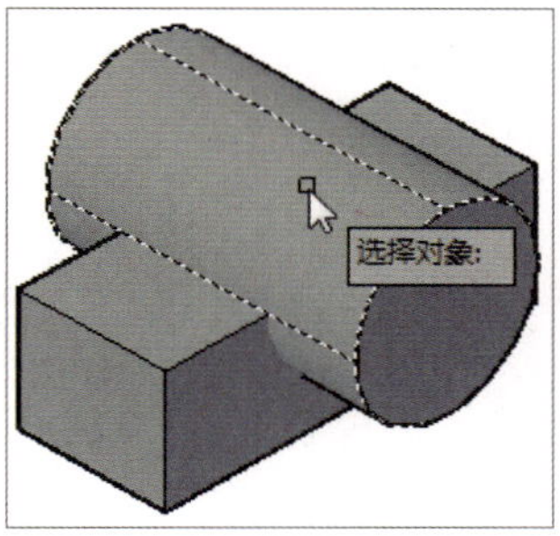

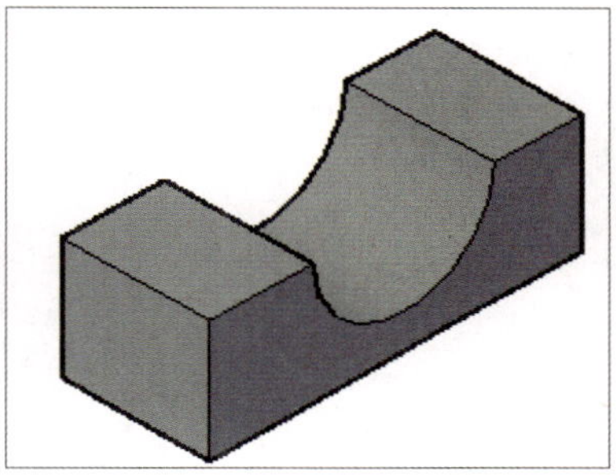

8.5.3 交集操作

“交集”命令可从两个以上重叠实体的公共部分创建复合实体。用户可以通过以下方法执行“交集”命令。

- 执行“修改>实体编辑>交集”命令。
- 在“常用”选项卡的“实体编辑”面板中单击“交集”按钮。
- 在“实体”选项卡的“布尔值”面板中单击“交集”按钮。
- 在命令行中输入快捷命令IN，然后按回车键。

执行“交集”命令后，根据命令行的提示，选中所有实体，按回车键即可完成交集操作，如下图所示。

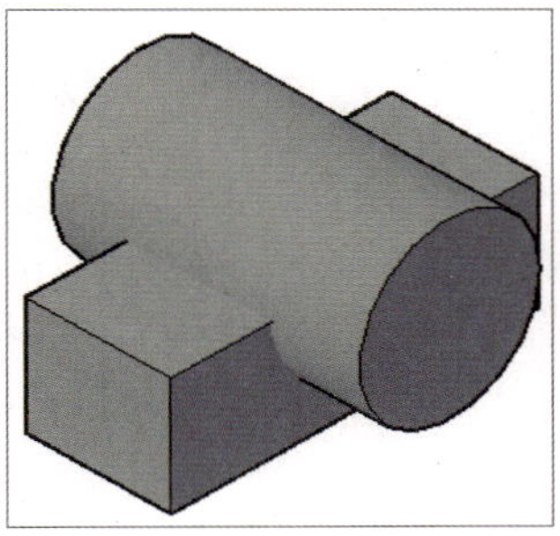

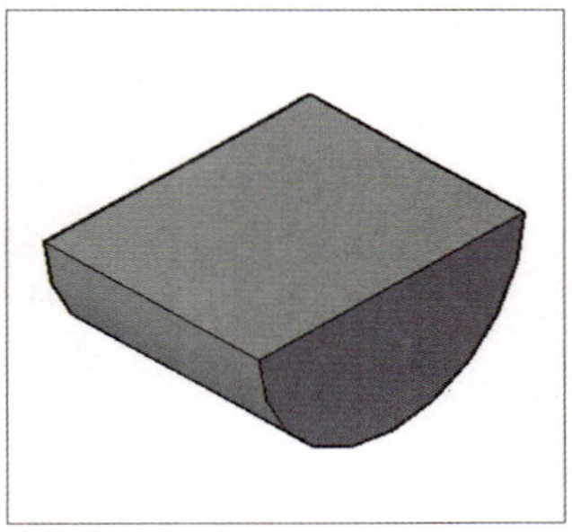

进阶案例 绘制抽屉模型

利用前面所学的知识绘制一个抽屉模型，具体的绘制过程如下。

01 将工作空间切换至“三维建模”，单击“视图”面板中“西南等轴测”按钮，执行“长方体”命令，绘制长500mm，宽400mm，高400mm的长方体1，如下图所示。

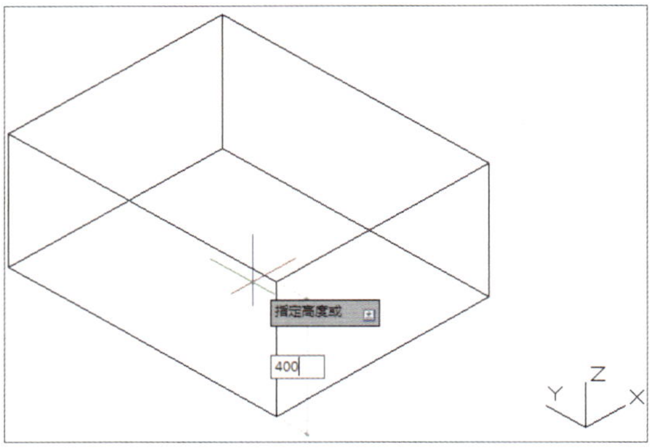

02 按回车键继续绘制长方体，捕捉底面左端点，绘制长490mm，宽380 mm，高380 mm的长方体2，如下图所示。

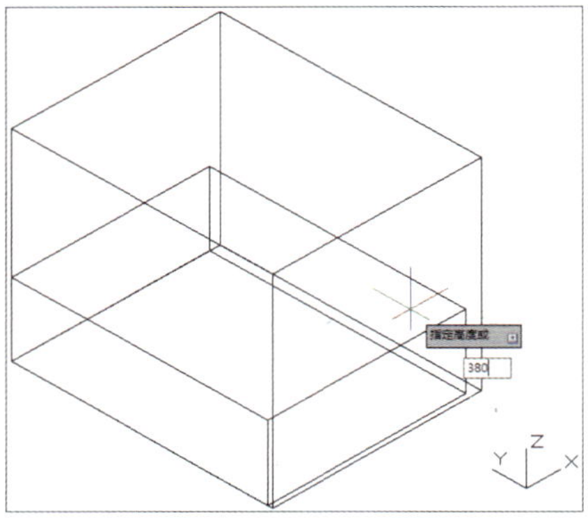

03 单击“修改”面板中“移动”按钮，将长方体2沿着X轴、Y轴、Z轴分别移动10 mm，如下图所示。

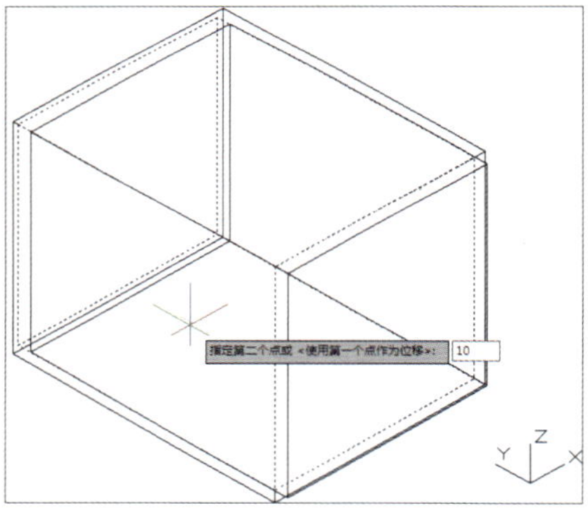

04 单击“实体编辑”面板中“差集”按钮，根据命令行提示，先选择矩形1，如下图所示。

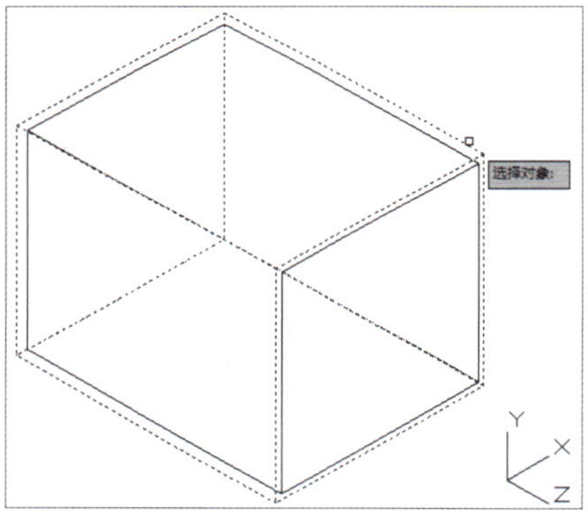

05 按回车键，选择矩形2为被减去的实体，如下图所示。

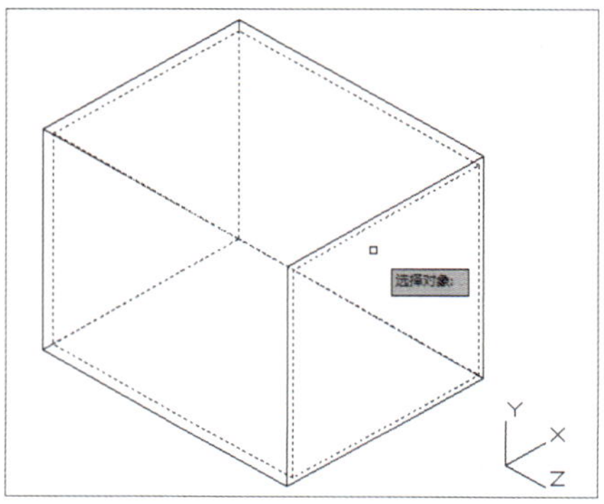

06 按回车键，完成差集命令，结果如下图所示，抽屉柜绘制完成。

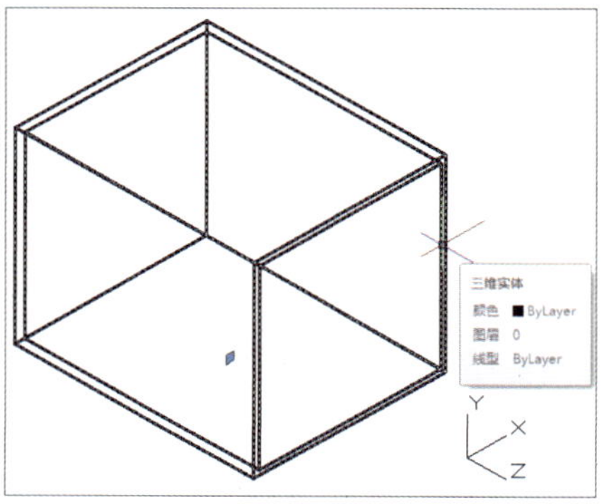

07 下面绘制抽屉，执行“长方体”命令，绘制长480mm，宽360mm，高190mm的长方体3，如下图所示。

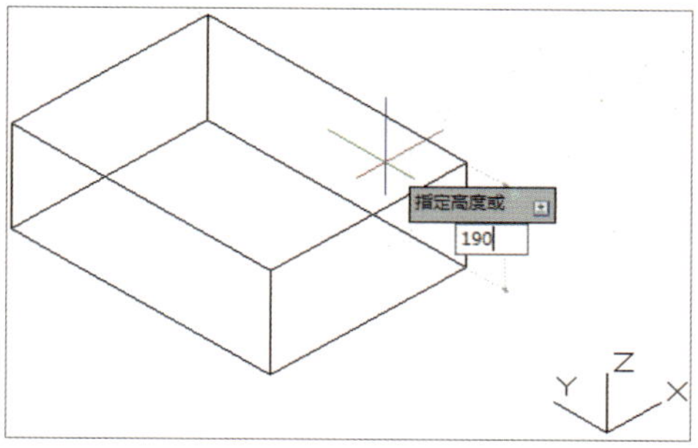

08 按回车键继续绘制长方体，捕捉底面左端点绘制长470mm，宽340 mm，高180 mm的长方体4，如下图所示。

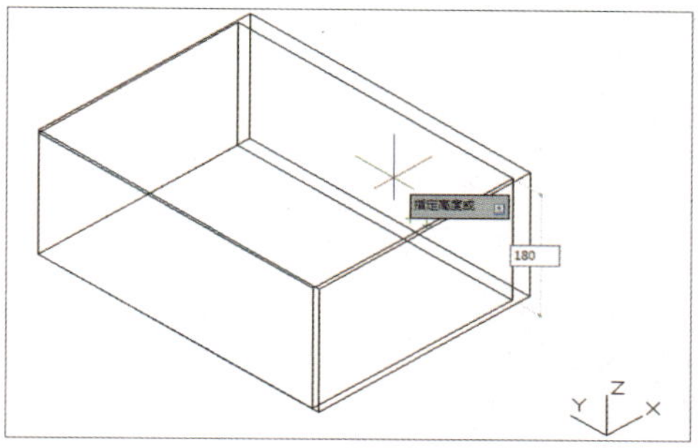

09 单击“修改”面板中“移动”按钮，将长方体4沿着X轴、Y轴、Z轴分别移动10mm，如下图所示。

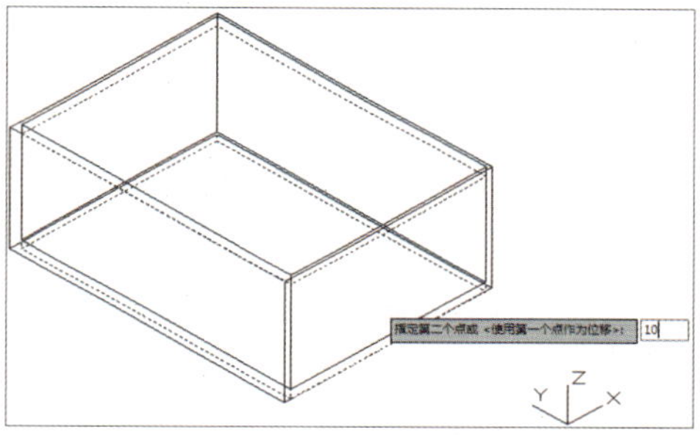

10 执行“差集”命令，根据提示，先选择矩形3，按回车键再选择矩形4，按回车键完成“差集”命令，如下图所示。

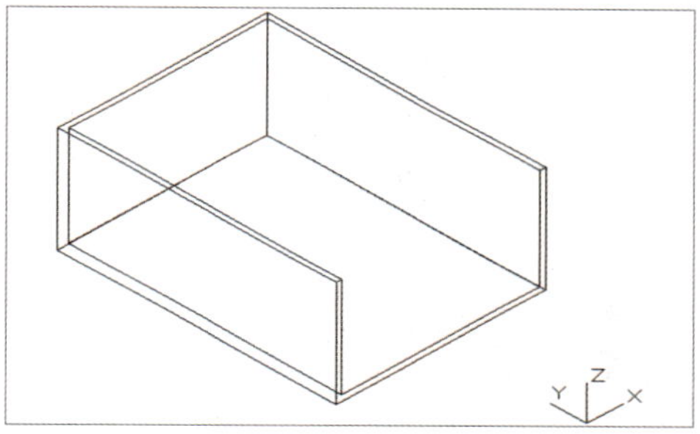

11 捕捉长方体3右侧面的端点，绘制长20mm，宽190mm，高380mm的正方体5，如下图所示。

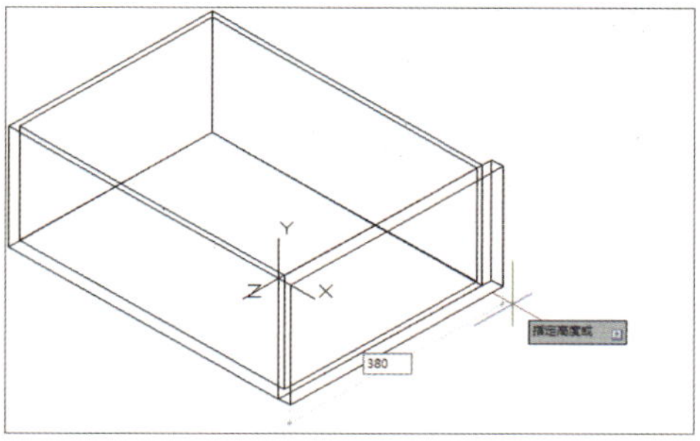

12 单击“修改”面板中“移动”按钮，将长方体5沿着Z轴向左偏移10mm，如下图所示。

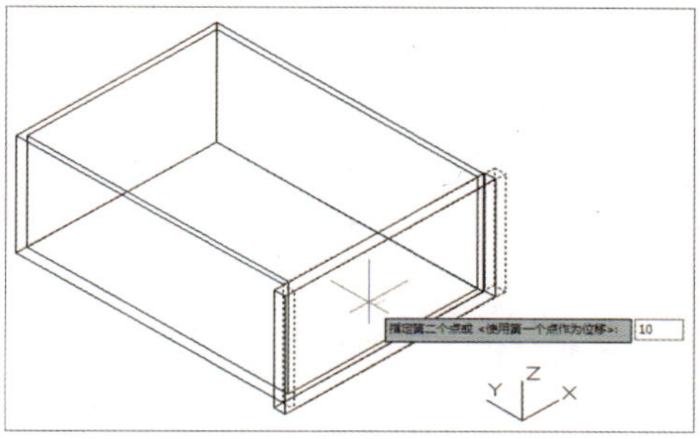

13 单击“实体编辑”面板中“并集”按钮，选择差集后的矩形3、矩形4和矩形5，如右图所示。

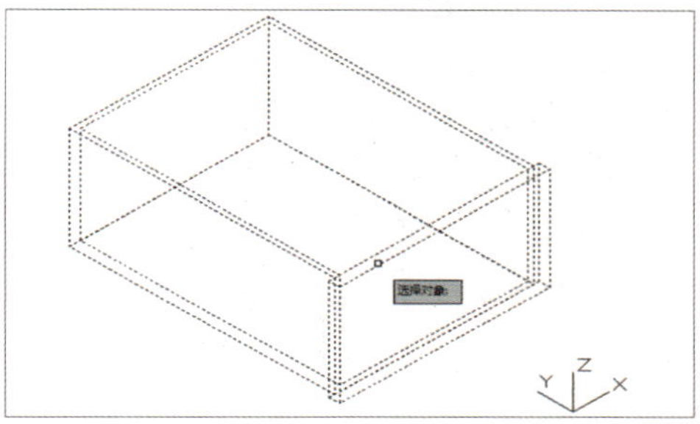

14 按回车键完成“并集”命令，并集后结果如右图所示。

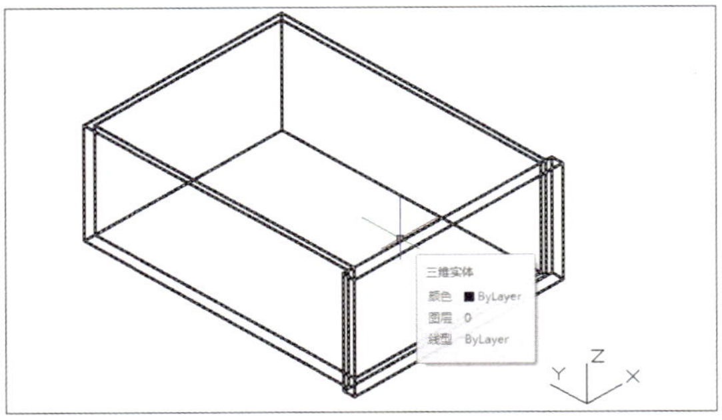

15 单击“绘图”面板中“椭圆弧”按钮，绘制椭圆及一条线段，如下图所示。

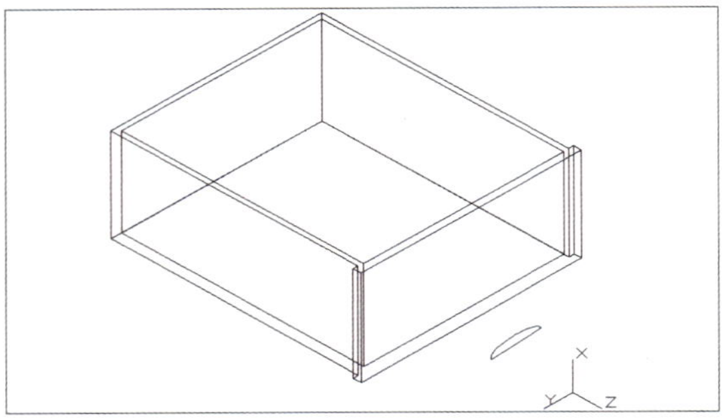

16 执行“旋转”命令，以线段为轴线，旋转360°，如下图所示。

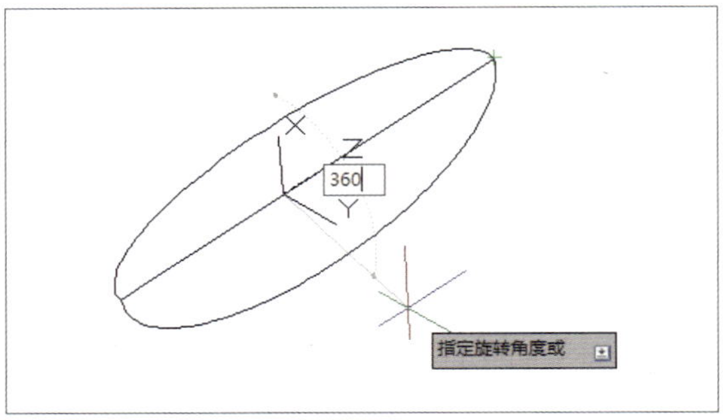

17 执行“移动”命令，将旋转的椭圆弧移至合适位置作为抽屉把手，执行“差集”命令，如下图所示。

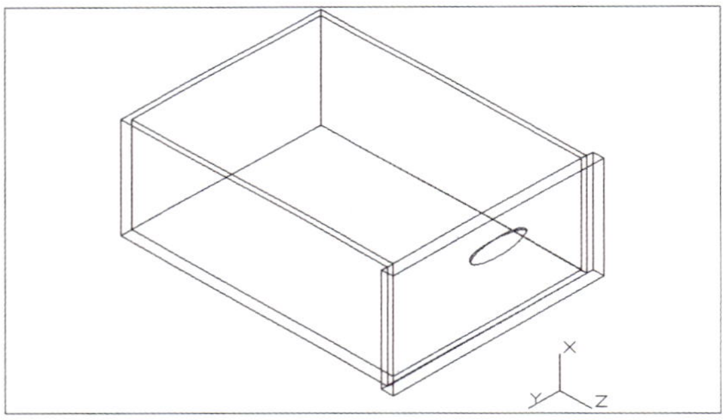

18 执行“移动”命令，将抽屉移动至抽屉柜合适位置，如下图所示。

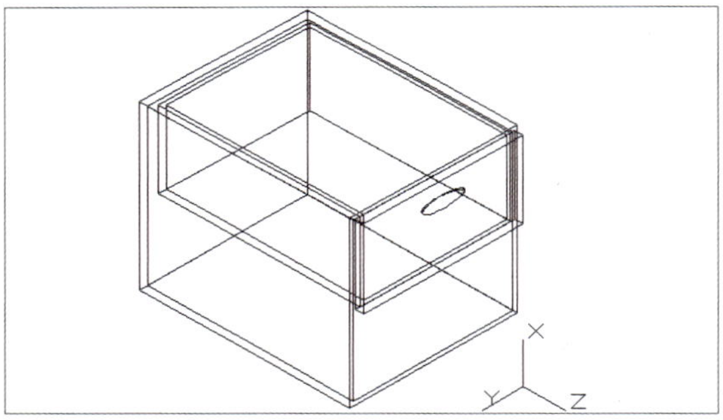

19 执行“复制”命令，复制一个抽屉至合适位置，如下图所示。

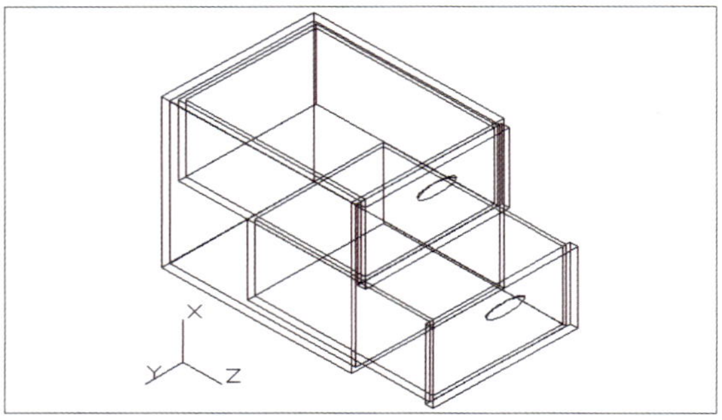

20 切换至“概念”视觉样式，如下图所示，抽屉的三维模型绘制完成。

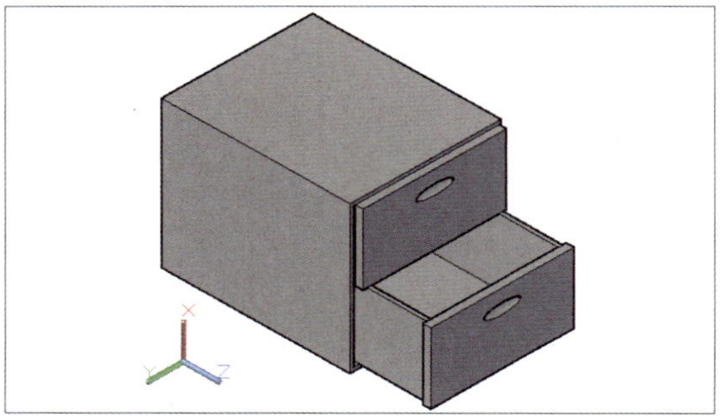

课后练习

一. 选择题

1. 在AutoCAD 2016中，使用（　　）命令可创建用户坐标系。

A. U　　B. UCS

C. S　　D. W

2. 使用（　　）命令，可将二维闭合的图形以中心轴为旋转中心进行旋转，从而形成三维实体模型。

A. 拉伸　　B. 放样

C. 扫掠　　D. 旋转

3. 从两个或多个实体或面域的交集创建复合实体或面域，并删除交集以外的部分，应该选用（　　）命令。

A. 干涉　　B. 交集

C. 差集　　D. 并集

4.（　　）命令可以将两个或多个实体对象合并成一个新的复合实体，新实体由各个组成对象的所有部分组成，没有相重合的部分。

A. 差集　　B. 交集

C. 并集　　D. 剖切

二. 填空题

1. AutoCAD中，三维坐标分为__________和用户坐标系两种。

2. __________可以看做是以矩形为底面，其一边沿法线方向拉伸所形成的具有楔状特征的实体，也就是1/2长方体。

3. __________命令可以从两个以上重叠实体的公共部分创建复合实体。

三. 操作题

1. 使用“长方体”等命令绘制卧室模型，如下左图所示。

2. 使用本章所学命令绘制花瓶，如下右图所示。

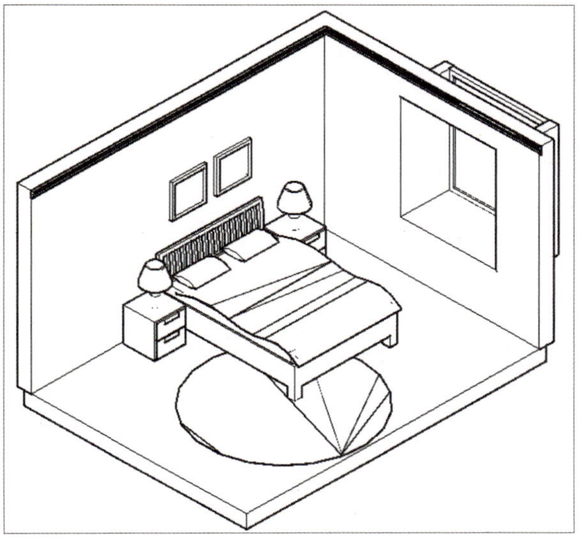

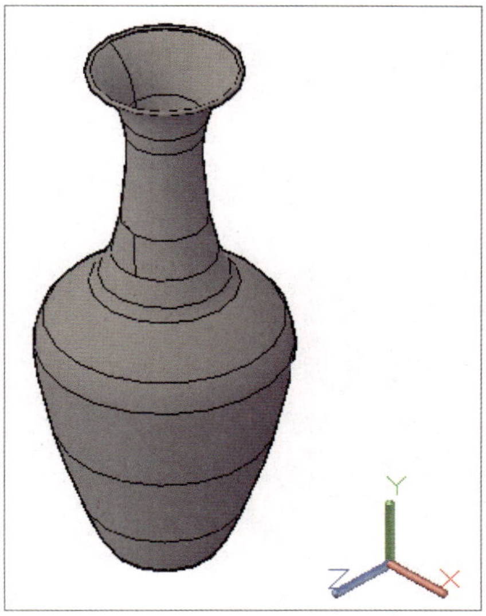

Chapter 09

编辑三维模型

本章将对编辑三维模型的命令进行介绍，如移动、复制、镜像、对齐以及阵列等，通过学习这些命令，可以快速绘制出复杂的三维实体。另外，模型的贴图与灯光的添加，也是本章所要学习的内容之一。

知识要点

① 编辑三维模型
② 更改三维模型形状
③ 设置材质和贴图
④ 添加基本光源
⑤ 渲染三维模型

上机安排

学习内容	学习时间
● 三维模型的编辑	30分钟
● 更改三维模型形状	20分钟
● 添加材质与贴图	20分钟
● 创建光源	10分钟
● 渲染三维模型	10分钟

9.1 编辑三维模型

已创建的三维对象有时满足不了用户的要求，这就需要对三维对象进行编辑操作，例如对三维图形进行移动、旋转、对齐、镜像、阵列等操作。

9.1.1 移动三维对象

“三维移动”命令可将实体在三维空间中移动，在移动时，指定一个基点，然后指定一个目标空间点即可。用户可以通过以下方法执行“三维移动”命令。

- 执行“修改>三维操作>三维移动”命令。
- 在“常用”选项卡的“修改”面板中单击“三维移动”按钮。
- 在命令行中输入3DMOVE，然后按回车键。

执行“三维移动”命令后，根据命令行的提示指定基点，然后指定第二点，即可移动实体，如下图所示。

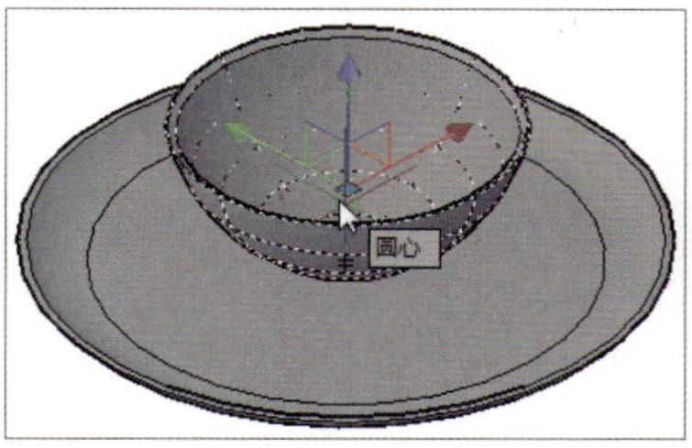

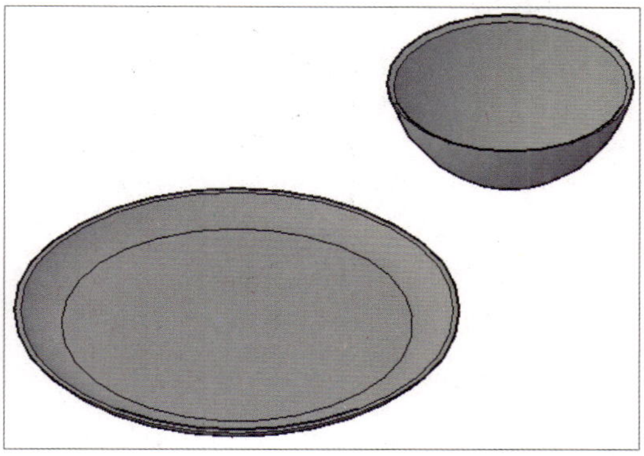

9.1.2 旋转三维对象

“三维旋转”命令可以将选择的对象绕三维空间定义的任何轴（X轴、Y轴、Z轴），以指定的角度旋转。用户可以通过以下方法执行“三维旋转”命令。

- 执行“修改>三维操作>三维旋转”命令。
- 在“常用”选项卡的“修改”面板中单击“三维旋转”按钮。
- 在命令行中输入3DROTATE，然后按回车键。

执行“三维旋转”命令后，根据命令行的提示，指定基点，拾取旋转轴，然后指定角的起点或输入角度值并按回车键，即可完成旋转操作，如下图所示。

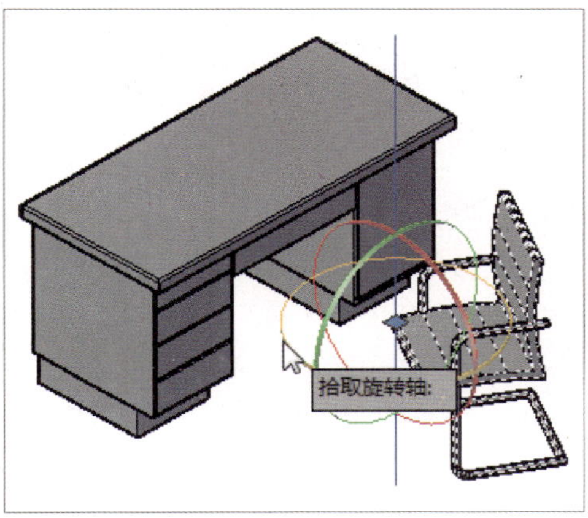

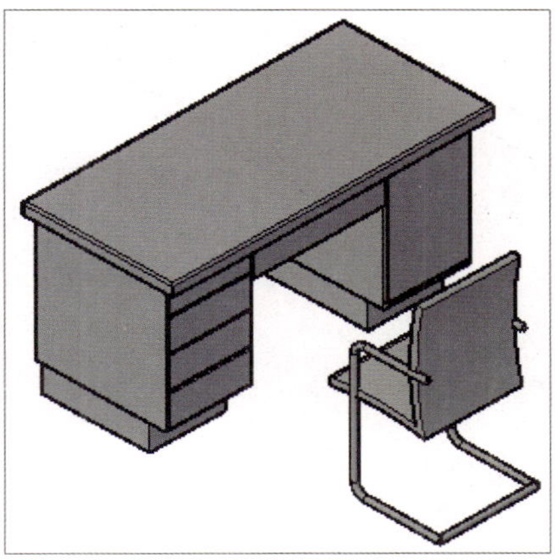

9.1.3 对齐三维对象

“三维对齐”命令，可将源对象与目标对象对齐。用户可以通过以下方法执行“三维旋转”命令。

- 执行“修改>三维操作>三维对齐”命令。
- 在“常用”选项卡的“修改”面板中单击“三维对齐”按钮。
- 在命令行中输入3DALIGN，然后按回车键。

执行“三维对齐”命令后，选中棱锥体，依次指定点A、点B、点C，然后再依次指定目标点1、2、3，即可按要求将两实体对齐，如下图所示。

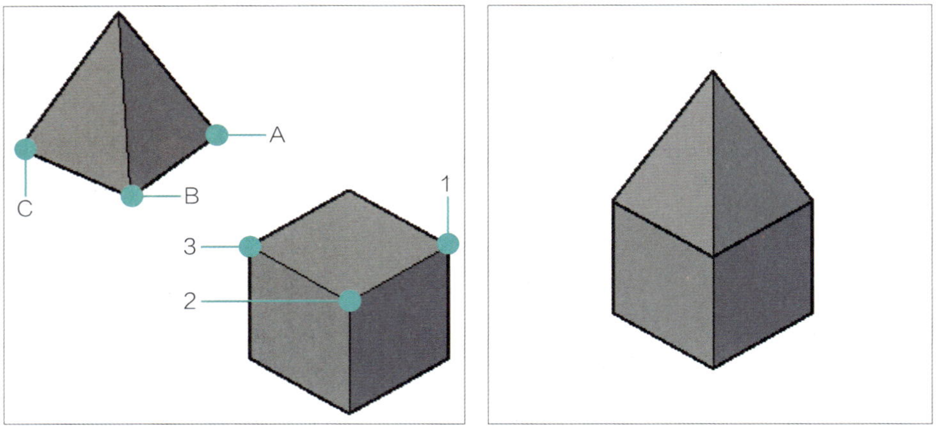

9.1.4 镜像三维对象

“三维镜像”命令用于绘制以镜像平面为对称面的三维对象。用户可以通过以下方法执行“三维镜像”命令。

- 执行“修改>三维操作>三维镜像”命令。
- 在“常用”选项卡的“修改”面板中单击“三维镜像”按钮。
- 在命令行中输入MIRROR3D，然后按回车键。

执行“三维镜像”命令后，根据命令行的提示，选取镜像对象，按回车键，然后在实体上指定三个点，完成实体镜像，如下图所示。

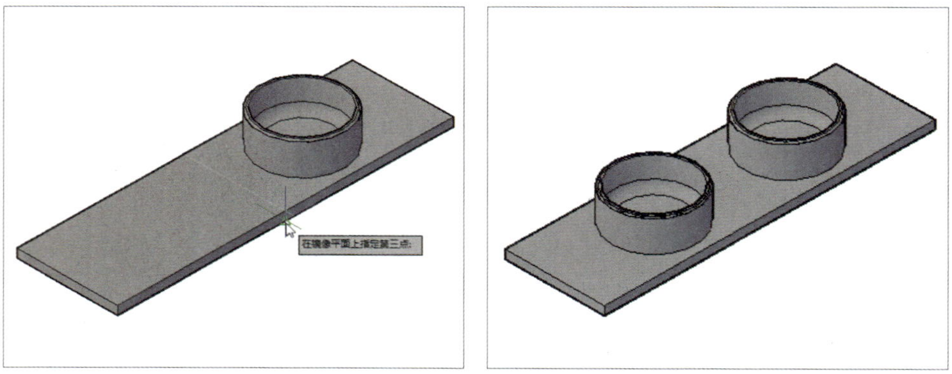

命令行提示内容如下。

```
命令： _mirror3d
选择对象： 找到 1 个                                    （选择台盆模型）
```

```
选择对象：                                                                  （按回车键）
指定镜像平面（三点）的第一个点或 [ 对象 (O)/ 最近的 (L)/Z 轴 (Z)/ 视图 (V)/
XY 平面 (XY)/YZ 平面 (YZ)/ZX 平面 (ZX)/ 三点 (3)] <三点>:                    （指定顶部左边线中点）
在镜像平面上指定第二点：                                                     （指定顶右边线中点）
在镜像平面上指定第三点：                                                     （指定底部右边线中点）
是否删除源对象？ [ 是 (Y)/ 否 (N)] <否>:                                     （按回车键）
```

9.1.5 阵列三维对象

“三维阵列”命令可在三维空间绘制对象的矩形阵列或环形阵列。用户可通过以下方法执行“三维阵列”命令。

- 执行“修改>三维操作>三维阵列”命令。
- 在命令行中输入快捷命令3A，然后按回车键。

1. 矩形阵列

三维矩形阵列是在行（X轴）、列（Y轴）和层（Z轴）矩形阵列中复制对象。执行“三维阵列”命令后，根据命令行的提示，选择要阵列的对象，按回车键，选择“矩形阵列”类型，然后根据命令行提示，依次指定阵列的行数、列数、层数、行间距、列间距及层间距，效果如下图示。

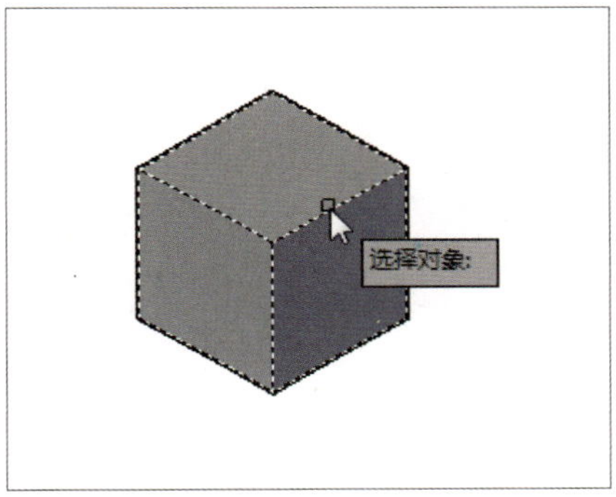

命令行提示内容如下。

```
命令： 3darray
选择对象： 指定对角点： 找到 1 个                          （选择要阵列的实体对象）
选择对象：                                                 （按回车键）
输入阵列类型 [ 矩形 (R)/ 环形 (P)] <矩形>:                 （选择矩形阵列）
输入行数 (---) <1>: 3                                      （输入阵列的行数）
输入列数 (|||) <1>: 2                                      （输入阵列的列数）
输入层数 (...) <1>:3                                       （输入阵列的层数）
指定行间距 (---): 500                                      （输入行间距值）
指定列间距 (|||): 500                                      （输入列间距值）
指定层间距 (...): 500                                      （输入层间距值）
```

2. 环形阵列

三维环形阵列是围绕旋转轴按逆时针或顺时针方向来阵列复制对象。执行“三维阵列”命令，选择要阵列的对象，按回车键，选择“环形阵列”类型，然后根据命令行提示，指定阵列的项目个数和填充角度，确认是否要进行自身旋转后，指定阵列的中心点及旋转轴上的第二点，即可完成环形阵列操作，效果如下图所示。

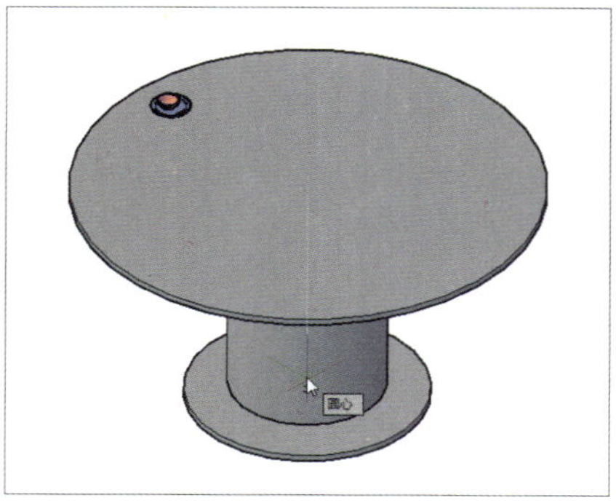

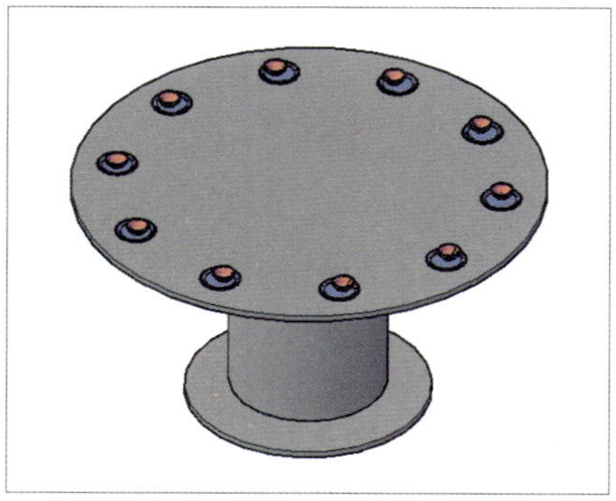

命令行提示内容如下。

```
命令: _3darray
选择对象: 指定对角点: 找到 2 个                                  (选择要阵列的对象)
选择对象:                                                        (按回车键)
输入阵列类型 [矩形(R)/环形(P)] <矩形>:P                          (选择环形阵列)
输入阵列中的项目数目: 10                                         (输入阵列项目数目)
指定要填充的角度 (+=逆时针, -=顺时针) <360>:                     (选择默认角度值)
旋转阵列对象? [是(Y)/否(N)] <Y>:                                 (选择"是"选项)
指定阵列的中心点:                                                (指定圆心)
指定旋转轴上的第二点:                                            (指定圆心)
```

9.2 更改三维模型形状

在绘制三维模型时，不仅可以对整个三维实体对象进行编辑，还可以单独对三维实体进行抽壳、剖切、倒直角、倒圆角等。

9.2.1 抽壳三维对象

“抽壳”命令可以将三维实体转换为中空薄壁或壳体。将实体对象转换为壳体时，可以通过将现有面朝其原始位置的内部或外部偏移来创建新面。用户可以通过以下方法执行“抽壳”命令。

- 执行“修改>实体编辑>抽壳”命令。
- 在“常用”选项卡的“实体编辑”面板中单击“抽壳”按钮。
- 在“实体”选项卡的“实体编辑”面板中单击“抽壳”按钮。

执行“抽壳”命令后，根据命令行的提示，选择抽壳对象，然后选择删除面并按回车键，输入偏移距离，即可对实体进行抽壳，如下图所示。

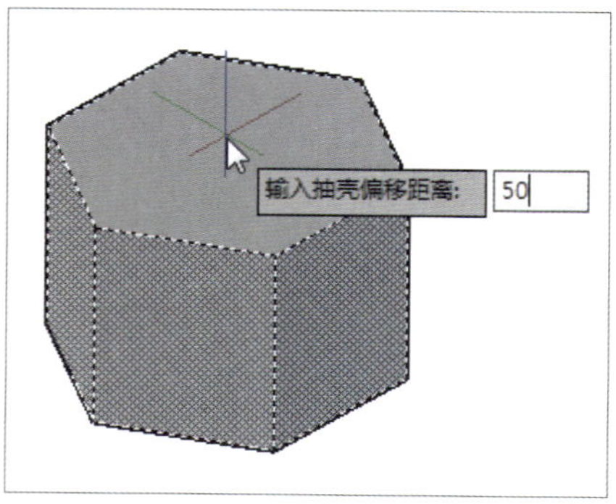

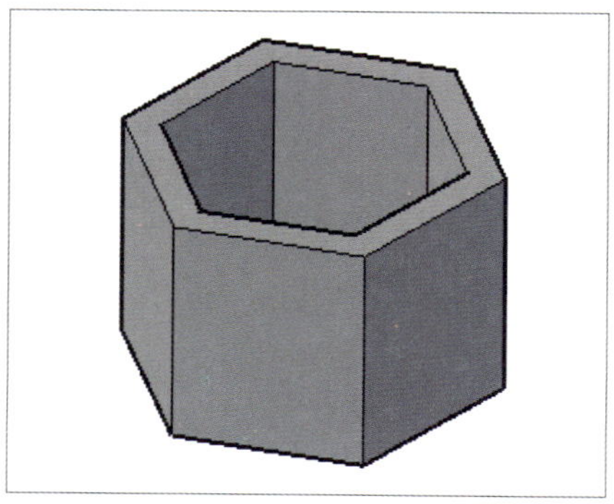

9.2.2 剖切三维对象

“剖切”命令通过剖切现有实体来创建新实体，可以通过多种方式定义剪切平面，包括指定点或者选择曲面、平面对象。用户可以通过以下方法执行“剖切”命令。

- 执行“修改>三维操作>剖切”命令。
- 在“常用”选项卡的“实体编辑”面板中单击“剖切”按钮。
- 在“实体”选项卡的“实体编辑”面板中单击“剖切”按钮。
- 在命令行中输入快捷命令SL，然后按回车键。

执行“剖切”命令后，根据命令行的提示，选择对象，然后在实体上依次指定A、B两点，即可将模型剖切。

命令行提示内容如下。

```
命令：_slice
选择要剖切的对象：找到 1 个                                      （选择实体对象）
选择要剖切的对象：                                               （按回车键）
指定 切面 的起点或 [平面对象(O)/曲面(S)/Z 轴(Z)/视图(V)/XY(XY)/YZ(YZ)/ZX(ZX)/三点(3)] <三点>:
                                                                 （指定点 A）
指定平面上的第二个点：                                           （指定点 B）
正在检查 595 个交点...
在所需的侧面上指定点或 [保留两个侧面(B)] <保留两个侧面>:      （在要保留的那一侧实体上单击）
```

9.2.3 三维对象倒圆角

“圆角边”命令可为实体对象边建立圆角。用户可以通过以下方法执行“圆角边”命令。

- 执行“修改>实体编辑>圆角边”命令。
- 在“实体”选项卡的“实体编辑”面板中单击“圆角边”按钮。
- 在命令行中输入FILLETEDGE，然后按回车键。

执行“圆角边”命令后，根据命令行的提示，可选择“半径”选项，输入半径值30并按回车键，然后选择边，即可对实体倒圆角，如下图所示。

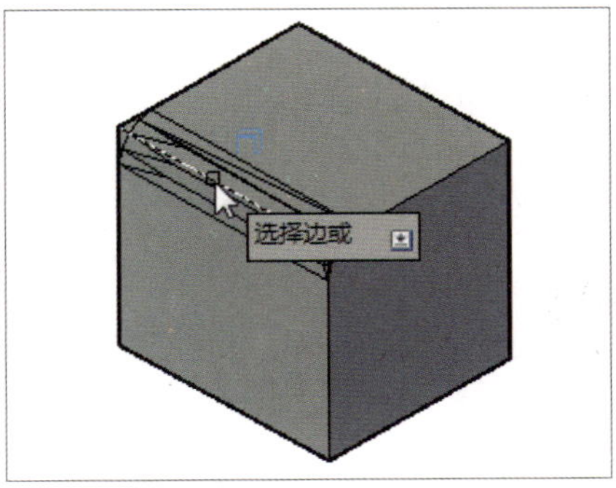

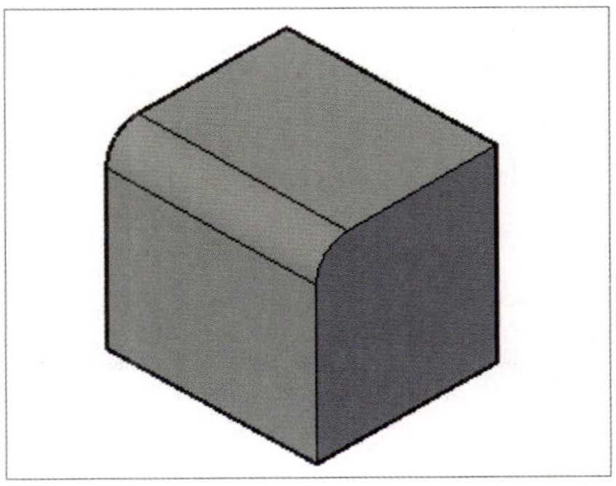

9.2.4 三维对象倒直角

使用“倒角边”命令，可以对三维实体以一定距离进行倒角，即在一条边中再创建一个面。用户可以通过以下方法执行“倒角边”命令。

- 执行“修改>实体编辑>倒角边”命令。
- 在“实体”选项卡的“实体编辑”面板中单击“倒角边”按钮。
- 在命令行中输入CHAMFEREDGE，然后按回车键。

执行“倒角边”命令后，根据命令行的提示，选择“距离”选项，指定两个距离，选择边，即可对实体倒直角，如下图所示。

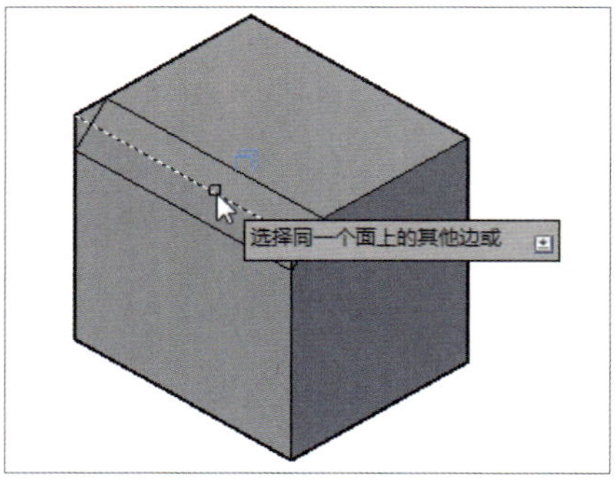

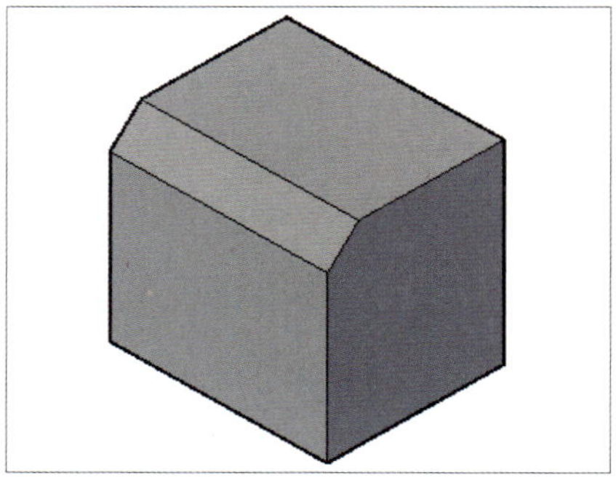

9.3 设置材质和贴图

在AutoCAD中，为三维模型添加材质能显著增强模型的真实感。利用贴图可以模拟纹理、凹凸、反射或折射效果。

9.3.1 材质浏览器

使用“材质浏览器”可导航和管理用户的材质，可以组织、分类、搜索和选择要在图形中使用的材质。用户可以通过以下方法打开“材质游览器”选项板，如下图所示。

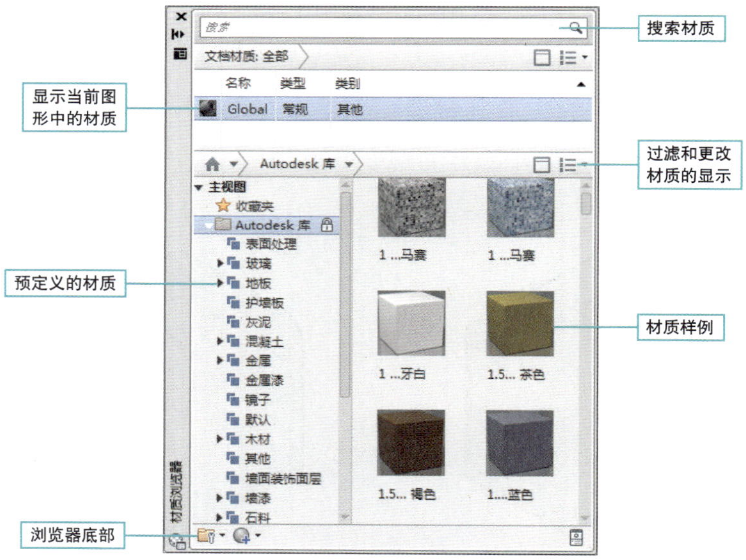

- 执行“视图>渲染>材质浏览器”命令。
- 在“渲染”选项卡的“材质”面板中单击“材质浏览器”按钮。
- 在命令行中输入快捷命令MAT，然后按回车键。

其中，上述面板中各选项的含义介绍如下。

- **搜索：**在多个库中搜索材质外观。
- **“文档材质”面板：**显示随打开的图形保存的材质。
- **主页：**单击该按钮，在库面板的右侧内容窗格中显示库的文件夹视图。单击文件夹以打开库列表。

- **“库”面板：** 列出当前可用的“材质”库中的类别。选定类别中的材质将显示在右侧。将光标悬停在材质样例上时，应用或编辑材质的按钮将变为可用。

此外，浏览器底部还包含“管理库”按钮、“创建材质”按钮，以及“材质编辑器”按钮。

9.3.2 材质编辑器

在“材质编辑器”中可以创建新材质，设置材质的颜色、反射率、透明度、凹凸等属性。用户可以通过以下方法打开“材质编辑器”选项板，如下图所示。

- 执行“视图>渲染>材质编辑器”命令。
- 在“渲染”选项卡的“材质”面板中单击右下角箭头按钮。
- 在命令行中输入MATEDITOROPEN，然后按回车键。

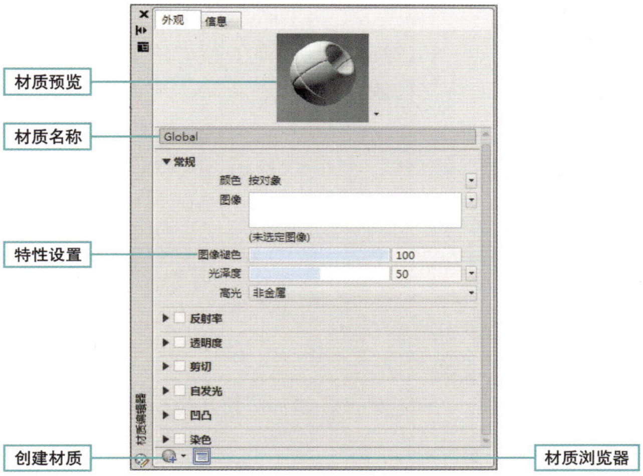

9.3.3 创建新材质

若要创建新材质，可执行“渲染>材质>材质浏览器”命令，在打开的“材质浏览器”选项板中，单击“创建材质”按钮，然后选择材质，如下左图所示。其后在打开“材质编辑器”选项板中输入名称，指定材质颜色，并设置反光度、不透明度、折射、半透明度等特性，如下中图所示。返回至“材质浏览器”选项板，在“文档材质”面板中，拖拽创建好的材质，赋予到实体模型上，如下右图所示。

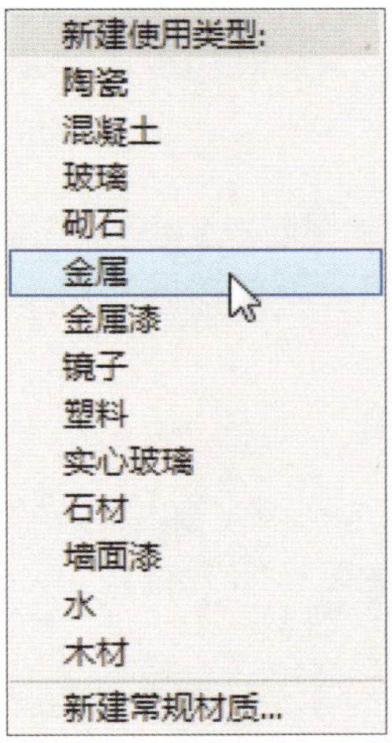

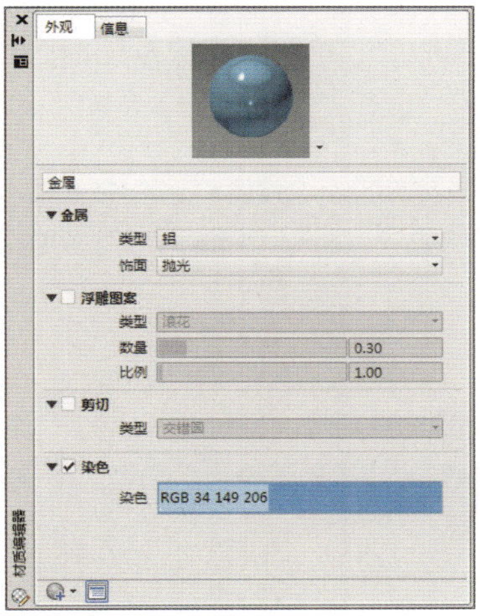

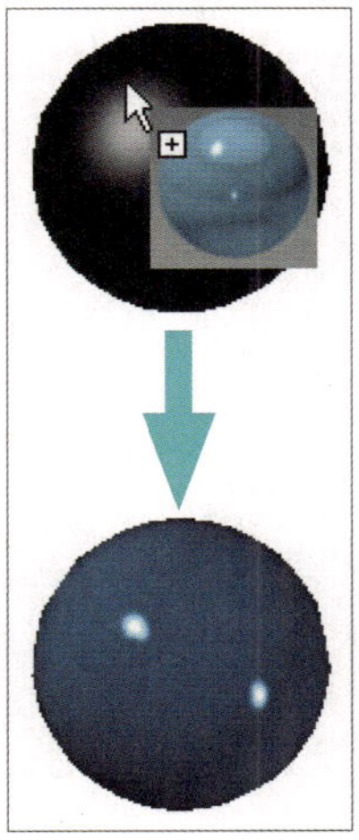

9.4 添加基本光源

在默认情况下场景中是没有光源的，用户可以通过向场景中添加灯光，创建真实的立体场景效果。

9.4.1 光源的类型

在AutoCAD 2016中，光源的类型有4种，其中包括：点光源、聚光灯、平行光以及光域网灯光。

- **点光源：** 该光源从其所在位置向四周发射光线，它与灯泡发出的光源类似。根据点光源的位置，模型将产生较为明显的阴影效果，使用点光源可以达到基本的照明效果。
- **聚光灯：** 该光源分布投射一个聚焦光束。聚光灯发射定向锥形光，可以控制光源的方向和圆锥体的尺寸。聚光灯的衰减由聚光灯的聚光角角度和照射角角度控制。
- **平行光：** 该光源仅向一个方向发射统一的平行光光线。需要指定光源的起始位置和发射方向，从而定义光线的方向。平行光的强度并不随着距离的增加而衰减。
- **光域网灯光：** 该光源由自定义光分布的光度控制光源，同样需要指定光源的起始位置和发射方向。任何给定方向中的照度与光域网和光度控制中心之间的距离成比例，沿离开中心的特定方向的直线进行测量。

9.4.2 创建光源

添加光源可为场景提供真实外观，光源可增强场景的清晰度和立体感。为图形添加光源主要有以下几种方法。

- 执行“视图>渲染>光源”子菜单中的命令。
- 单击“渲染>光源”面板中相应命令按钮。

选择“聚光灯”命令，在绘图窗口中指定聚光灯的源位置和目标位置，根据命令行的提示，选择相关选项。命令行中提示内容如下。

```
命令：_spotlight
指定源位置 <0,0,0>:
指定目标位置 <0,0,-10>:
输入要更改的选项 [名称(N)/强度(I)/状态(S)/聚光角(H)/照射角(F)/阴影(W)/衰减(A)/颜色(C)/退出(X)]
<退出>:
```

9.4.3 设置光源

创建完光源后，若不能满足用户需求，可对刚创建的光源进行设置。下面将进行具体介绍。

1. 设置光源参数

若当前光源强度太弱，用户可适当增加光源强度值。选中光源，在绘图区右击鼠标，在快捷菜单中选择“特性”命令，在打开的“特性”选项板中，设置“强度因子”选项，在其后的数值框中输入合适的参数，如下左图所示。

2. 阳光状态设置

阳光与天光是AutoCAD 中自然照明的主要来源。在“渲染”选项卡的“阳光和位置”面板中单击“阳光状态”按钮，系统会模拟太阳照射的效果来渲染当前模型。下右图为阳光状态效果。

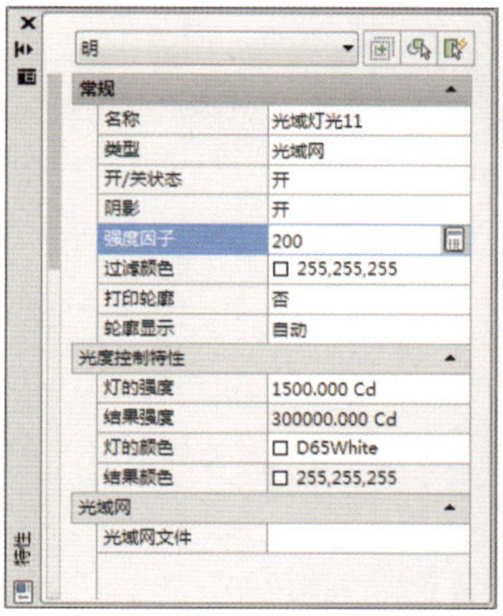

9.5 渲染三维模型

对材质、贴图等进行设置，并将其应用到实体后，可通过渲染，查看即将生产的产品的真实效果，渲染是运用几何图形、光源和材质将三维实体表现为最具真实感的图像。

9.5.1 全屏渲染

在“渲染”选项卡的“渲染”面板中单击“渲染”按钮，即可对当前模型进行渲染。如右图所示。在“渲染”窗口中，用户可以读取到当前渲染模型的一些相关信息，例如材质参数、阴影参数、光源参数、渲染时间以及占用的内存等。

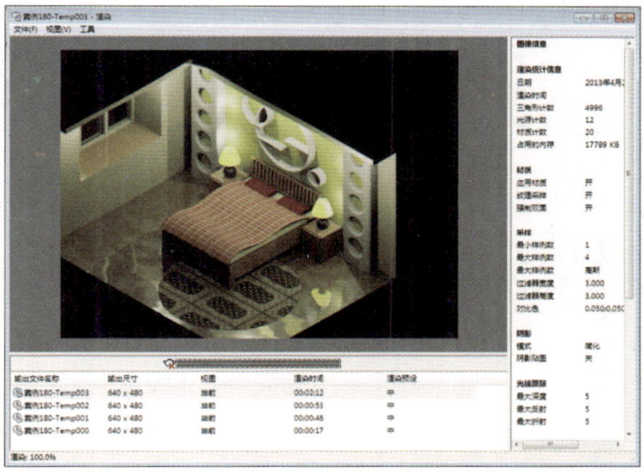

9.5.2 区域渲染

在“渲染”选项卡的“渲染”面板中单击“渲染面域”按钮，在绘图区域中，按住鼠标左键，框选出所需的渲染窗口，释放鼠标，即可进行区域渲染，如右图所示。

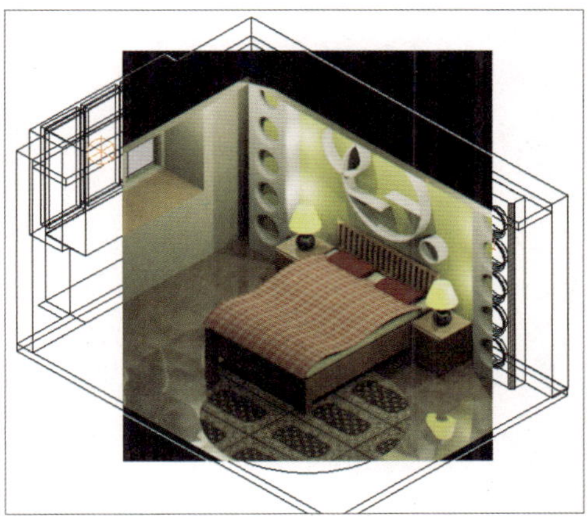

知识链接 **高级渲染设置**

“高级渲染设置”选项板中包含渲染器的主要控件，可以选择预定义的渲染设置，也可以进行自定义设置。在AutoCAD 2016中，在“渲染”选项卡的“渲染”面板中单击右下角箭头按钮↘，打开“高级渲染设置”选项板，在该选项板中，用户可根据需要，设置渲染的高级选项。

进阶案例 绘制卧室效果图

利用前面所学的知识绘制卧室效果图，其中涉及到的三维命令有“长方体”、“三维镜像”、“拉伸”、“差集”、材质贴图及渲染等。

01 启动AutoCAD 2016软件，将当前视图设为俯视图，执行“长方体”命令，绘制出一个长4400、宽3250mm、高200mm的长方体作为地面，如下图所示。

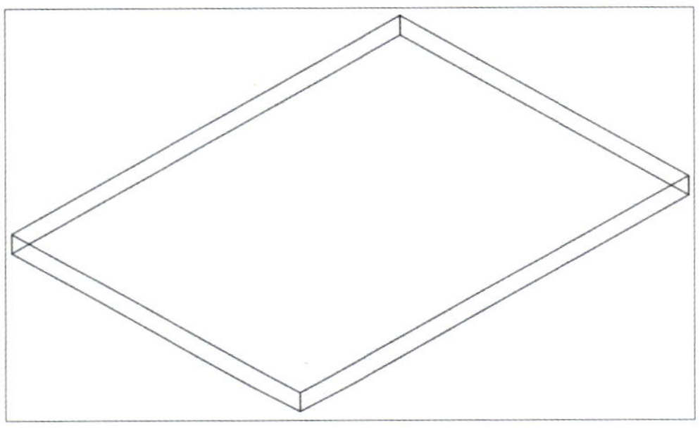

02 执行“多段体”命令，设置对正为居中，宽度为200mm，高度为2650mm，捕捉长方体的角点，绘制一个多段体作为墙体，如下图所示。

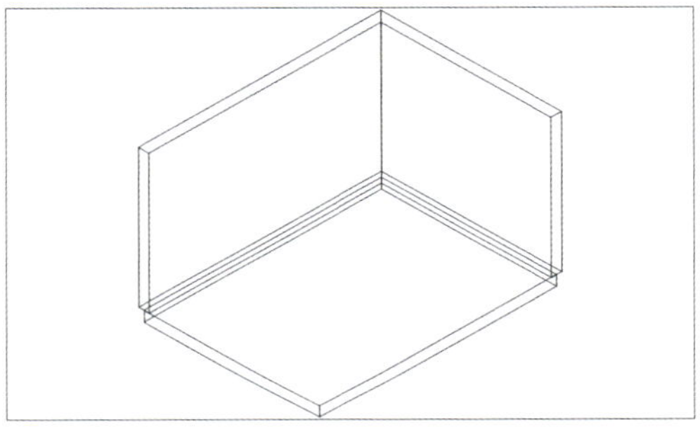

03 执行“长方体”命令，绘制出一个长1530mm，宽500mm，高1650mm的长方体，并移动到适当位置，如下图所示。

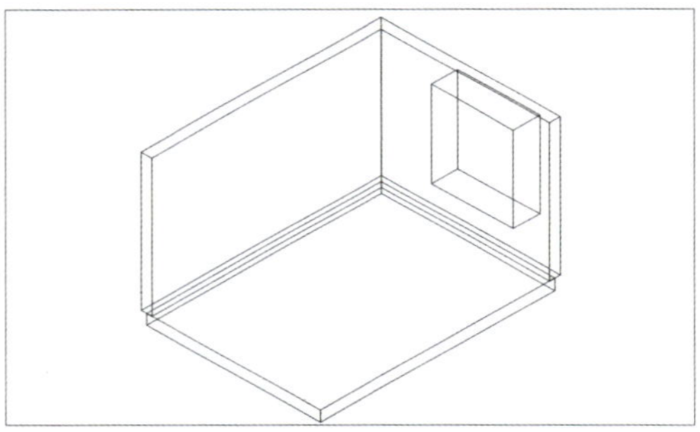

04 执行“差集”命令，将长方体从多段体中减去，制作出窗洞，如下图所示。

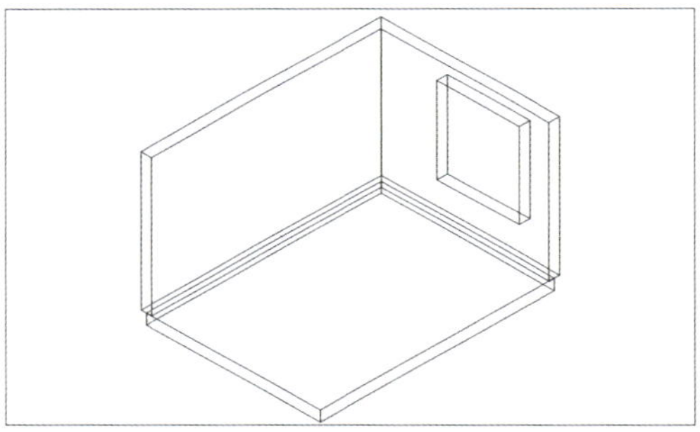

05 在命令行输入UCS命令，重新设置坐标，如右图所示。

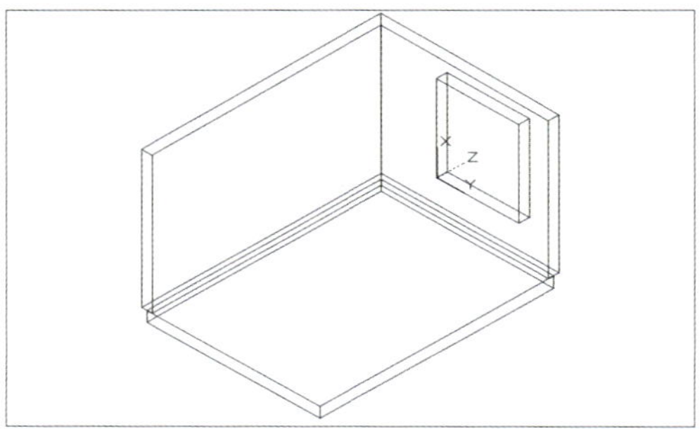

06 执行“多段体”命令，设置对正为居中，宽度为120mm，高度为780mm，捕捉长方体的角点，绘制一个多段体，如下图所示。

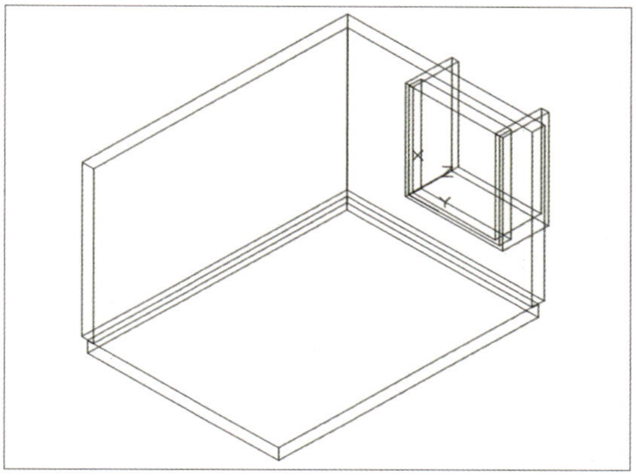

07 执行“并集”命令，将墙体与多段体合并，制作出飘窗，并以消隐视觉样式显示，效果如下图所示。

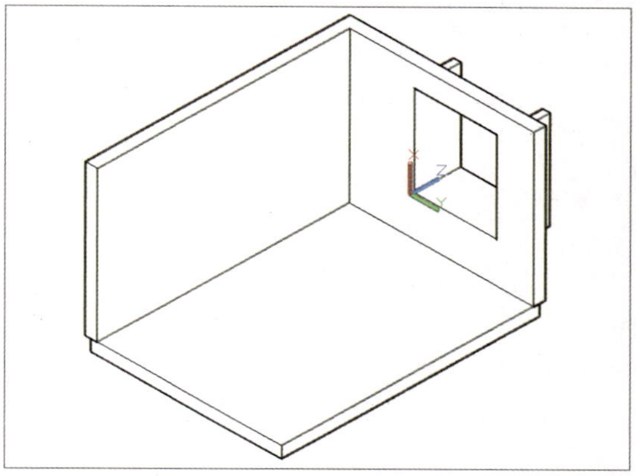

08 切换到左视图，执行“多段线”命令，绘制一个长100mm，宽40mm的石膏线剖面图形，如下图所示。

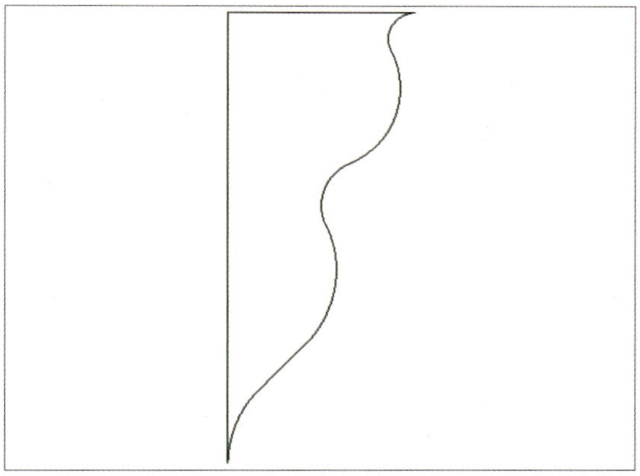

09 切换到西南等轴测视图，执行“多段线”命令，绘制长4300mm，宽3150mm的多段线，如下图所示。

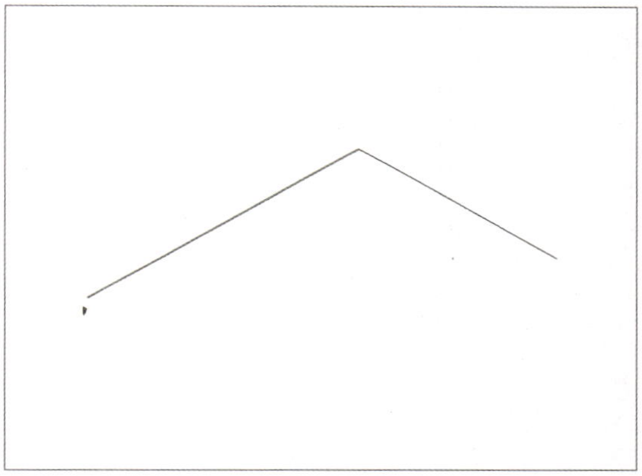

10 执行“扫掠”命令，根据命令行提示选择扫掠对象和路径，制作出石膏线模型，并将其移动到适当位置，如下图所示。

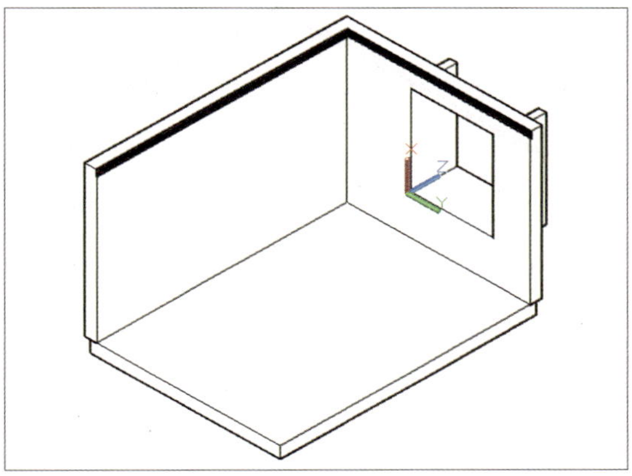

11 切换到左视图，绘制长1410mm，宽1590mm的矩形，向内偏移60mm，将内框炸开，如下图所示。

12 执行“偏移”命令，将内框的上边线向下依次偏移350mm、60mm，如下图所示。

13 执行“矩形”命令，捕捉内框绘制矩形，再删除原有线条，如下图所示。

14 切换到西南等轴侧视图，执行“拉伸”命令，将绘制的窗框图形拉伸出60mm，如下图所示。

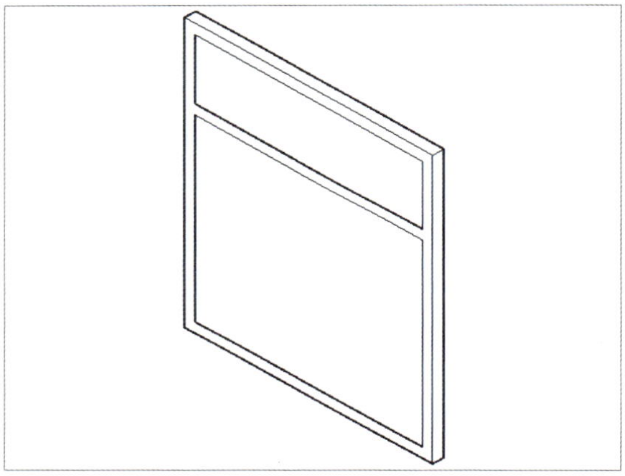

15 执行“差集”命令，对挤出的模型进行差集运算，制作出窗框模型，如下图所示。

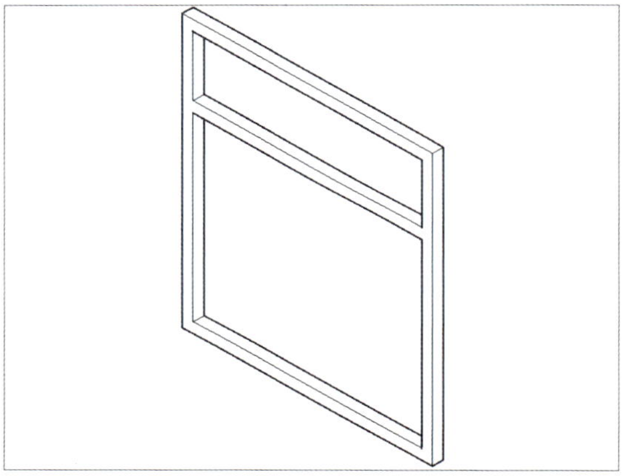

16 执行“长方体”命令，绘制长1470mm，宽1290mm，高10mm的长方体作为玻璃，移动到窗框的合理位置，如下图所示。

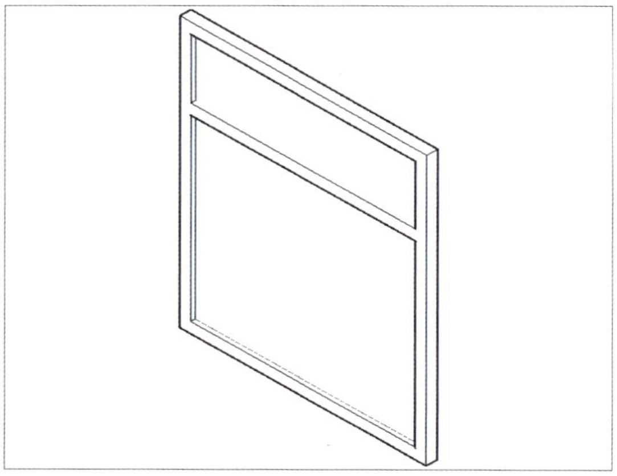

17 将窗户移动到卧室飘窗处，调整好位置，如下图所示。

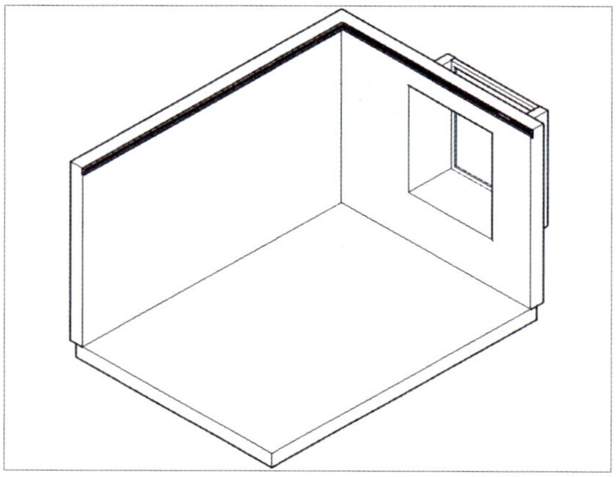

18 重新设置坐标，执行“插入>块”命令，插入床三维模型，如下图所示。

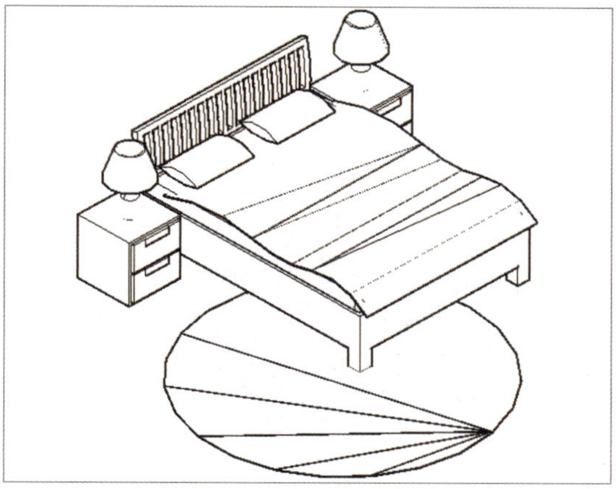

19 将其移动到卧室内，调整位置，如下图所示。

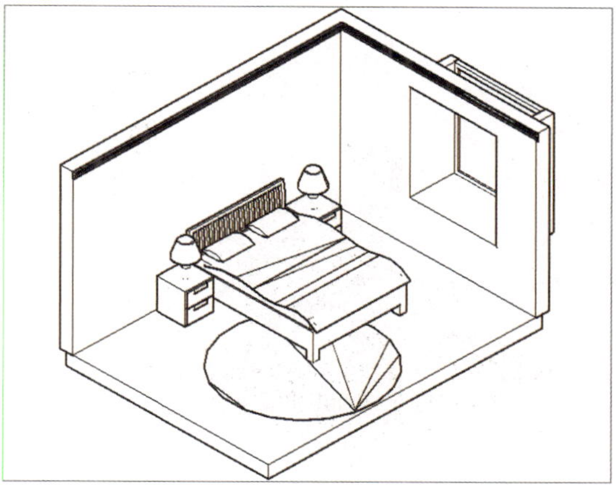

20 导入装饰画模型，如下图所示。

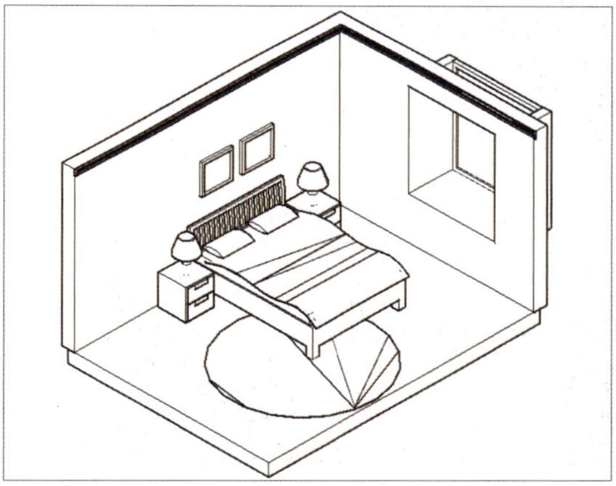

21 执行“渲染>材质>材质浏览器”命令，在“材质浏览器”面板中选中满意的壁纸贴图，如下图所示。

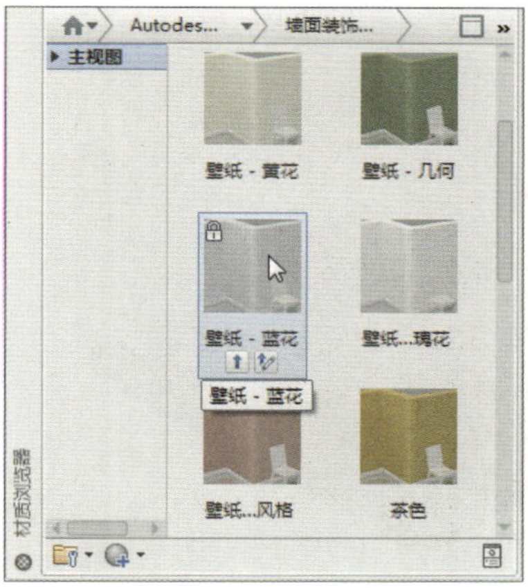

22 将该材质拖至场景中的墙体模型上，如下图所示。

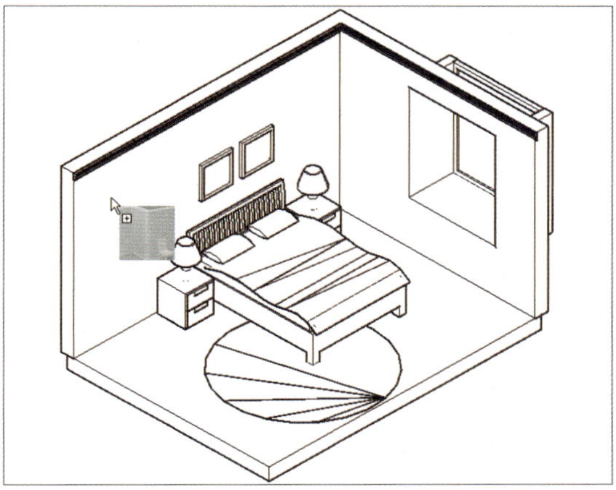

23 以真实视觉样式显示，即可看到为墙面赋予材质后的效果，结果如下图所示。

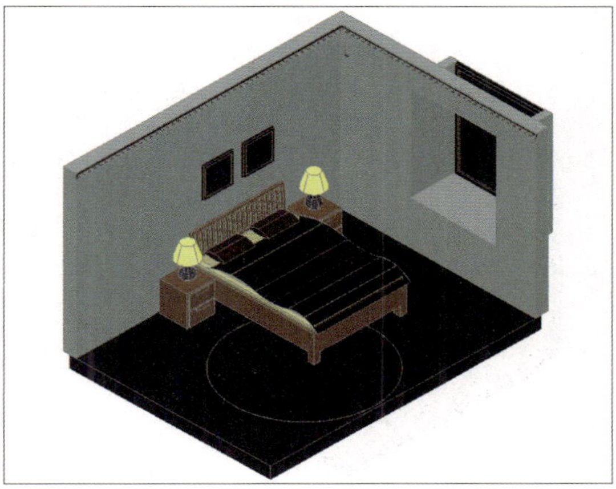

24 在“材质浏览器”面板中，选择合适的地板材质，将其赋予到场景中的地面模型，如下图所示。

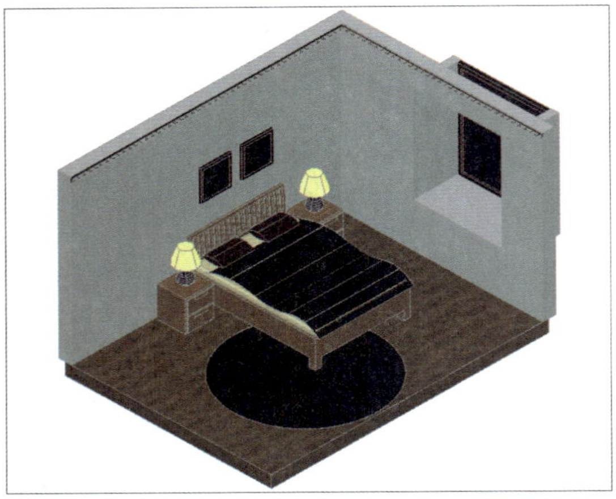

25 按照上述操作方法，分别为场景中的装饰画、地毯、窗户等赋予材质，效果如下图所示。

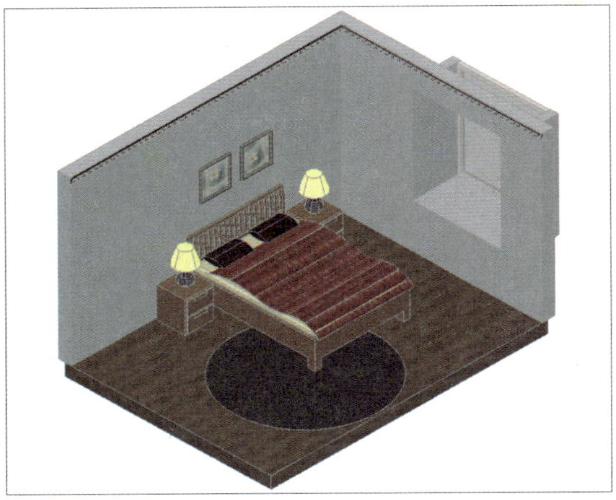

26 适当调整各个材质的贴图等属性，如下图所示。

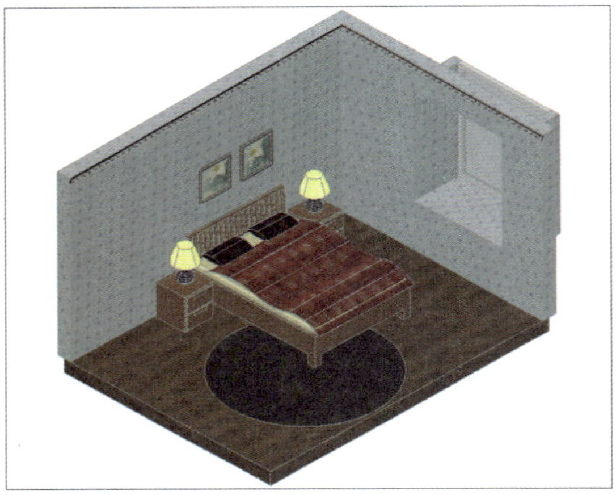

27 渲染场景，效果如下图所示。

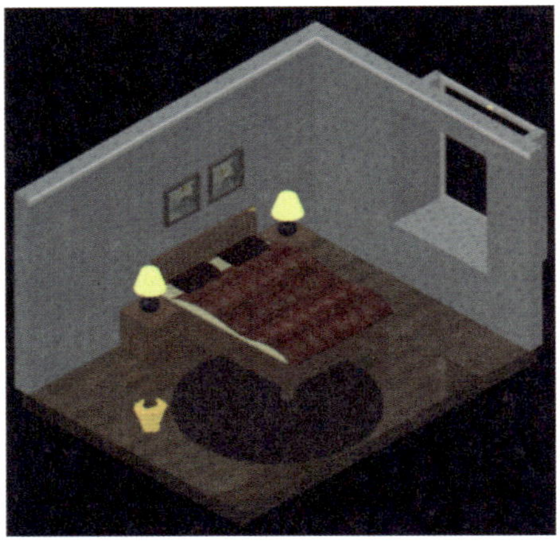

28 执行“渲染>创建光源>点光源”命令，在绘图区域中，指定光源位置，创建点光源，如下图所示。

29 选择点光源，打开灯光“特性”面板，调整灯光强度及颜色等，如下图所示。

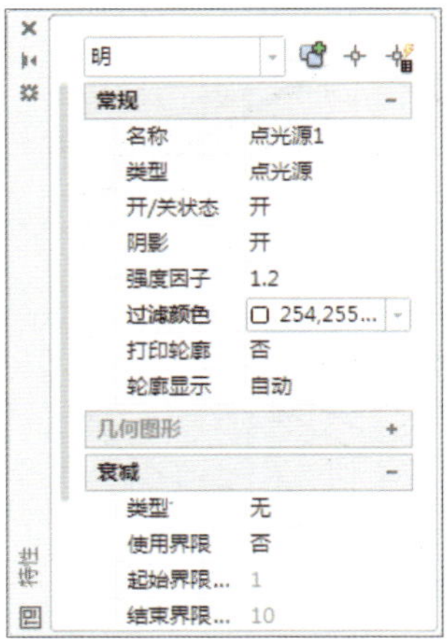

30 创建两盏聚光灯，分别移动到台灯位置，如下图所示。

31 同样的，调整聚光灯特性，效果如下图所示。

32 打开“高级渲染设置”选项板，设置渲染参数，如下图所示。

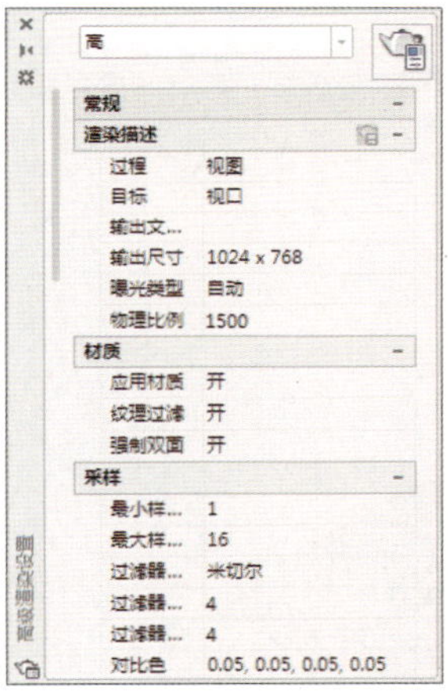

33 执行“渲染”命令，将卧室模型渲染出图，最终效果如下图所示。

课后练习

一. 选择题

1. 在对三维实体进行圆角操作时，若希望同时选择一组相切的边进行圆角，应选择（　　）选项。

A. 半径(R)　　B. 链(C)
C. 多段线(P)　　D. 修剪(T)

2.（　　）命令不属于三维实体编辑。

A. 三维镜像　　B. 抽壳
C.切割　　D. 三维阵列

3. 使用（　　）命令，可以将三维实体转换为中空薄壁或壳体。

A. 抽壳　　B. 剖切
C. 倒角边　　D. 圆角边

4. 实体旋转时选定了图形后，显示无法旋转的原因有可能是（　　）。（多选题）

A. 不是封闭的一条线　　B. 显示问题
C. 不是封闭的线段　　D. 不是面域，且不平行于回转轴

二. 填空题

1. ________可以在三维空间中创建对象的矩形阵列和环形阵列。使用该命令时用户除了需要指定列数和行数外，还要指定阵列的________。
2. ________命令可将现有的实体模型上单个或多个边偏移其他位置，从而利用这些边线创建出新的图形对象。
3. 在AutoCAD软件中，有两种渲染方式，分别为渲染和________。

三. 操作题

1. 为下左图模型添加材质与灯光，并进行渲染。
2. 为下右图模型添加光源。

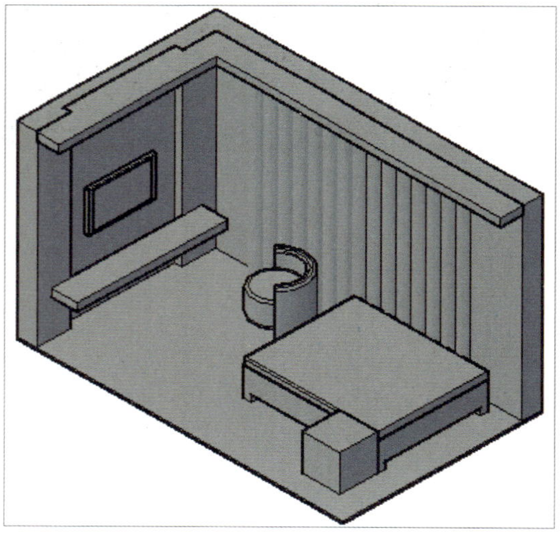

Chapter 10

输出与打印图形

图形的输出是整个设计过程的最后一步，即将设计的成果显示在图纸上。将图纸打印出来后，图纸内容可清晰地呈现在用户面前，便于调阅查看。本章将主要介绍在AutoCAD中图形的输入与输出，以及在打印图纸时的布局设置操作。

知识要点

① 图形的输入与输出
② 设置打印页面
③ 布局的创建与管理
④ 模型空间与图形空间

上机安排

学习内容	学习时间
● 导入图形	5分钟
● 输出图形	5分钟
● 创建和管理布局	15分钟
● 打印页面的设置	15分钟

10.1 图形的输入/输出

下面将为用户介绍图形的输入与输出方法，包括导入图形、输出图形等内容。

10.1.1 导入图形

在AutoCAD 2016中，用户可以将各种格式的文件输入到当前图形中。在“插入”选项卡的“输入”面板中单击“输入”按钮，打开“输入文件”对话框，如下图所示。从中选择相应的文件，然后单击“打开”按钮，即可将文件插入。

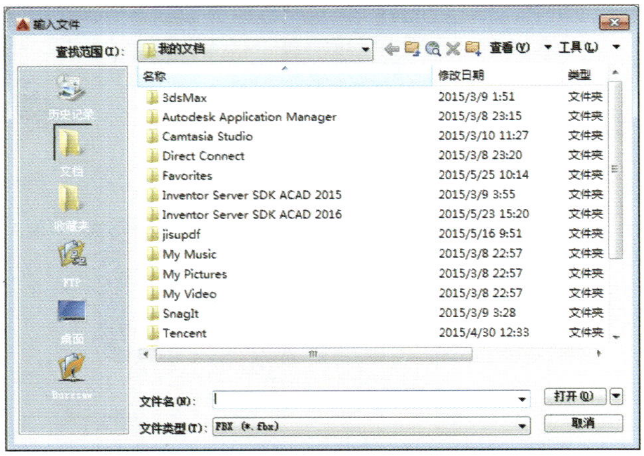

10.1.2 输出图形

用户可将AutoCAD图形对象保存为其他需要的文件格式以供其他软件调用，只需将对象以指定的文件格式输出即可。执行“文件>输出”命令，打开“输出数据”对话框，如下图所示。在“文件类型”下拉列表中，选择需要导出文件的类型。

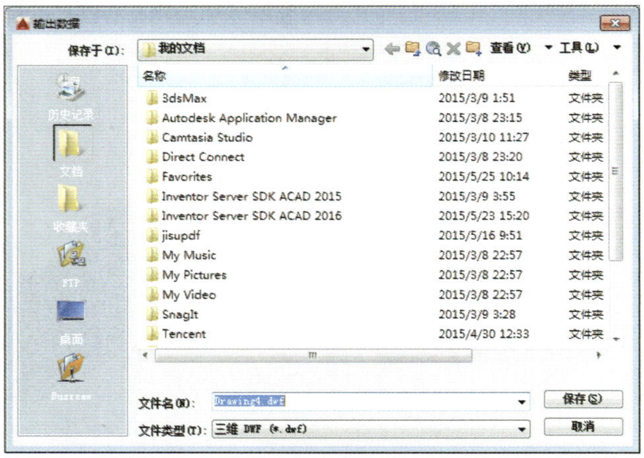

利用AutoCAD 2016可以导出下列类型的文件。

- **DWF文件：** 这是一种图形Web格式文件，属于二维矢量文件。可以通过这种文件格式在因特网或局域网上发布自己的图形。
- **DXF文件：** 这是一种包含图形信息的文本文件，能被其他CAD系统或软件读取。
- **ASIC文件：** 可以将代表修剪过的NURB表面、面域和三维实体的AutoCAD对象输出到ASCⅡ格式的ACIS文件中。

- **3D Studio文件：** 可以用于3ds max的3D Studio文件，输出的文件保留了三维几何图形、视图、光源和材质内容。
- **Windows WMF文件：** 即Windows图元文件格式（WMF），文件包括屏幕矢量几何图形和光栅几何图形格式。
- **BMP文件：** 这是一种位图格式文件，在图像处理行业中应用相当广泛。
- **PostScript文件：** 包含所有或部分图形的PostScript文件。
- **平板印刷格式：** 用平板印刷（SLA）兼容的文件格式输出AutoCAD实体对象。实体数据以三角形网格面的形式转换为SLA。SLA工作站使用这个数据定义代表部件的一系列层面。

10.2 模型空间与图纸空间

在绘图工作中，可以通过3种方法来确认当前的工作空间，即图形坐标系图标的显示、图形选项卡的指示和系统状态栏的提示。

10.2.1 模型空间与图纸空间概念

模型空间与图纸空间是两种不同的屏幕工作空间，分别如下图所示。其中，模型空间用于建立物体模型，而图纸空间则用于将模型空间中生成的三维或二维物体按用户指定的观察方向正投射为二维图形，并且允许用户按需要的比例，将图摆放在图形界限内的任何位置。

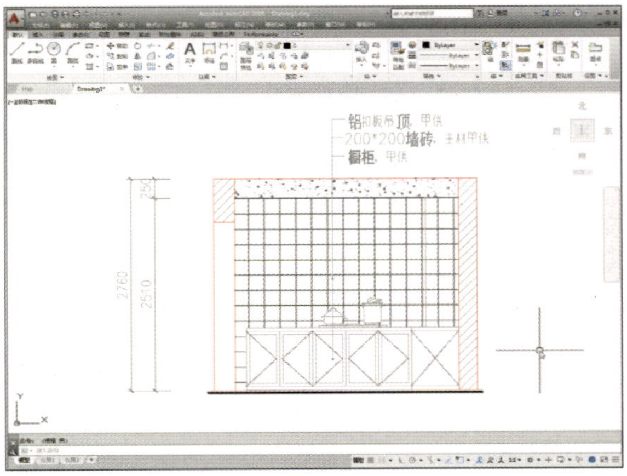

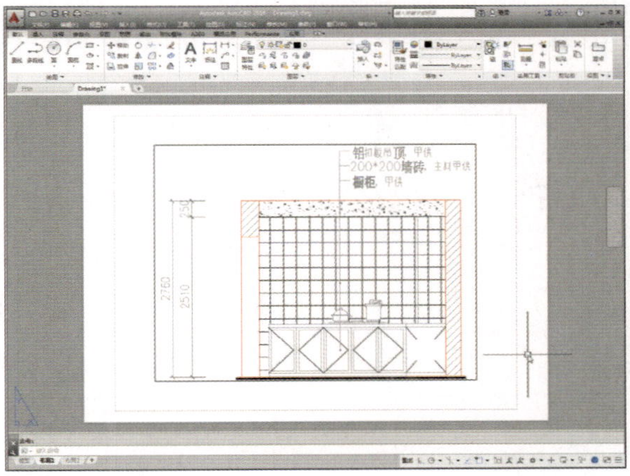

10.2.2 模型空间与图纸空间切换

下面将为用户介绍模型空间与图纸空间的切换方法。

1. 从模型空间向图纸空间切换

- 将光标放置在文件选项卡上，然后选择“布局1”或“布局2”选项。
- 单击绘图窗口左下角的“布局1”或“布局2”选项卡。
- 单击状态栏中的“快速查看布局”按钮，然后选择“布局1”或“布局2”。
- 单击状态栏中的“模型”按钮模型，该按钮会变为“图纸”按钮图纸。

2. 从图纸空间向模型空间切换

- 将光标放置在文件选项卡上，然后选择“模型”。

- 单击绘图窗口左下角的“模型”选项卡。
- 单击状态栏中的“快速查看布局”按钮，然后选择“模型”选项。
- 单击状态栏中的“图纸”按钮，该按钮变为“模型”按钮。
- 在命令行中输入MSPACE命令并按回车键，可以将布局中最近使用的视口置为当前活动视口，在模型空间工作。
- 在存在视口的边界内部双击，激活该活动视口，进入模型空间。

10.3 创建和管理布局

布局空间用于设置在模型空间中绘制图形的不同视图，主要是为了在输出图形时进行布置。通过布局空间可以同时输出该图形的不同视口，满足各种不同出图的要求。

10.3.1 使用布局向导创建布局

图纸空间布局主要是为图形的打印输出做准备，在布局的设置中包含很多打印选项的设置，例如纸张大小和幅面、打印区域、打印比例和打印方法等。下面将介绍利用布局向导创建布局的操作方法。

步骤01 执行“工具>向导>创建布局”命令，打开“创建布局-开始”对话框，输入新布局的名称，在此默认为“布局3”，单击“下一步”按钮，如下图所示。

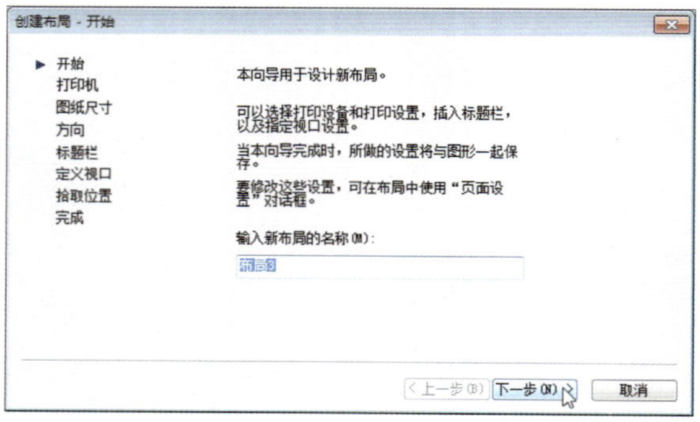

步骤02 进入“创建布局—打印机”界面，选择打印机的类型，然后单击“下一步”按钮，如下图所示。

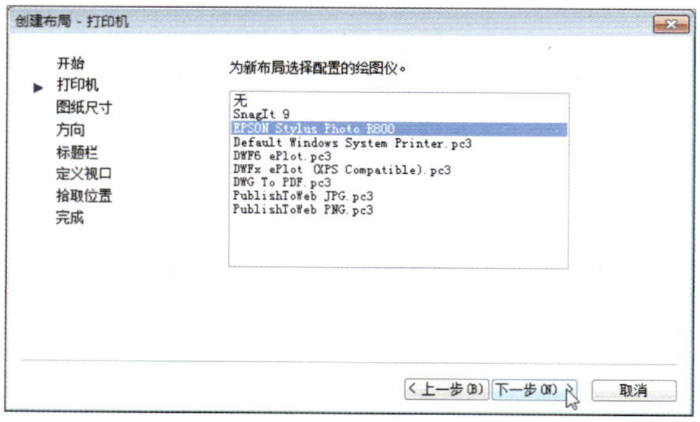

步骤03 进入“创建布局—图纸尺寸”界面，选择图纸的尺寸为A4纸张，然后单击“下一步”按钮，如下图所示。

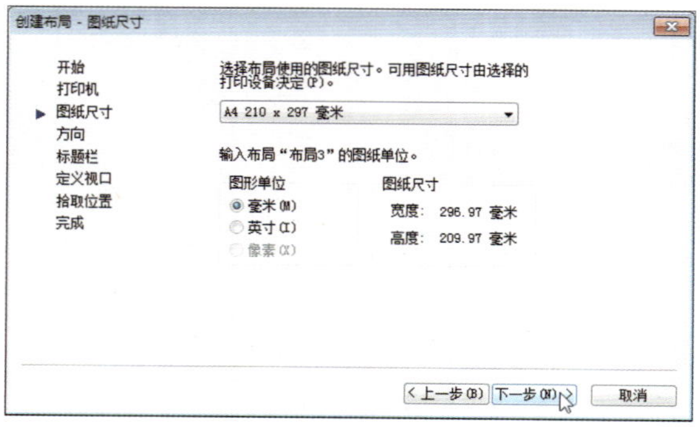

步骤04 进入“创建布局-方向”界面，选中“纵向”单选按钮，然后单击“下一步”按钮，如下图所示。

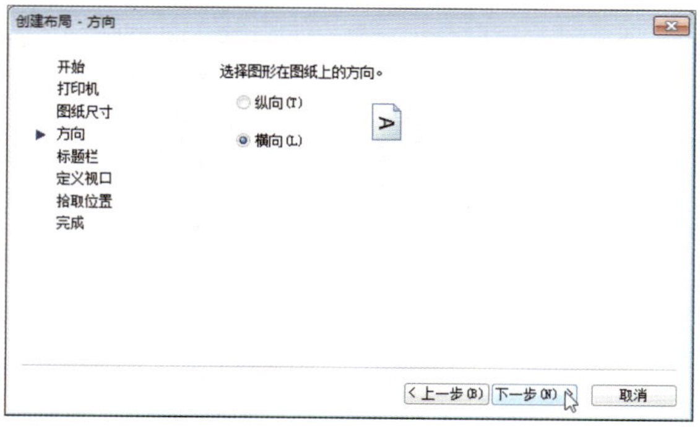

步骤05 进入“创建布局—标题栏”界面，选择标题栏，在右侧的“预览”框中查看改标题栏的图示，然后单击“下一步”按钮，如下图所示。

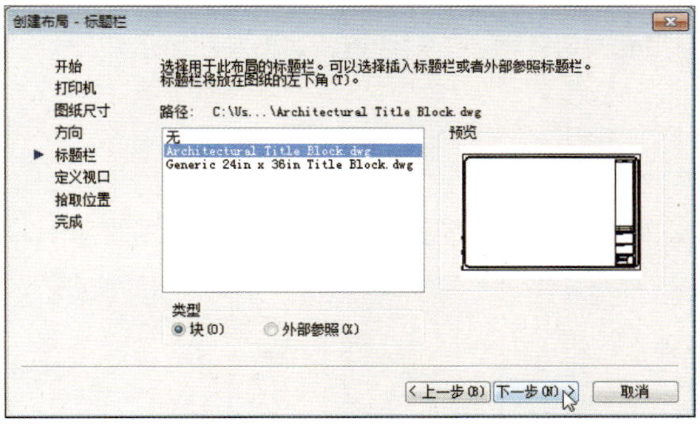

步骤06 进入“创建布局-定义视口”界面，选中“单个”单选按钮，设置视口比例，单击“下一步”按钮，如下图所示。

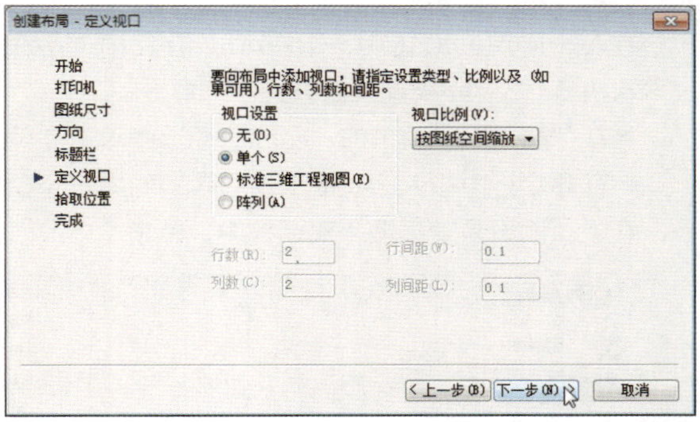

步骤07 进入“创建布局-拾取位置”界面，单击“选择位置”按钮，可以在视口中框选位置，如下图所示。

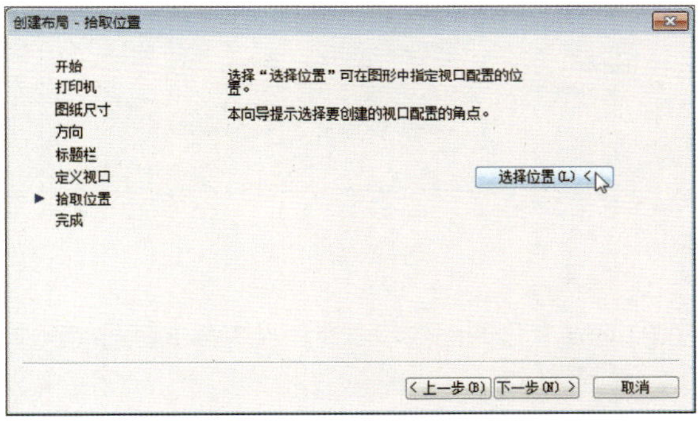

步骤08 设置完成视口的大小和位置后，系统自动进入“创建布局-完成”界面，单击“完成”按钮，结束布局的创建，如下图所示。

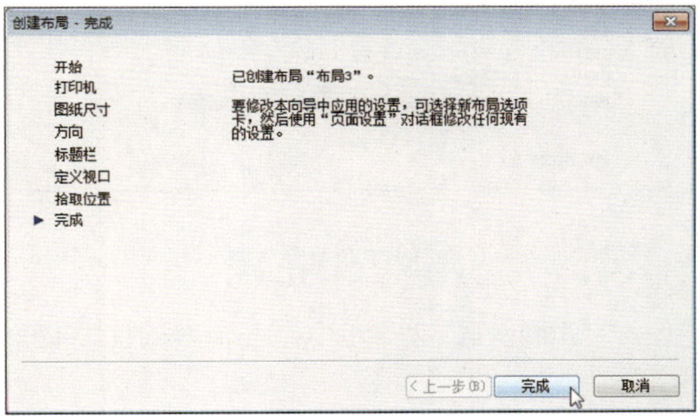

10.3.2 管理布局

布局是用来排版出图的，选择布局后可以看到虚线框，即为打印范围。

在AutoCAD 2016中，要删除、新建、重命名、移动或复制布局，可将光标放置在布局标签上，然后右击鼠标，在弹出的快捷菜单中选择相应的命令即可，如右图所示。

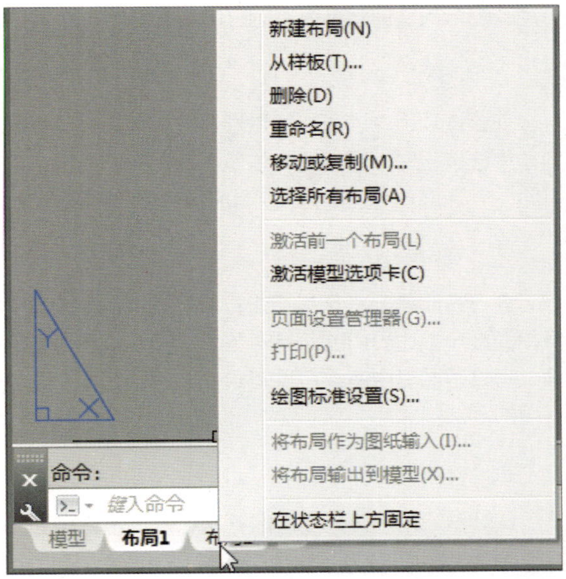

10.4 页面设置

通过页面设置，可以对新建布局或已建好的布局进行图纸大小和绘图设备的设置。页面设置是打印设备和其他影响最终输出外观和格式的设置集合，用户可以修改这些设置并将其应用到其他布局中。

在AutoCAD 2016中，用户可以通过以下方法打开“页面设置管理器”对话框，如下左图所示。

- 执行“文件>页面设置管理器”命令。
- 在“布局”选项卡的“布局”面板中单击“页面设置”按钮。
- 在命令行中输入PAGESETUP，然后按回车键。

在“页面设置管理器”对话框中，单击“修改”按钮，即可打开“页面设置”对话框，如下右图所示。

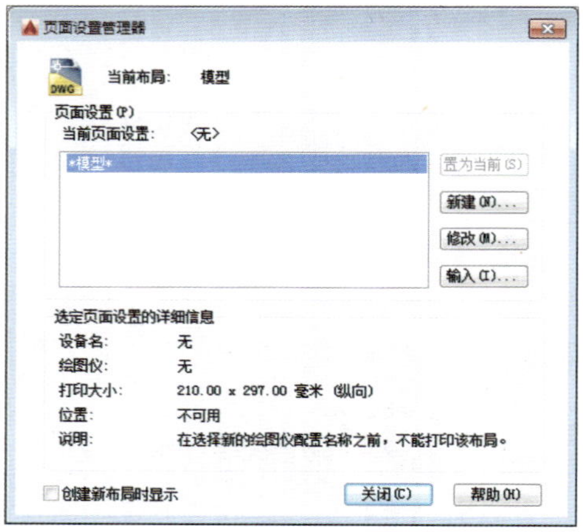

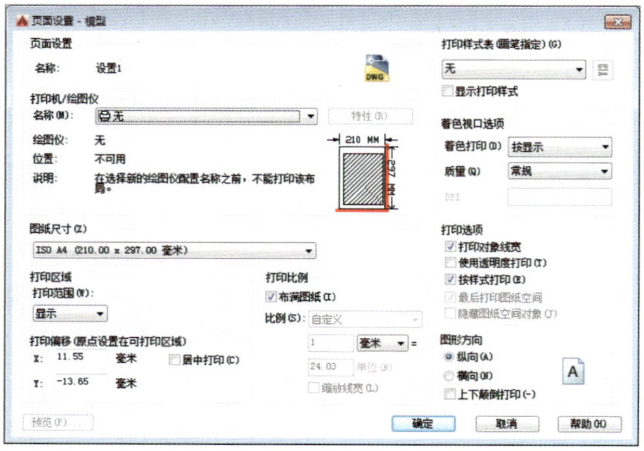

10.4.1 创建打印布局

在“页面设置”对话框中，还可以设置打印图形时的打印区域、打印比例等内容。其中各主要选项组作用如下。

1. 图纸尺寸

该选项组用于确定打印输出图形时的图纸尺寸，用户可以在“图纸尺寸”列表中选择图纸尺寸。列表中可用的图纸尺寸由当前配置的打印设备确定。

2. 图形方向

在该选项组中，可以通过选择“横向”或“纵向”单选按钮，设置图形在图纸上的打印方向。选中“横向”单选按钮时，图纸的长边是水平的；选中“纵向”单选按钮时，图纸的短边是水平的。勾选“上下颠倒打印”复选框，可控制首先打印图形的顶部还是底部。

3. 打印区域

进行打印之前，可以指定打印区域，确定打印内容。在创建新布局时，默认的打印区域为“布局”，将打印图纸尺寸边界内的所有对象；选择“显示”选项，将在打印图形区域中显示所有对象；选择“范围”选项，将打印图形中所有可见对象。选择“视图”选项，可打印保存的视图；选择“窗口”选项，可以定义要打印的区域。

4. 打印比例

该选项组用于确定图形的打印比例。用户可通过“比例”下拉列表确定图形的打印比例，也可以通过文本框自定义图形的打印比例。在布局打印时，模型空间的对象将以其布局视口的比例显示。

5. 打印偏移

该选项组用于确定图纸上的实际打印区域相对于图纸左下角点的偏移量。在布局中，可打印区域的左下角点位于由虚线框确定的页边距的左下角点，即（0, 0）。

10.4.2 保存页面设置

在AutoCAD 2016中，用户可以将自己绘制的图形保存为样板图形，所有的几何图形和布局设置都可保存为DWT文件，在命令行中输入LAYOUT并按回车键，然后根据命令行的提示，选择“另存为”选项，按回车键，即可打开“创建图形文件”对话框。在该对话框中输入要保存的布局样板名称，然后单击“保存”按钮即可，如下图所示。

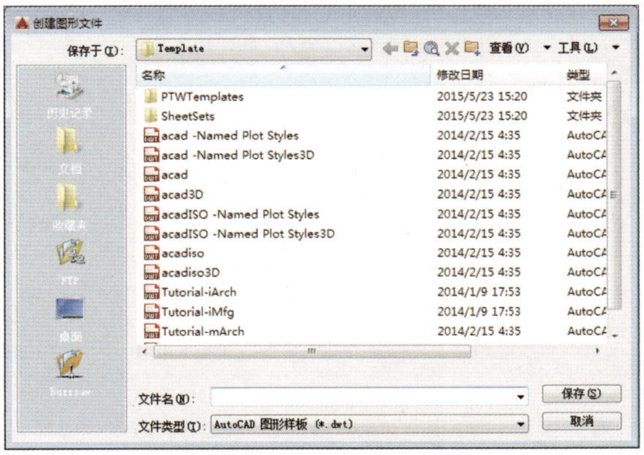

10.4.3 输入已保存的页面设置

要使用现有的布局样板建立新布局，可执行“插入>布局>来自样板的布局”命令，在打开的“从文件选择样板”对话框中，选择合适的图形文件，然后单击“打开”按钮，如下左图所示。之后系统将打开“插入布局”对话框，在“布局名称”列表中显示了当前所选布局模板的名称，单击“确定”按钮即可插入该布局，如下右图所示。单击状态栏中的“快速查看布局”按钮，便可看见刚插入的布局。

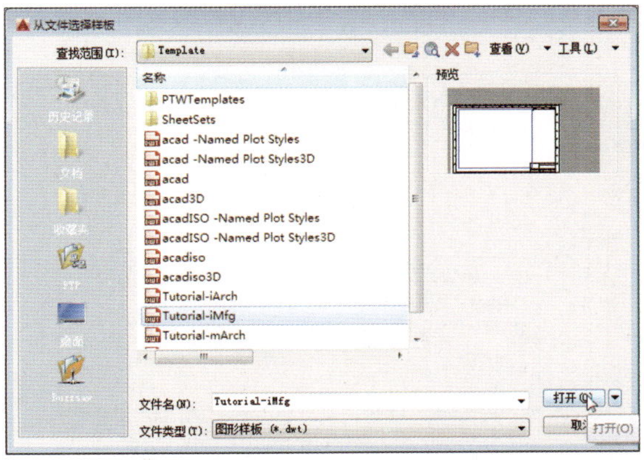

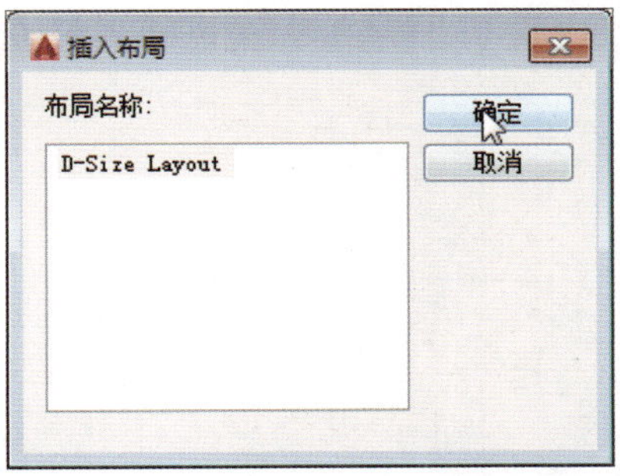

知识链接 使用布局样板

布局样板是从DWG或DWT文件中输入的布局，可以利用现有样板中的信息创建新的布局。AutoCAD 2016提供了若干个布局样板，以供设计新布局环境时使用。

使用布局样板创建新布局时，新布局将使用现有样板中的图纸空间几何图形及其页面设置，并在图纸空间中显示布局几何图形和视口对象。用户可以保留从样板中输入的几何图形，也可以删除这些几何图形，在这个过程中不输入任何模型空间图形。

10.5 打印图形

在模型空间中绘制图形完毕，并在布局中设置了打印设备、打印样式、图样尺寸等打印选项后，便可以打印出图。打印之前，按照当前设置，在“布局”模式下进行打印预览是有必要的。

执行“文件>打印预览”命令，系统将会打开如下左图所示的图形预览。利用顶部工具栏中的相应按钮，可对图形执行打印、平移、缩放、窗口缩放、关闭等操作。

执行“文件>打印”命令，将打开“打印-模型”对话框，如下右图所示。“打印”对话框和“页面设置”对话框中的同名选项功能完全相同，它们均用于设置打印设备、打印样式、图纸尺寸及打印比例等。

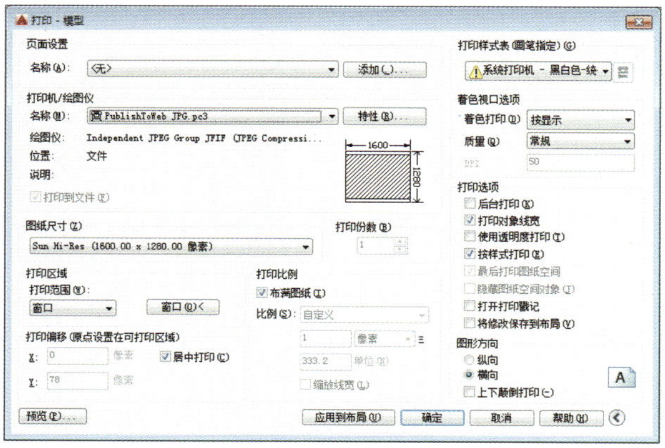

- **打印区域：** 该选项组用于设置打印区域。用户可以在下拉列表中选择相应按钮，确定要打印哪些选项卡中的内容，通过设置“打印份数”可以确定打印的份数。
- **预览：** 单击“预览”按钮，系统会按当前的打印设置显示图形的真实打印效果，与“打印预览”具有相同的效果。

进阶案例 打印并链接客厅平面图纸

下面将利用前面所学的知识，将客厅平面图纸打印并进行超链接操作。其中涉及到的内容有打印样式的设置和超链接设置等。

01 打开素材文件，执行“插入>数据>超链接”命令，在绘图区中，选中洗菜盆图块，如下图所示。

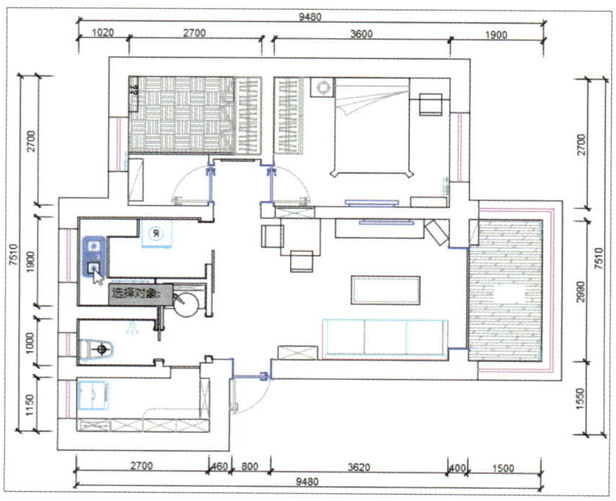

02 选择完成后，按空格键，打开“插入超链接”对话框，如下图所示。

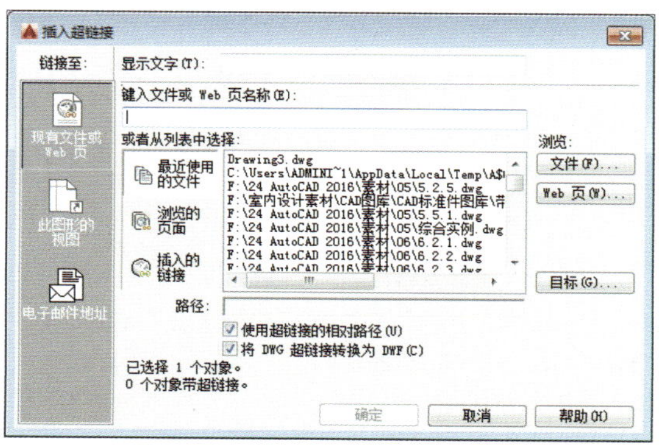

03 单击右侧“文件”按钮，打开“浏览Web-选择超链接”对话框，如下图所示。

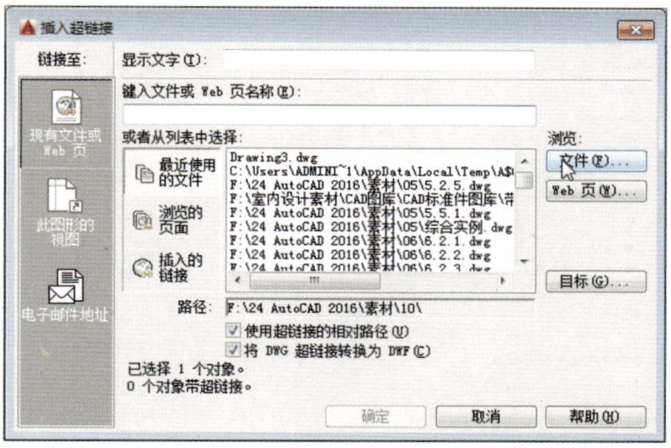

04 选择好链接的文件，单击“打开”按钮，如下图所示。

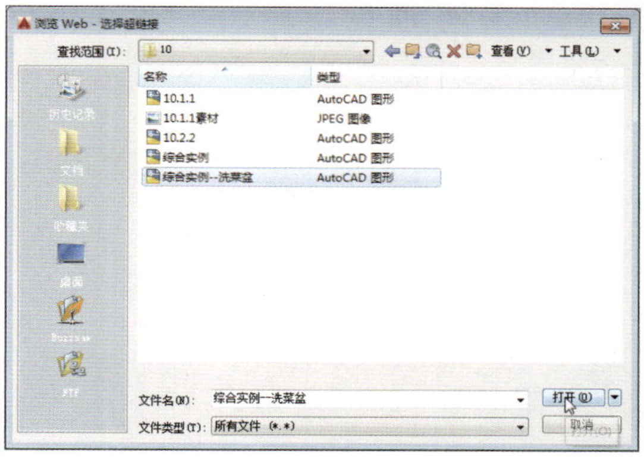

05 返回上一个对话框，单击“确定”按钮，完成超链接操作，如下图所示。

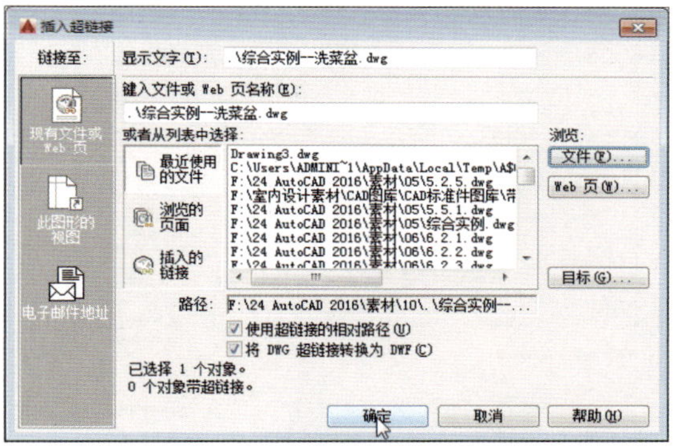

06 将光标移至洗菜盆图块上，此时在光标右侧会显示该图块链接的相关信息，如下图所示。

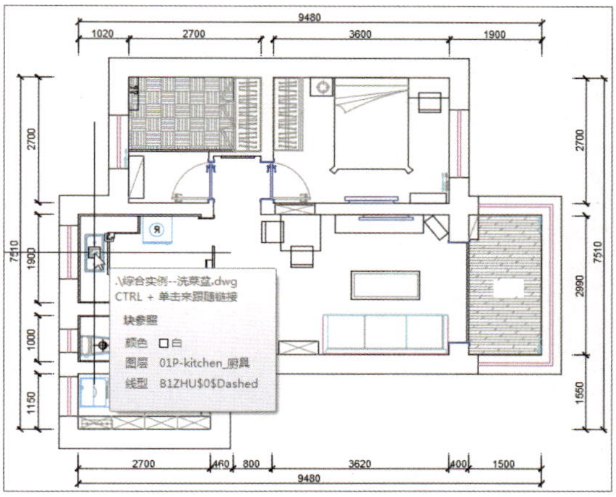

07 按住Ctrl键，并单击该洗菜盆图块，则可切换至相关超链接的界面，结果如下图所示。

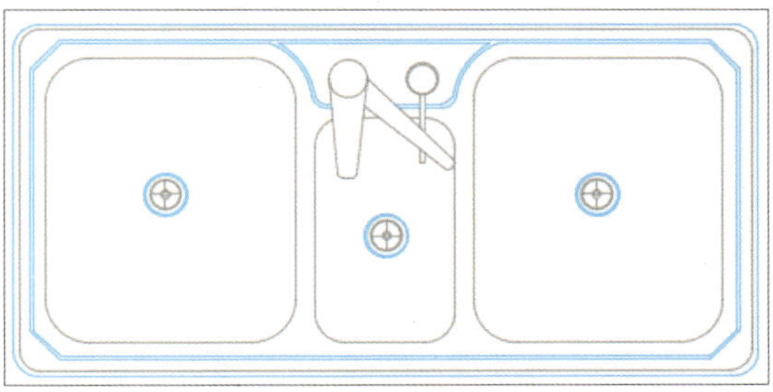

08 返回客厅平面图界面，执行“打印”命令，打开“打印-模型”对话框，如下图所示。

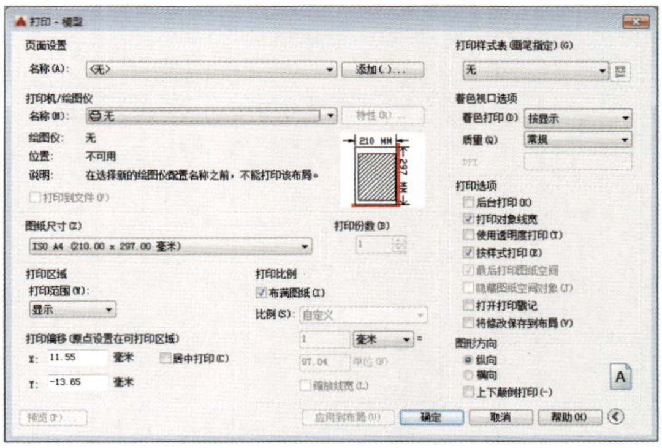

09 在“打印机/绘图仪”选项组中，设置好打印机的型号。随后将“图纸尺寸”设置为A4，将打印范围设置为“窗口”，如下图所示。

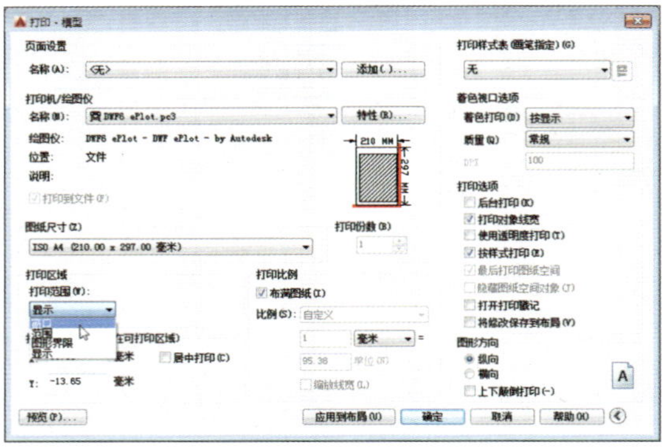

10 单击右侧“窗口”按钮，在绘图区中框选要打印的图纸区域，其后勾选“居中打印”选项，将“图形方向”设置为“横向”，如下图所示。

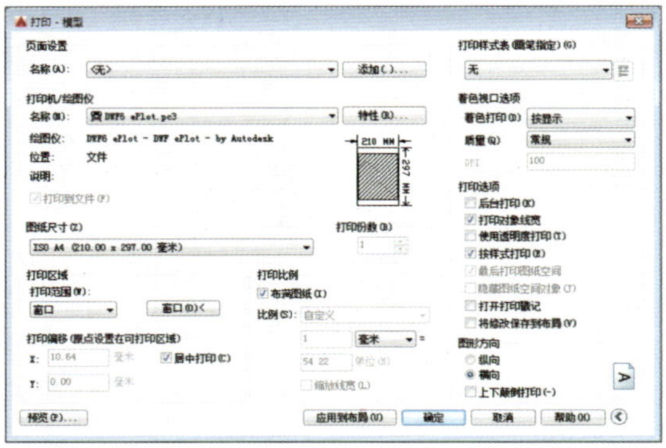

11 单击“预览”按钮，在打印预览界面中浏览打印效果，如下图所示。

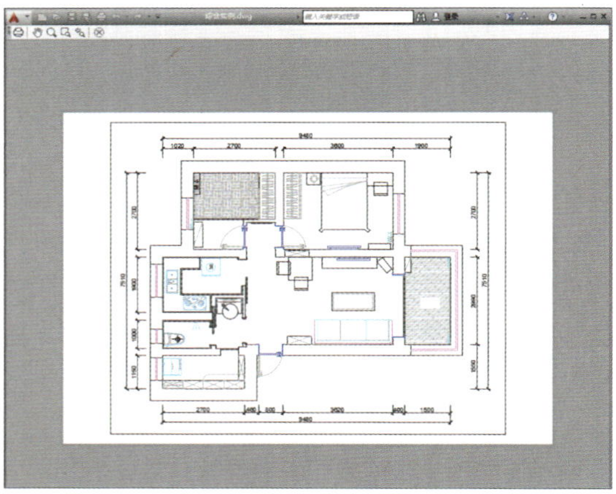

12 浏览完成后，按Esc键返回“打印-模型”对话框，单击“确定”按钮进行打印，如下图所示。

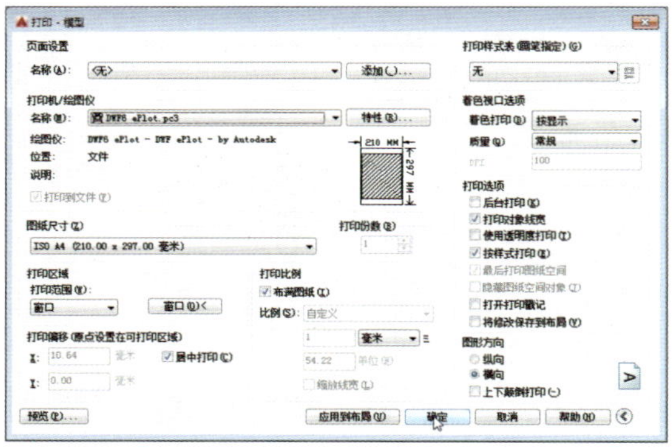

13 在“输出”子菜单中选择“其他格式”命令，打开“输出数据”对话框，将“文件类型”设为位图格式，单击“保存”按钮，如下图所示。

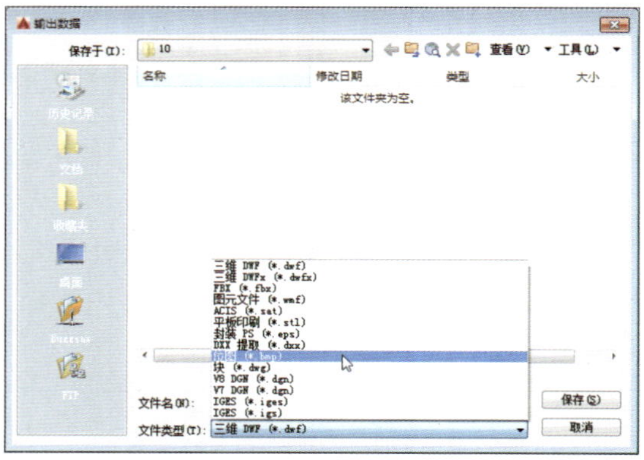

14 根据提示在绘图区中框选图形，按Enter键以完成图形的输出，如下图所示。

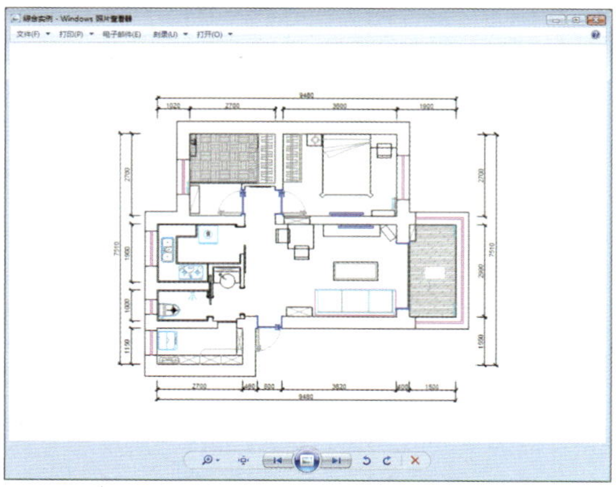

课后练习

一. 选择题

1. 下列（　　）选项不属于图纸方向设置的内容。

A. 纵向　　　　B. 反向

C. 横向　　　　D. 逆向

2. 在“打印-模型”对话框的（　　）选项组中，用户可以选择打印设备。

A. 打印区域　　　　B. 图纸尺寸

C. 打印比例　　　　D. 打印机/绘图仪

3. 执行（　　）命令时，在图纸上以打印的方式显示图形。

A. Previev　　　　B. Erase

C. Zoom　　　　D. Pan

4. 根据图形打印的设置，下列不正确的说法是（　　）。

A. 可以打印图形的一部分

B. 可以根据不同的要求用不同的比例打印图形

C. 可以先输出一个打印文件，把文件放到别的计算机上打印

D. 打印时不可以设置纸张的方向

二. 填空题

1. AutoCAD窗口中提供了两个并行的工作环境，即__________和__________。

2. 使用__________命令，可以将AutoCAD图形对象保存为其他需要的文件格式以供其他软件调用。

3. 使用__________命令，可以将各种格式的文件输入到当前图形中。

三. 操作题

1. 运用多种方法新建布局，如下左图所示。

2. 利用“打印-模型”对话框进行打印配置并预览，如下右图所示。

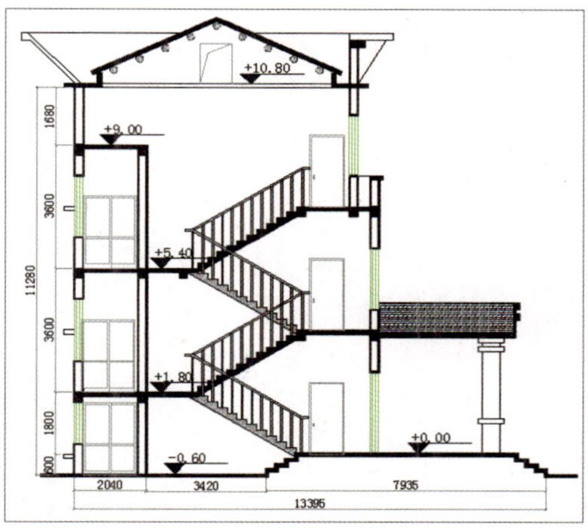

Chapter 11

绘制三居室施工图

本章将详细介绍三居室装饰图的绘制方法和技巧，包括平面布置图、地面材质图、顶棚布置图和剖面图等。通过练习绘制三居室家装施工平面图，可以熟练掌握前面章节所学的内容，为以后的工作做好铺垫。

知识要点

① 绘制三居室平面图
② 绘制三居室立面图
③ 绘制三居室剖面图

上机安排

学习内容	学习时间
● 绘制平面图	30分钟
● 绘制立面图	35分钟
● 绘制剖面图	35分钟

11.1 居室空间设计概要

大户型设计在强调整体风格的同时，需要注重每个单一装饰点的细节设计。通常这类户型的视点较杂，每块装饰细节都要适应从不同角度观察，既要远观有型，又要近看细部，只有做好每一个设计细节，才能使整个作品看上去更为饱满、合理。

11.1.1 空间处理需协调

大户型的空间处理是否协调得当是装修的关键，其重点是对功能与风格的把握。由于这种户型空间大，除了实现居住功能的设计外，更多的是对空间的规划与协调——空间设计是骨架，如果没有空间设计，其他设计则是一盘散沙。

在色彩上，不同的色调可以弥补各空间布局的不足；在结构上，可通过对屋梁、地台、吊顶的改造，对室内空间做出一些区分；家具可尽量用大结构家具，避免室内的零碎。同时，一些装饰品（如书画、雕塑、骨瓷等）的点缀，既能弥补单调，又为室内增添了生气和内涵，如下图所示。

11.1.2 设计风格需统一

大户型由于空间面积大、房间多，在做设计时应区别于普通住宅的装修概念。一个统一的设计风格会让大户型看起来更加完美和谐。目前比较流行的大户型设计风格主要有简洁感性的现代简约风格、休闲浪漫的美式风格、清爽自然的田园风格、沉稳理性的新中式风格以及雍容华贵的欧式风格，如下图所示。

11.1.3 装修细节需注意

跃层、别墅等户型的客厅挑空过高，设计师应解决视觉的舒适感受。具体做法是，采用体积大、样式隆重的灯具来弥补高处空旷的感觉。在合适的位置圈出石膏线，或者用窗帘将客厅垂直分成两层，令空间敞阔豪华而不空旷。

许多住户希望客厅灯光能随不同用途、场合而有所变化。智能化系统中有灯光调节系统，能够按照需要控制照明状态，只要轻触开关或手中的遥控器就可以感受从夏到冬、从春到秋的模拟性季节变化，甚至可以模拟一天中的不同时段。

11.2 绘制三居室平面图

在室内设计制图中，平面图包括平面布置图、地面布置图、顶棚布置图、里面布置图、电路布置图以及插座布置图等。下左图为平面布置图，下右图为顶棚布置图。

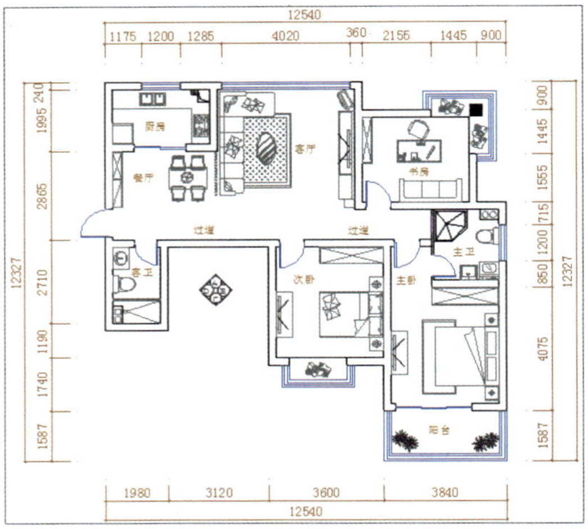

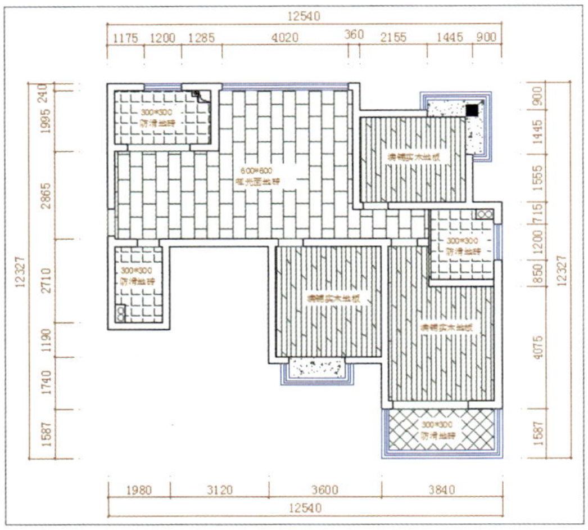

11.2.1 三居室平面布置图

下面将介绍三居室平面布置图的绘制步骤。

步骤01 启动AutoCAD软件，先将文件保存为“三居室设计方案”文件，然后执行“默认>图层>图层特性”命令，在打开的对话框中单击“新建图层”按钮，新建“轴线”图层，并设置其颜色为红色，线型为虚线，如下图所示。

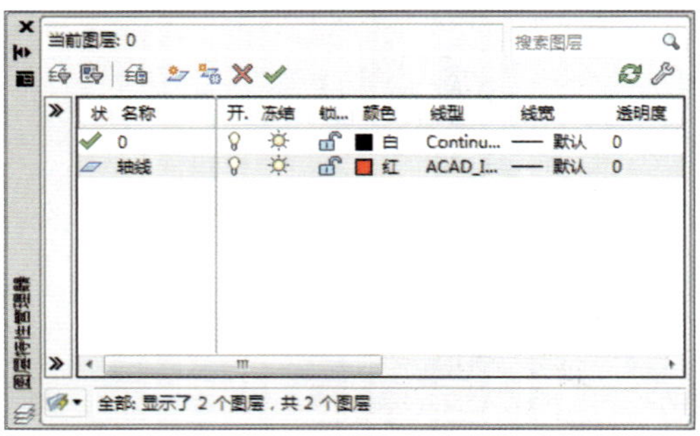

步骤02 继续单击“新建图层”按钮，依次创建出“墙体”、“门窗”、“标注”等图层，并设置图层参数，如下图所示。

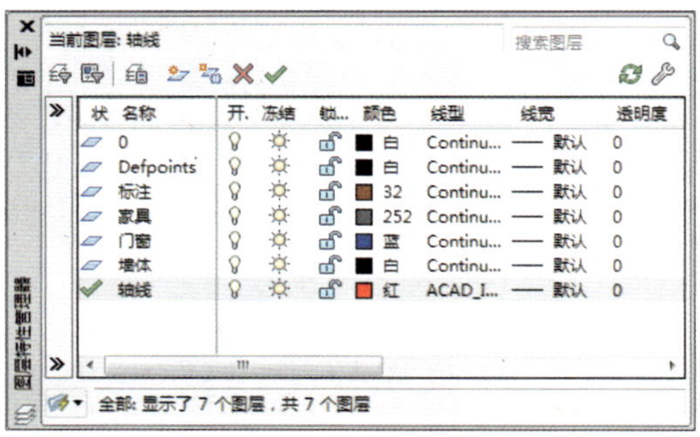

步骤03 双击“轴线”图层，将其设置为当前层。执行“直线”和“偏移”命令，绘制出三居室平面图轴线，如下图所示。

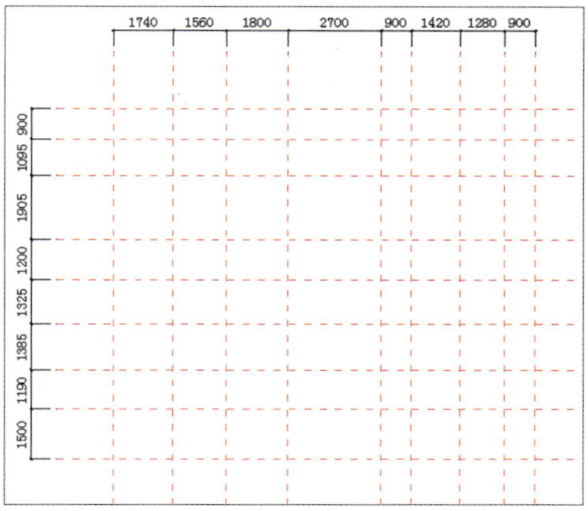

步骤04 将“墙体”图层设置为当前层，执行“绘图>多线”命令，设置对正方式为“无”，比例分别为240、80，沿轴线绘制出墙体轮廓，如下图所示。

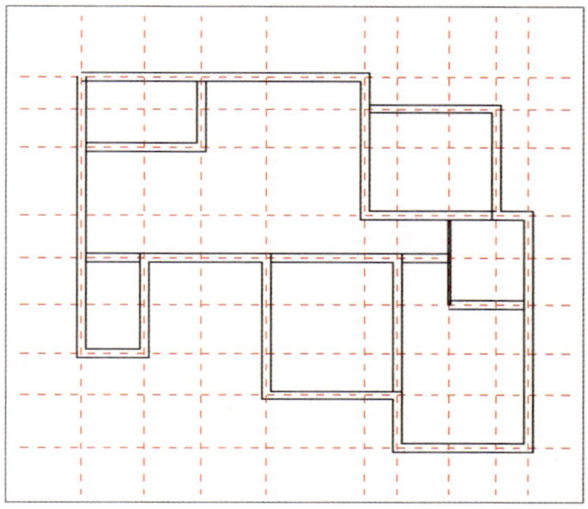

步骤05 关闭“轴线”图层，然后执行“分解”、“修剪”和“倒角”命令，将多线分解后，对其进行整理，效果如下图所示。

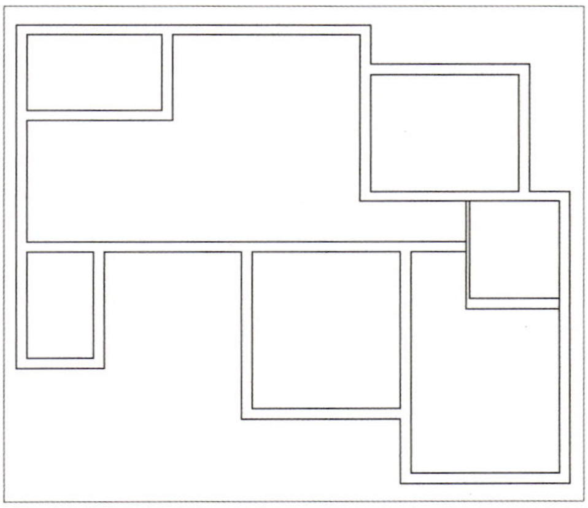

步骤06 执行“直线”和“偏移”命令，绘制多条辅助线，预留出门洞和窗洞，如下图所示。

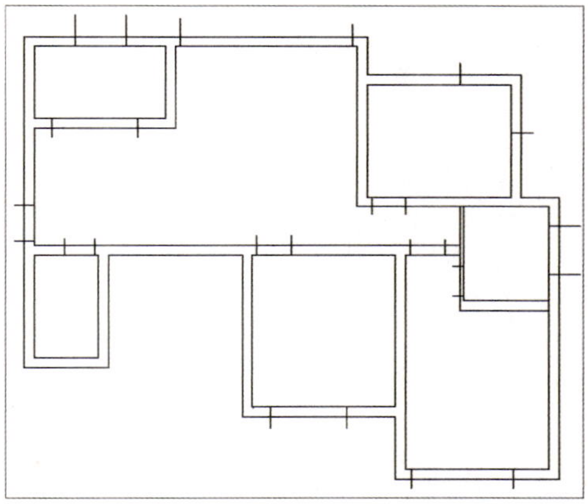

步骤07 执行“修剪”命令，对图形进行修剪，绘制出门洞和窗洞，如下图所示。

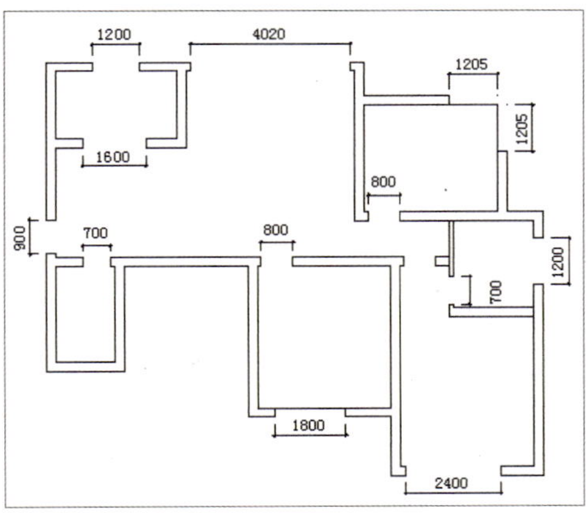

步骤08 执行“格式>多线样式”命令，打开“多线样式”对话框，单击“新建”按钮，打开相应对话框，输入新样式名，单击“继续”按钮，如下图所示。

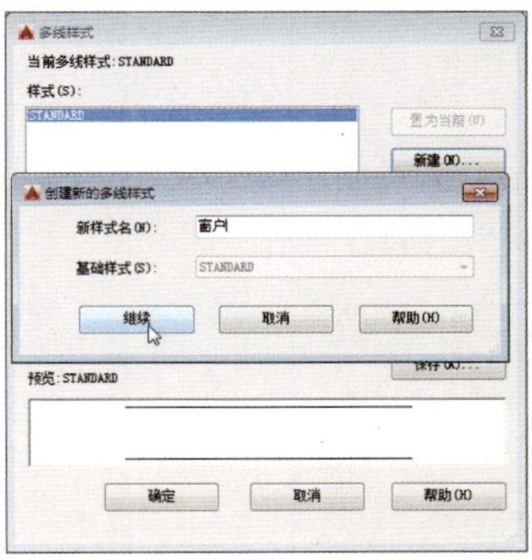

步骤09 打开“新建多线样式”对话框，从中设置多线的属性，单击“确定”按钮返回上一对话框，依次单击“置为当前”和“关闭”按钮，完成创建，如下图所示。

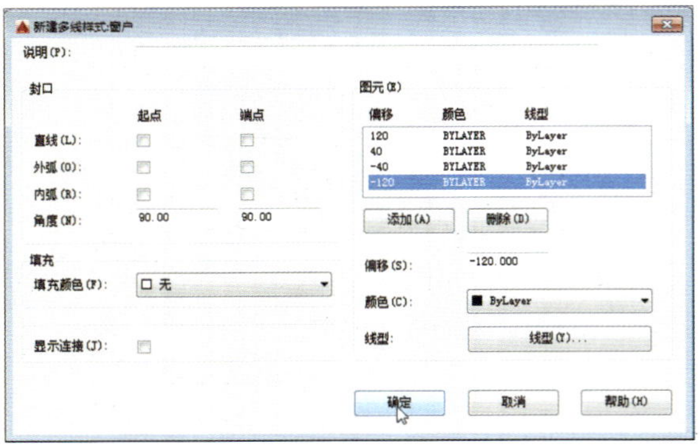

步骤10 将“门窗”图层设置为当前层，执行“绘图>多线”命令，设置比例为1，“对正”方式分别为“无”和“上”，在图形合适的位置添加窗户，如下图所示。

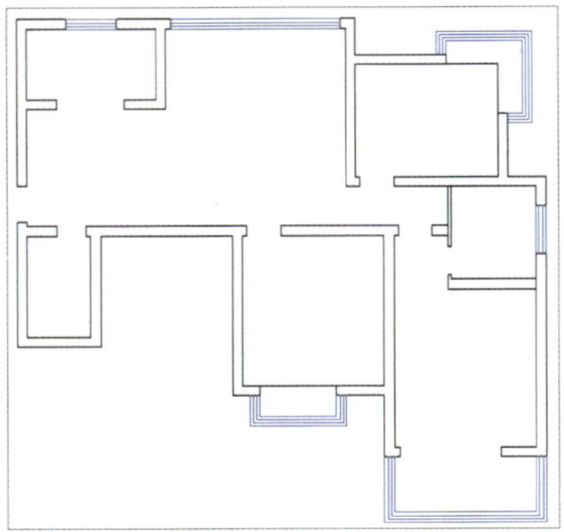

步骤11 执行“矩形”、“圆”、“复制”、“旋转”等命令，绘制出门图形并将其放置在图形合适位置，如下图所示。

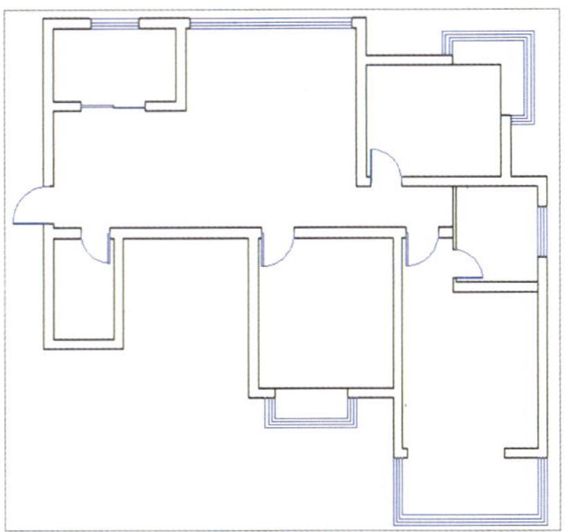

步骤12 将“墙体”图层设置为当前层，执行“直线”、“圆”、“矩形”等命令，在图形合适位置绘制出柱子、下水管及排烟管图形，如下图所示。

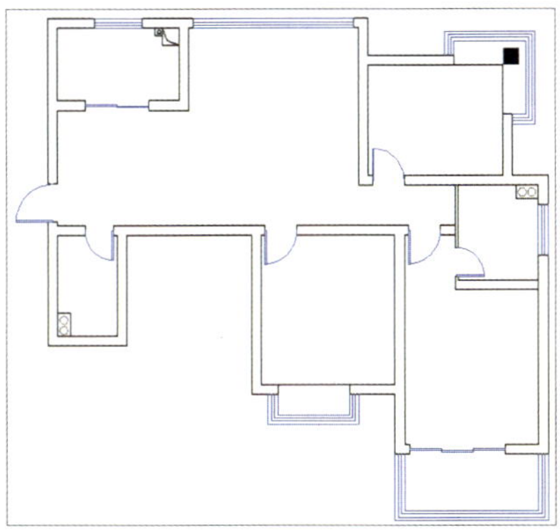

步骤13 将“家具”图层设置为当前层，执行“矩形”、“直线”、“偏移”等命令，绘制鞋柜和酒柜图形，如下图所示。

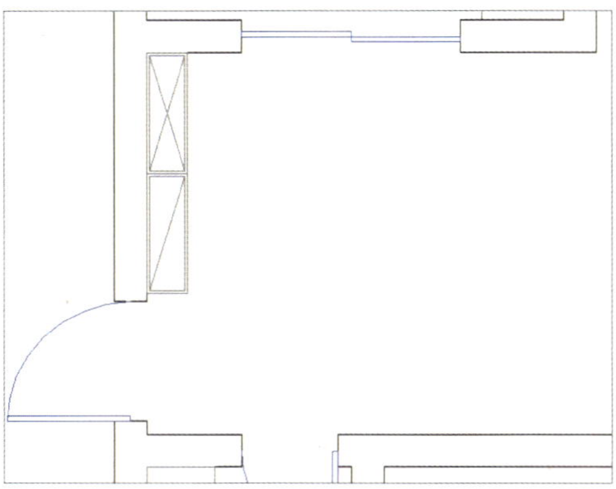

步骤14 继续执行“矩形”、“直线”、“偏移”等命令，绘制橱柜台面、电视柜、衣柜、隔断等图形，如下图所示。

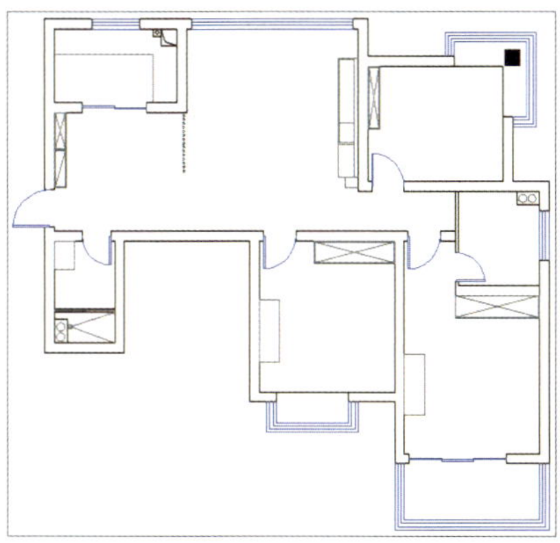

步骤15 执行"插入"命令，打开相应对话框。单击"浏览"，选择"组合沙发"文件，如下图所示。

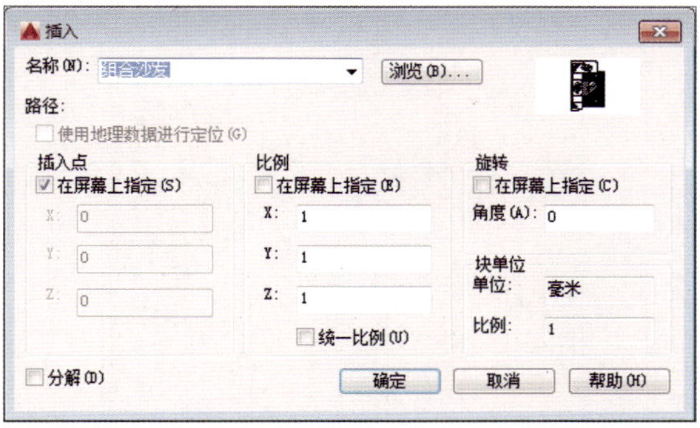

步骤16 单击"确定"按钮，将"组合沙发"图块插入到图形中的合适位置处，如下图所示。

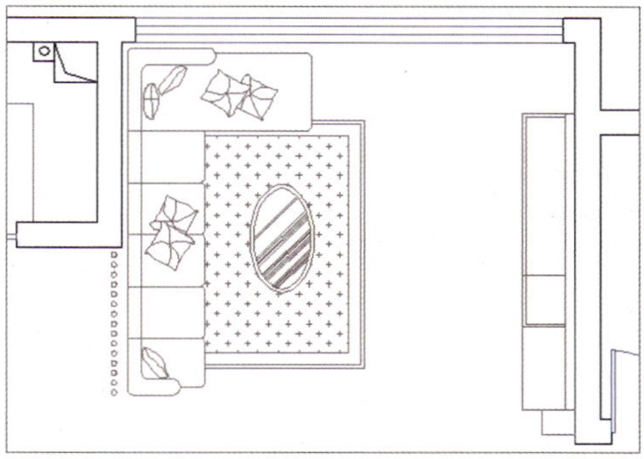

步骤17 执行"插入"命令，将"电视机"、"空调"和"餐桌"图块插入到图形合适位置，如下图所示。

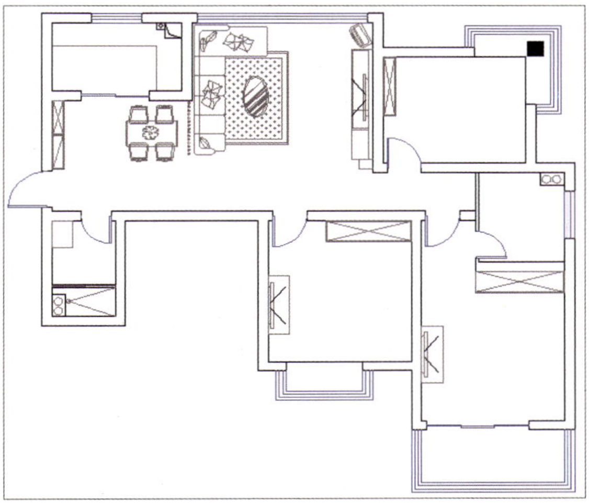

步骤18 继续执行"插入"命令，将其他图块插入到图形合适位置，如下图所示。

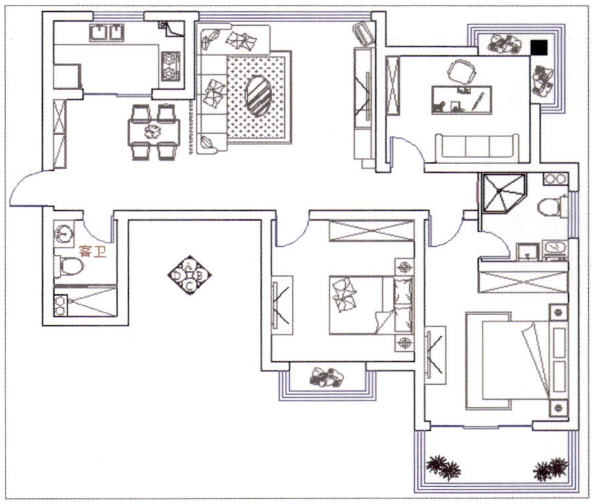

步骤19 执行"格式>文字样式"命令，新建"文字说明"样式，并设置其"字体"为"宋体"，"高度"为250，如下图所示。

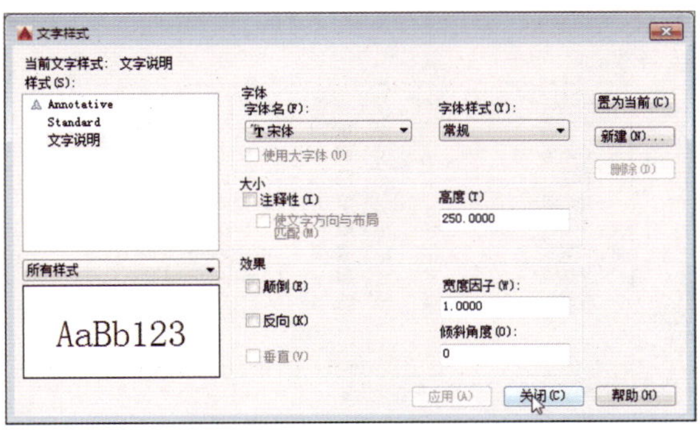

步骤20 将"标注"图层设置为当前层。执行"多行文字"命令，为平面图添加文字注释，如下图所示。

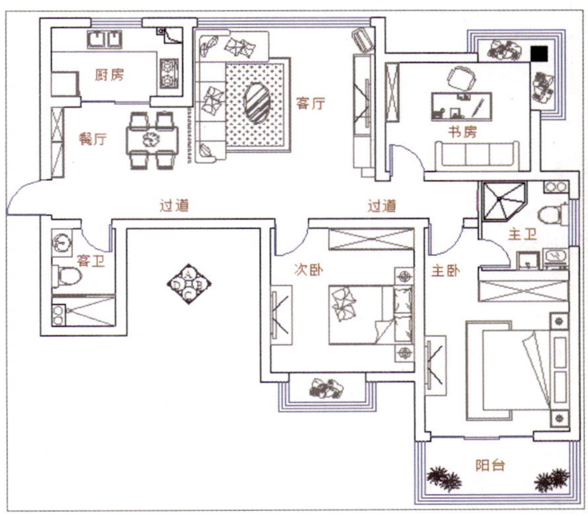

步骤21 执行“格式>标注样式”命令，新建“平面标注”样式，设置其样式参数，并将其设置为当前标注样式，如下图所示。

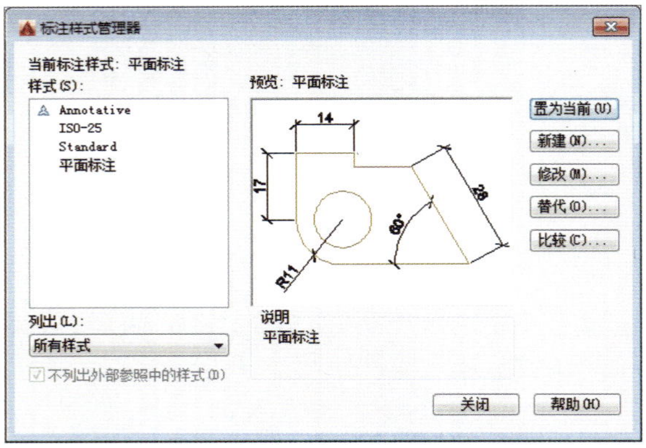

步骤22 执行“线性”和“连续”标注命令，为平面布置图添加尺寸标注，如下图所示。

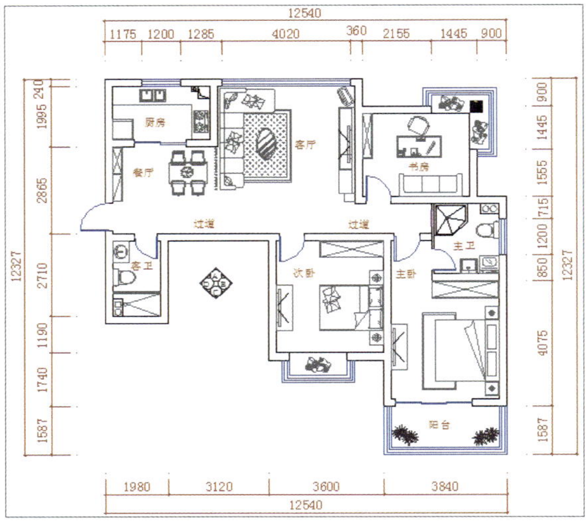

11.2.2 三居室地面材质图

下面将介绍三居室地面材质图的绘制步骤。

步骤01 执行“复制”命令，对平面布置图进行复制，删除其内部家具、门及文字，如右图所示。

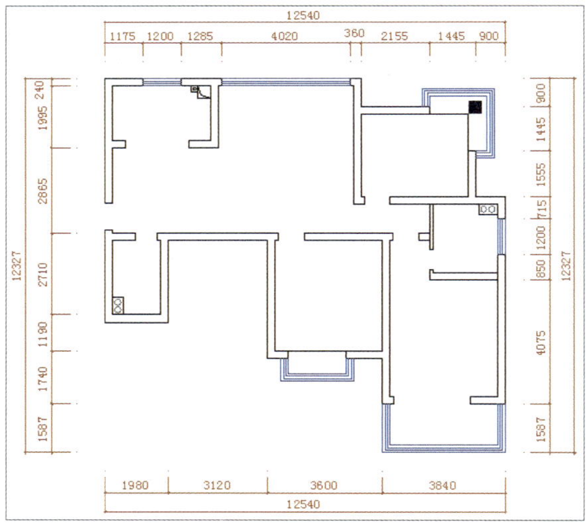

步骤02 执行“图层特性”命令，新建“地面填充”图层，设置其图层参数，并将其设置为当前层，如右图所示。

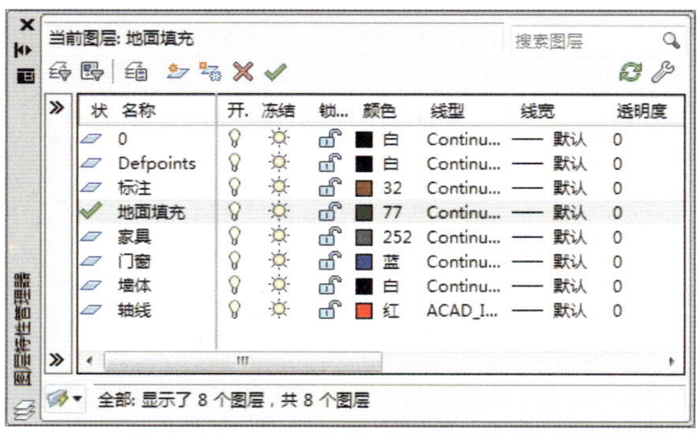

步骤03 执行“直线”命令，将图形中的所有门洞封闭，效果如下图所示。

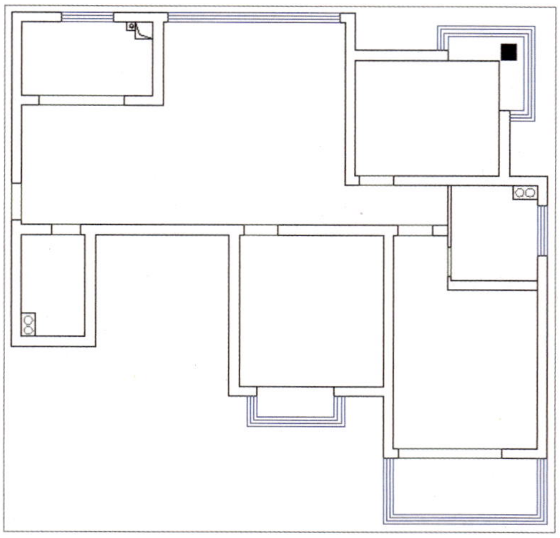

步骤04 执行“图案填充”命令，对主卧室地面进行填充，图案为DOLMIT，图案填充角度为90，填充图案比例为25，如下图所示。

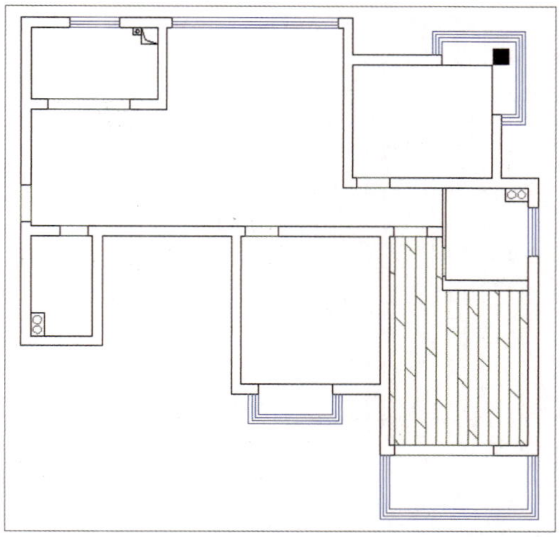

步骤05 执行“图案填充”命令，对厨房地面进行填充，图案为ANGLE，填充图案比例为50，如下图所示。

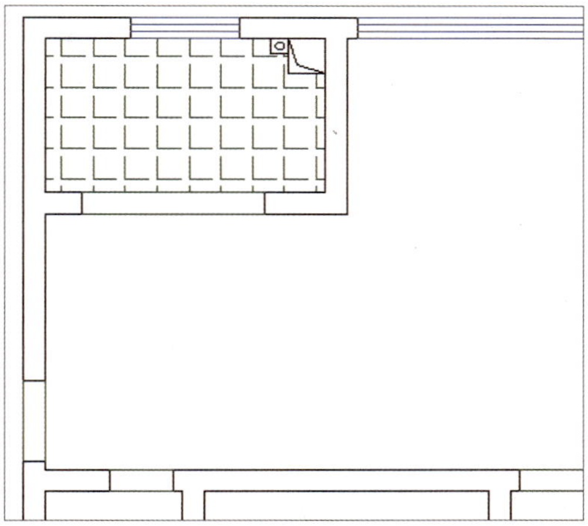

步骤06 继续执行“图案填充”命令，对其他区域进行填充，效果如下图所示。

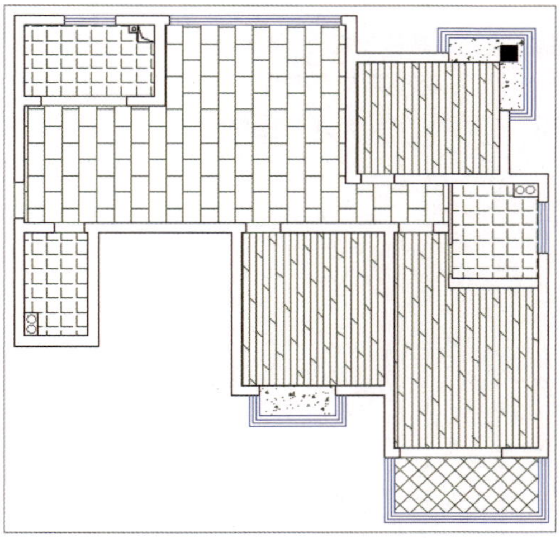

步骤07 执行“多行文字”命令，在厨房内框选出文字输入范围后，单击“背景遮罩”按钮，在打开的对话框中，设置“边界偏移因子”为1，“填充颜色”为白色，如下图所示。

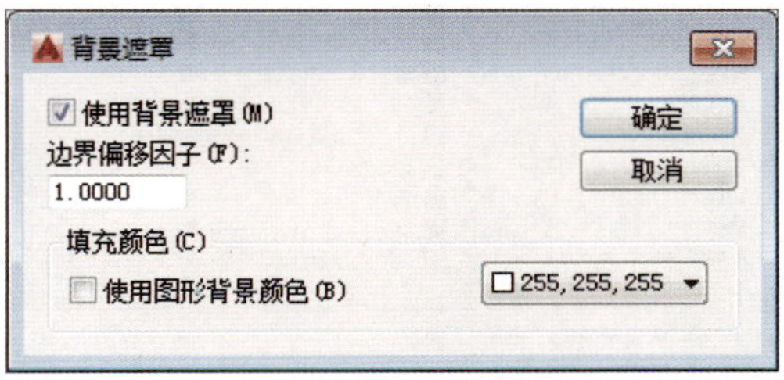

步骤08 设置完成后单击“确定”按钮，为厨房地面材质添加文字说明，如下图所示。

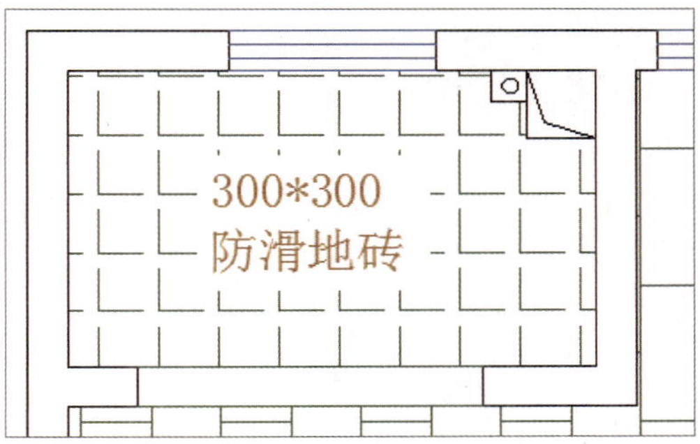

步骤09 执行“复制”命令，将文字注释复制到书房合适位置。双击文字，对文字内容进行修改，效果如下图所示。

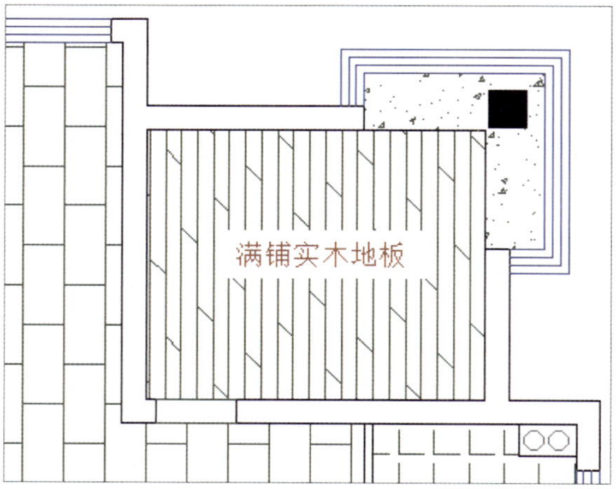

步骤10 继续执行“复制”命令，对其余地面材质进行文字说明，最终效果如下图所示。

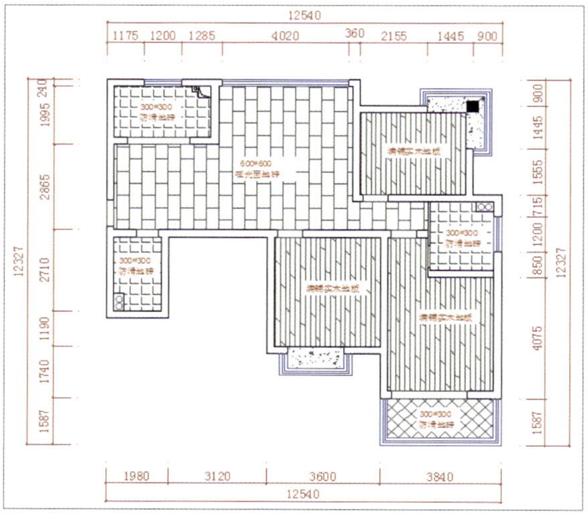

11.2.3 三居室顶棚布置图

下面将介绍三居室顶棚布置图的绘制步骤。

步骤01 执行“复制”命令，对地面材质图进行复制，并删除图案填充与文字部分，然后执行“直线”命令，将图形绘制完整，如右图所示。

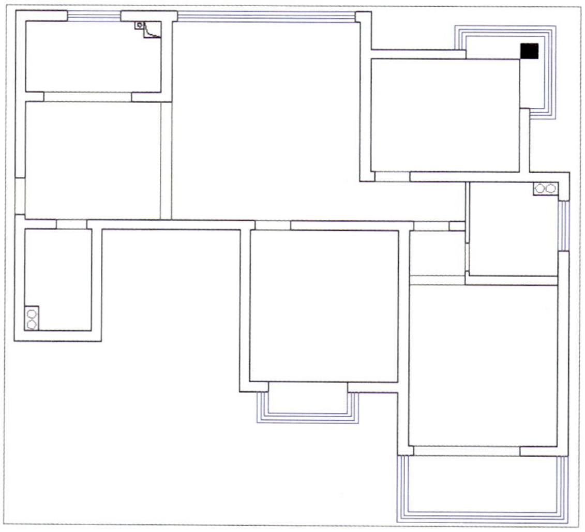

步骤02 执行“图层特性”命令，新建“顶面造型”和“引线标注”图层，设置其图层参数，并将“顶面造型”图层设置为当前层，如右图所示。

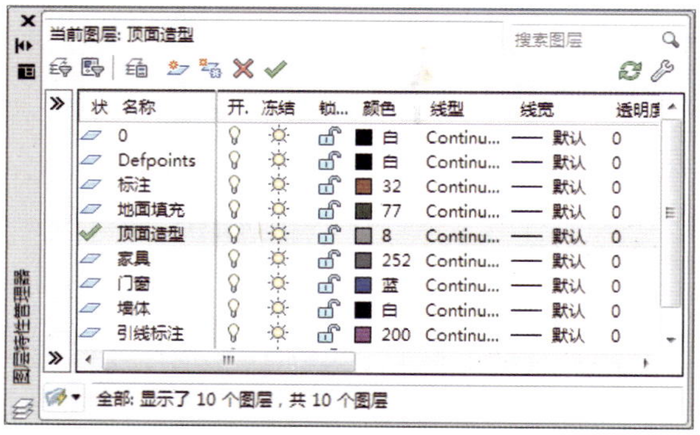

步骤03 执行“矩形”和“偏移”命令，绘制次卧室顶棚石膏线，矩形依次向内偏移50mm、30mm，然后执行“插入”命令，插入“吊灯”图块，如下图所示。

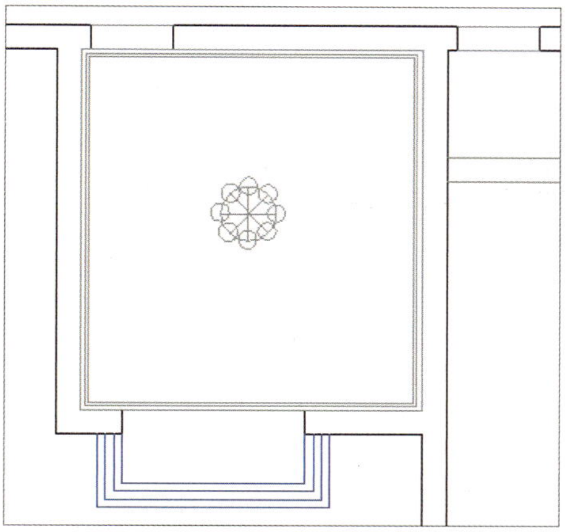

步骤04 继续执行“矩形”和“偏移”，按照同样的操作方法，绘制主卧室与书房顶棚，并插入“筒灯”和“吸顶灯”图块，如下图所示。

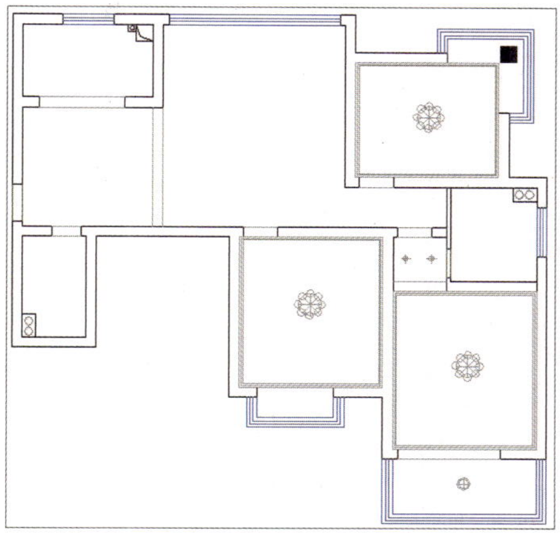

步骤05 执行“直线”、“矩形”、“圆”、“偏移”、“修剪”等命令，绘制餐厅、客厅及过道顶棚，如下图所示。

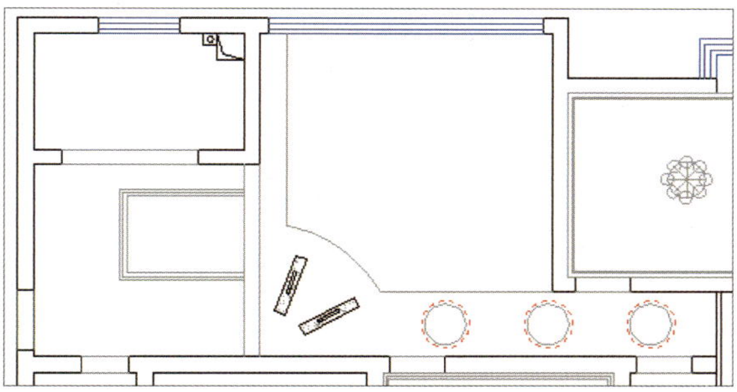

步骤06 执行“矩形”和“圆”命令，在餐厅合适位置绘制出灯具图形，如下图所示。

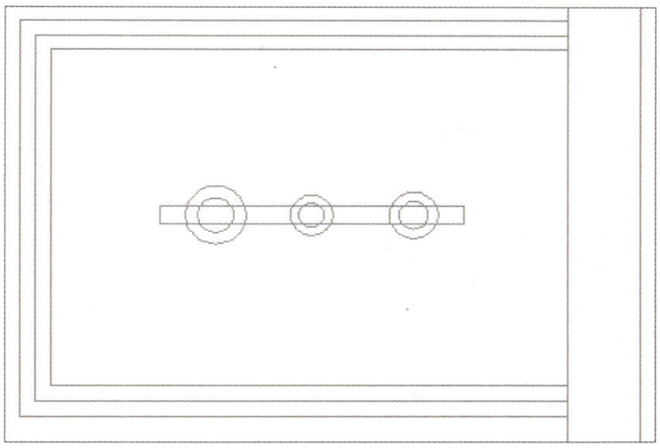

步骤07 执行“复制”命令，复制“筒灯”图块，然后执行“插入”命令，插入“吊灯”图块，如下图所示。

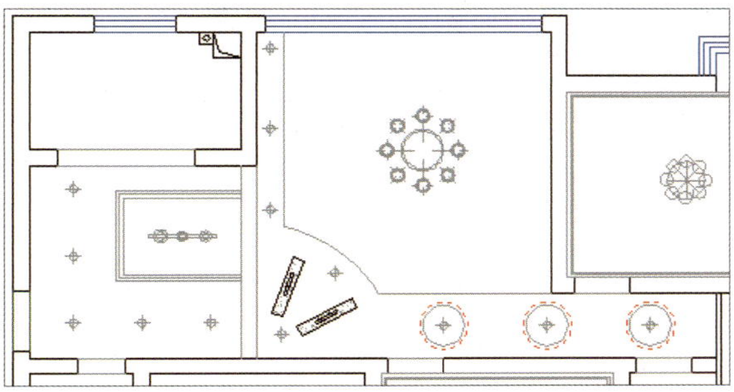

步骤08 执行“插入”命令，将“浴霸”、“排风扇”及“吸顶灯”图块插入到客卫生合适位置，然后执行“图案填充”命令，对其顶面进行填充，效果如下图所示。

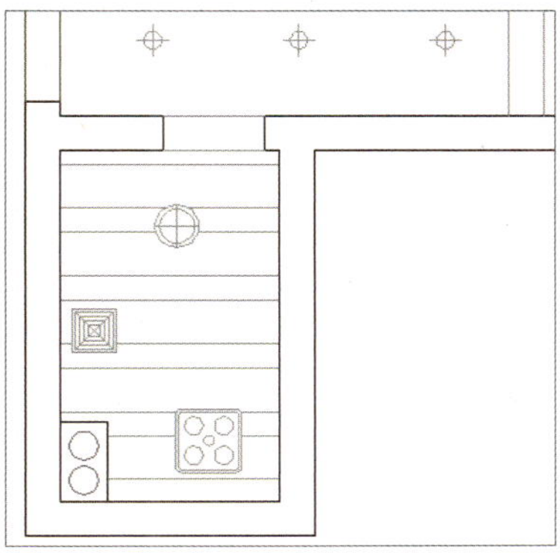

步骤09 继续执行“插入”和“图案填充”命令，按照同样的操作方法，绘制出厨房与主卫生间顶棚，效果如下图所示。

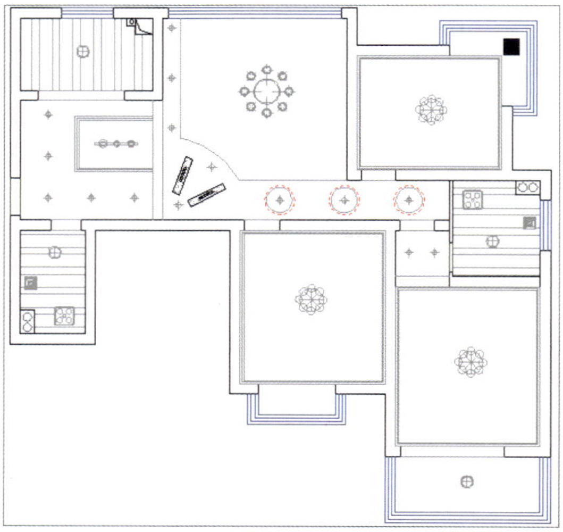

步骤10 执行“格式>多重引线样式”命令，新建“平面标注”样式，并设置引线样式，然后依次单击“置为当前”、“关闭”按钮，如下图所示。

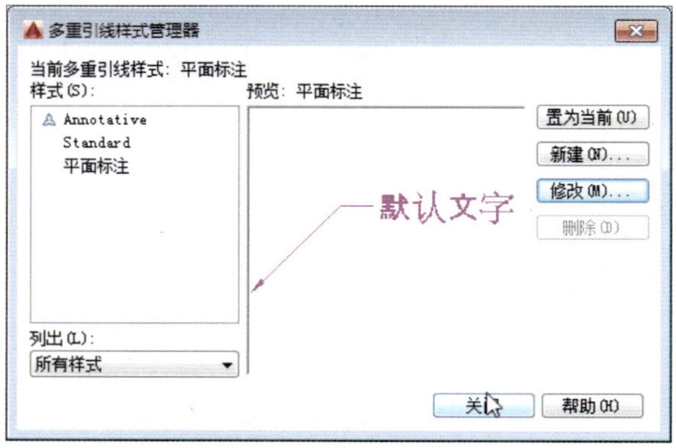

步骤11 执行“多重引线”命令，为厨房顶棚添加文字说明，效果如下图所示。

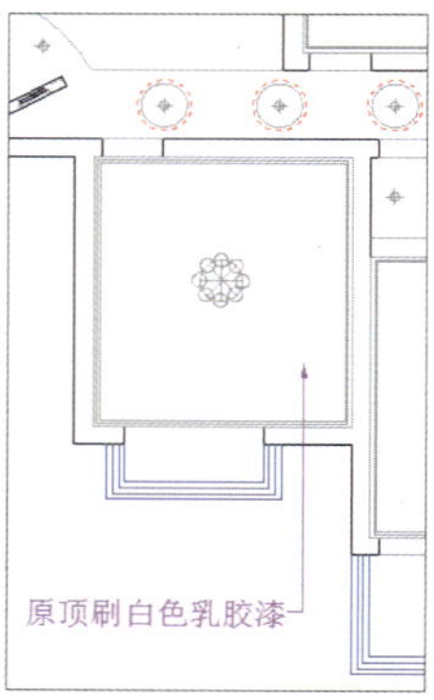

步骤12 继续执行“多重引线”命令，为其余顶棚添加文字说明，最终效果如下图所示。

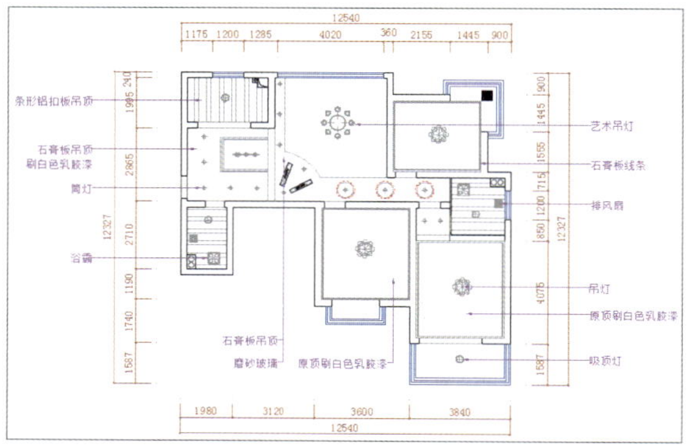

步骤13 执行“插入”命令，将“标高符号”属性图块插入到餐厅合适位置，并输入标高值，效果如下图所示。

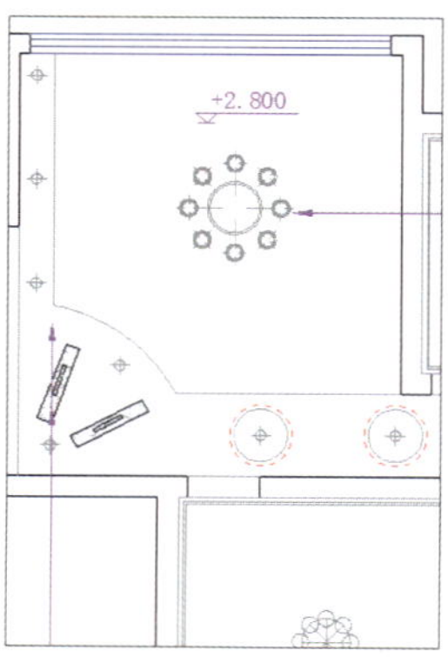

步骤14 执行“复制”命令，复制标高符号并修改其标高值，最终效果如下图所示。

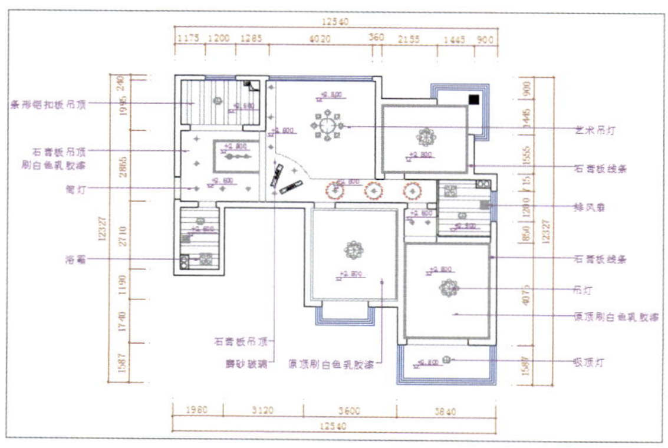

11.3 绘制三居室立面图

下面将根据三居室平面布置图绘制三居室立面图，包括客厅B立面图、客厅D立面图和主卧室B立面图。

11.3.1 客厅B立面图

下面将介绍客厅B立面图的绘制步骤。

步骤01 执行“图层特性”命令，新建“立面造型”图层，设置图层的参数，并将其设置为当前层，如下图所示。

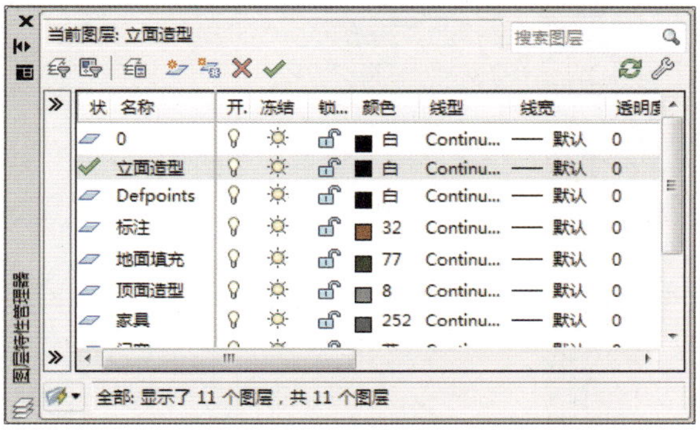

步骤02 执行“直线”、“偏移”、“修剪”等命令，根据平面尺寸，绘制立面区域，如下图所示。

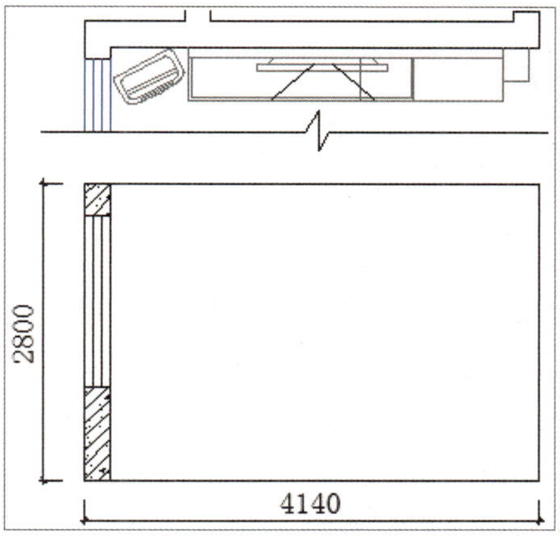

步骤03 执行“偏移”、“修剪”和“圆”命令，绘制出电视背景墙造型、电视柜以及灯带线，如右图所示。

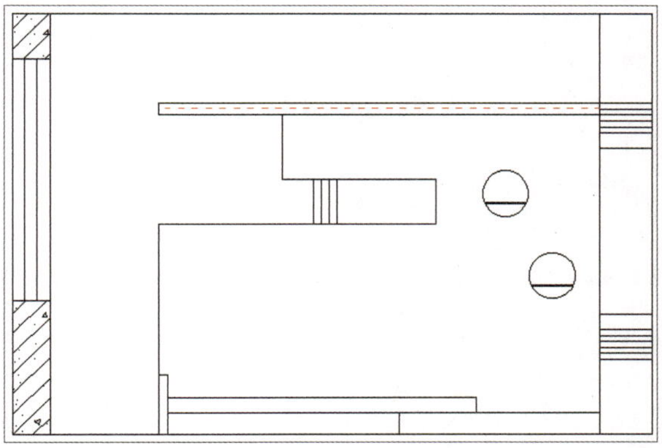

步骤04 执行“圆”命令，绘制半径分别为58mm、31mm的两个同心圆，然后执行“绘图>样条曲线>控制点”命令，绘制样条曲线，即可完成窗帘的绘制，如右图所示。

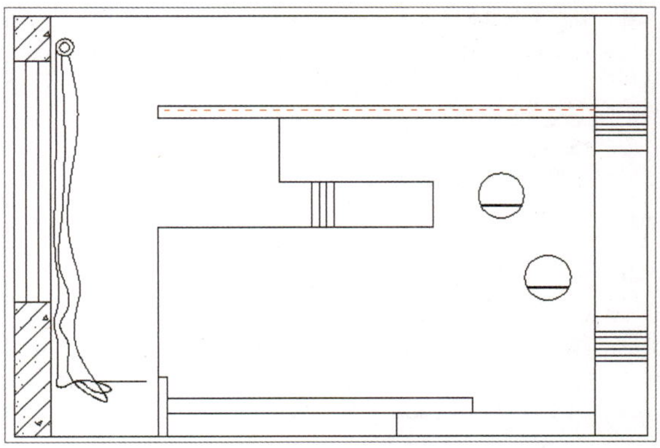

步骤05 执行“插入”命令，插入“空调”图块，然后执行“分解”和“修剪”命令，对其进行修整，如下图所示。

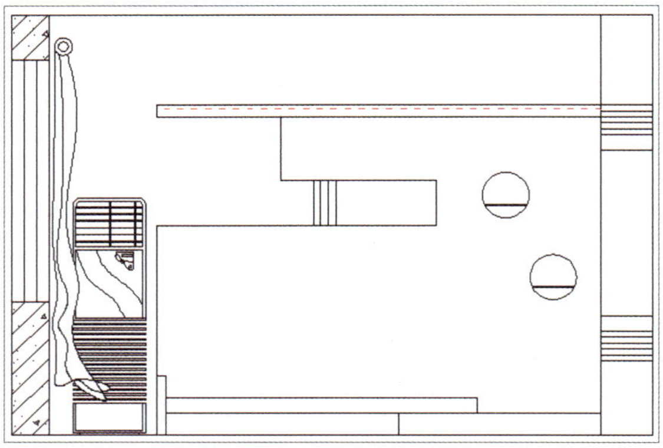

步骤06 继续执行“插入”命令，将其他图块插入到图形合适位置，然后执行“图案填充”命令，对背景墙进行填充，效果如下图所示。

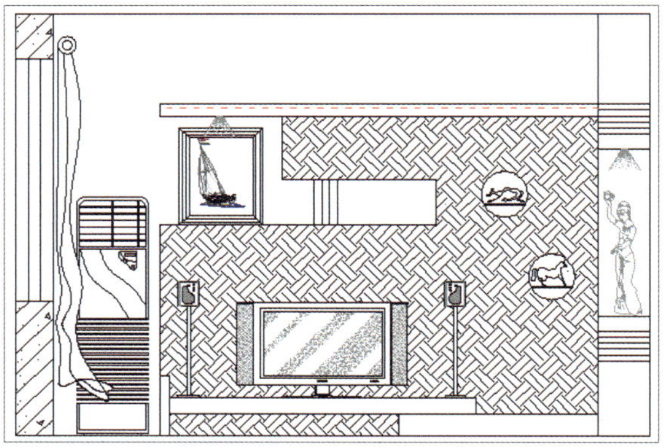

步骤07 执行“格式>标注样式”命令，新建“立面标注”样式，设置样式参数，并将其置为当前，如下图所示。

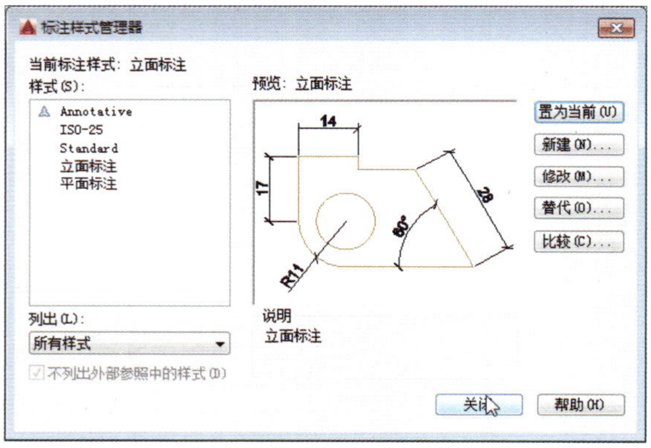

步骤08 将“标注”图层设置为当前层，执行“线性”和“连续”标注命令，为立面图添加尺寸标注，如下图所示。

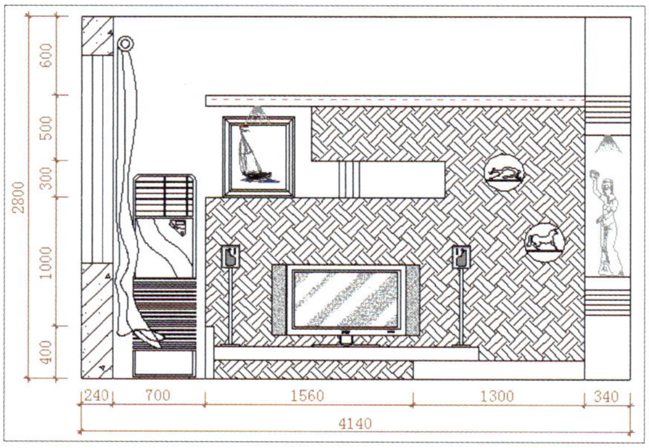

步骤09 将“引线标注”图层设置为当前层，执行“格式>多重引线样式”命令，新建“立面标注”样式，设置样式参数，并置为当前，如下图所示。

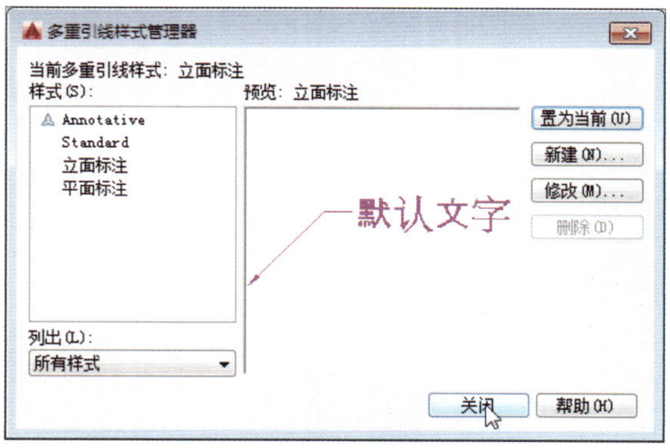

步骤10 执行“多重引线”命令，为立面图添加文字标注，如下图所示。

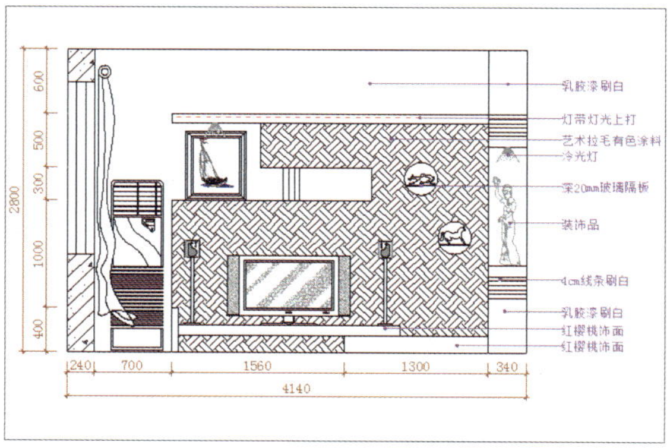

11.3.2 客厅D立面图

下面将介绍客厅D立面图的绘制步骤。

步骤01 将“立面造型”图层设置为当前层。执行“直线”、“偏移”、“修剪”等命令，根据平面尺寸，绘制立面区域，如下图所示。

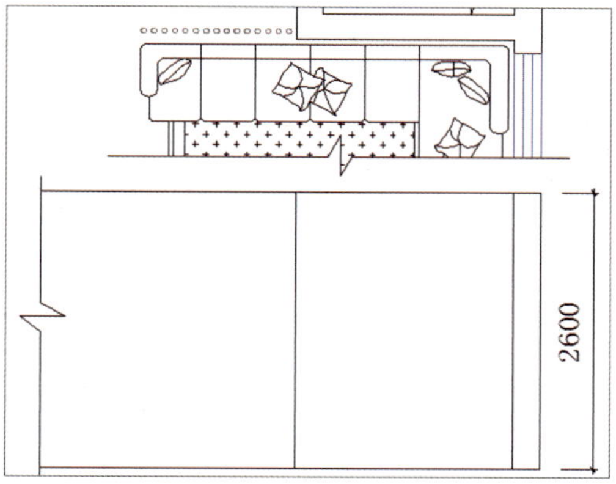

步骤02 执行“偏移”和“图案填充”命令，绘制窗户剖面，如下图所示。

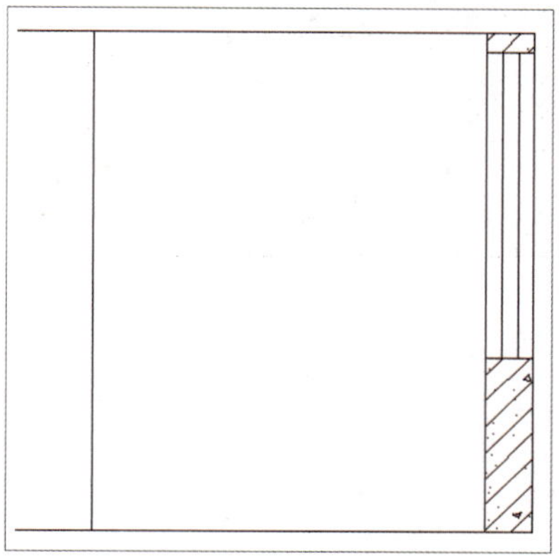

步骤03 执行“复制”命令，复制客厅B立面图中的窗帘图形，然后执行“镜像”命令，对其进行镜像，如下图所示。

步骤04 执行“直线”、“圆”和“偏移”命令，绘制玻化砖，如下图所示。

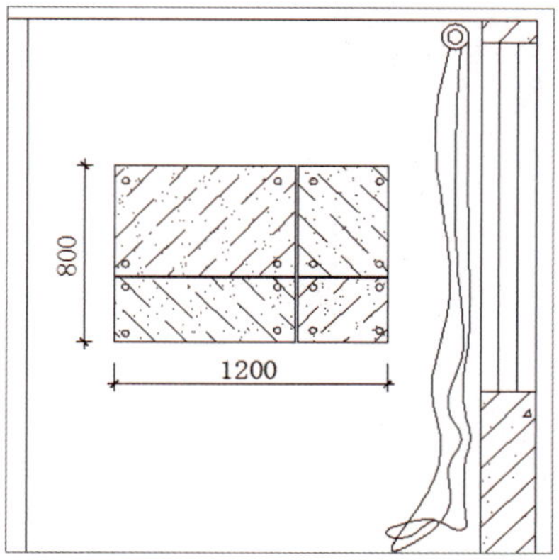

步骤05 执行“插入”命令，将“沙发”图块插入到图形合适位置，如下图所示。

步骤06 执行“圆”、“矩形阵列”和“复制”命令，绘制珠帘隔断，如下图所示。

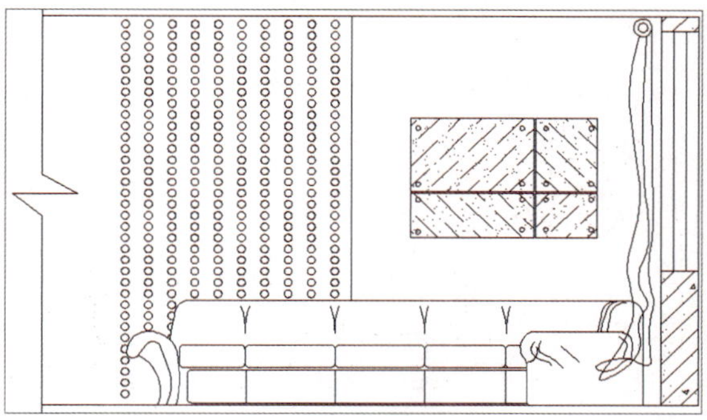

步骤07 将“标注”图层设置为当前层，执行“线性”和“连续”标注命令，为立面图添加尺寸标注，如下图所示。

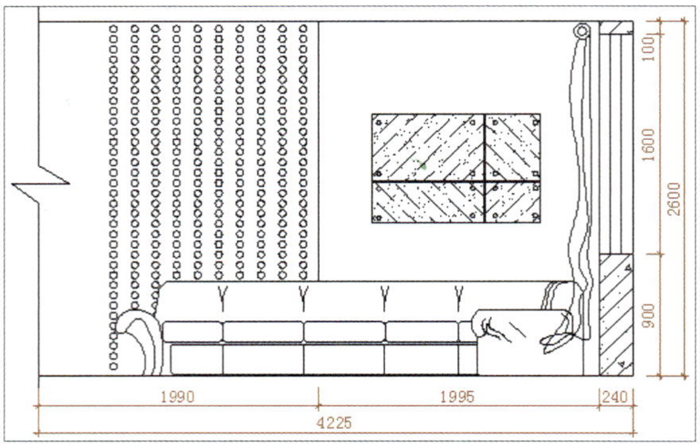

步骤08 将“引线标注”图层设置为当前层，执行“多重引线”命令，为立面图添加文字标注，如下图所示。

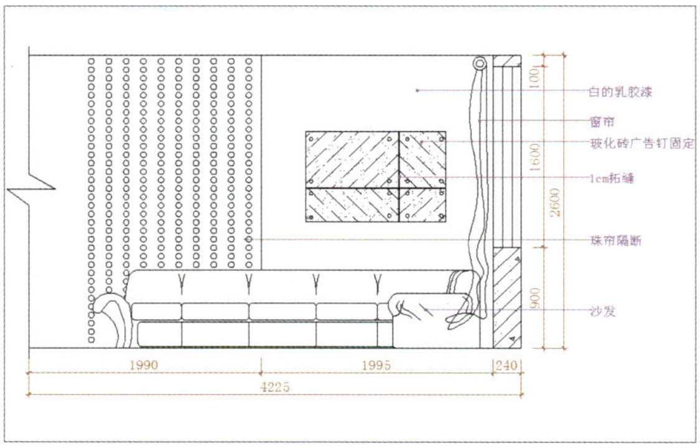

11.3.3 主卧室B立面图

下面将介绍主卧室B立面图的绘制步骤。

步骤01 将“立面造型”图层设置为当前层。执行“直线”、“偏移”、“修剪”等命令，根据平面尺寸，绘制立面区域，如下图所示。

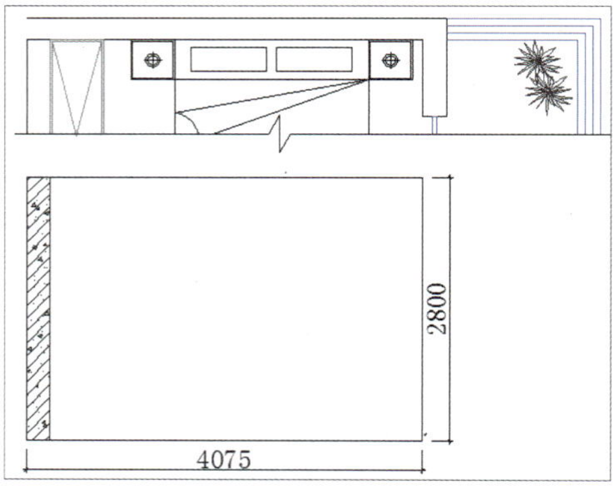

步骤02 执行“矩形”、“直线”和“偏移”命令，绘制衣柜侧面，如下图所示。

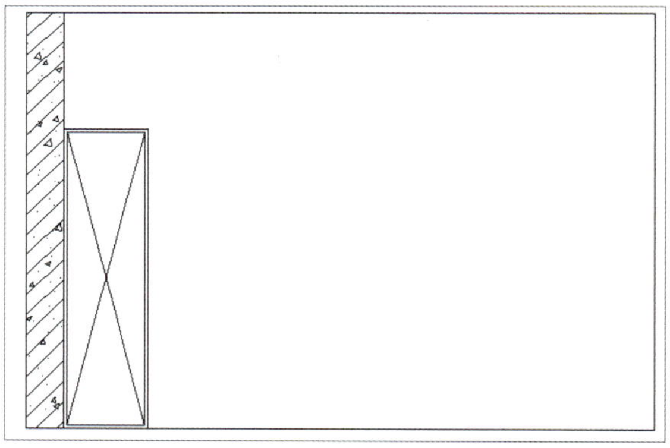

步骤03 执行“插入”命令，将“双人床”图块插入到图形合适位置，如下图所示。

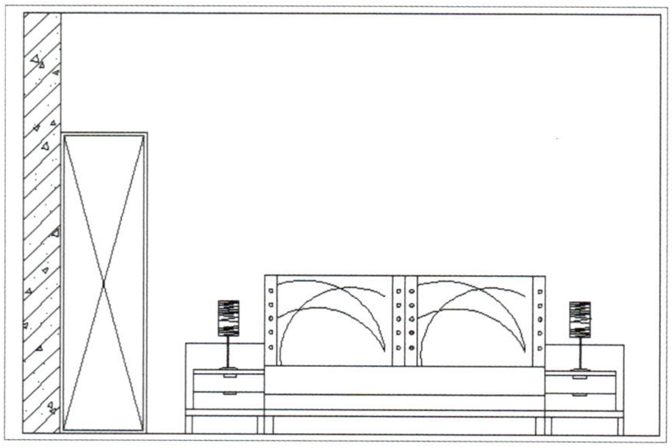

步骤04 继续执行“插入”命令，插入“装饰画”图块，并对其进行复制，如下图所示。

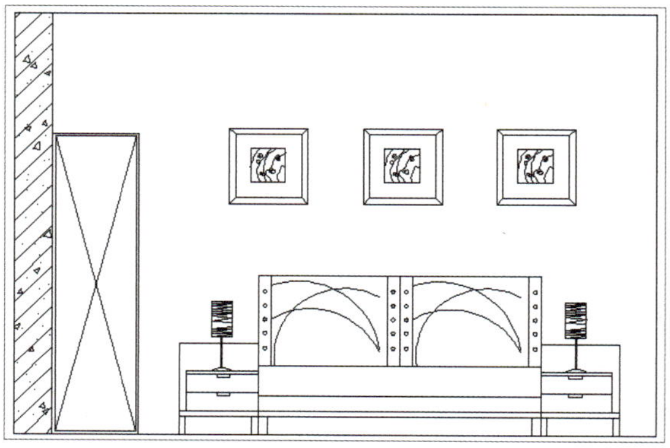

步骤05 执行“偏移”命令，将地平线向上偏移80mm，并对其进行修剪，绘制出踢脚线，如右图所示。

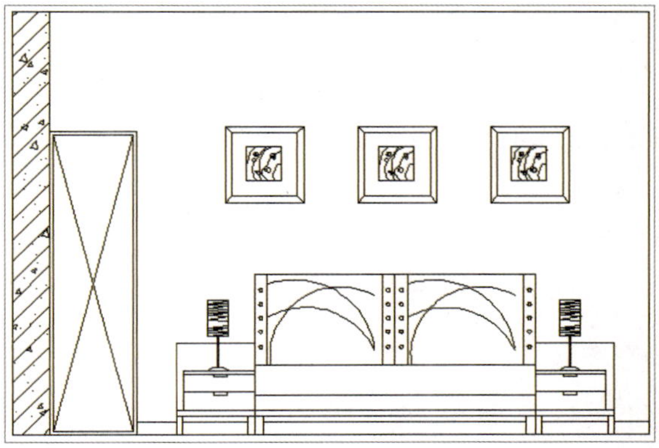

步骤06 执行“图案填充”命令，选择合适的图案对墙面进行填充，如右图所示。

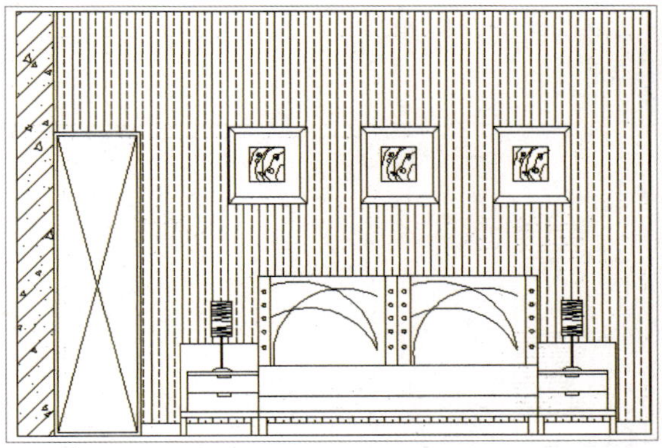

步骤07 将“标注”图层设置为当前层，执行“线性”和“连续”标注命令，为立面图添加尺寸标注，如右图所示。

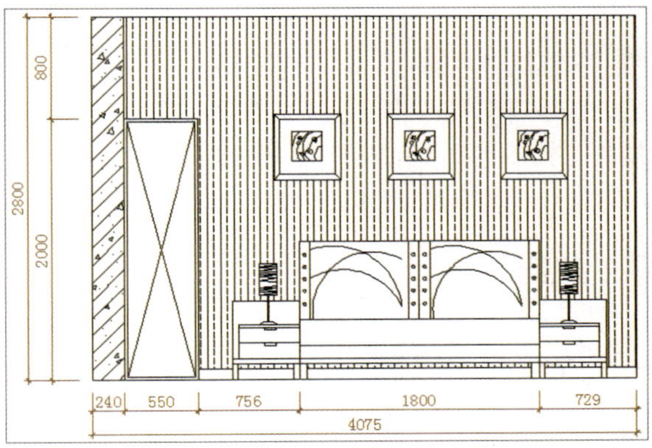

步骤08 将“引线标注”图层设置为当前层，执行“多重引线”命令，为立面图添加文字标注，如右图所示。

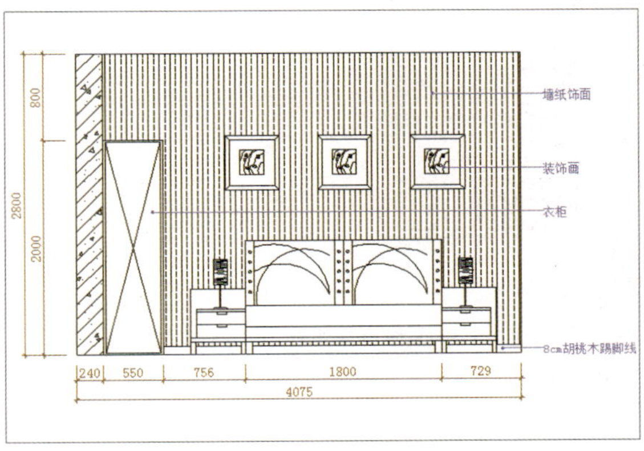

11.4 绘制三居室主要剖面图

绘制剖面图，可以详细地描述墙体或家具的内部构造。下面将介绍绘制三居室剖面图的绘制步骤，包括电视背景墙剖面图、过道装饰墙剖面图。

11.4.1 电视背景墙剖面图

下面将介绍电视背景墙剖面图的绘制步骤。

步骤01 执行“复制”命令，复制客厅B立面图，然后执行“多段线”和“多行文字”命令，绘制剖面符号，如下图所示。

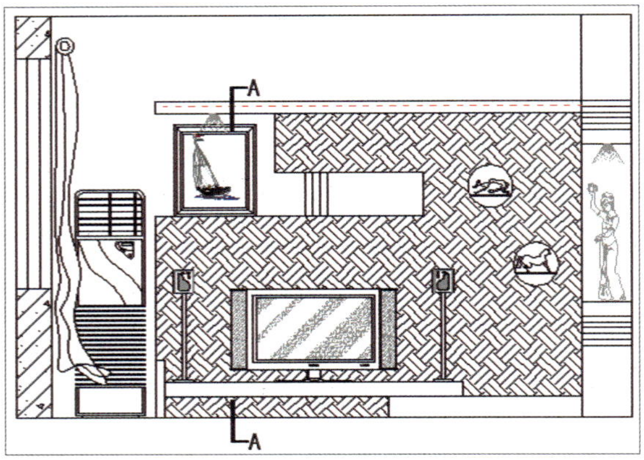

步骤02 执行“直线”、“偏移”、“修剪”等命令，根据立面尺寸，绘制出背景墙剖面轮廓，如下图所示。

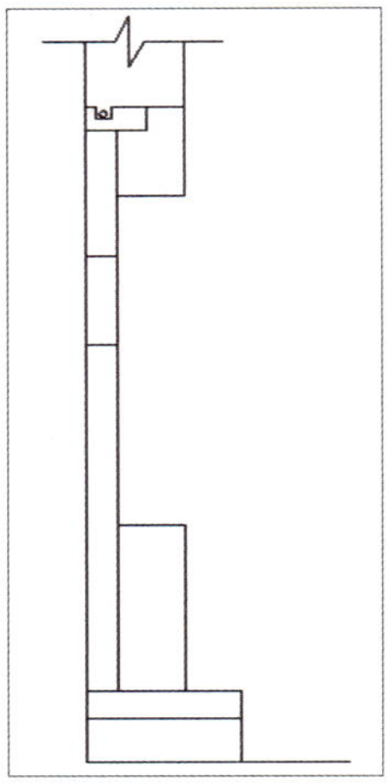

步骤03 执行“偏移”和“图案填充”命令，继续绘制细部并对图形进行填充。执行“插入”命令，插入“射灯”和“装饰品”图块，如下图所示。

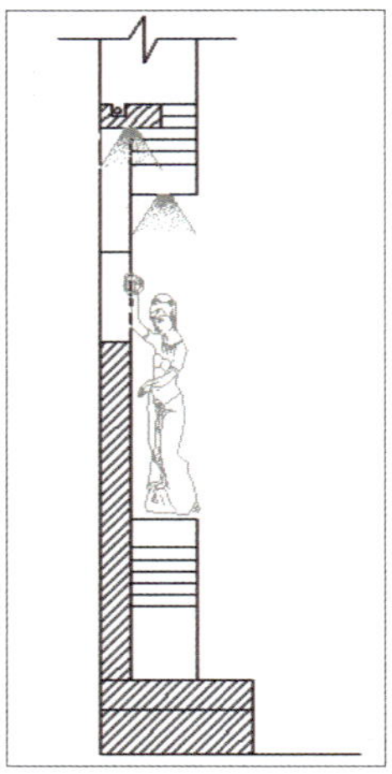

步骤04 执行“矩形”命令，绘制装饰画侧面，矩形尺寸为40×637，然后执行“旋转”命令，将其旋转10°，并对图形进行修剪，如下图所示。

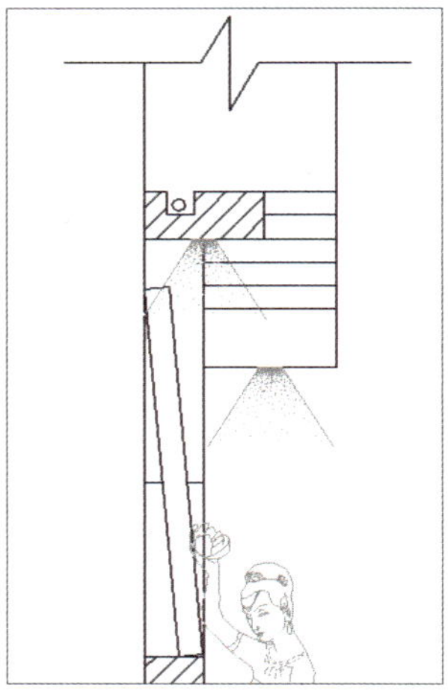

步骤05 执行“格式>标注样式”命令，新建“剖面标注”样式，设置样式参数，并将其置为当前，如下图所示。

步骤06 将“标注”图层设置为当前层，执行“线性”和“连续”标注命令，为剖面图添加尺寸标注，如下图所示。

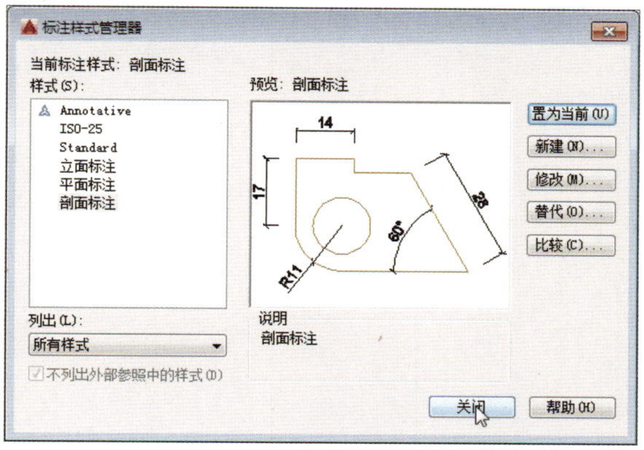

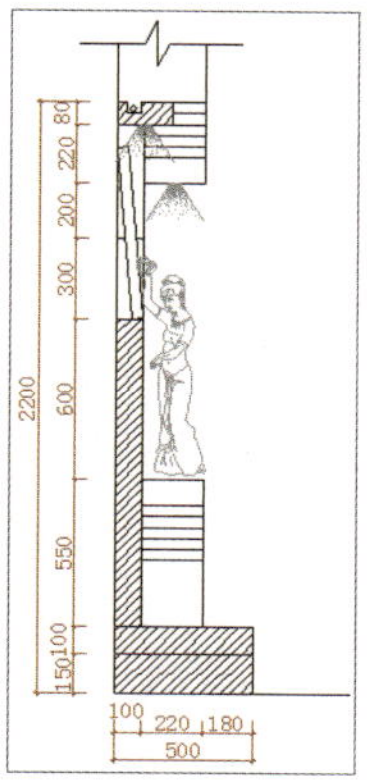

步骤07 将“引线标注”图层设为当前层，执行“格式>多重引线样式”命令，新建“立面标注”样式，设置样式参数，将其置为当前，如下图所示。

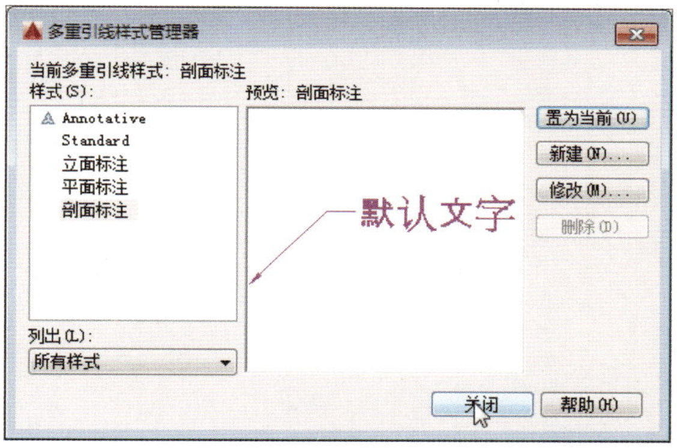

步骤08 执行“多重引线”命令，为立面图添加文字标注，如下图所示。

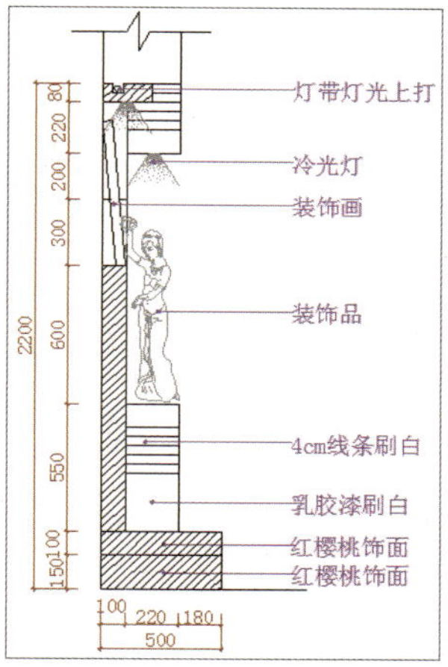

11.4.2 过道装饰墙剖面图

下面将介绍过道装饰墙剖面图的绘制步骤。

步骤01 执行“多段线”和“多行文字”命令，在过道B立面图的合适位置绘制出剖面符号，如下图所示。

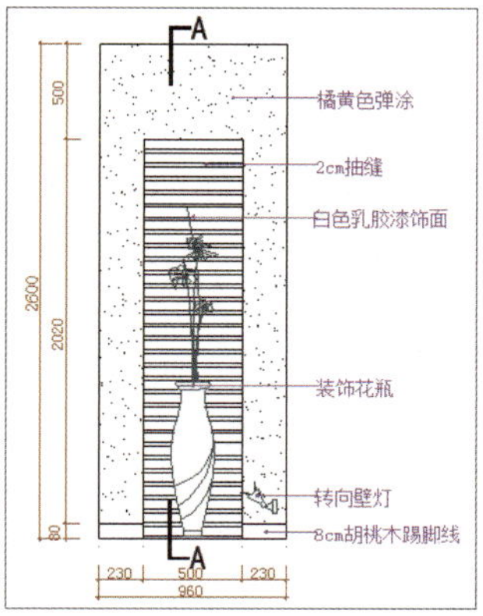

步骤02 执行“直线”、“多段线”、“矩形”等命令，根据立面尺寸，绘制剖面轮廓，并为其填充合适图案，如下图所示。

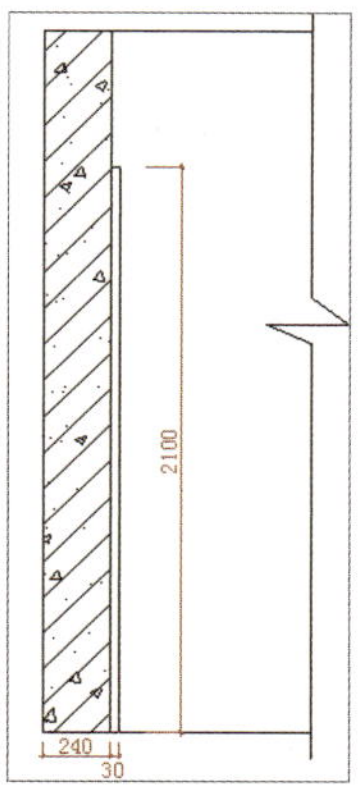

步骤03 执行“多段线”命令，绘制一条多段线，如下图所示。

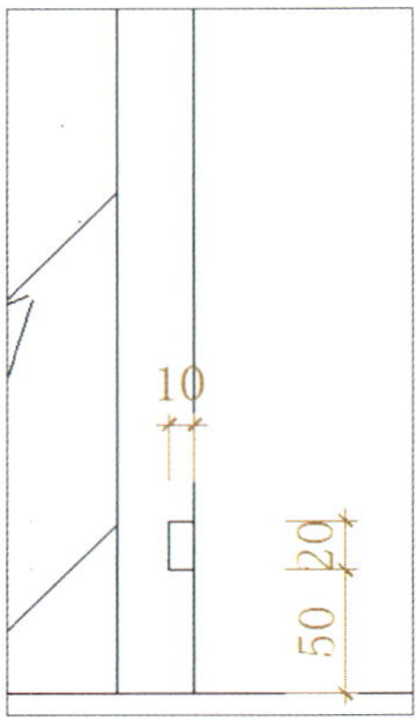

步骤04 执行“阵列”命令，对多段线进行矩形阵列，阵列列数为1，行数为29，行间距为70，如下图所示。

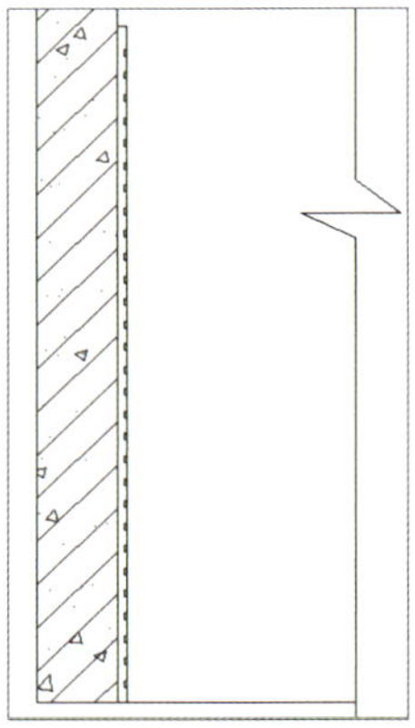

步骤05 执行“修剪”命令，修剪掉多余的线段，然后执行“矩形”命令，绘制尺寸为10×80的矩形作为踢脚线，如下图所示。

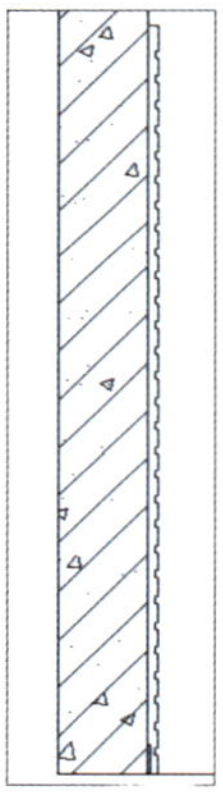

步骤06 执行“插入”命令，插入“装饰花瓶”图块，并将其放置在图形合适位置，如下图所示。

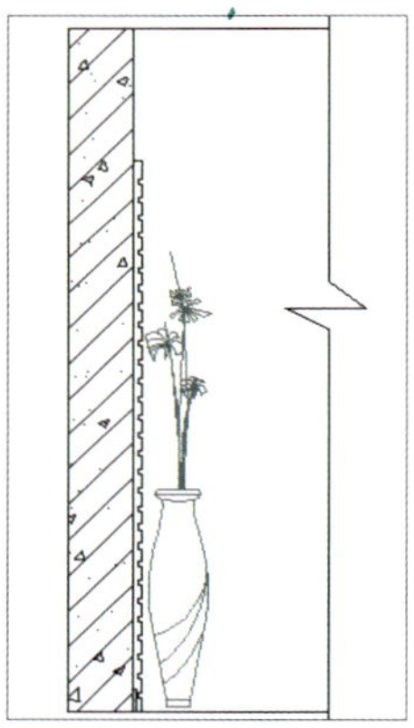

步骤07 将“标注”图层设置为当前层，执行“线性”和“连续”标注命令，为立面图添加尺寸标注，如下图所示。

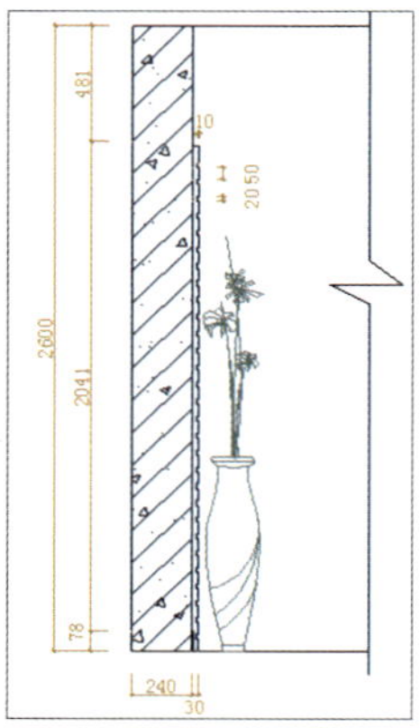

步骤08 将“引线标注”图层设置为当前层，执行“多重引线”命令，为剖面图添加文字标注，如下图所示。

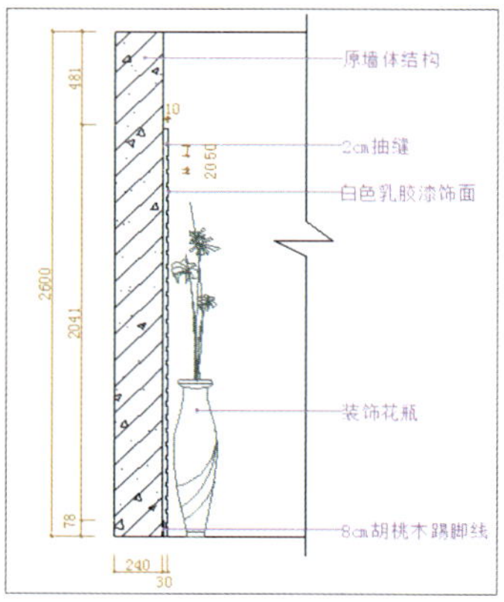

Chapter 12

绘制办公室施工图

办公室的设计主要包括办公用房的规划、装修、室内色彩与灯光音响的设计、办公用品以及装饰品的配备与摆设等内容。本章将详细介绍办公空间的绘制方法和技巧，其中包括平面布置图、地面材质图、顶棚图、立面图和剖面图等。

知识要点

① 平面布局图的绘制
② 顶棚布局图的绘制
③ 前台背景墙立面图的绘制
④ 会议室装饰墙造型剖面图

上机安排

学习内容	学习时间
● 绘制平面图	30分钟
● 绘制立面图	40分钟
● 绘制剖面图	40分钟

12.1 办公空间设计说明

办公空间是为办公而设的场所，首要任务是使办公效率达到最高，即办公空间的布局必须合理，职能部门之间、办公桌之间的通道与空间不宜窄小，也不适合过大。设计时也应考虑到办公实际要求，以不影响办事效率为宜。

办公空间各种设备设施须配备齐全合理，并在摆设、安装和供电等方面做到安全可靠、方便实用、便于保养，以使其发挥最佳功能。所有的办公家具都应符合人体工程学的要求，办公桌应该具有充分的工作空间，如下图所示。办公室设计既要考虑到塑造和宣传公司形象，也要彰显出公司的性质和个性。在造型和色彩、材料和工艺方面要有相当的考究。办公空间必须具有高度的安全系数，诸如防火、防盗及防震等安全功能。

室内设计流程分为三个阶段，包括策划阶段、方案阶段、施工图阶段。

1. 第一阶段

策划阶段包括任务书、收集资料、设计概念草图。

- **任务书：**由甲方或业主提出，包括确定面积、经营理念、风格样式、投资情况等。
- **收集资料：**包括原始土建图纸和现场勘测。
- **设计概念草图：**由设计师与业主共同完成，包括反映功能方面的草图、空间方面的草图、形式方面的草图和技术方面的草图等。

2. 第二阶段

方案阶段包括概念草图深入设计、与土建和装修前后的衔接、协调相关的工种和方案成果。

- **概念草图深入设计：**指功能分析、空间分析、装修材料的比较和选择等。
- **与土建和装修的前后衔接：**指承重结构和设施管道等的分析。
- **相关工种协调：**包括各种设备之间的协调和设备与装修的协调。
- **方案成果：**指作为施工图设计、施工方式、概算的依据，包括图册、模型、动画。

3. 第三阶段

施工图阶段包括装修施工图和设备施工图。

- **装修施工图：**包括设计说明、工程材料做法表、饰面材料分类表、装修门窗表、隔墙定位平面图、平面布置图、铺地平面图、天花布置图、放大平面图。
- **设备施工图：**其中给排水包括系统、给排水布置、消防喷淋；电气设备包括强电系统、灯具走线、开关插座、弱电系统、消防照明、消防监控；暖通包括系统、空调布置。

12.2 绘制办公室平面图

介绍完办公空间设计概述后，下面将介绍布置办公平面图的过程，包括平面布置图、顶棚图和地面图。下左图为办公室平面布置图，下右图为办公室地面材质图。

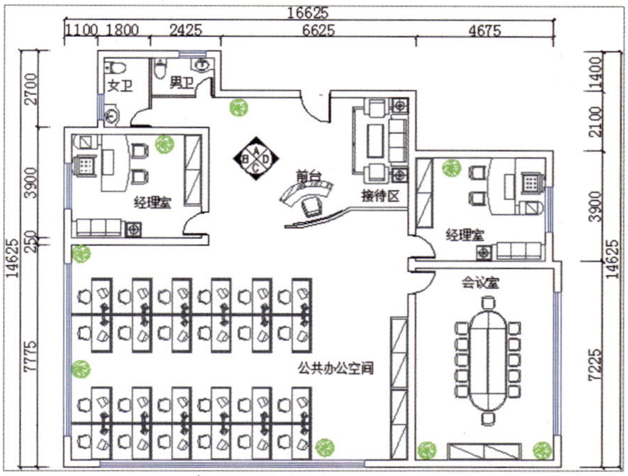

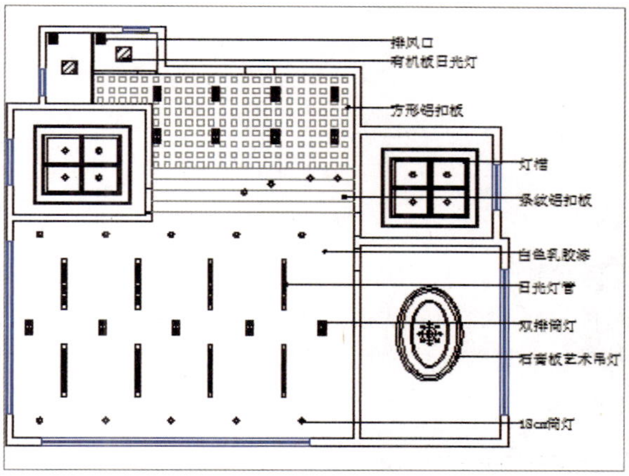

12.2.1 办公室平面布置图

下面将介绍办公室平面布置图的绘制步骤。

步骤01 新建名为“办公室设计方案”文件，然后执行“默认>图层>图层特性”命令，打开“图层特性管理器”对话框，新建图层，并设置图层参数，如下图所示。

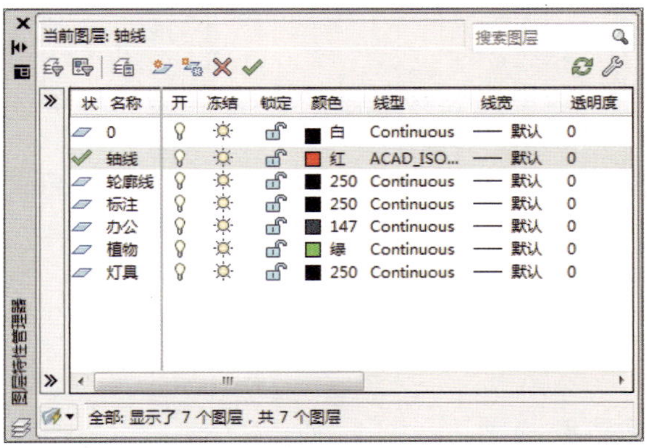

步骤02 将“轴线”层置为当前层，然后执行“直线”和“偏移”命令，绘制办公室平面图轴线，如下图所示。

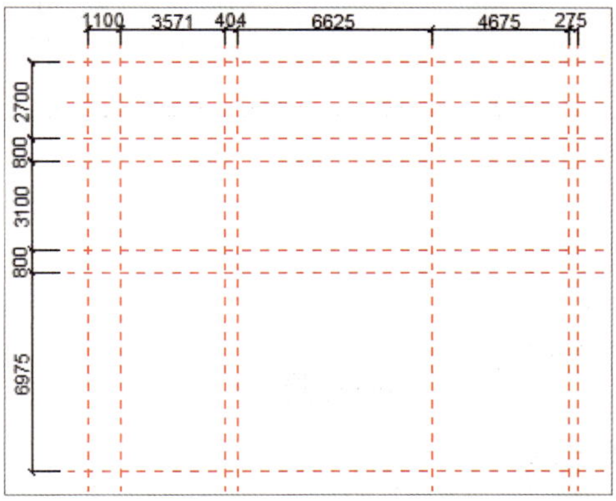

步骤03 将“轮廓线”层置为当前层，执行“格式>多线样式”命令，打开“多线样式”话框，单击“新建”按钮，打开相应对话框，输入新样式名，单击“继续”按钮，如右图所示。

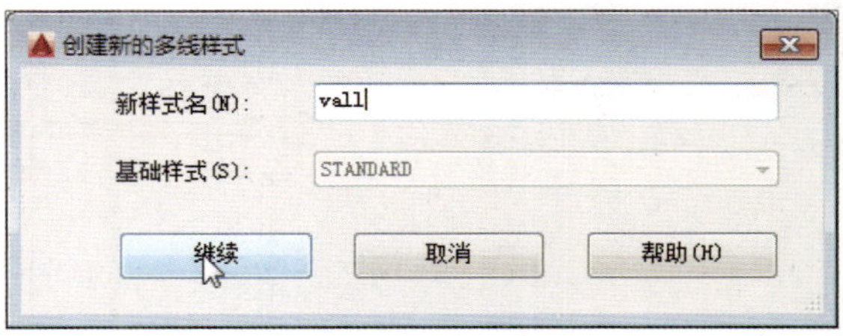

步骤04 打开“新建多线样式”对话框，从中设置多线的属性，单击“确定”按钮返回上一对话框，依次单击“置为当前”和“确定”按钮完成创建，如右图所示。

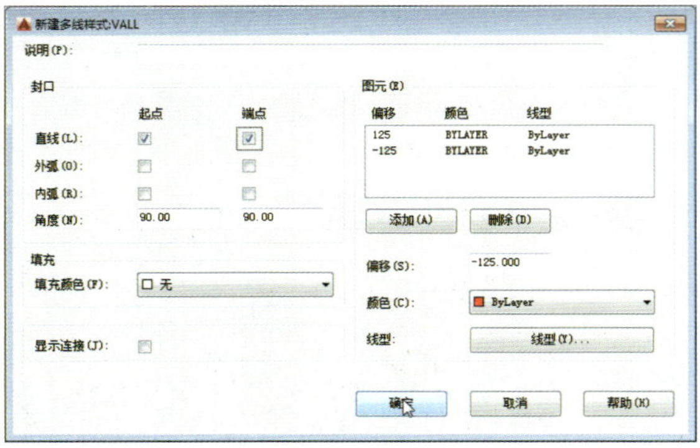

步骤05 在命令行中输入ML并按回车键，根据命令行的提示，选择“对正”选项，然后选择“无”子选项。接着选择“比例”选项，设置比例值为1，进行多线的绘制，如下图所示。

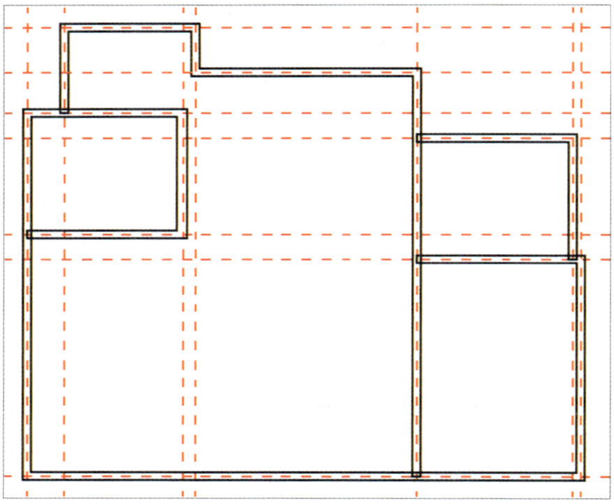

步骤06 执行“修改>对象>多线”命令，打开“多线编辑工具”对话框，单击“T形合并”按钮，进行多线的修改，如下图所示。

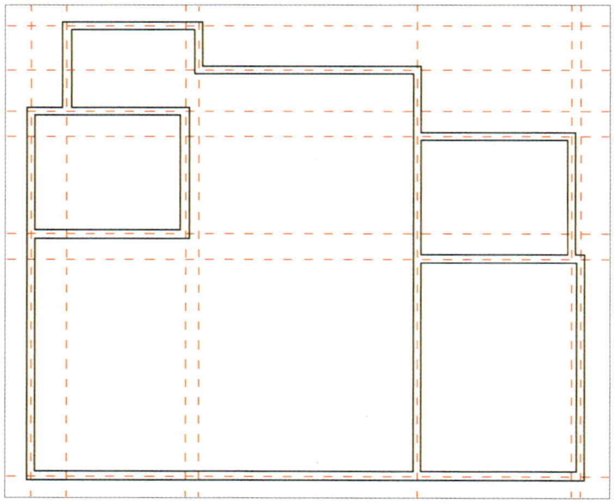

步骤07 单击“轴线”图层上的开关按钮，关闭该图层。执行“直线”和“修剪”命令，绘制门洞，如下图所示。

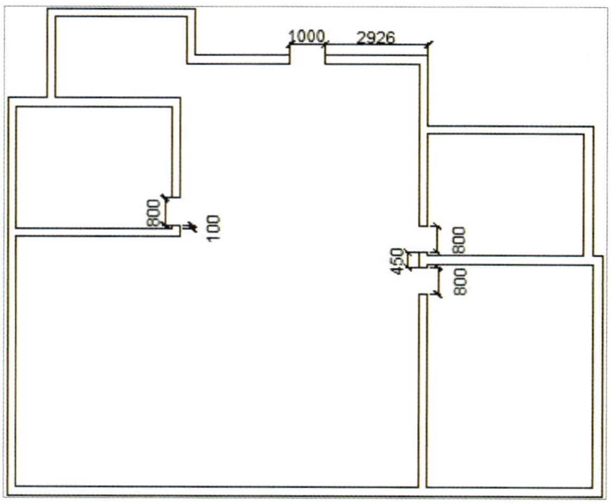

步骤08 执行“格式>多线样式”菜单命令，新建win多线样式，并设置该多线属性，单击“确定”按钮返回上一对话框，依次单击“置为当前”和“确定”按钮，如下图所示。

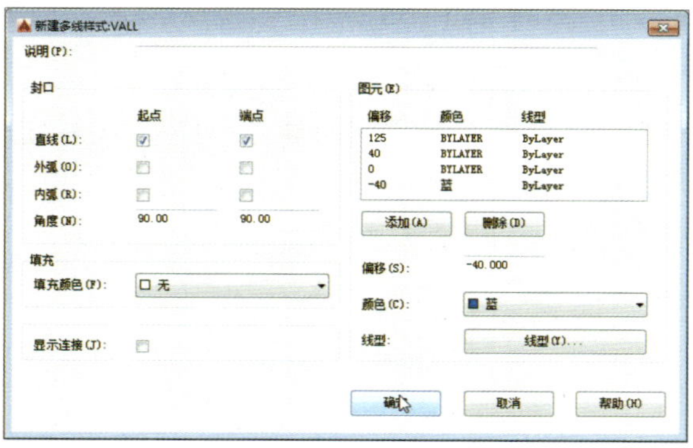

步骤09 在命令行中输入ML，在合适的位置添加窗户，如下图所示。

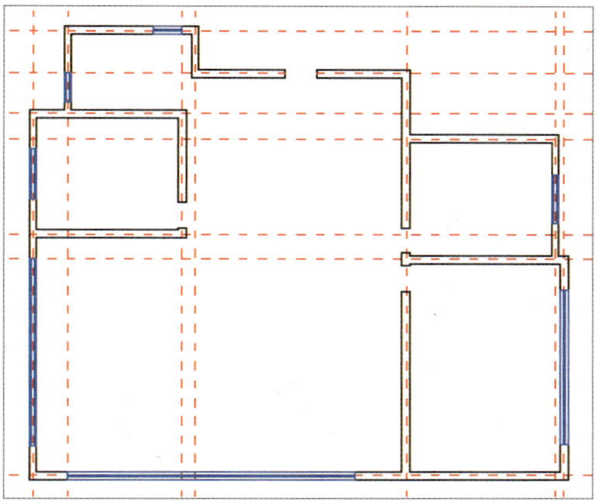

步骤10 执行“工具>选项板>工具选项板”命令，打开选项板，从中选择“门-公制”选项，如下图所示。

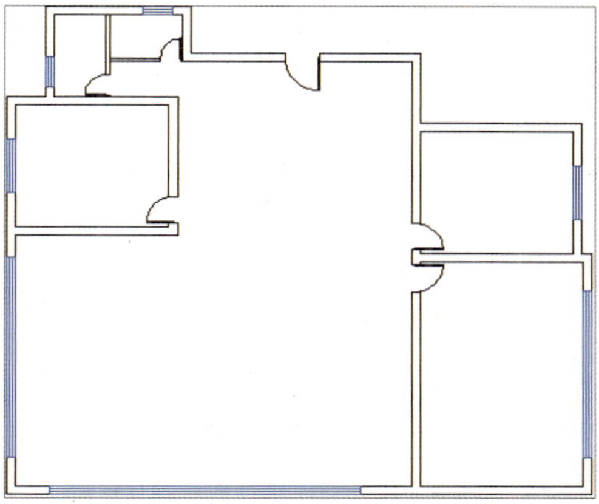

步骤11 将“办公”层置为当前层，然后执行“默认>块>插入”命令，打开“插入”对话框，单击“浏览”按钮，在打开的对话框中选择要插入的图块，返回上一对话框，设置旋转角度为180，单击“确定”按钮，如下图所示。

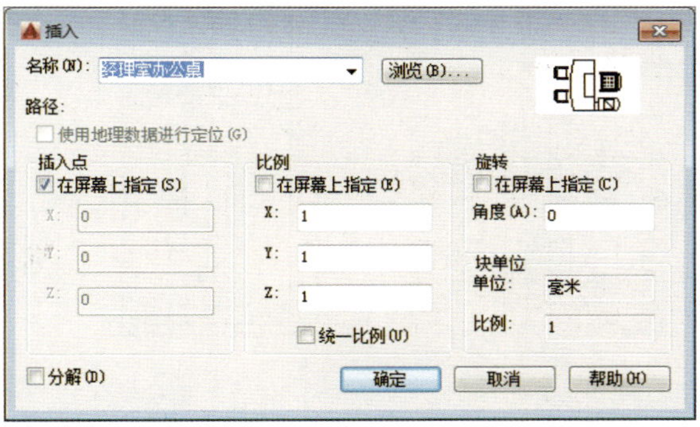

步骤12 在绘图窗口中，将插入的图块放置在合适的位置，如下图所示。

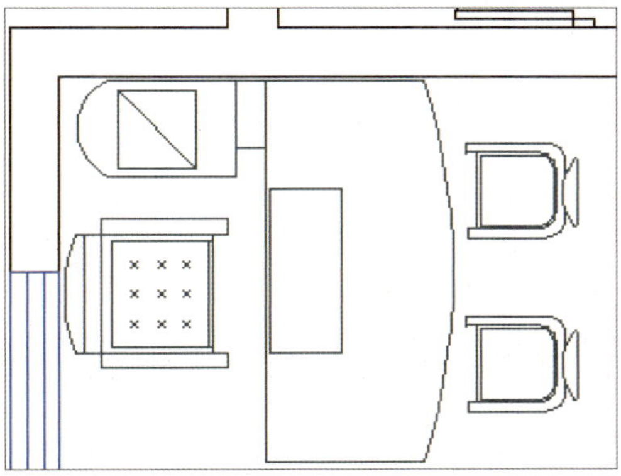

步骤13 执行“插入”命令，按照以上操作步骤，将经理室的办公沙发放置在合适的位置，如下图所示。

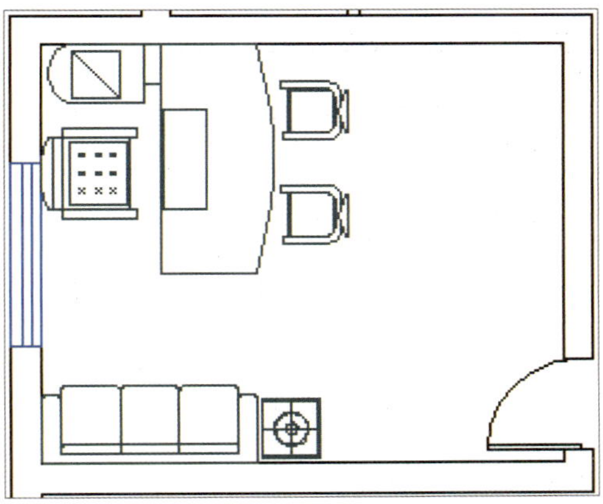

步骤14 执行“插入”和“复制”命令，将公共空间办公桌插入至图形中，并进行复制，如下图所示。

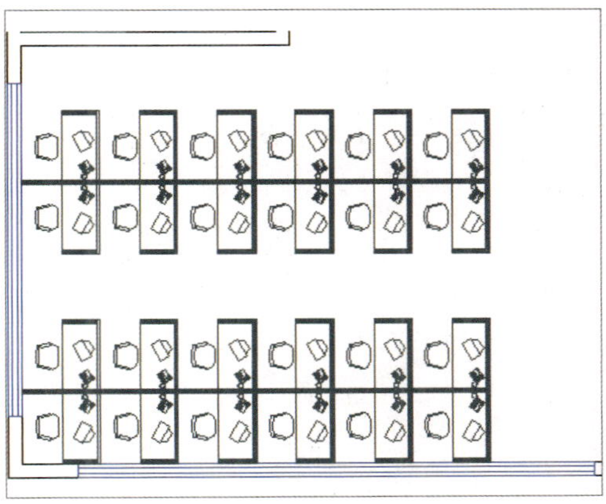

步骤15 继续执行“插入”命令，将其他办公用品图块插入图形当中，如下图所示。

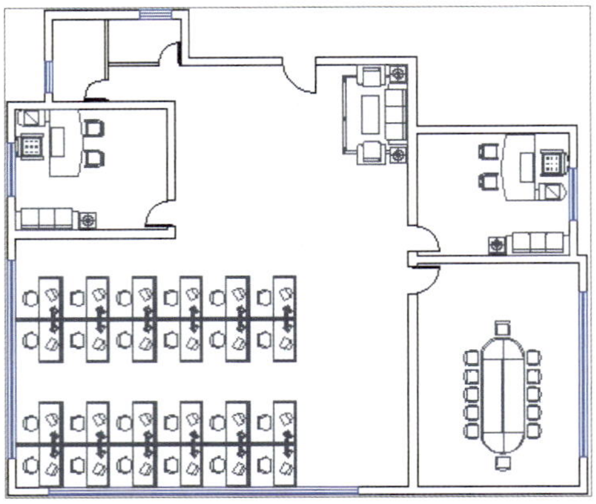

步骤16 将洁具和植物等图块插入到图形中，并放置在合适的位置，如下图所示。

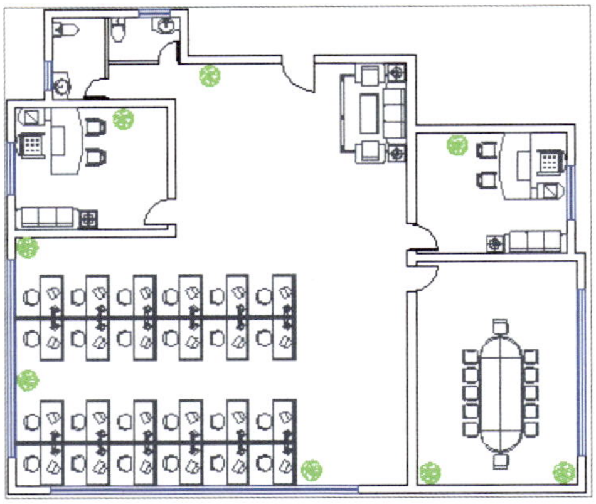

步骤17 执行“矩形”、“直线”和“偏移”等命令，绘制档案柜，偏移距离为50，如下图所示。

步骤18 执行“圆弧”和“直线”等命令，绘制前台背景墙，然后将前台办公桌插入到图形中，如下图所示。

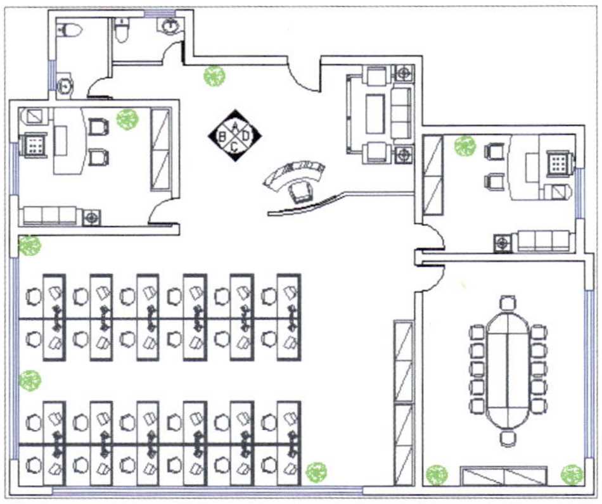

步骤19 将“标注”层置为当前层，执行“格式>文字样式”命令，设置“字体”为宋体，“高度”为300。然后执行“多行文字”命令，对平面图添加文字注释，如下图所示。

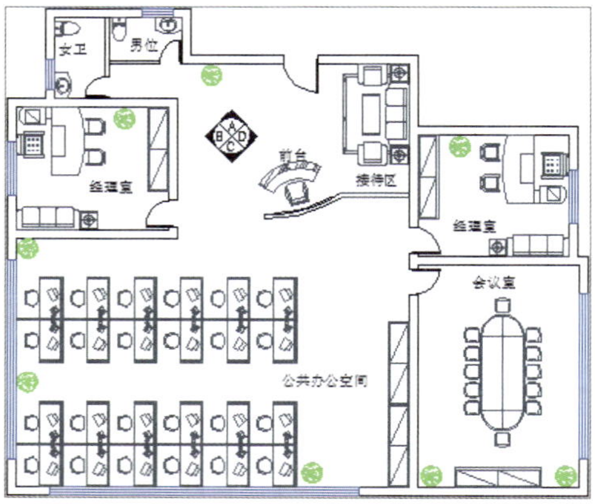

步骤20 执行“线性”、“连续”和“基线”标注命令，为平面图添加尺寸标注，最终效果如下图所示。

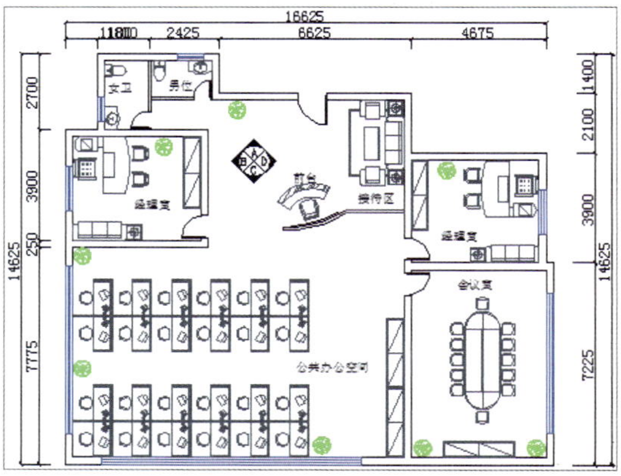

12.2.2 办公室地面材质图

下面将介绍办公室地面材质图的绘制步骤。

步骤01 执行“复制”命令，将办公室平面布置图复制一份，将其中的图块、文字等内容删除，如下图所示。

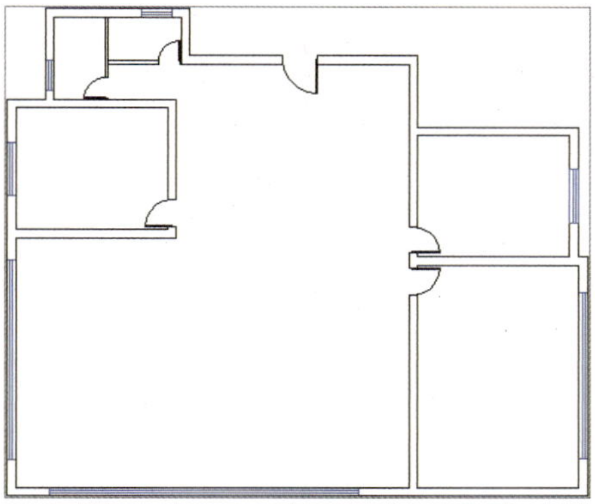

步骤02 执行“图案填充”命令，对卫生间部分进行图案填充，图案为ANGLE，比例为800，如下图所示。

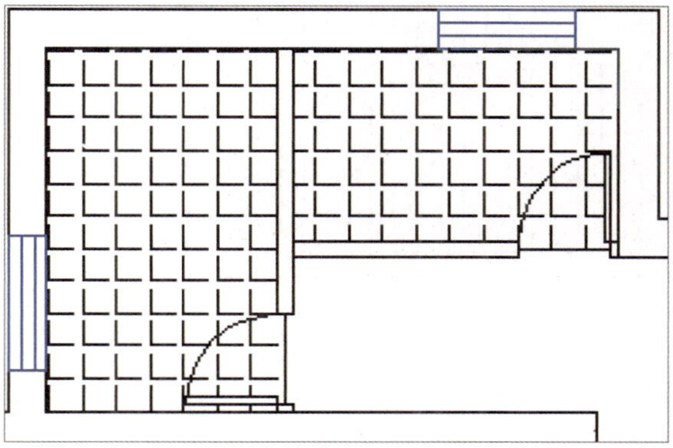

步骤03 执行“图案填充”命令，选择图案DOMIT，设置填充比例为900，角度为90，对经理室地面进行图案填充，如下图所示。

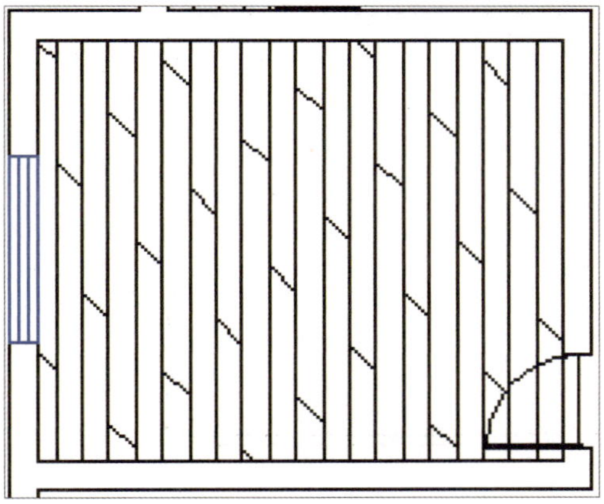

步骤04 继续执行“图案填充”命令，对公共空间的地面进行图案填充，图案为ANIS37，比例为600，如下图所示。

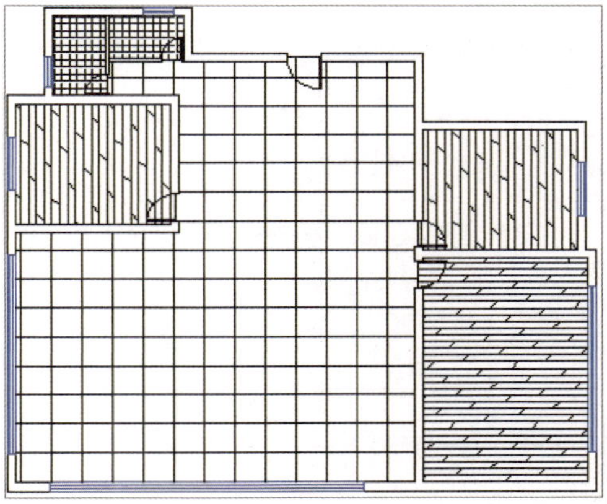

步骤05 执行“多行文字”命令，单击“背景遮罩”按钮，打开“背景遮罩”对话框，设置“边界偏移因子”为1，“填充颜色”为白色，如下图所示。

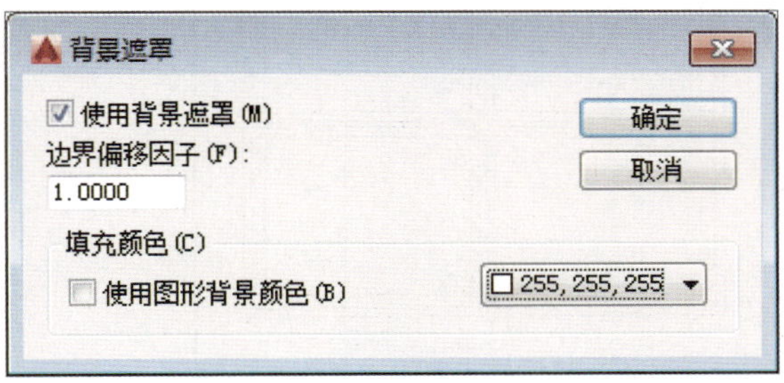

步骤06 设置完成后单击“确定”按钮，对地面材质进行文字说明，如下图所示。

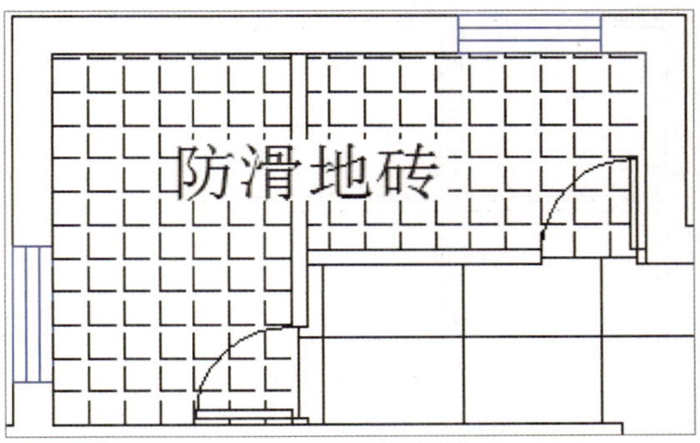

步骤07 执行“复制”命令，将文字注释复制到其他合适的位置，双击文字，对文字内容进行修改，如下图所示。

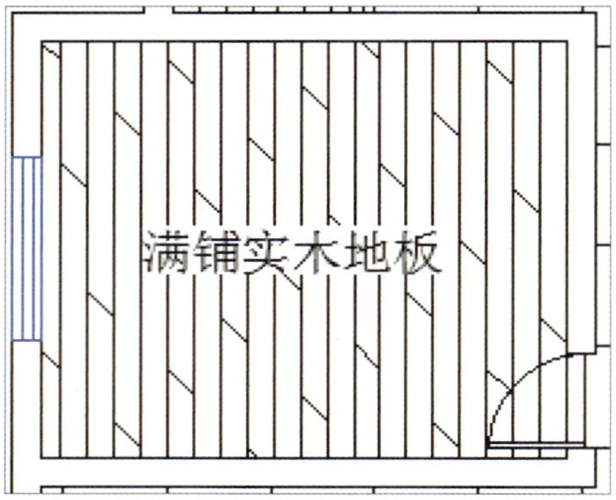

步骤08 继续对地面材质进行文字说明，最终效果如下图所示。

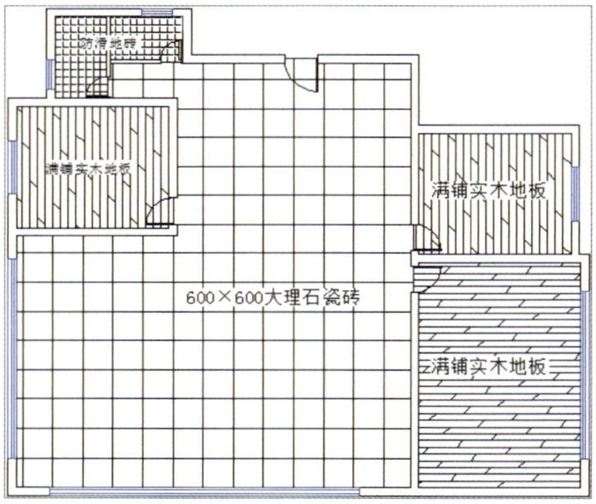

12.2.3 办公室顶棚布置图

下面将介绍办公室顶棚布置图的绘制步骤。

步骤01 执行“复制”命令，将地面材质图复制一份，并删除图案填充与文字部分，然后执行“矩形”命令，将图案绘制完整，如下图所示。

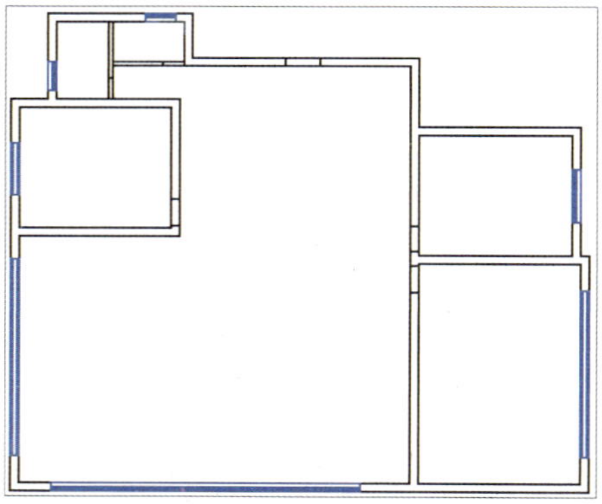

步骤02 执行“矩形”和“偏移”命令，绘制经理室顶棚，将矩形向内偏移50，如下图所示。

步骤03 执行“矩形”、“偏移”和“复制”命令，绘制灯具造型，如下图所示。

步骤04 执行“矩形”命令，绘制灯槽，并更改矩形的线型，如下图所示。

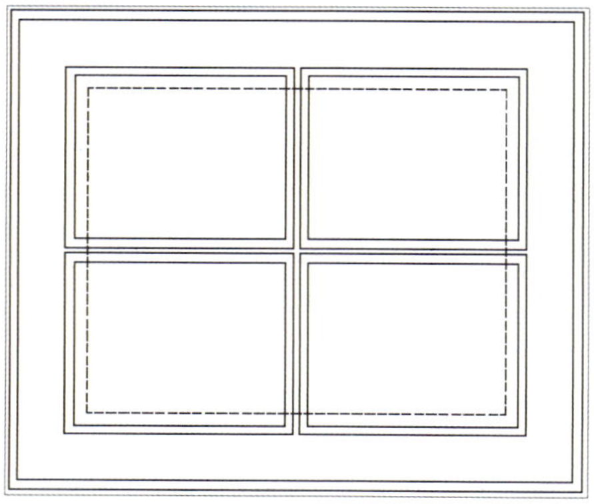

步骤05 执行“插入”和“复制”命令，将筒灯插入到图形中的合适位置，并进行复制，如下图所示。

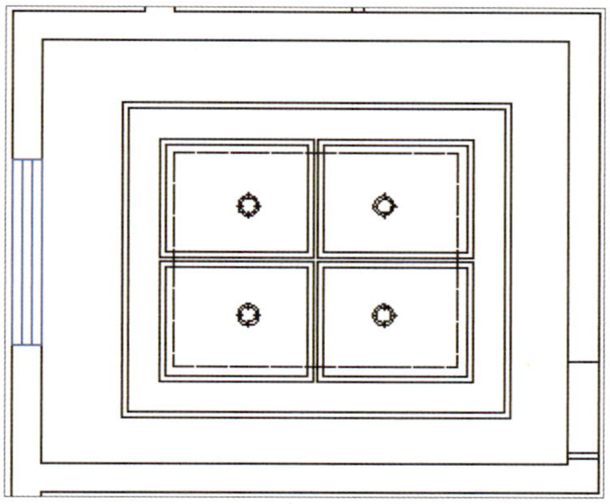

步骤06 依次执行“椭圆”、“偏移”命令，绘制会议室顶棚图案，并插入吊灯，如下图所示。

步骤07 执行“插入”和“复制”等命令，插入灯具并复制后，放置到合适位置，如下图所示。

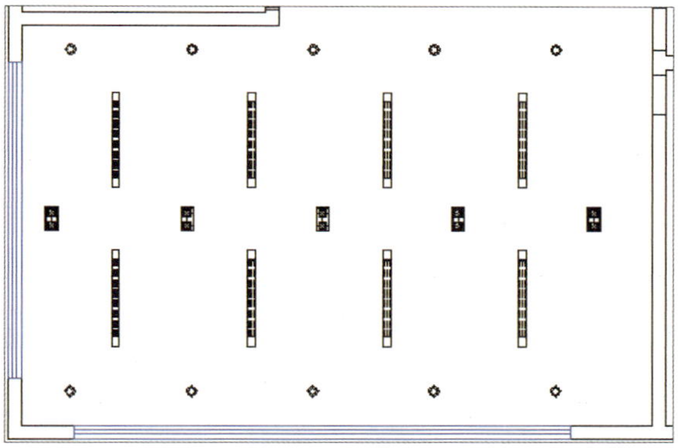

步骤08 执行“图案填充”、“插入”等命令，绘制前台和卫生间的吊顶，如下图所示。

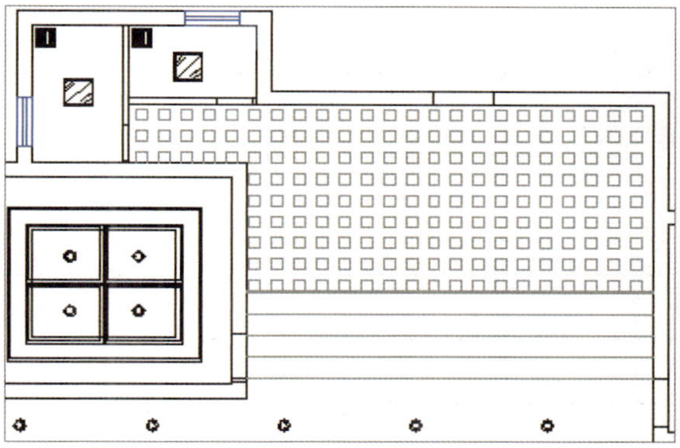

步骤09 执行“复制”和“阵列”命令，为前台部分添加灯具，如下图所示。

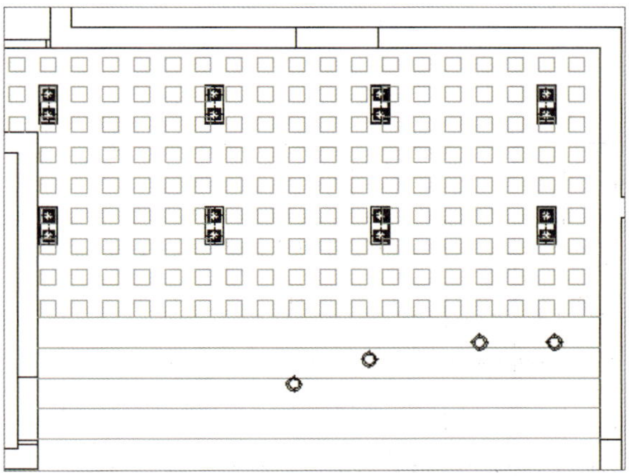

步骤10 执行“多重引线”命令，为顶棚添加文字说明，最终效果如下图所示。

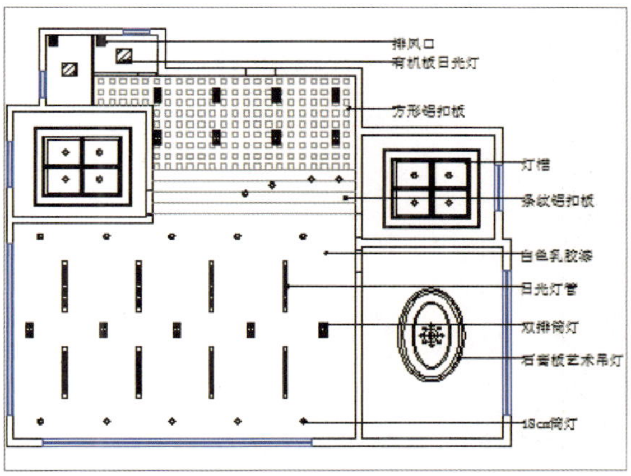

12.3 绘制办公室主要立面图

下面将介绍装饰办公室立面图的绘制步骤，主要有办公前台背景墙立面图、经理室外墙立面图。

12.3.1 办公前台背景墙立面图

下面介绍办公室接待前台背景墙立面图的绘制步骤。

步骤01 执行“直线”命令，绘制前台轮廓线，如下图所示。

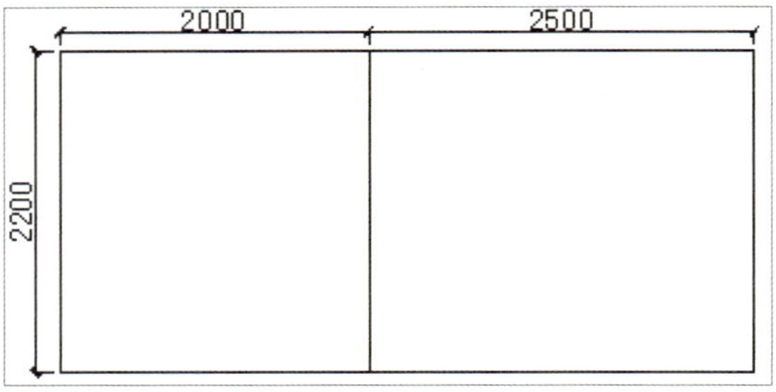

步骤02 执行“矩形”命令，在右边矩形内，距底边向上60处绘制尺寸为955×187.5的矩形，如下图所示。

步骤03 执行“矩形阵列”命令，对刚绘制的矩形进行矩形阵列，行数为4，列数为2，行间距为197.5，列间距为985，如下图所示。

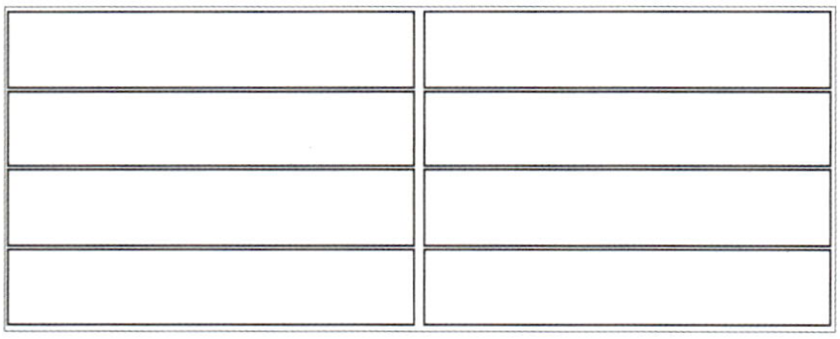

步骤04 执行“圆”命令，绘制半径为5的圆，然后执行“镜像”、“复制”命令，对圆进行复制操作，如下图所示。

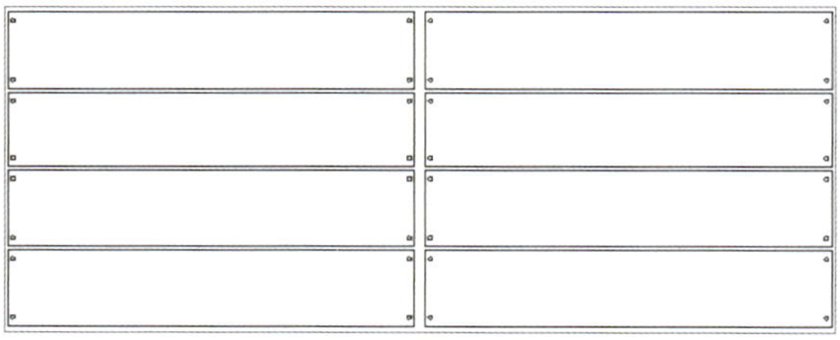

步骤05 执行“多段线”命令，绘制多段线，如下图所示。

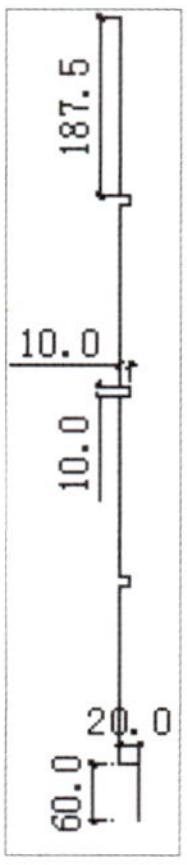

步骤06 执行“移动”和“复制”命令，将多段线放置在台面合适位置，然后向右依次复制，如下图所示。

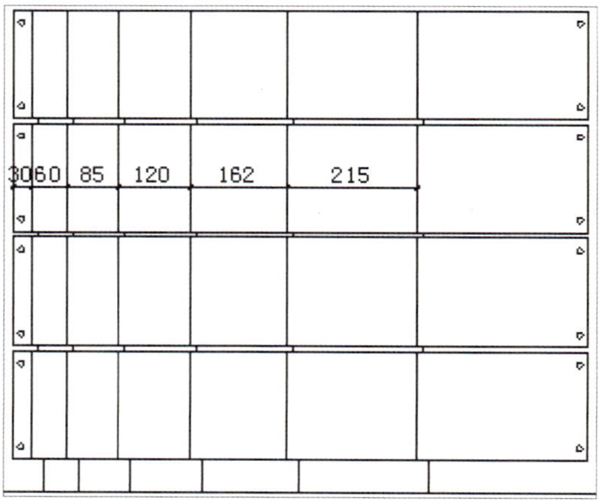

步骤07 执行“镜像”命令，对多段线进行镜像复制，如下图所示。

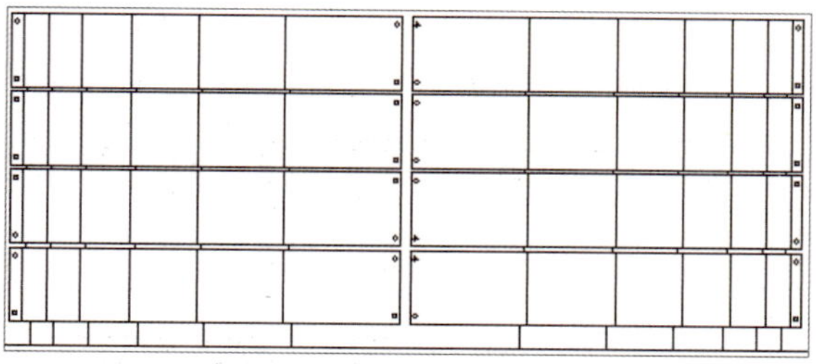

步骤08 依次执行“矩形”、“修剪”和“镜像”命令，绘制平台面，如下图所示。

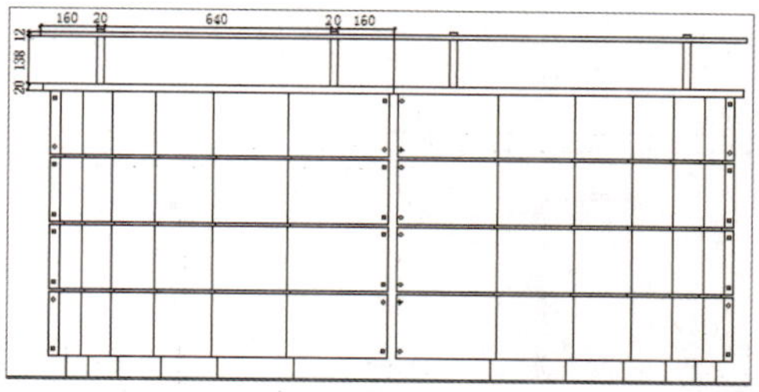

步骤09 执行“多段线”和“偏移”命令，绘制尺寸为600×1300的矩形的三个边，然后向内偏移10，如下图所示。

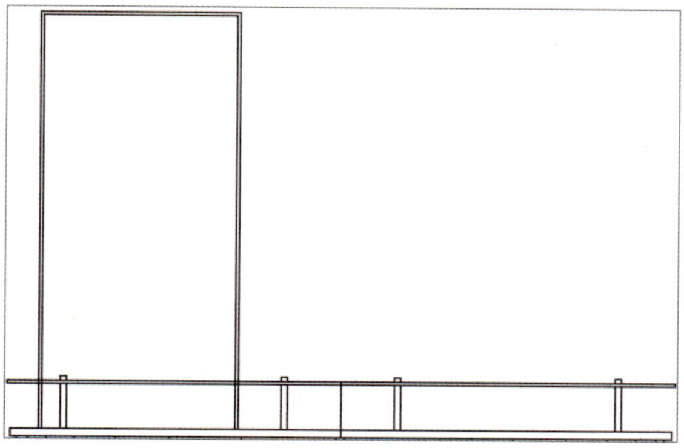

步骤10 执行“镜像”命令，将多段线向右复制，如下图所示。

步骤11 执行“修剪”和“图案填充”命令，修剪多余部分，并对前台背景墙进行图案填充，如右图所示。

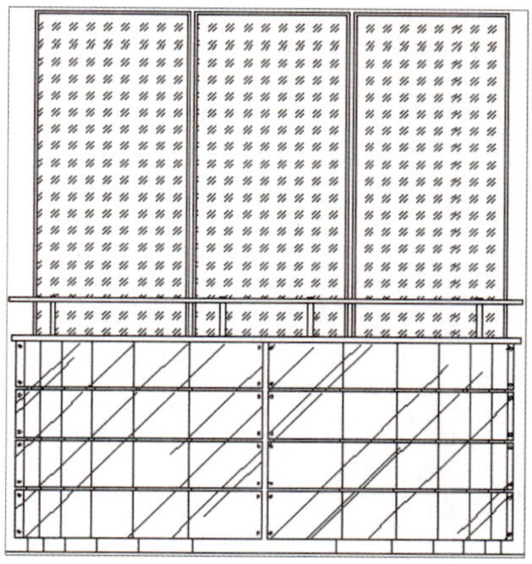

步骤12 执行“插入”命令，将装饰品插入图形中并放置到合适的位置，如右图所示。

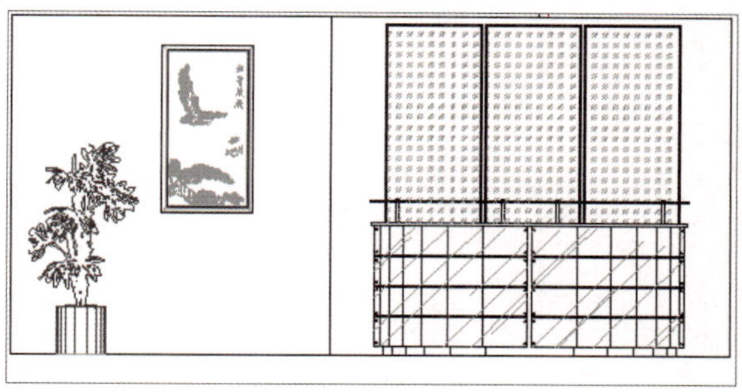

步骤13 执行“线性”等标注命令，对立面图进行尺寸标注，如下图所示。

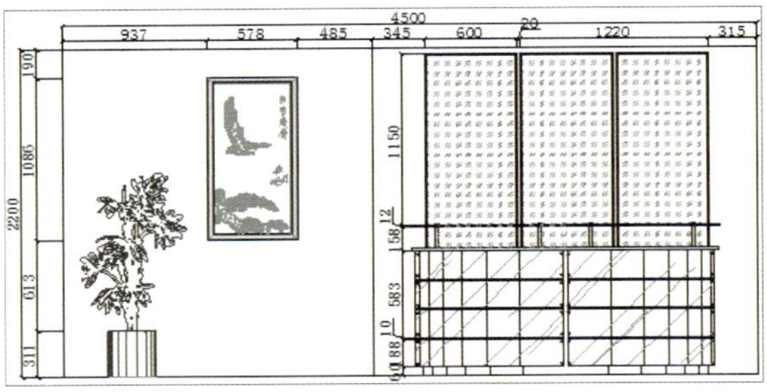

步骤14 执行“多重引线”命令，为立面图添加文字说明，最终效果如下图所示。

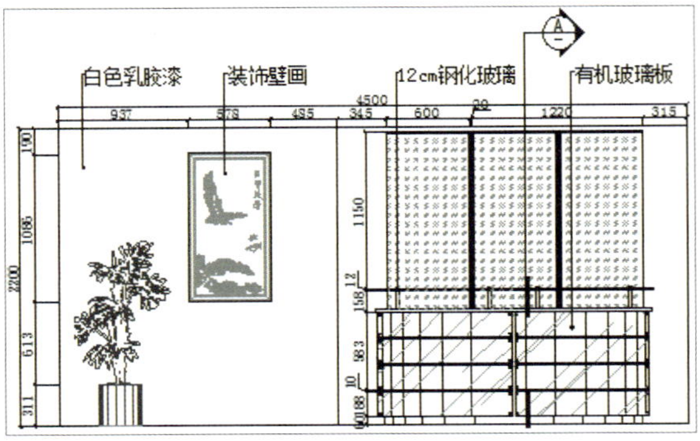

12.3.2 经理室外墙立面图

介绍经理室外墙立面图的绘制步骤。

步骤01 根据前台走廊平面图的尺寸，执行“直线”和“偏移”命令，绘制立面图的外轮廓线和辅助线，如下图所示。

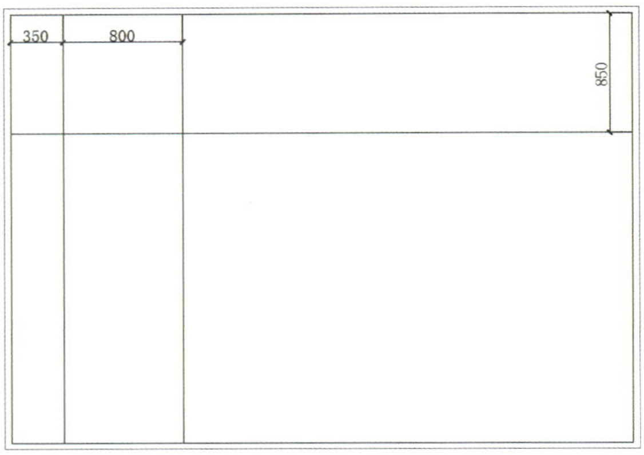

步骤02 执行“插入>块”命令，插入门图块，再删除辅助线，如下图所示。

步骤03 执行“偏移”命令将顶部轮廓线向下偏移，再将右侧轮廓线向左偏移，偏移尺寸如下图所示。

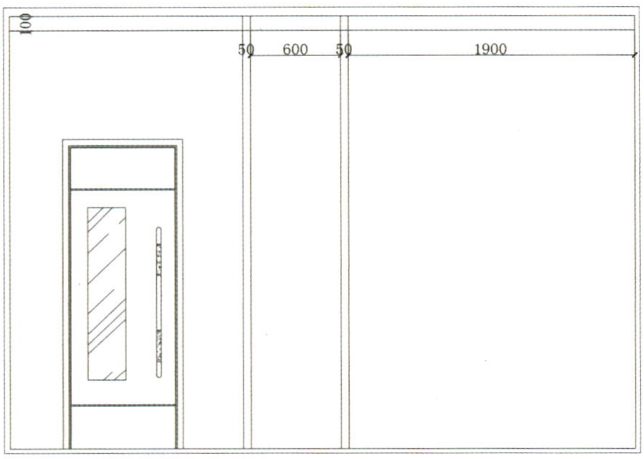

步骤04 执行“修剪”命令，修剪多余的图形，如下图所示。

步骤05 执行“直线”和“偏移”命令，绘制装饰线并向下偏移，偏移尺寸如下图所示。

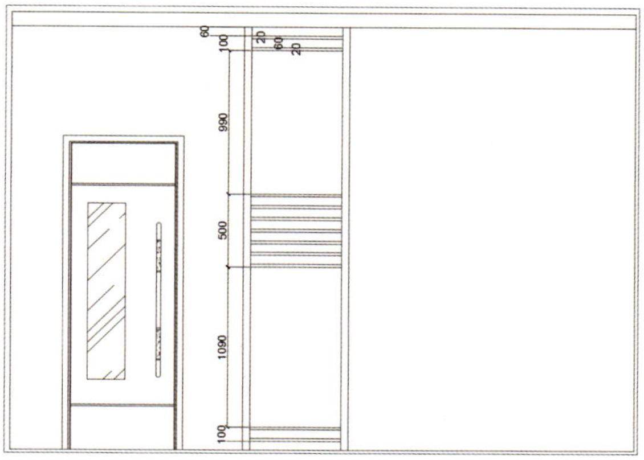

步骤06 执行“图案填充”命令，选择图案AR-RROOF，设置比例为15，颜色为灰色，选择相应区域进行填充，如下图所示。

步骤07 继续执行“图案填充”命令，选择图案AR-SAND，设置比例为2，颜色为黑色，选择同样的区域进行填充，如下图所示。

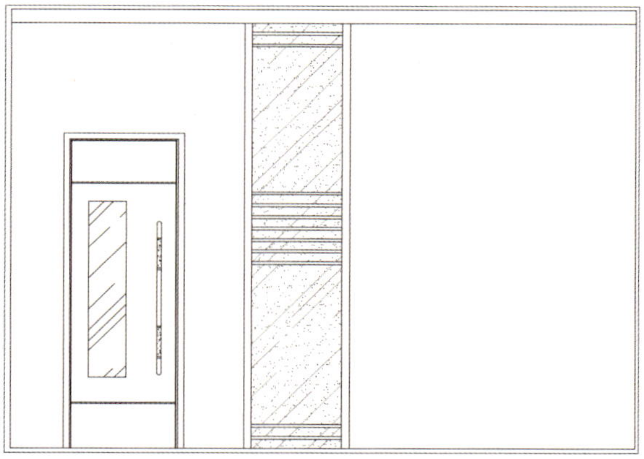

步骤08 执行“复制”命令，复制图形，间距如下图所示。

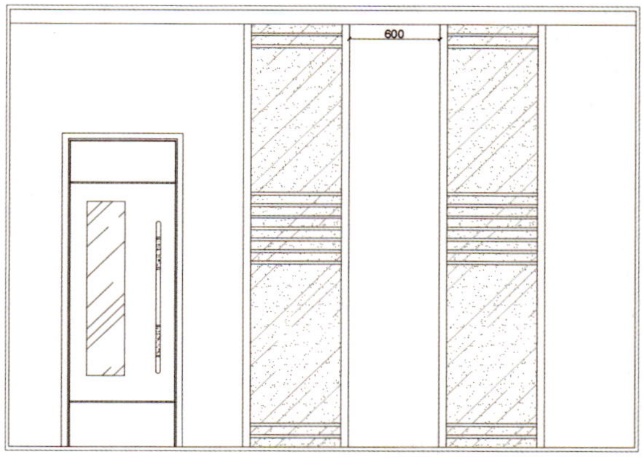

步骤09 执行“偏移”命令，将底部轮廓线向上偏移，如下图所示。

步骤10 执行“修剪”命令，修剪被覆盖的图形，如下图所示。

步骤11 执行“插入>块”命令，插入装饰画图块，如右图所示。

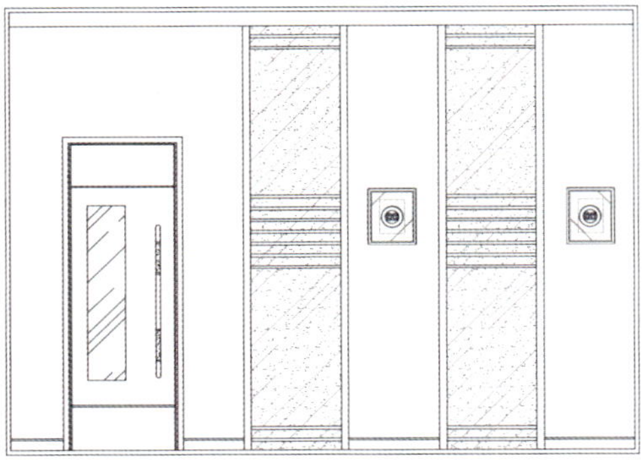

步骤12 执行“线性”标注命令，对图形进行尺寸标注，如下图所示。

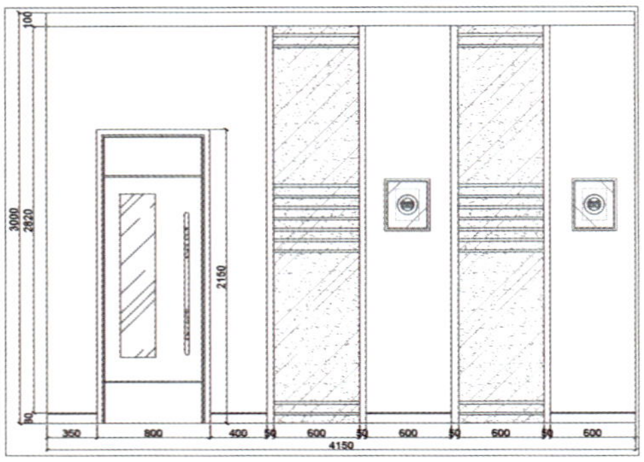

步骤13 在命令行输入qleader命令，进行文字标注，完成立面图的绘制，如下图所示。

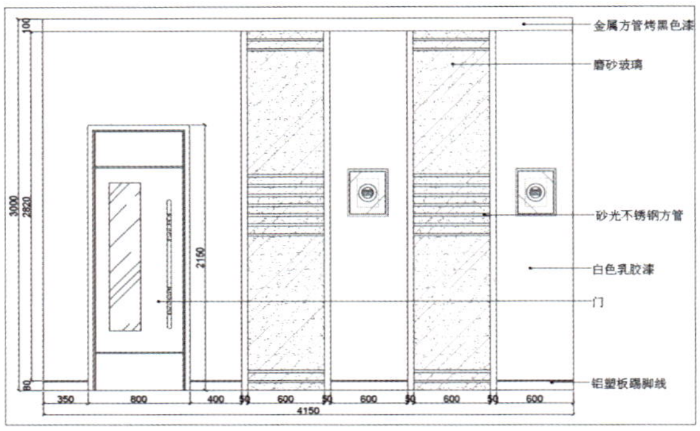

12.4 绘制办公室主要剖面图

下面介绍办公室主要剖面图的绘制方法，其中包括前台办公桌剖面图、会议室装饰墙剖面图。

12.4.1 接待台剖面图

办公室进户门接待台剖面图的绘制过程如下。

步骤01 执行“直线”命令，绘制尺寸为500×860的长方形，如下图所示。

步骤02 执行“偏移”命令，向内偏移轮廓线，如下图所示。

步骤03 执行“修剪”命令，修剪多余的图形，如下图所示。

步骤04 执行“偏移”命令，将下方轮廓线向上偏移，偏移尺寸如下图所示。

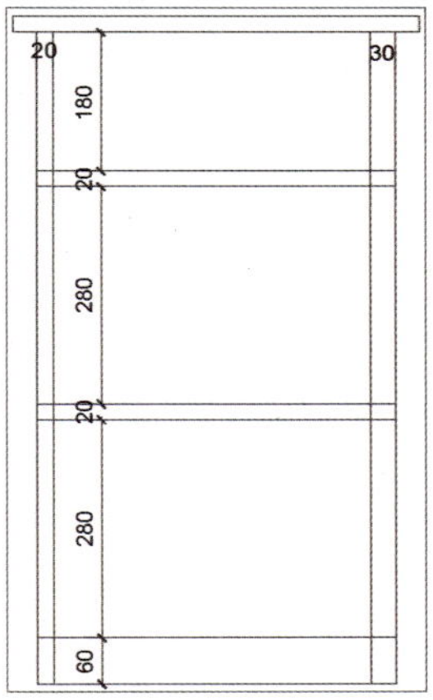

步骤05 执行“修剪”命令，修剪出搁板造型，如下图所示。

步骤06 继续执行“偏移”命令，偏移图形，如下图所示。

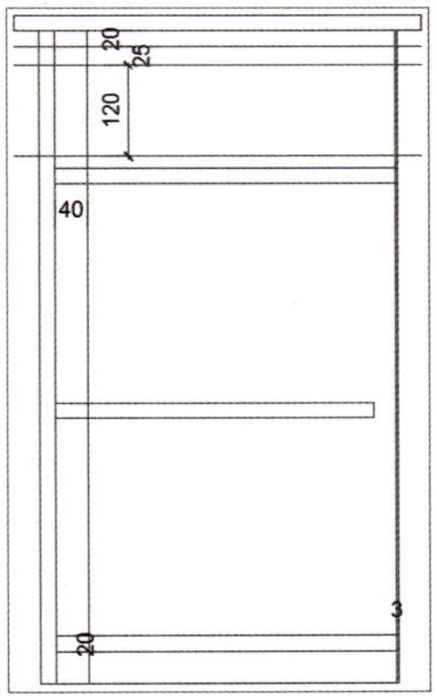

步骤07 执行“修剪”命令，修剪出木工板基础以及抽屉造型，如下图所示。

步骤08 执行“矩形”命令，绘制尺寸为18×188的矩形，放置到合适位置并向下复制，间距为10，作为接待台外侧的造型轮廓，如下图所示。

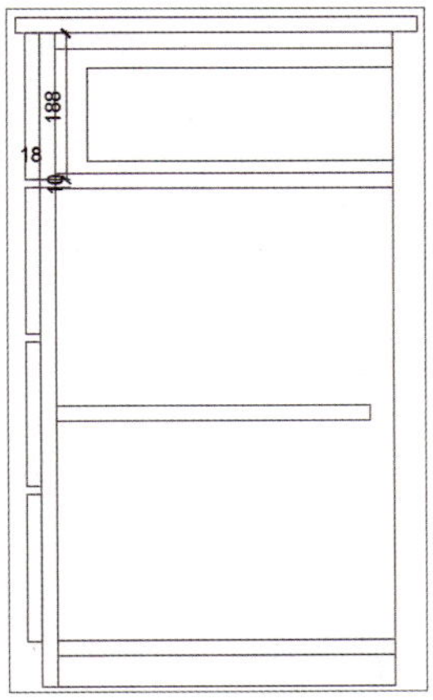

步骤09 继续执行“矩形”命令，绘制尺寸分别为18×180和18×600的两个矩形，放置到合适的位置，间距设置如右图所示。

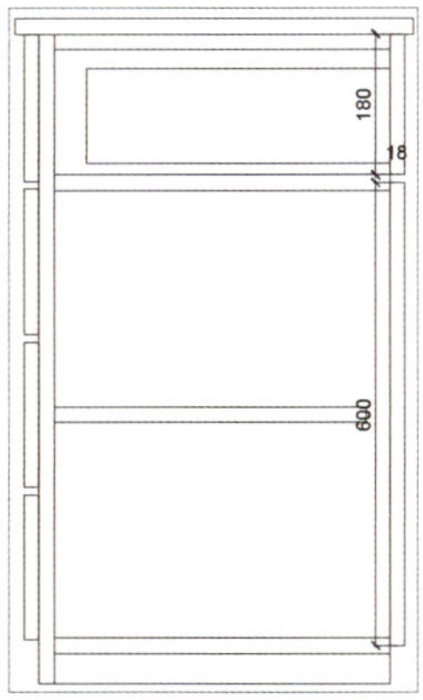

步骤10 执行“偏移”命令，偏移图形中的直线以及矩形，偏移尺寸如下图所示。

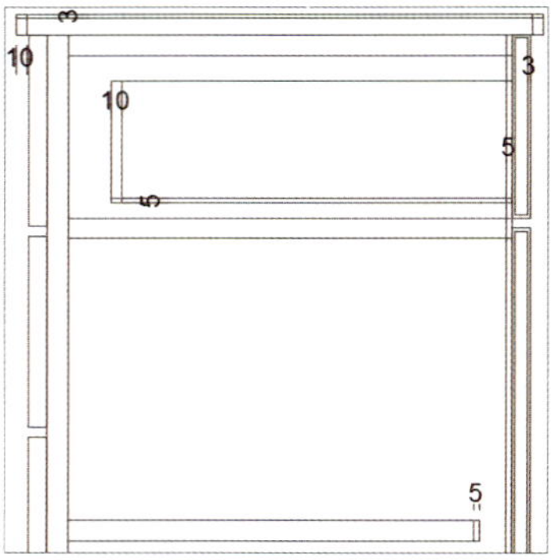

步骤11 执行“修剪”命令，修剪图形，效果如下图所示。

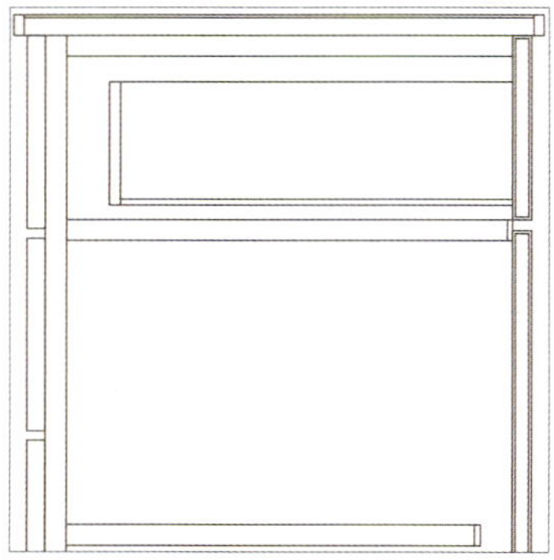

步骤12 执行“直线”命令，为外侧造型以及内侧柜门绘制辅助线，如下图所示。

步骤13 执行“修剪”命令，修剪左侧辅助线造型，如下图所示。

步骤14 向下复制左侧造型辅助线，如下图所示。

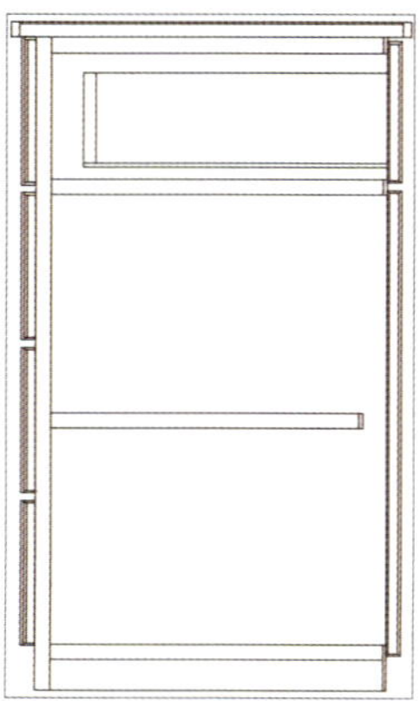

步骤15 执行“矩形”、“直线”、“偏移”命令，绘制尺寸分别为20×20和20×40的矩形，捕捉矩形中点，绘制连接直线，再向两侧各偏移5，如下图所示。

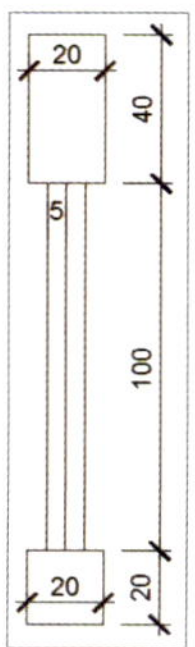

步骤16 删除中间的线，执行“复制”命令，将图形向右复制，间距为150，如下图所示。

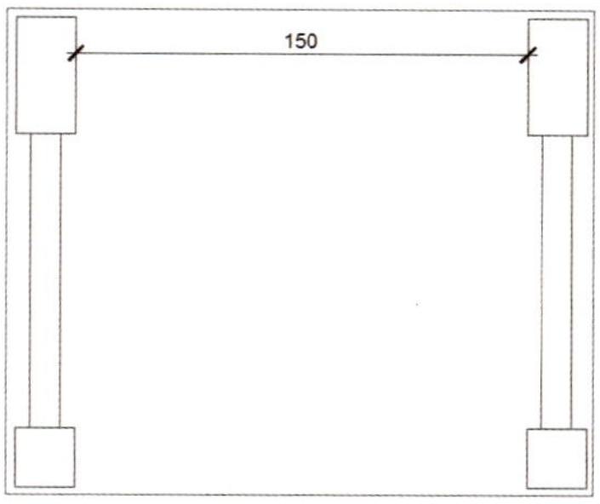

步骤17 执行“矩形”命令，绘制尺寸为300 × 10的矩形，放置到合适的位置，如下图所示。

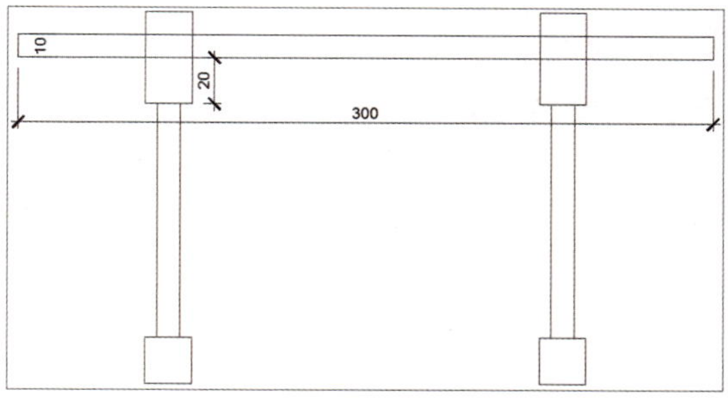

步骤18 执行“修剪”命令，修剪被覆盖的图形，如下图所示。

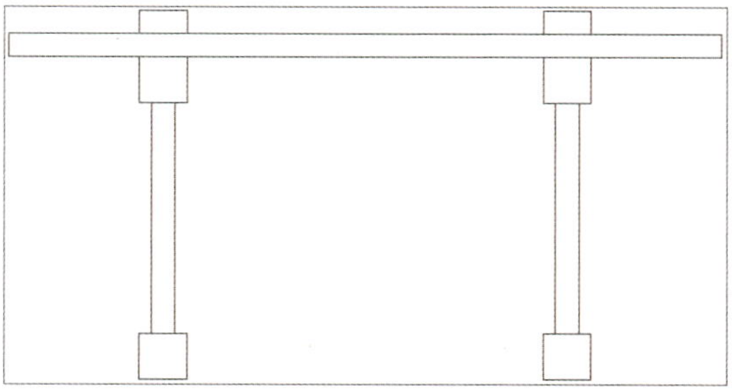

步骤19 执行“圆角”命令，设置圆角尺寸为3，对矩形进行圆角操作，如下图所示。

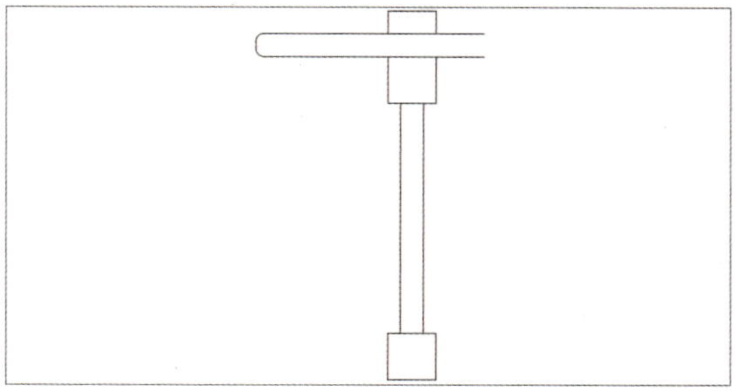

步骤20 执行“图案填充”命令，选择图形ANSI34，设置比例为1.5，颜色为灰色，选择圆角长方体进行填充，如右图所示。

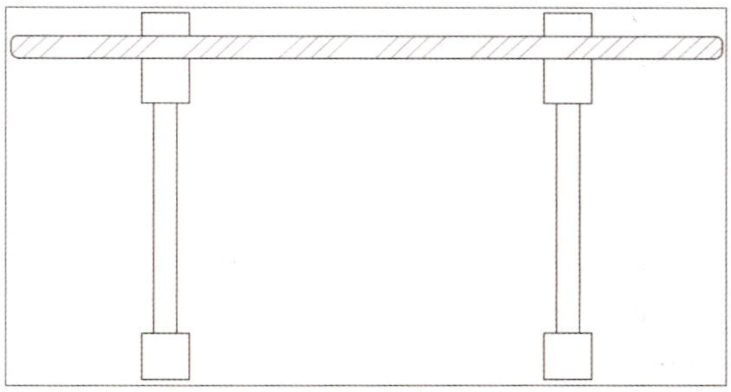

步骤21 将绘制好的图形对齐放置到一起，如下图所示。

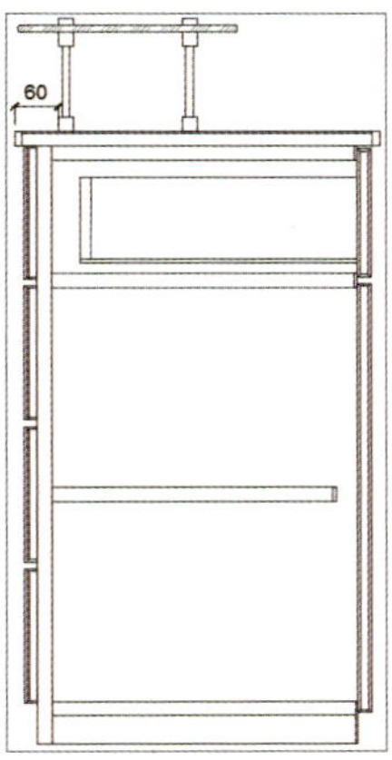

步骤22 执行“插入>块”命令，插入铰链和把手图块，放置到合适的位置，如下图所示。

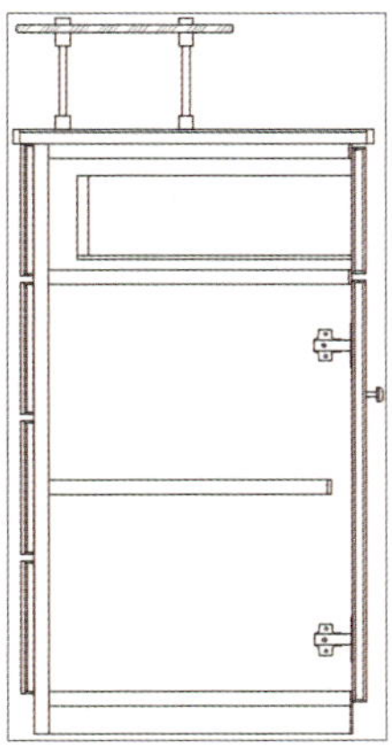

步骤23 执行“线性”命令，为图形添加尺寸标注，如下图所示。

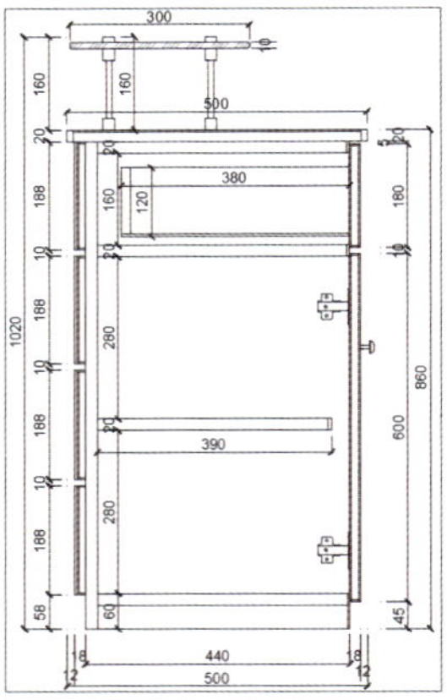

步骤24 在命令行输入qleader命令，进行文字标注，完成剖面图的绘制，如下图所示。

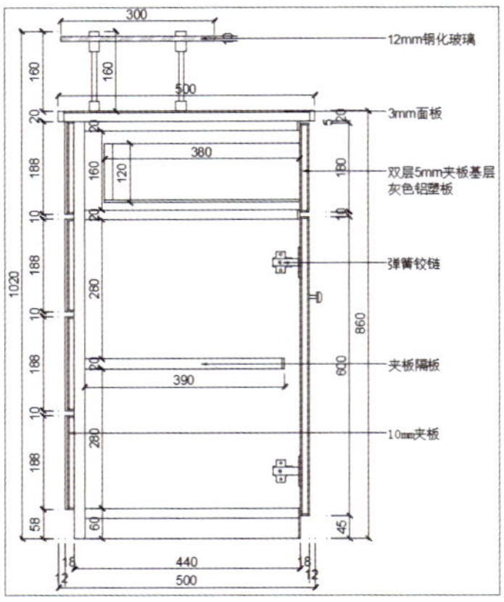

12.4.2 会议室装饰墙造型剖面图

下面介绍会议室装饰墙造型剖面图的绘制步骤。

步骤01 执行“矩形”命令，绘制尺寸为335×1390的矩形，如下图所示。

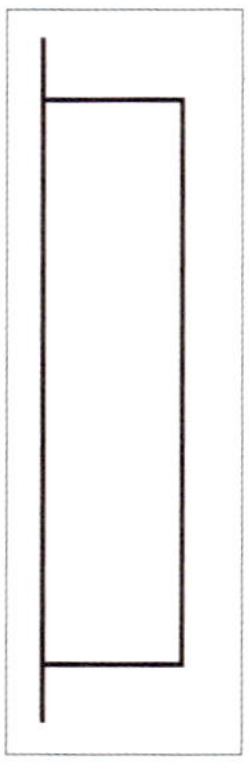

步骤02 执行“矩形”命令，绘制多个矩形作为外部构造，如下图所示。

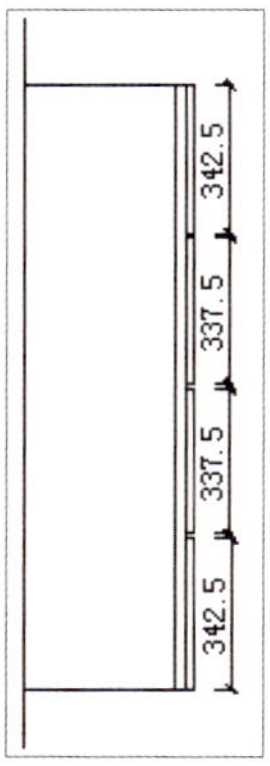

步骤03 执行“矩形”和“直线”命令，绘制内部构造，如下图所示。

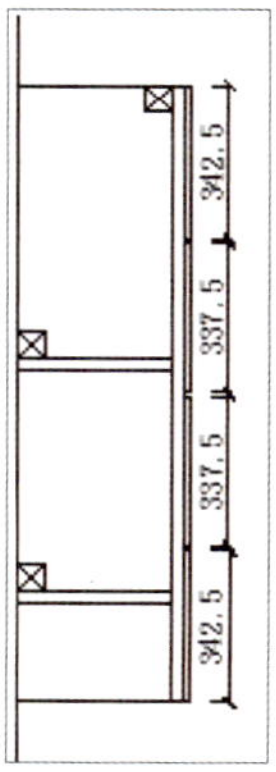

步骤04 执行“插入”命令，将灯立面图块插入到图形的合适位置，如下图所示。

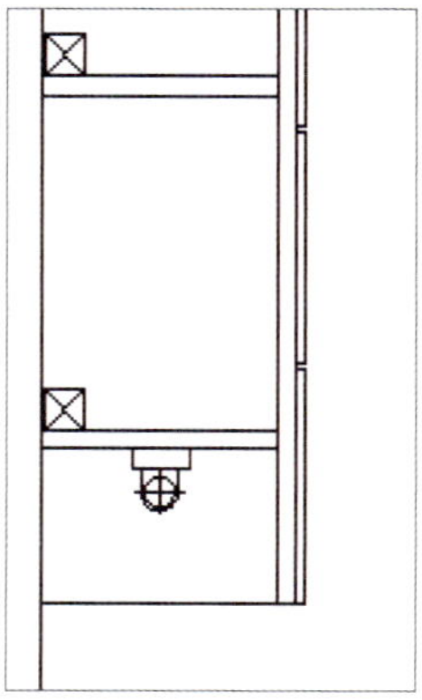

步骤05 执行“复制”和“缩放”命令，复制剖面的底部，放大3倍，如下图所示。

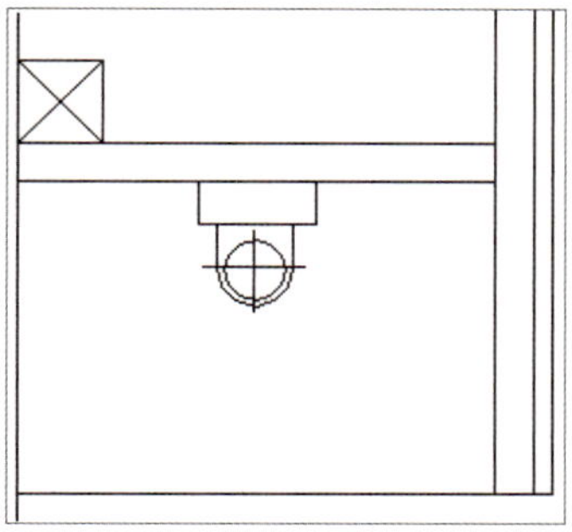

步骤06 执行“直线”命令，绘制内部构造，如下图所示。

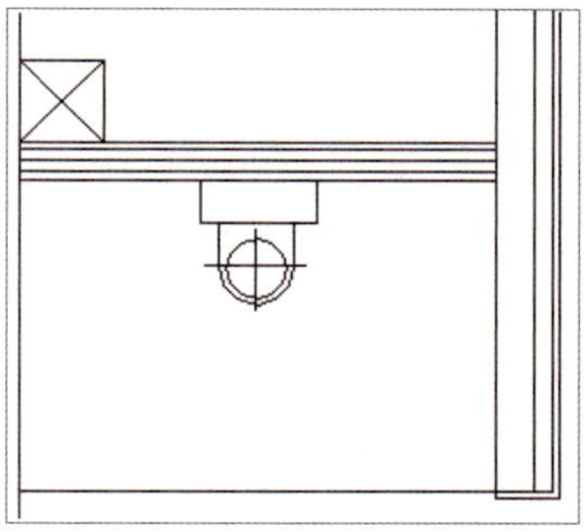

步骤07 执行“图案填充”命令，对图形进行填充操作，然后执行“圆”和“圆弧”命令，连接图形，如下图所示。

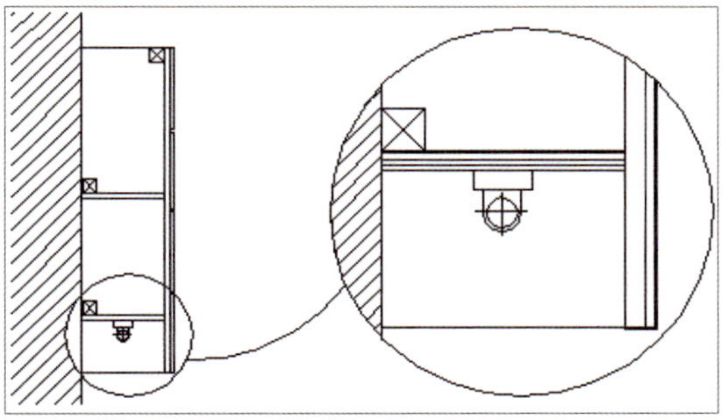

步骤08 选取圆与圆弧，更改线型为DASHED，如下图所示。

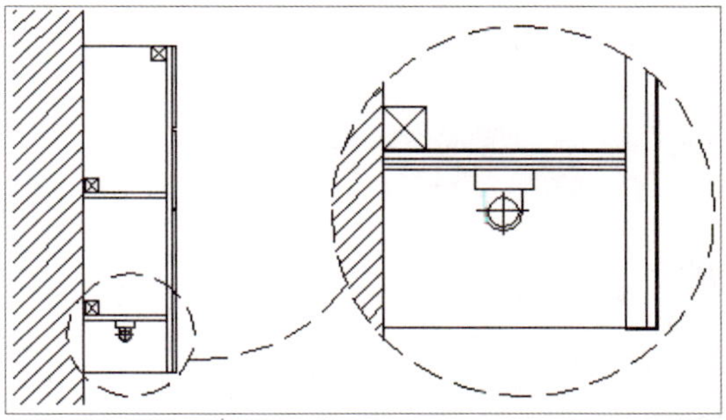

步骤09 执行“线性”标注命令，对图形进行尺寸标注，如下图所示。

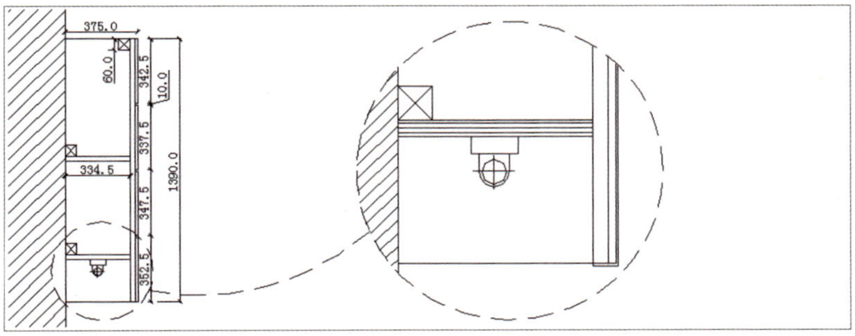

步骤10 执行“多重引线”命令，添加引线标注，如下图所示。

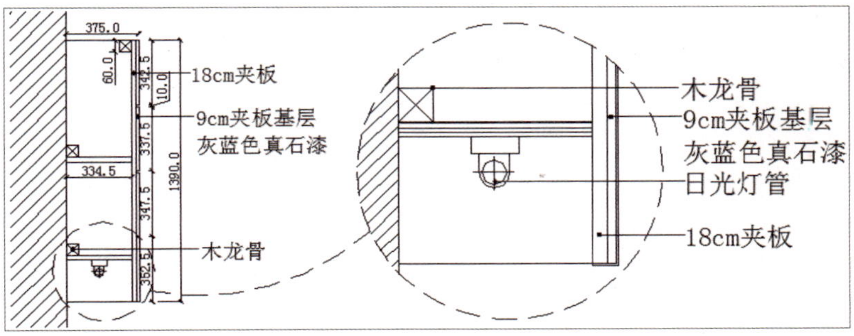

附录 课后练习参考答案

Chapter 01

1. 选择题

（1）A （2）A （3）C （4）C

2. 填空题

（1）文本窗口

（2）选择文件

（3）世界坐标系 UCS

Chapter 02

1. 选择题

（1）D （2）C （3）A （4）C

2. 填空题

（1）Computer Auto Design

（2）图层特性 图层特性管理器

（3）Continuous

Chapter 03

1. 选择题

（1）D （2）D （3）C （4）A

2. 填空题

（1）点样式

（2）内接于圆 外切于圆

（3）中心点 轴，端点

Chapter 04

1. 选择题

（1）B （2）B （3）A （4）A

2. 填空题

（1）缩放

（2）同心偏移 直线

（3）镜像

Chapter 05

1. 选择题

（1）B （2）A （3）B （4）B （5）B

2. 填空题

（1）文字样式

（2）TEXT DDEDIT

（3）MTEXT DDEDIT

Chapter 06

1. 选择题

（1）B （2）C （3）B （4）C

2. 填空题

（1）标注样式

（2）尺寸界线

（3）更新标注

Chapter 07

1. 选择题

（1）C （2）D （3）C （4）B

2. 填空题

（1）对象合集

（2）写块

（3）增强属性编辑器

Chapter 08

1. 选择题

（1）B （2）D （3）B （4）C

2. 填空题

（1）世界坐标系

（2）楔体

（3）交集

Chapter 09

1. 选择题

（1）B （2）C （3）A （4）ACD

2. 填空题

（1）三维阵列 层数

（2）复制边

（3）区域渲染

Chapter 10

1. 选择题

（1）D （2）D （3）A （4）D

2. 填空题

（1）模型 布局

（2）输出

（3）输入